U0145923

敬以此书献给

冯友兰先生　陈荣捷先生

有无之境

王阳明哲学的精神

陈 来 著

北京大学出版社
PEKING UNIVERSITY PRESS

图书在版编目（CIP）数据

有无之境：王阳明哲学的精神／陈来著 . — 2 版. —北京：北京大学出版社，2013.6

（博雅英华）

ISBN 978－7－301－22266－9

Ⅰ. ①有… Ⅱ. ①陈… Ⅲ. ①王守仁（1472 ~1528）—哲学思想—研究 Ⅳ. ①B248. 25

中国版本图书馆 CIP 数据核字（2013）第 042534 号

书　　　名	有无之境——王阳明哲学的精神
	YOUWU ZHIJING
著作责任者	陈　来　著
责 任 编 辑	田　炜　张凤珠
标 准 书 号	ISBN 978－7－301－22266－9
出 版 发 行	北京大学出版社
地　　　址	北京市海淀区成府路 205 号　　100871
网　　　址	http://www. pup. cn　新浪微博：@北京大学出版社
电 子 邮 箱	编辑部 wsz@ pup. cn　　总编室 zpup@ pup. cn
电　　　话	邮购部 010－62752015　发行部 010－62750672　编辑部 010－62750577
印 刷 者	北京汇林印务有限公司
经 销 者	新华书店
	965 毫米 × 1300 毫米　16 开本　26. 25 印张　378 千字
	2006 年 2 月第 1 版
	2013 年 6 月第 2 版　2024 年 1 月第 15 次印刷
定　　　价	88. 00 元

未经许可，不得以任何方式复制或钞袭本书之部分或全部内容。

版权所有，侵权必究

举报电话：010－62752024　　电子邮箱：fd@ pup. cn

图书如有印装质量问题，请与出版部联系，电话：010－62756370

目　录

第一章　绪言/1

　一　有我与无我/3

　二　戒慎与和乐/8

　三　理性与存在/11

第二章　心与理/18

　一　心即理说的提出/18

　二　心即理说的内涵/22

　　1. 定理与至善/22　2. 道德法则与道德对象/23　3. 心与礼/25

　　4. 心外无理/27　5. 主宰、知觉、条理/28

　三　心即理说的诠释/31

　四　心即理说的矛盾/37

第三章　心与物/43

　一　心与意/43

　二　意与事/46

　三　心与物/51

　四　心物同体/56

第四章　心与性/60

　一　未发与已发/60

　二　心之本体/68

　　1. 至善者心之本体/68　2. 心之本体即是天理/69　3. 诚是心之

　　本体/70　4. 知是心之本体/71　5. 乐是心之本体/72　6. 定是

　　心之本体/73　7. 恶者失其本体/74

三 心与性/75

　　1. 心之本体即是性/76　2. 心即性/77　3. 性、天、命/78　4. 性
　　与气/81　5. 性之善恶/84

第五章　知与行/86

　一 知行合一的内容/86

　　1. 知行本体/86　2. 真知即所以为行，不行不足以谓知/90
　　3. 知是行之始，行是知之成/91　4. 知是行之主意，行是知之工
　　夫/93　5. 知之真笃即是行，行之明察即是知/94　6. 未有学而不
　　行者，不行不可以为学/96

　二 知行合一的宗旨与工夫/97

　　1. 知行合一的宗旨/97　2. 对知行合一的批评/100　3. 致良知
　　与知行合一/102　4. 知行合一的工夫/104

　三 知行合一的分析/105

第六章　诚意与格物/109

　一 《大学》古本与古本序/110

　二 诚意/116

　三 格物与格心/121

　四 格物之辩/124

　　1. 与湛甘泉论格物/124　2. 与罗整庵释格物/131　3. 与顾东桥
　　辩格物/137

　五 《大学问》的格物说/139

第七章　良知与致良知/148

　一 致良知说的提出/149

　二 良知/154

　　1. 良知即是非之心/154　2. 良知与意念/155　3. 良知与独知/
　　158　4. 良知是谓圣/159　5. 良知即天理/161　6. 良知与明德/
　　162　7. 良知与自慊/163

　三 致良知/165

　　1. 致良知之至极义/165　2. 致良知之实行义/167　3. 良知与见
　　闻/169

四　从格物到致知/172

第八章　有与无/179

一　天泉证道/180

二　无善无恶/189

三　心体与性体/198

四　儒与佛/202

五　有与无/207

六　严滩问答/213

第九章　境界/218

一　有无之境/218

二　无我为本/224

　　1. 自得与无我/224　2. 敬畏与洒落/226　3. 不动与无累/229

三　狂者胸次/234

四　与物同体/239

　　1. 仁者以天地万物为一体/240　2. 有我之境/245　3. 仁与爱/249

第十章　工夫/256

一　工夫之内外本末/256

　　1. 为己与克己/256　2. 心学与心法/258　3. 德性与问学/260

　　4. 博文与约礼/262　5. 惟精与惟一/263　6. 吾心与六经/264

　　7. 成色与分两/267　8. 主意与工夫/269

二　工夫之有无动静/272

　　1. 事上磨炼与静坐/272　2. 戒慎恐惧与何思何虑/275　3. 必有
　　事焉与勿忘勿助/282　4. 集义与不动心/285　5. 动与静/287

　　6. 存心与定气/290

第十一章　结语/294

一　早年历程/295

二　中岁教法/300

三　晚年化境/303

四　身后流变/305

第十二章 附考/311

一 《年谱》笺证/311

1. 成化二十二年丙午,阳明 15 岁/311　2. 弘治五年壬子,阳明 21 岁/312　3. 弘治十三年庚申,阳明 29 岁/313　4. 弘治十四年辛酉,阳明 30 岁/314　5. 弘治十五年壬戌,阳明 31 岁/314　6. 弘治十七年甲子,阳明 33 岁/315　7. 正德元年丙寅,阳明 35 岁/315　8. 正德二年丁卯,阳明 36 岁/316　9. 正德五年庚午,阳明 39 岁/318　10. 正德七年壬申,阳明 41 岁/318　11. 正德九年甲戌,阳明 43 岁/318　12. 正德十年乙亥,阳明 44 岁/318　13. 正德十二年丁丑,阳明 46 岁/319　14. 正德十三年戊寅,阳明 47 岁/322　15. 正德十四年己卯,阳明 48 岁/324　16. 正德十五年庚辰,阳明 49 岁/324　17. 正德十六年辛巳,阳明 50 岁/325　18. 嘉靖七年戊子,阳明 57 岁/325

二 《续编》书札考/326

三 越城活动考/333

四 著述辨疑/345

1. 《传习录》/345　2. 《大学古本旁释》/351

附 录 心学传统中的神秘主义问题/359

一 引言/359

二 明代心学的神秘体验/362

三 宋代心学的神秘体验/370

四 理学对于神秘主义的批评/378

五 结语/380

阳明年表要略/385

征引书目/387

索 引/392

后 记/399

CONTENTS

Ⅰ. Introduction/1

    1. You and Wu/3

    2. Seriousness and easefulness/8

    3. Rationalism and existentialism/11

Ⅱ. Mind and Principle/18

    1. Pronouncement of the doctrine"the mind is principle"/18

    2. Content of the doctrine "the mind is principle"/22

    3. Explanation of the doctrine "the mind is principle"/31

    4. Contradictions in the doctrine"the mind is principle"/37

Ⅲ. Mind and Things/43

    1. Mind and intention/43

    2. Intention and events/46

    3. Mind and things/51

    4. Mind and things form the same body/56

Ⅳ. Mind and Nature/60

    1. The states before feelings are aroused and after they are aroused/60

    2. The original substance of the mind/68

    3. Mind and nature/75

Ⅴ. Knowledge and Action/86

    1. The meaning of the doctrine of the unity of knowledge and action/86

    2. The basic purpose and the effort of the doctrine of the unity of knowledge and action/97

3. Analysis of the doctrine of the unity of knowledge and action/105

VI. Sincerity of Will and the Investigation of Things/109

    1. The old text of *The Great Learning* and Wang's preface/110

    2. The sincerity of the will/116

    3. The investigation of things and the rectification of mind/121

    4. Debates over the investigation of things/124

    5. The doctrine of the investigation of things in *Inquiry on the Great Learning* /139

VII. Innate Knowledge and the Extention of Innate Knowledge/148

    1. Pronouncement of the doctrine of the extention of innate knowledge/149

    2. Innate knowledge/154

    3. The extention of innate knowledge/165

    4. From the investigation of things to the extention of knowledge/172

VIII. Being and Non-being/179

    1. Conversation at the Tian-quan Bridge/180

    2. The state of having neither good nor evil/189

    3. The original state of the mind and the original substance of nature/198

    4. Confucianism and Buddhism/202

    5. Being and non-being(of the mind)/207

    6. Discussion at Yan-tan/213

IX. The Spiritual Realm/218

    1. The realm of "having" and "non-having"/218

    2. Having no self as foundation/224

    3. The unrestrained mind/234

4. Forming one body with things/239

X. Effort/256

    1. The internal and the external, the root and the branch/256

    2. Being and non-being, activity and tranquillity in effort/272

XI. Conclusions/294

    1. Wang's spiritual progress in his early years/295

    2. Wang's teaching method in his middle age/300

    3. Wang's thought in his later life/303

    4. The development of the Wang Yang-ming school/305

XII. Textual Research/311

    1. Revision of the Nian-pu(Chronological biography)/311

    2. Dating Wang's letters in the supplemental Collection/326

    3. The Yang-ming cave and Wang's activity in the County of Yue/333

    4. The authenticity differentiation of Wang's works/345

Appendix   Mysticism in the Confucian Tradition/359

A Summary of Wang Yang-ming's Chronology/385

References/387

Index/392

Postscript/399

第一章

绪　言

有我与无我
戒慎与和乐
理性与存在

　　王阳明名守仁,字伯安,生于明宪宗成化八年(1472),死于明世宗嘉靖七年(1529),谥文成。祖籍浙江余姚,青年时父亲迁家至山阴(越城),后来他在距越城不远的阳明洞天结庐,自号阳明子,学者称他为阳明先生。他是明代最有影响的哲学家,也是明代"心学"运动的代表人物。

　　王阳明28岁举进士,授刑部主事,后改兵部;曾知庐陵县,历任吏部主事、员外郎、郎中、南京太仆寺少卿、鸿胪寺卿;正德末年以左金都御史、右副都御史巡抚南赣,平定当地大规模农民暴动;后平定藩王之乱,兼巡抚江西,因大功升南京兵部尚书,封为新建伯;晚年奉命兼都察院左都御史提督两广等地,平息广西地方少数民族暴动,病归途中,死于江西南安。正德十四年(1519)夏,宁藩朱宸濠经过多年蓄谋筹划,在江西发动叛乱,以十万大军,东下南京,其声势浩大,震动朝野。王阳明仓促举义,在强弱悬殊的情况下,以机智的谋略和卓越的胆识,仅35

天就生俘朱宸濠,将这场大叛乱彻底平定,创造了举世瞩目的奇功大业。时人说他"才兼文武",有"奇智大勇"。的确,他的事功业绩不仅在古今儒者中绝无仅有,在整个明代的文臣武将中也十分突出。

王阳明青少年时代就显示出多方面的才能,热心骑射,精究兵法,长于诗文,早享文名。青年时代的王阳明与多数宋明理学家一样,也经历了一条"出入释老"而"归本孔孟"的思想历程;入仕之后,踏入坎坷的政治生涯,34岁时,他在严峻的政治形势下,冒死抗谏,反对把持朝政的宦官刘瑾,为此受廷杖下狱,贬到贵州偏远的龙场,做一个小小的驿丞。在极其困苦的环境中,他日夜默坐,动心忍性,思考圣人处此将何所为,在一个夜间他忽然大悟,"不觉呼跃,从者皆惊",从此建立了与程朱学说完全不同的哲学,后人称此为"龙场悟道"。此后,他虽为明王朝建立了奇功大业,但他本人却屡遭诬陷谗谤。在"百死千难"的政治危机中,他坚信自己的良知,表现出极大的勇气。无论是居家休养还是戎马倥偬,他都广收弟子,因材施教,宣传他的思想。他的学说虽受到压制,却在当时发生了巨大的影响,并笼罩了整个明中后期思想的发展。

王阳明哲学就其直接意义来说是对朱熹哲学的反响,他倡导的"心学"是在明中期封建统治极度腐败、程朱理学逐渐僵化的情况下出现的思想运动,具有时代的意义,同时,也是北宋以来理学扬弃佛道,不断发展的长期过程的一个结果,在整个理学的发展中占有重要地位。王阳明富于创造精神,他的哲学一脱当时程朱派的经院习气,具有一种勇往直前的气概,充满了生气勃勃的活力。他能像禅宗大师一样用某些令人惊奇的指点方法使人领悟,他的思想盈溢着生命的智慧,因而十分有感染力和吸引力。

王阳明的个人气质在一个方面近于古人所谓"豪雄",他的学生都认为他属于"才雄""雄杰""命世人豪"。历史记载一致说他少年即"豪迈不羁",他少时逃学,常率同伴做军事游戏,13岁丧母,因庶母虐待他,他竟买通巫婆来捉弄他的庶母,使得她从此善待阳明①,这很容

---

① 见冯梦龙:《王阳明先生出身靖乱录》,明墨憨斋新编,弘毅馆雕本。

易使人联想起少年时捉弄叔父的曹操。所以冯梦龙说"先生尚童年,其权术之不测如此"①。而现代学者不无惘惑地感叹:这对其他道学家简直是不可想象的②。正是由于他从不循规蹈矩、拘泥末节,青年时任侠骑射,留情兵武,使得他后来在江西比武时,以九矢全中的成绩震慑了挑衅的内官。他在平南赣及平藩后险恶的政治危机中展示的惊人的军事谋略和高度的政治技巧、由此取得的功业,乃至由此对现代政治家产生的魅力,都须以"豪雄"这一面为基础才能彻底了解。他在精神上和气质上的另一面是浪漫主义及神秘主义,他一生中几个重要转折点上都有僧人、道士、方外异人出现,他始终为道家的自然情趣所吸引,对道教怀有特殊的关怀和情感,他的内心生活中始终具有神秘主义的一面。"豪雄"与"浪漫"是我们理解阳明个人及其事功和精神取向的两个不可忽视的要素。

一 有我与无我

理解中国古典哲学中的"有""无"智慧与境界是研究中国文化的一个核心问题。冯友兰先生曾指出,玄学家所谓"体无"并不是指对本体的把握,而是指一种精神境界,也就是"以无为心"的境界;冯先生认为,郭象的意义就在于破除了本体的"无",但肯定了境界的"无"。③ 牟宗三先生也指出,道家"无"的形上学是一种境界形态的形上学,目的在于提炼"无"的智慧以达到一种境界;④牟先生指出,由此出发的工夫上的"无"是任何大教大圣的生命所不可免的,他更明确指出"阳明之言'无善无恶心之体',乃至王龙溪之言四无,皆不免接触'无心为道'之理境,即自主观工夫上言无之理境"⑤。可惜后来诸贤于此义再不提起,

---

① 见冯梦龙:《王阳明先生出身靖乱录》,明墨憨斋新编,弘毅馆雕本。
② 参看岛田虔次:《朱子学与阳明学》,陕西师范大学出版社1986年版,第81页。
③ 冯友兰:《中国哲学史新编》第4册,人民出版社1986年版,第162页。
④⑤ 牟宗三:《才性与玄理》,台北:学生书局1985年版,第1—2页。

仍以至善诠释无善无恶,而以"无之共法"为禁忌。本书的主旨之一正是要理解阳明如何处理有之境界与无之智慧的对立与关联,从而显示出整个宋明理学的内在线索和课题,以及王阳明及其哲学的地位与贡献。

初看起来,"有与无"这样的题目似乎只适合于黑格尔(Hegel)这样的思辨哲学家用于本体论体系的建构,而事实上,即使在西方,萨特(Sartre)的《存在与虚无》讨论的也不是西方哲学史上的古典存有问题,海德格尔的《存在与时间》更是标新立异,一反传统存有论的方向,集中于人的存在或"生存"问题。中国哲学中作为境界形态的有无论,在这个意义上,也正是面对人的存在而昭示的生存智慧。

中国哲学的基本范畴多具有多义性,如以上所显示的,像"无"这一范畴,就有本体的无、工夫的无、境界的无等不同用法和意义。中文语词中的有与无,在最广的意义上,可以包容或指称一切以有无为前缀词的词组,如有心无心、有我无我、有为无为、有情无情等等。王阳明哲学及其学派中最著名的"四有"与"四无"之辩(以有善有恶与无善无恶之辩为核心),十分明显地体现了有无这两个范畴的丰富意蕴,也是本书以有无为基本线索进行讨论的根本理由,因而本书中当然不企图讨论本体论的有无问题,而是研究境界论与工夫论的有无问题。

以东方哲学为无的哲学,在比较文化研究中已成了一个相当普遍的看法①,这显然是侧重于佛教与道家哲学而言。而在中国文化中,儒家一般被思考为有的哲学,以与贵无的佛道相对待。不过,如果就境界而不是存有的意义而言,这种说法对早期儒家也许不无道理,但对绵延近八百年的宋明儒学,问题就远不那么简单。理学对佛教挑战的回应,不仅表现在对"有"的本体论的论证(如气本论、理本论),也更在于对人生境界与修养工夫上"无"的吸收,后者始终是贯穿理学史的一大主题。

王国维在《人间词话》中写道:"有有我之境,有无我之境。'泪眼问花花不语,乱红飞过秋千去''可堪孤馆闭春寒,杜鹃声里斜阳暮',有我之境也。'采菊东篱下,悠然见南山''寒波澹澹起,白鸟悠悠下',

---

① 参见柳田圣山:《禅与中国》绪言,三联书店1988年版。

无我之境也。有我之境,以我观物,故物皆著我之色彩。无我之境,以物观物,故不知何者为我,何者为物。"如果从整个中国文化来看,"有我之境"与"无我之境"作为把握文化的精神境界的范畴,其意义远远超出了诗词美学的狭小范围。比照王国维的表述方式,站在描述文化的不同境界取向的立场,我们可以有:"万物皆备于我矣"(孟子)、"视天下无一物非我"(张载)、"仁者以天地万物为一体,莫非己也"(程颢),有我之境也。"圣人之情,应物而无累于物也"(王弼)、"应无所住而生其心"(《金刚经》)、"圣人之常,以其情顺万物而无情"(程颢),无我之境也。中国文化的传统构成主要是儒释道,其中道释两家在本体论与解脱观方面有较大差异,但从人生态度与精神境界来说,中国文化与哲学不过是两种基本形态。一种是以儒家为代表的强调社会关怀与道德义务的境界,一种是佛老代表的注重内心宁静平和与超越自我的境界。在这个意义上,用传统的语言来分疏,儒家主于"有"的境界,佛老主于"无"的境界,或者说前者是有我之境,后者是无我之境。当然,这里说的有我的我并非"泪眼问花"的私我,而是"与物同体"的大我。从人格形态说,孔子、孟子、杜甫体现了有我之境,庄子、惠能、陶渊明体现了无我之境。在整个中国文化及其发展中,这两种境界既有某种紧张,又相互补充。必须承认,这两者和谐的统一始终没有达到完满的地步,而两者相互否定的争论却充满了文化史。

克尔凯郭尔(Kierkegaard)把精神境界分为三个阶段,即审美境界、道德境界、宗教境界,并认为三者间依次递进,审美境界指感性境界,以感性需求为中心;道德境界是理性境界,承担义务与责任;宗教境界是为信仰献身,是以痛苦为特征的最高的人生境界。克氏是一个基督徒,他做这种区分是可以理解的。精神境界是指一个人世界观的整体水平和状态。这里说的世界观不是指对外部自然物质世界的认识,而是指对整个宇宙、社会、人生及自我的意义的理解与态度。境界是标志人的精神完美性的范畴,是包含人的道德水平在内的对宇宙人生全部理解水平的范畴。在中国文化与哲学中,对儒释道三个传统而言,都是以感性境界为不可取的,也都没有肯定外在的超越的宗教阶段。每一文化都代表着一种它所倡导的精神境界,并成为该传统的精神导向。古典儒家具有博爱克己的道德境界,是可以肯定的,而佛道的"无心"之境就不是克氏三阶段说所能包容。道家的无心境界或无我境界并不是指伦理意义上的克己,而是一种超然、超脱的人生态度。就其超越自我的意义而言,亦可说是"超越",但在西方文化中"超越"意味着与某种宗教位格相通,且佛道的这种"内在的""超越"也有其特有的性格。李泽厚以之为"准审美又超审美的目的论精神境界",或干脆称之为审美境界,都还值得商量①。每种精神境界都可以引出特定的审美意象,并对艺术的实际发展发生影响,而这些审美意象,包括王国维意义上的有无之境,不过是整个文化境界意向的一些特殊侧面的发展而已。如王国维用以界定有我与无我之境的"以我观物""以物观物"本来就出自宋儒邵雍对精神境界的讨论。

冯友兰在《新原人》第三章曾定义"境界"为宇宙人生对于人所具有的某种意义。他认为就有我无我说,"自然境界"中人不知有我,即不自觉有所谓自我,"功利境界"中人自觉到自我,在"道德境界"和"天地境界"中人无我②,这个层次上说的"我"都是指"私"。冯友兰又指出,有我的意义不仅指有私,还有另一义,如陆象山"宇宙内事乃己分事",此"我"指"有主宰",在这个意义上道德境界和天地境界的人就不是"无我",而是真正的"有我",这个我是"真我"。所以人在道德境界

---

① 李泽厚用"审美态度""审美性超越""审美观照"把握这种境界(见李著《中国古代思想史论》,人民出版社1984年版,第189页),但康德区分了"乐"与"美",依《判断力批判》,审美必然与对象相联系,尽管只与对象的形式相联系;审美又是一种感性的愉快,尽管不是生理的快适并也与理性有联系。这都使得把本书所说的"无"的境界归之为审美的"乐感文化"有许多困难,也是本书不采取此种说法的原因。但这并不排除康德表述审美活动的"无利害""自由"等性质在应用于中国文化的诠释方面具有的启发性。事实上李泽厚自己也指出过,庄子与禅宗要达到的是一种心灵境界,在那种"无所谓"的态度中,"包括愉快本身在内的任何'我'的情感"都已消失融化在异常淡远的安宁平静之中(同上书,第210、214页)。另外,李泽厚所以用"乐感文化"之说,可能还因为他并不仅企图处理文化史或思想史的问题,而是本着创造的转化的立场汲取、发掘中国的智慧,因为"乐感"范畴下可以容纳乐观进取、感性、审美诸价值,此外,"乐感"的提法可以使在比较视野中的中国文化获得一种明确的特异性格。

② 《三松堂全集》第四册,河南人民出版社1986年版,第559页。

及天地境界中所无之我，乃私我，并非"真我"。人之真我必在道德境界才能发展，在天地境界才能完成，因而天地境界的人是"大无我"而"有大我"。① 冯先生这些思想甚精，他所说的真我完全合于阳明所说的"真吾"。本书所论"有"的境界或有我之境，都不是指有小我之私的境界，正是指"有大我"的境界。本书所说的"无我之境"也不是限于道德境界中的无私，而更以指无滞无碍的自在境界。

然而，冯先生对于无我并没有像对有我那样做出分疏，从而在《新原人》中并没有给本书集中讨论的无我之境一个地位。正如禅家所分别的，"有大我"与"无我"仍是不同的。禅宗也认为人有三种境界，"小我"的境界是纯粹自我中心的自私境界。"大我"的境界是把小我观念扩大到与时间空间等量齐观，小我融于宇宙之中而与宇宙合一，人在这个境界上看自己的内心无限深远，看外界无限广大，人的身心世界已不存在，存在的只是无限深远广大的宇宙，个人不仅是宇宙的部分，又即是宇宙的全体。由于在这种境界中人与环境的矛盾不再存在，对环境的不满、怨恨、喜爱、渴望及排斥的心理自然消失，感到充实和有意义，爱人爱物如同爱小我一样，这就是"大我之境"。② 禅宗进一步认为，大我的境界还不是最高的境界，最高境界是"无我"的境界，在这种境界中，一切差别对立全部消失，人才能真正从烦恼中得到解脱。③ 照佛教的说法，冯先生所谓同天境界、基督教的神人合一、印度教的梵我合一，都还在第二境界即大我之境上。冯先生把佛教的最高境界认为是同天境界，这在佛家是不能接受的。当然，无我之境是否就高于大我之境，我们不必站在佛家的立场上做如此肯定，但显然，无我之境是与大我之境不同的一个境界，而冯先生的境界观中并没有给这个无我之境一个明确地位。

从更广的意义上看，有我或无我还都是一个有规定的有或无。有

①　《三松堂全集》第四册，河南人民出版社 1986 年版，第 636 页。
②　释圣严：《禅》，台北：东初出版社 1986 年版，第 25 页。
③　同上书，第 26 页。

我只是有之境界的一种形式,无我亦然。道德境界即使不在"真我"的意义上,也明显是一种"有"的境界。"天地有正气,杂然赋流行",有之境界也;"纵浪大化中,不喜亦不惧",无之境界也。"名教"是有,"自然"是无;"敬畏"是有,"洒落"是无;"无有作好""何思何虑""吟风弄月",无之境界也;"必有事焉""戒慎恐惧""省察克治",有之境界也。这"有"与"无"的互动,乃是中国文化的特质,有无之境的融合正是新儒家(Neo-Confucianism)精神性的核心。

王阳明的时代,本体的有无问题已经从理性主义时代过去了。阳明的意义在于,他既高扬了道德的主体性,通过"心外无理""致极良知""仁者与物同体",把儒学固有的"有"之境界推至至极,又从儒家的立场出发,充分吸收佛道的生存智慧,把有我之境与无我之境结合起来,以他自己的生命体验,完成了儒学自北宋以来既坚持入世的价值理性,又吸收佛道精神境界与精神修养的努力。

二　戒慎与和乐

朱子之后,理学的发展趋向是什么?不少学者认为,和会朱陆是南宋以后的一个主要趋向。仅就元代学术来看,此种说法有其根据。[①] 但从更大的历史视野来考察,"和会朱陆"显然并不能真正显示出理学后来发展的方向。尽管阳明哲学的不少讨论是内在地承继朱子学而来,但若将阳明看做和会朱陆的集成者,则完全不恰当。不管阳明在《朱子晚年定论》和答罗钦顺书中怎样表白他之反对朱子并非出于本心,但仔细读阳明著述,他对朱子哲学的知识取向表示的强烈甚至过度的反感处处可见,他对章句训诂、物上求理的攻击之刻薄也常使人莫名其妙。这一定与当时为朱学者或打朱子旗号的学者对他的攻击有关。无论如何,阳明哲学整体上是对朱学的反动,而不是调和。

吴与弼"弃举子业,谢人事,独处小楼,玩四书五经诸儒语录,体贴

---

① 参看侯外庐等主编:《宋明理学史》上,人民出版社 1984 年版。

于身心,不下楼者两年","尝叹笺注之繁无益有害"(《明儒学案》上册,中华标点本,第14页)。他的气象学问及在明代理学的地位,很近于宋之程明道,故《明儒学案》把他列为第一,从整个明代心学发展来看,是有理由的。因为康斋(与弼号)所重在人品境界,而不在学问道理。他追求的是"四体舒泰、心定气清"的境界,他追求的气象是"心气和平"。平居遇逆事,排遣不下,心甚不悦,经反复用功,终于悟到"心本太虚,七情不可有所","详审其理则中心洒然","盖制而不行者硬苦,以理处之则顺畅"(同上书,第19页),这与阳明以太虚譬心体无善无恶,以循理求宁静,意正相同。他所强调的"身心须有安处"确是理学从理性主义转向存在主义的一个发端。

明代理学可以说是围绕着阳明所谓"戒慎"与"和乐"或"敬畏"与"洒落"之辩展开的。谢上蔡记程明道语,"既得后须放开",既得指识得此理,放开指心胸和境界,即胸次。朱子曾加以反对,朱子认为"既得后心胸自然放开,若有意放开,反有病痛"。朱子反对有意放开的作达是有其理由的,但自然放开的说法是朱子用主敬宗旨矫正曾点气象的方法。倘若真能自然放开,也就不存在放开的问题了。明代早期朱学者胡居仁指出"今人未得前先放开","未能克己求仁,先要求颜子之乐","放开太早,求乐太早,皆流于异端"(同上书,第37页)。夏东岩也认为"寻常读与点一章,只说胸次洒脱是尧舜气象,近读二典三谟,方知兢兢业业是尧舜气象"(同上书,第66页),这个路线是承继了程颐、朱子的主敬方向,认为敬则自然和乐。敬与乐的这种紧张,自北宋时苏东坡要打破程伊川的敬字时即已明显。对于程朱而言,敬不仅是工夫,也是境界。

但康斋以下,白沙(陈献章)开出一脉,以大程子、邵康节为楷模。白沙自云"我无以教人,但令学者看与点一章"(同上书,第74页),为此白沙对于正统派有一个解释,他说宋人多流于佛老,故朱子提主敬以救之,而今人只知溺于利禄,全无超脱自在,所以须提与点之意。他自己自见康斋之后,绝意科举,筑春阳台,静坐其中数年不出,故黄宗羲说他"以勿忘勿助为体认之则,远之则为曾点,近之则为尧夫",都是指他代表的是一种对"和乐"或"洒落"境界的追求。这样一种追求,必然摒弃书册诵读,舍繁就约,注重内在体验,白沙"静中体见端倪"开了有明一代神秘体验的先河。他说"学者先须理会气象",这个气象对他自己来说,是指"曾点气象",他对此确有体之于身心的受用,所以才能洒然说出"色色信他本来,何用尔脚劳手攘,舞雩三三两两,正在勿忘勿助之间,曾点些儿活计,被孟子打并出来,便都是鸢飞鱼跃!"白沙虽亦说须以孟子工夫为基础,但终是偏于曾点一边。

在白沙自己看来,这种无的工夫并不"劳攘"(即烦乱),但朱子早就说过"颜子之乐平淡,曾点之乐劳攘",认为克己复礼对越上帝之敬才是"孔颜乐处"。但这种敬畏能否自然和乐,并非没有疑问,所以陈白沙说"斯理也,宋儒言之备矣,吾尝恶其太严也"(同上书,第82页),正如夏东岩指出的,自东坡要伊川打破敬字起,道学内部敬畏与洒落之辩就是一个内在的讨论了。打破康德式的敬畏境界,实现一个主体自由自在自得的洒落之境,始终构成了一个重要课题。敬畏与洒落的紧张表现在,过于敬畏,心灵就享受不到自得的恬适;脱离了道德修养的和乐或洒落就可能变成道家者流。王阳明赠夏东岩诗"铿然舍瑟春风里,点也虽狂得我情",表明他在内心深处对于洒落的向往;夏东岩答诗则云"孔门沂水春风景,不出虞廷敬畏情",可谓针锋相对。时人亦有诗云"便如曾点像尧舜,怕有余风入老庄"(詹复斋),表明这的确是泾渭分明的两条路线。

白沙门人为甘泉(湛若水),故甘泉早年特倡"自得"之学,阳明甚契之。而阳明所以重视自得二字,盖已将儒释道合为一体,凡有自得受用者胥肯定之。但甘泉后来主"随事体认天理",与师门固有一间矣。而阳明所谓"支离羞作郑康成",才是继承了白沙"真儒不是郑康成"的方向,夏东岩谓阳明之学全由白沙倡之,是实有所见。白沙有门人张东所(廷实),黄宗羲谓得于白沙之学甚深,观廷实所谓"心无所住亦指其本体"之语,与阳明之说相合。梨洲以为有明学术自白沙始入精微,至文成而后大,以为一脉,其理亦在斯乎!

从陈白沙到王阳明,注重精神生活的自得一面,与同时代朱学学者呈现出明显的差异。如薛瑄说："虽至鄙至陋处，皆当存谨畏之心而不可忽，且如就枕时，手足不敢妄动，心不敢妄想，这便是睡时工夫，以至无时无事不然。"（同上书，第118页）文清后学段可久更以"群居慎口，独坐防心"为宗旨，这样一种兢兢业业的防检谨畏工夫也实属不易，其成就道德人格亦无可怀疑，但人倘若终生如此，毕竟不是自在圆满境界，在这个意义上，白沙所说"戒慎恐惧所以闲之，而非所以为害也"（同上书，第82页），"戒慎与恐惧，斯言未云偏，后儒不省事，差失毫厘间"（同上书，第104页），是有其理由的。然而，王学自一传之后，门下各以意见搀和，失师门本旨，以悟为则，空想本体，全不著实做格物工夫，离有入无，故吕泾野门人杨天游指出："今世学者，病于不能学颜子之学，而先欲学曾点之狂，自其入门下手处便差。不解克己复礼，便欲天下归仁；不解事亲从兄，便欲手舞足蹈；不解造端夫妇，便欲说鸢飞鱼跃；不解衣锦尚䌹，便欲无声无臭；不解下学上达，便自谓知我者其天；认一番轻率放逸为天机，取其宴安磐乐者为真趣，岂不舛哉！"（同上书，第157页）

就阳明本身来说，不但并无后学之偏，与白沙亦不同，王龙溪后来也说，"白沙是百原山中传统"，只是"孔门别派"，即指白沙终究偏于邵雍之安乐洒落，未能有无合一，敬畏洒落合一。对于阳明，我们必须记住，一方面他对洒落自得、无滞无碍的境界有真体会，另一方面他始终坚持以有为体、以无为用，以敬畏求洒落。

表面看来，明代理学的基本问题是"本体"与"工夫"，本体指心（或性）的本然之体，工夫指精神实践的具体方法；而在本质上，本体工夫之辩的境界含义是敬畏与洒落之争，这是我们把握明代理学的内在线索。

三　理性与存在

从传统的比较哲学立场看，西方哲学史上黑格尔之前的德国唯心论提供了与心学可比的类型。其中康德（Kant）首当其冲。康德提供的一系列范畴，如道德主体、道德法则、道德感情，以及自律与他律、自由与必然等,都对诠释心学哲学的立场有重要意义。特别是"意志自己颁定道德律"的提法,[①]以道德法则源于道德主体,使我们得以了解心学的"自律"性格。由于本书中对于如何以康德哲学的范畴诠释、理解阳明哲学的问题已有详细的演示和讨论,就不必在此赘述。只是应当强调,即使我们确认心学为自律形态,并不意味着心学与康德伦理学的基本取向完全一致,心学是否为自律与心学是否与康德伦理学相近是两个不同的问题。事实上阳明学主张的"工夫"与"境界"与康德有相当大的距离。其次,即使我们确认阳明学为自律,并不简单地导致我们必然承认朱子学为他律,也并不等于同时以否定和消极的意义看待他律。

就思想性格而言,也许费希特与阳明更接近一些。尽管费希特(Fichte)也受笛卡儿(Descartes)的影响,但他的纯粹自我作为逻辑上先于个体自我的基础,既是超越个体的宇宙理性,也是个体本体的自我。一旦自我在自我意识中复归自身并意识到自己的活动,我们也就认识了实在的本质。这个思想与孟子到陆象山的心学有相通之处。特别是他认为道德不仅要有良好的愿望,还必须表现在行动中,其重"行"的道德论与阳明知行合一思想很接近。他相信良心是一切真理的试金石,要人服从良心的命令以从感性的奴役下解放出来,与阳明的良知天理说也是一致的。他否认有独立于心外的自在之物,以及认为人努力实现道德目的时也就是在实现宇宙的意义,这一切都与心学与阳明学有可通性、可比性。用来称谓费希特哲学的"伦理唯心主义"(梯利)无疑适用于阳明哲学的定位。甚至于,费希特认为在道德境界之上还有一个更高的至乐境界,这个境界"摒弃对外在成果的指望,内向于自己本身,以求心安理得,与本原同一"[②],这种陶然自得的宗教性境界也与阳明追求的自得无我之境相通。然而,费希特并没有对人的存在的深层结构和人的全部精神体验的丰富性进行探讨。在这些方

---

① 见康德:《道德形而上学探本》,商务印书馆 1962 年版,第 45 页。

② 参见王致兴:《费希特》,载《西方著名哲学家评传》第 6 册,山东人民出版社 1985 年版,第 144 页。

面,黑格尔之后同样强调主体性的存在主义或存在哲学为我们理解阳明哲学及其意义提供了另一视野。

如果不在十分严格的意义上,我们可以说新儒家(道学)的发展,从南宋到明中期,经历了一个哲学的转向,也就是"理学"到"心学"的转向。这当然不是说宋代没有心学的萌芽或明代没有理学的延伸,而是着眼于哲学主流的变化。这样一个转向的特点是什么呢?

以阳明学为代表的新唯心主义的兴起,其特点是:对朱子理性主义大厦建构的强烈不满(这正是康德、费希特与阳明不同处),认为朱子哲学的结果增大了"理"与"心"的疏离;要求哲学完全以"心"为中心,从心出发,不重视"性"的概念;真理不再被认为是太极本体,而是强调主观性真理的意义;与理学偏重本体论的建构不同,更强调实践工夫;不赞成主与客、心与物的分离,而主张心与物的不可分割性;不强调知识概念,而注重内心体验,甚至神秘体验,以精神生活优于知识性活动;强调直觉,而不是分析;强调行动,而不是知解;强调参与,而不是观察;终极实在的问题不重要,注重的是如何为己即为作为此在的个体存在;本体性范畴较少使用,情感性和情绪性范畴有重要地位;情感本质受到重视,面对人的情感情绪状态而提出的无我之境有了突出的地位,等等。简言之,从朱子古典理性主义的客观性、必然性、普遍性、外向性的立场转向主观性、内在性、主体性、内心经验。

在这个意义上,理学到心学的转向类似于黑格尔后,西方哲学从理性主义(Rationalism)到存在主义(Existentialism)的转向。存在主义的先驱克尔凯郭尔正是不满于黑格尔哲学的大厦无法安心立命而转向人的存在,克尔凯郭尔的"真理就是主观性",与阳明的"心即是理"异曲同工;正是从克尔凯郭尔开始,本体的 What 让位于实践的 How,而存在主义思潮的兴起不正是由于"理性"与"存在"的疏离而对理性主义的一种反叛吗?在存在哲学中,主体性原则取代了客体性原则,心物的对立被消解,情感的本体压倒了知识的本体。虽然,存在主义哲学家之间差别甚大,但这一思潮的一般特点在阳明心学中都有不同程度的表现。

阳明明确把儒学界定为"为己之学","为己"的真实意义是指哲学不应是一套理气的命题和体系,不是一套没有生命的章句训诂,本质上是一种生命存在的方式,这种立场当然是一般存在主义的。由于强调这一点,阳明倡导"知行合一""致良知",用克尔凯郭尔的语言,就是要把知所当然变为"对我为真的真理",一个道德原理你若不去实行它,就表示它对你不真,[①]为此阳明才提出所谓"真知行"的问题。从知行合一的角度来看,真理必须是一种与我们切己相关的实践方式和存在态度。克尔凯郭尔所谓真实的主体不是笛卡儿式的认识主体,而是实践的"伦理地存在的主体",[②]与阳明学的立场是一致的。克尔凯郭尔的关心是"如何成为一个基督徒",因而视知识积累无意义,摒弃理性主义所说的真理;阳明关心的是如何成为圣人,他对见闻之知的轻视和归向主体的取向也使他与存在哲学家的立场相通。[③]

当然,在某些方面,阳明哲学与存在哲学或存在主义也有较大的差异,如自克尔凯郭尔之后,个人的自我选择一直是存在主义伦理学的特征之一,在某一意义上,阳明轻视经典和权威、习惯和成见,要人遵从个体的良知选择行为方式和生命意义,也可说与个人选择为价值根源的思想相通。但存在主义中有神论与无神论思想家的"个人选择"常大异其趣,极端者走向道德相对主义和唯我主义甚至非道德主义,这就与阳明哲学作为中国封建社会的儒家道德哲学的立场相距甚远。[④] 因而,如

---

① 参见项退结:《现代存在思想家》,东大图书公司1986年版。

② 参见李天命:《存在主义哲学概论》,学生书局1986年版。

③ 英语世界最早提到阳明学与存在主义的可比性的是 Hwa Yol Jung,他的论文是"Wang Yang-ming and Existential Phenomenology",载 *International Philosophical Quarterly*,1965,5。

④ 1972年6月在夏威夷大学举行的比较阳明学会议上,冈田武彦把王门后学,从王龙溪到王心斋等左派王学称作存在主义,强调"现成派"一切放下,自然流行,是拒绝理性思考的存在主义,实际上在1970年由狄百瑞编成的《明代思想的个人与社会》一书中已收入冈田此种观点的论文。因而在夏威夷会议上倪维森提出《王阳明的道德决定:中国存在主义的问题》的论文,依据 MacIntyre 等人的论点,强调心学与西方存在主义的差别,不过他也认为,尽管冈田使用的存在主义与一般西方意义的了解不同,但心学确实可能提出了一些存在主义的问题,值得深入研究。David Nivison,"Moral Decision in Wang Yang-ming:The Problem of Chinese 'Existentialism'",载 *Philosophy East and West*,XXIII,1-2,1973;Takehiko Okada,"Wang Chi and the Rise of Existentialism",载 Wm Theodor de Bary 主编 *Self and Society in Ming Thought*,Columbia University Press,1970。

果说,康德哲学与阳明哲学的可比性主要在于伦理学方面而不在一般哲学特征方面,那么,可以说,存在主义哲学与阳明哲学的可比性主要不在伦理学而在它作为思想运动的一般特征和主要的哲学趋向。

因此,我们说心学在许多方面接近于存在主义的想法,一方面是指两种思潮具有一些共同的特征,另一方面,更具体地指阳明哲学中人作为道德主体和存在主体密切关联,使心学与存在主义的思考之间有相互诠释的可能性。其中最突出的是对情绪主体和情感体验关注的问题。

劳思光曾指出,存在主义的主体是侧重于"情意我"①。萨特认为一般意识都是一种位置性意识,即预设了主体对于对象的二元论的认识,而心理、情感、情绪作为原初意识,并不把自我作为一个认识对象,自我体验不是位置性的。他把意向、快乐、痛苦作为一种直接意识,认为它们是"使对某物的意识成为可能的唯一存在方式"②,认为情感的东西是使认知成为可能的唯一存在方式。为了反对认识论至上主义,他强调情感体验的原初性,建立了"反思前的我思"概念。反思前的我思并不是认识论意义上的心之本体,而是指情感情绪的主体,因而情感体验更深地揭示了人的存在结构。海德格尔(Heidergger)也认为,情绪是存在者状态上最熟知的东西,"应当把这种现象视为基本的生存论状态"③,他也认为"相对于情绪的源始开展来说,认识的各种开展之可能性都太短浅了。在情绪中,此在被带到它的作为'此'的存在面前来了"④,他把情绪看做此在的"现身情态","在现身情态中此在总已被带到它自己面前来了,它总是已经发现了它自己,不是那种有所感知地发现自己摆在眼前,而是带有情绪的自己现身"⑤。这都是指出,情绪是"此在"的最基本的生存论环节。他还指出:"此在实际上可以、应该,

---

① 劳思光:《存在主义哲学》,亚洲出版社 1959 年版,第 2 页。
② 萨特:《存在与虚无》,三联书店 1987 年版,第 12 页。
③ 见海德格尔:《存在与时间》,三联书店 1987 年版,第 164 页。
④ 同上书,第 165 页。
⑤ 同上书,第 166 页。

而且必须凭借知识与意志成为情绪的主人,这种情况也许在生存活动的某些可能方式上意味着志愿与认识的一种优先地位,不过不可由此就误入歧途,从而在存在论上否定情绪是此在的源始存在方式,否定此在以这种方式先于一切认识和意志,且超出二者的开展程度而对它自己展开了。"①这都是强调"情意我"而非"认知我"才是源始意义的心之本体,才是此在即人这种存在者最切近的存在方式。

王阳明晚年著名"四句教"之首句"无善无恶心之体",如本书所揭示的,心体作为心的本然之体、本然状态,在这里既非伦理的、也非认识的意义,这个心之体相当于萨特"反思前的我思",海德格尔"本真的生存状态""基本的现身情态",正是指情感情绪的本然之体。阳明所要吸收的无我之境,面对的正是情感情绪的自我,以使人超越一切消极的、否定的情感情绪,获得安宁、平静、自在的精神境界。在心体的意义上,就是返归人的本真的情绪状态。阳明正是由于他在强化儒家伦理立场的同时所表现的对人的存在的情感状态的极大关注使他的哲学具有某种存在主义性格。我们在整部《明儒学案》中充满着理学家关于生存体验的记述中可以了解受王阳明影响的明代理学的特质。

从理性主义到存在主义,这是一个富于西方哲学意味的提法,虽然我们希望借助它作为线索之一来把握阳明学和作为对理学的反动的整个明代心学运动的性格,但并不表示阳明哲学与存在哲学完全相同。对同一对象,可以采取不同的方式或方法去把握,像传统所谓客观唯心主义到主观唯心主义的提法也未尝不可以在多元的诠释中继续展示其有用性。而对于我们来说,着眼点始终在强调,中国哲学本来不是希腊意义上的哲学,因而用古典西方理性主义不能完全了解中国哲学的价值与智慧,我们只有从人生体验、精神境界及存在主义讨论的人的生存情境等方面,才能全面理解中国文化和中国哲学的意义。

中国哲学与西方哲学一个明显的相异之处是,在中国哲学中人生

---

① 见海德格尔:《存在与时间》,三联书店1987年版,第167页。

修养的工夫论占了一个很重要的地位。因为它所讨论的是提高精神境界的具体实践方式,从而鲜明地表现出中国哲学注重精神生活与心灵境界的性格。冯友兰早就指出,比起西方哲学来,中国哲学更注重内圣及实现内圣的修养方法,即古人所谓"为学工夫",有着这方面的丰富讨论,而这些内容在西方文化意义上则不算做哲学①。秦家懿指出,事实上,中国哲学这部分内容在西方传统中亦可发现,只是更多地表现在宗教传统中,即基督教传统中所谓"精神性"(Spirituality)方面。"精神性"一词指人的精神生活的向度,包括苦行及神秘主义,而依晚近此词的用法,也用指非西方宗教传统中的精神修养。② 在西方文化传统中,超道德的境界即宗教境界,因而"精神性"主要表现为宗教的内心生活,而在中国文化中,儒学的人文主义传统自身容纳了这一向度。人究竟是否应在达到道德境界的同时也努力追求实现一种超乎伦理道德的境界,如本书所说的那种平静、稳定、安宁的自得无我之境,以及如何达到这样的心灵境界,精神生活和自我修养对人的全面发展和文明的进化有什么意义,这些都是永远富有生命力的课题。在东西方文化交流的时代,在各种宗教传统面临科学挑战的时代,面对人的安心立命的生存需要,省思儒学提供的哲学境界,也许是不无意义的。

最后,我想指出,以上所述,只是从文化的、比较哲学的角度简略地提示出作者写作此书的一些基本想法,但本书并不是文化研究或比较哲学的专著,事实上本书仍然是一个哲学史的研究,我们的目的是通过具体的、坚实的、历史的研究展示出儒家传统的文化—哲学的意义和其精神性的全部内涵。

---

① 见冯友兰:《中国哲学史》绪论,中华书局1984年版,第11页。

② Julia Ching, "What is Confucian Spirituality?" in *Confucianism: The Dynamic of Tradition*, Irene Eber, ed, (New York: Macmillan, 1986), pp 63-80.

第二章

心与理

心即理说的提出

心即理说的内涵

心即理说的诠释

心即理说的矛盾

一　心即理说的提出

在整个宋明理学中,"心"与"理"之间的关系是基本哲学问题之一。它的重要性在于,一个被称做理学家的学者,可以不讨论道器、性命,甚至理气的问题,但不可能回避心与理的问题。这是因为,对心、理问题的解决是理学以"本体—工夫"为基本结构的全部体系的决定基础,也是新儒家知识分子精神生活的基本进路。就心学传统而言,心—理关系更是全部体系的核心。可以毫不夸张地说,"心即是理"或"心外无理"是阳明伦理学的第一原理,集中体现了心学自孟子以来的伦理哲学。

朱熹曾说:"人之所以为学,心与理而已矣。心虽主乎一身,而其体之虚灵足以管乎天下之理。理虽散在万事,而其用之微妙实不外乎一人之心。"(《大学或问》卷一)按照宋代理学的看法,人生及修养的终极目的和理想境界是"心与理一",如朱子认为,心本来包含众理,但理在心中是作为"性"存在的,"心"在这里则是一个涵有经验意识意义的范畴。人的意识因受内在气质及外部环境的影响,并不能与道德法则完满合一。因而,虽然就伦理学的心性论而言,理内在于主体之中,但由于理对于人心来说只是先验的本质结构,而不是现成的意识事实,则道德原理的究竟根源是宇宙普遍法则本身,从而,就认识论而言,就意味着要使意识对于作为道德法则的理有一种自觉,使道德法则呈现或进入全部意识和动机。这样,体系中作为本质结构的理必须转化为认识对象的理,这个认识的过程,用朱子哲学的语言,就是付诸格物穷理的途径和方法。在这个认识过程中,还须要躬行践履,严肃地进行道德修养,以去除各种感性情欲的侵扰。根据以上立场,朱子哲学严于心性之辨,只承认"性即是理",不能承认"心即是理"是可以普遍有效的命题。在另一方面,与朱子同时但与朱学对立的陆九渊,以"发明本心"为宗旨,发展了孟子"本心"的思想,并进而提出了"心即理"的命题。在陆学中,"心即理"中的"心"实际是指先验的本心及它所表现的良心。因而陆学并不是认为人的一切意识活动都合于义理。但是,朱陆之间对心与理的问题始终没有展开过真正的讨论,双方都未能细致地辩难、反省、检讨此方的立场,以便在同一层次、同一范畴上明确双方的分歧。从心学一边来看,朱子哲学的经典依据主要是《大学》,而陆学的经典依据则在《孟子》。孟子的思想固然明白无争,但"本心"的思想不如《大学》三纲八目作为践履原理来得细密。陆九渊不但未能在《大学》内在逻辑方面从孟学的立场提出对朱学的质疑,而且在对格物致知、致知力行方面的理解尚未摆脱朱子的影响。这就决定了他对朱学的批判还不能充分展示孟学(心学)的全部观念。

在这个意义上,王阳明正是继承了陆九渊的思想方向,面对朱子,继续心学与理学的对话。只是此时朱子已经逝去三百年,而阳明一开始的时候也并没有继承象山的自觉意识。阳明亭前格竹穷理的故事,其发生和结果,表明阳明当时过于年轻,还不能真正了解朱子哲学格物论的全部内涵。这样的事例在几百年的理学史上几乎是绝无仅有的,仅这一点就表明,既然除青年阳明之外,所有学者都能正确了解朱子的意旨,阳明对朱子学的理解和他基于此种理解发生的对朱学的批判就难免偏颇之失。但他由此提出的问题确有意义。阳明在回顾早年思想的开展时曾说,他直至龙场悟道,"始知圣人之道,吾性自足,向之求理于事物者,误也"①(《年谱》戊辰条)。这表明,从弘治二年己酉谒娄谅为格物之学,至正德三年戊辰龙场之悟,青年阳明的心路历程一直为心与理的问题所困扰。他按照宋儒的指示到事事物物上去求理,而在事物上又求不到理。困扰如此之久的问题终于在龙场动忍之余的一夜获得了一种解决,虽然这个解决表面上采取了神秘体验的形式,但引导他到了一个实质的结论,这就是:理本来不是来自外部事物,而完全地内在于我们的心(性)中。这对阳明来说,无异找到了一把剃刀,把外物和外物之理的问题断然从哲学中剔除不论,这对以往的哲学立场,无疑具有一种革命的意义。

从思想发展来看,龙场悟道不仅是阳明历年苦参心、物、理问题的结果,也与弘治乙丑(时 34 岁)与湛甘泉定交以来的思想发展有关。阳明壬申《别湛甘泉序》中曾明确说明:"某幼不问学,陷溺于邪僻者二十年,而始究心于老释。赖天之灵因有所觉,始乃沿周程之说求之,而若有得焉。顾一二同志之外莫予翼也,岌岌乎仆而后兴。晚得友于甘泉湛子,而后吾之志益坚毅然,若不可遏,则予之资于甘泉多矣。"(《全书》七,第 124 页)②《年谱》亦载:"乙丑,是年先生门人始进。学者溺于词章记诵,不复知有身心之学,先生首倡言之。……然师友之道久废,咸目以为立异好名。惟甘泉湛先生若水时为翰林庶吉士,一见定交,共以倡明圣学为事。"(《全书》三十二,第 445 页)甘泉之学出于白沙,弘

---

① 本书引文中的着重点,凡未说明者,皆系作者所加,下同。

② 本书所用《阳明全书》系中华书局印行的《四部备要》本,卷次页码皆据此本,简称《全书》。

正间人皆目湛氏为禅学,而阳明与之一见相契,共倡身心之学,表明阳明为学的方向已牢固确立。事实上,终阳明一生,他所极力抨击的对象无非是记诵辞章、注疏支离之学,根据这一点来看,在湛若水的影响下,阳明当时已经在"内—外"之间选择了"内"的立场。正如我们后几章将看到的,在这一点上他不仅比湛甘泉更偏执,也更深刻。

这种在学问之道方面的内向性取向的确立,在一定程度上必然包含了对"心"的重新认识,这可见之于同年赠阳伯诗:"阳伯即伯阳,伯阳竟安在。大道即人心,万古未尝改。长生在求仁,金丹岂外待。缪矣三十年,于今吾始悔"(《全书》十九,第 287 页)。由此看来,阳明壬戌渐悟仙释之非(《年谱》),至乙丑确立了儒学的立场,而他归本的儒学,已带有浓郁的"大道即人心,万古未尝改"的心学特色。丁丑赴谪离京时,阳明作"八咏"别甘泉诸友,其中也明确提出:"此心还此理,宁论己与人。"(之四)也是强调人同此心、心同此理的思想,与陆九渊的心学更为接近,从这里已经打开了通向"心即理"的大门。阳明在诗中又说"器道不可离,二之即非性",也接近于宋儒中心学从大程子到陆象山以"道器不离""心即是性"的立场。这样看来,"洙泗流浸微,伊洛仅如线,后来三四公,瑕瑜未相掩","力争毫厘间,万里或可勉"(之三),已表明他对北宋以下的理学有所不满,"后来三四家"无疑主要指朱子。而他要辨明毫厘之差以免千里之谬,可能所指的就是朱子心与理为二的思想。同年寄储柴墟诗说"愿君崇德性,问学刊支离"(以上引数诗皆见《全书》十九,第 289 页),标举尊德性的宗旨,鲜明反对支离的道问学,这更是站在陆学的立场而与朱学背道而驰的实证。赴谪途中归山阴,作《别三子序》,其文首云:"自程朱诸大儒后,而师友之道遂亡,六经分裂于训诂支离,芜蔓于辞章业举之习,圣学几于息矣。"(《全书》七,第 123 页)所有这些表明,比较阳明晚年对"世儒支离外索"的强烈批判,阳明在赴龙场之前已明显地表现出与朱学分道扬镳的倾向,这也是龙场之悟的基础。对于阳明来说,所有的问题只是在于,他虽然已经确立了心学的基本立场,但对于宋儒提出的"格物穷理"的问题还没有找到一种理论上的解决或批判。这种解决则依赖于对心—理、心—物关系的重新定位与思考。

二　心即理说的内涵

阳明龙场悟道,以《年谱》所记较详:"(先生)自计得失荣辱皆能超脱,惟生死一念尚觉未化,乃为石椁自誓曰:吾惟俟命而已!日夜端居澄默,以求静一。……因念圣人处此更有何道,忽中夜大悟格物致知之旨,从者皆惊,始知圣人之道,吾性自足,向之求理于事物者,误也。"(《全书》三十二,第 446 页)"吾性自足"是论本体(性体),不当"求理于事物"是论工夫。龙场悟道的基本结论实质上就是"心即理",但这一思想的具体表述与展开最早见于《传习录》上徐爱所录。正德七年壬申阳明升南京太仆寺少卿,与徐爱同舟南下省亲,在舟中应徐之问,比较详细地讨论了心与理的问题。我们将按照这个讨论的逻辑把阳明思想及其问题加以展开。

1.　定理与至善

> 爱问:知止而后有定,朱子以为事事物物皆有定理,似与先生之说相戾。先生曰:于事事物物上求至善,却是义外也,至善者心之本体,只是明明德到至精至一处便是。然亦未尝离却事物。(《传习录》上,《全书》一,第 37 页)

徐爱《传习录引言》说,"先生于大学格物诸说,悉以旧本为正,盖先儒所谓误本者也",由此推之,阳明与徐爱南舟论学之前,他已经完全放弃了朱子对《大学》的章句和解释,而找到了新的经典基础,并建立了完全不同的诠释体系。所以徐爱一开始就提出阳明、朱子在解释《大学》上的差异。对《大学》"知止而后有定",朱子《大学章句》的解释是"止者所当止之地,即至善之所在也。知之则有定向"(《四书章句集注》,中华书局标点本 1983 年版,第 3 页)。朱子在《大学或问》则说:"能知所止,则方寸之间,事事物物皆有定理。"(《大学或问》卷一)据朱子在《语类》中的解释,"知止而后有定",定是定于理,使行为遵循而不越出事物的定理、分位和界限。从而知止是指了解物理当止之处。因此对于知止来说,首要的是"事事物物都理会得尽"(《语类》十四,中华标点本1986 年版,第 273 页),①也就是知得事物当然之则。按这个解释,知止与"止于至善"并没有直接关联,这与《章句》的解释不能完全协调。

初看起来,阳明答徐爱问一开始就把"定理"解释为"事理",又把事理解释为"至善",似乎很不合理。其实并不如此。仅就朱子对知止的解释而言,"定理"显然也是指"事理",即"定理"在这里不是指山川草木之理,而是指人类社会活动的法则和规范。在阳明看来,"知止"就是指知止至善,如果用定理解释所止的内容,就会游离了"止于至善"的目的。因此阳明首先要把"定理"还原为"至善",这一点从对《大学》经文解释的方面看来,是有理由的。于是,作为道德法则或道德原理的至善,其根据何在的问题便发生了。站在阳明的立场,如果至善是哲学追求的最高目的,如果定理或理就是指道德法则,那么他当然地反对事事物物上有理,或到事事物物上求理。他认为,至善作为究极的道德原理不可能存在于外部事物,事物的道德秩序来自行动者赋予它的道德法则,因而道德法则只能是内在的。如果把道德原理看成根源于外部事物中,至少这就犯了孟子所批判的把"义"所代表的道德原则看做外在性的错误。依照孟子的主体性立场,人性或人的本心是先验地至善的,因而内在的至善是一切道德原理的根源和基础。阳明所说"至善者心之本体"正是坚持了这一立场。

2. 道德法则与道德对象

如上指出,就《大学》本文来看,阳明把朱子用以解释知所当止的"定理"还原为"至善"是有理由的。但是,我们知道,阳明对朱子的批

---

① 本书引用的《朱子语类》系据中华书局 1986 年版标点本,以下简称《语类》,只注明卷次页码,不再注明版本。

判并不是针对经典的个别诠释,阳明哲学在整体上是对朱子格物穷理哲学的反动。事实上在答徐爱问中阳明显然有一种倾向,即把朱子哲学中所有的"定理"或"理"统统理解为至善之理。而对一般宋明学者而言,"理"的意义要远远超出阳明这里的理解和他所规定的意义。由于在一般意义上把定理作为"至善"的理解不具有普遍性,在王门内外引起了一系列相关的疑难和讨论。《传习录》载:

> 爱问:至善只求诸心,恐于天下事理有不能尽。先生曰:心即理也,天下又有心外之事、心外之理乎?爱曰:如事父之孝、事君之忠、交友之信、治民之仁,其间有许多道理在,恐亦不可不察。先生叹曰:此说之蔽久矣,岂一语所能悟!今姑就所问者言之,且如事父不成去父上去求个孝的理?事君不成去君上求个忠的理?交友治民不成去友上民上求个信与仁的理?都只在此心。心即理也。如心无私欲之蔽即是天理,不须外面添一分。以此纯乎天理之心发之事父即是孝,发之事君便是忠,发之交友治民便是信与仁。只此心去人欲存天理上用功便是。(《传习录》上,《全书》一,第37页)

按照阳明这里对朱子学的质疑,如果就"理"作为道德法则而言,格物穷理的哲学意味着"理"存在于心外的事物。然而,道德法则并不存在于道德行为的对象上,孝的法则并不存在于父母身上,忠的法则也不存在于君主身上,这些孝忠之理只是人的意识通过实践所赋予行为与事物的。

就阳明指出道德法则并不存在于道德行为对象之中,并在这个意义上批评理在事物,无疑是正确的。但是,朱子哲学的格物论是否建立在道德行为规范存在于道德行为对象之上这种看法上?如果不是,那么这一点还不能构成对朱子哲学的致命批判。其次,仅仅通过否定了道德之理存在于伦理行为对象上,还并不就是充分地证明了道德之理仅仅根于心中,除非预先证明只可能有这两种可能性。最后,即使承认当然之理都在心内,必然之理是否只根于心,仍然未得解决。

就范畴来说,在徐爱的理解中,天下事理既指各种道德行为的规范准则,也包括自然、社会、历史及具体事物的规律、属性、法则。徐爱认为,反求诸心以纯乎天理,在至善的意义上言之成理,但仅此是否能够掌握天下万物的定理(性质、规律)是不无疑问的。然而,他对心外无理的质疑却仍然局限于提出孝悌忠信等道德之理是否在心外的例证,这样一来,理是否仅指当然之理这个最基本的问题便被一带而过,使得阳明在前提未得澄清的情况下阐发他的思想。阳明断然宣称心即是理,他一方面把"理"完全理解为道德之理,另一方面,他不是正面地论证心即是理,而是从反面,通过否认至善之理存在于心外之物来加以论证。也就是说,对于阳明而言,只承认两种可能性:或者理是内在,或者理存在于外物,二者非此即彼。

3. 心与礼

"理"的问题不仅涉及道德法则和自然规律,而且,对儒家传统而言,也联系着礼仪规范。礼者理也,社会生活中具体的礼仪规定及节文准则是儒家"理"的观念的基本意义之一。如果说,心即理的思想,在一般的性善论立场上可能易于接受,在礼仪规范方面则会遇到困难,因为,社会礼仪的规定明显地更少先验性,而更多地具有人为的特点。

《传习录》载:

> 爱问:闻先生如此说,爱已觉有省悟处,但旧说缠于胸中,尚有未晓然者,如事父一事,其间温凊定省之类有许多节目,不亦须讲求否? 先生曰:如何不讲求? 只是有个头脑。只是就此心去人欲存天理上讲求。就如讲求冬之温,也只是要尽此心之孝,恐怕有一毫人欲间杂;讲求夏凊,也只是要尽此心之孝,恐怕有一毫人欲间杂。只是讲求得此心,此心若无人欲,纯是天理,是个诚于孝亲的心,冬时自然思量父母的寒,便自要去求个温的道理。夏时自然思量父母的热,便要去求个凊的道理。(《传习录》上,《全书》一,第37页)

儒家文化的特点之一是伦理原则与礼仪活动的高度融合。一方面伦理原则通过礼仪节文而具体化,另一方面礼仪规定也同时具有伦理准则的意义。从而,儒家的理不仅指一般的伦理原则,还指根据不同情况制定的行为仪节即具体方式或形式。在阳明看来,礼所代表的行为的具体方式和规定,其意义本来是使伦理精神的表现制度化、程式化和规范化,如果这些仪节本身异化为目的,忘记了它首先必须是真实的道德情感的表现方式,那就是本末倒置了。其次,在阳明看来,人们只要能真正保有笃实的道德意识及情感,他们自然能够选择对应具体情况的适宜的行为方式。因此仪节是,也应当是道德本心的作用和表现。就其根源而言,仪节代表的"理"是来自人的本心的。最重要的是,仪节本身的周全并不表示善的完成,只有动机的善才是真正的善。《传习录》载阳明答郑朝朔:"若只是温清之节,奉养之宜,可一日二日讲之而尽,用得甚学问思辨?惟于温清时也只是此心纯乎天理之极,奉养时也只要此心纯乎天理之极,此则非有学问思辨之功,将不免于毫厘千里之谬,所以虽在圣人犹加精一之训。若是那些仪节求得是当,便谓至善,即如有扮戏子,扮得许多温清奉养的仪节是当,亦可谓之至善矣。"(《全书》一,《传习录》上,第 38 页)这表明阳明强调的是动机论的立场。事实上,关于人心是否能自发先验地选择或确定与既有礼仪相符合的具体行为方式,是阳明心学一开始就遇到的挑战,如早年赠林典卿归省序中所说的穷理与立诚的矛盾等,都是如此。

在儒家传统里,一方面,至少自孔子以来便十分强调礼仪作为行为的道德化形式和社会文明化方式的重要性,一方面又强调要使道德情感贯穿于礼仪活动之中。所以孔子既叹"觚不觚",又主张"奢易宁戚"。从而,在儒学体系中一方面"仁"对于"礼"在逻辑上具有优先性,另一方面,"礼"又是儒家的实践特色和文化表现。两者需要维持一个平衡。因而,即使是强调"心即理"的陆氏兄弟,遇到丧礼仪节的问题也仍不得不请教于朱子进行讨论。按照儒家礼仪文化的实践原则,家、乡、王、侯各有其礼,整个社会生活高度仪式化和形式化,并在宏观上体现出强烈的文化意味。即以家礼而言,冠、昏、丧、祭及通礼都有一定的形式规定,这些规定和节目具有伦理实践、文化传承、人格陶冶甚至政治象征等多方面功能,即兼有道德的、文化的、社会的意义。一般说来,这些仪节的掌握需依赖传统,如经典的学习,师长的教训,家庭的承续等。

从历史的观点来看,任何一种文化中的礼仪都会遇到脱离时代变化而使形式本身成为目的的问题,何况阳明更多地是把礼仪节目看做伦理行为准则或规范的。因而在他看来,不是不要讲求节目仪节,而是必须分明主次,辨清头脑,最重要的问题应当是作为动机结构的道德观念与道德感情的培养。节目必须出自孝悌等心的自然发用才具有道德意义。如果把仪节本身当作目的或至善,就必然流于形式主义,走向与道德情感对立的虚伪。从这点来看,阳明的主张无疑是有其理由的。

当然,如前所述,即使内在于儒学的立场,对阳明这种仅仅由伦理中心立场出发的观点也还可以提出质疑。"礼"并不仅仅限于人的道德及社会行为的规范,从而站在心即礼的立场上如何处理儒家传统礼学中政治礼仪、制度设置、天文历法、宗教祭祀等活动,都仍是问题。如果这些也仅被视为人心的自然发现,而忽略其间的讲论研究,那么政治礼仪或天文历法在形式上的连续性、结构上的统一性都无法保持。放弃了经典的研讨,文明的积累也就成为空谈,这些问题在阳明的伦理中心论立场上似未能加以注意。

4. 心外无理

如果说"心即是理"是阳明哲学主体性原理的一个形式,则"心外无理"便是一个强形式。在与徐爱同舟南下的同年,阳明致友人书中首次申明了"心外无理"的思想。他说:

> 纯甫之意盖未察夫圣门之实学,而尚狃于后世之训诂,以为事事物物各有至善,必须从事事物物求个至善,而后谓之明善,故有"原从何处来,今在何处"之语。纯甫之心殆亦疑我之或坠于空虚也,故假是说以发我之蔽,吾亦非不知感纯甫此意,其实不然也。夫在物为义,在性为善,因斯指而异其名,实皆吾心也。心外无物,心外无事,心外无理,心外无义,心外无善。吾心之处事物纯乎天

理而无人伪之杂谓之善,非在事物之有定所之可求也。处物为义,是吾心之得其宜也。义非在外可袭而取也。格者格此也,致者致此也,必曰事事物物上求个至善,是离而二之也。(《与王纯甫》二,《全书》四,第 96 页)

这表明,对于阳明来说,心外无"理"主要是指心外无"善"。而善既不是指快乐或满足,也不是指外在行为的合于规范与否,只能指人的德性的动机和意识。归根结底,善的动机是使行为具备道德意义的根源。因此善和至善只能来自主体而不是外物,也不决定于行为的外部方式。从而,无论格物还是致知,都必须围绕着挖掘、呈现这一至善的根源入手。"此"即心,亦即本心。后来阳明在《紫阳书院集序》也反复强调:"孟子所谓学问之道无他,求其放心而已矣者,一言以蔽之,故博学者学此者也,审问者问此者也,慎思者思此者也,明辨者辨此者也,笃行者行此者也。心外无事,心外无理,故心外无学。"(《全书》七,第 127 页)从这里来看,"心外无善"是伦理原理,"心外无学"是实践原则,指一切学问不能离心以求,必须反求于心。"心外无善"与"心外无学",是理解心即理说及阳明整个心学的取向的关键。

5. 主宰、知觉、条理

为了全面检证阳明哲学成立的概念基础,有必要对"心"与"理"在阳明哲学中的界定做出进一步说明。《传习录》上:

要非礼勿视听言动时,岂是汝之耳目口鼻四肢自能勿视听言动?须由汝心,这视听言动皆是汝心,汝心之视发窍于目,汝心之听发窍于耳,汝心之言发窍于口,汝心之动发窍于四肢。若无汝心便无耳目口鼻。所谓汝心亦不专是那一团血肉,若是那一团血肉,如今已死的人那一团血肉还在,缘何不能视听言动?所谓汝心,却是那能视听言动的,这个便是性。(《全书》一,第 50 页)

《传习录》下亦载：

> 心者人之主宰，目虽视而所以视者心也，耳虽听而所以听者心也，口与四肢虽言动，而所以言动者心也。故欲修身在体当自家心体。
>
> 心不是一块血肉，凡知觉处便是心，如耳目之知视听，手足之知痛痒，此知觉便是心也。（《全书》三，第83—84页）

在阳明的这些讨论中，以心为（身之）"主宰"和以心为"知觉"的两种看法都是来源于传统哲学的定义，如朱子曾说"心者人之知觉，主于身而应事物者也"，又说"人之一身，知觉运用莫非心之所为，则心者固所以主于身而无动静语默之间者也"，阳明也主张"心"涵有主宰和知觉的意义。心并不是指体内的心脏，心是支配、统率感官及运动器官的控制中枢，心是人的各种知觉的综合。

显然，在"耳目之知视听，手足之知痛痒"即"知觉"的意义上，即使是阳明也不能说"心即是理"。朱子之反对心即理，正是反对以知觉为理，因为泛泛知觉有善有恶，并没有准则与规范的意义。因而，阳明主张的心即理，其本意并不是指知觉而言。心即理这一命题并不适用于知觉意义的心，"心即理"的心只是指"心体"或"本心"。只是，阳明一方面承继了传统哲学对心的定义，另一方面却又没有把本心与知觉加以明确分疏，未能提出明确的适合他的心学体系的对"心"的定义。在这种情况下，概念和命题都会发生一些不清晰的问题，且不可避免地引起不恰当的理解与批判。

至于"理"，如前面讨论的，阳明以理为道德法则，就理与心的关系来说，阳明还有一种表述：

> 理也者，心之条理也。是理也，发之于亲则为孝，发之于君则为忠，发之于朋友则为信，千变万化至不可穷竭，而莫非发于吾之一心。故谓端庄静一为养心，而以学问思辨为穷理者，析心与理为

二矣。(《书诸阳卷》,《全书》八,第 141 页)

根据这个说法,心即是理,在一个意义上,可以表述为"心之条理即理",是指人的知觉活动的展开有其自然的条理,这些条理也就是人的行为的道德准则。如依人的知觉的自然条理,事亲自然是孝,事君自然是忠,交友自然是信。因而,是人的知觉的自然条理在实践活动中赋予了事物以条理,使事物呈现出道德秩序。所以,事物之"理"论其根源不在心外。这个思想继承了孟子的"四端"及陆象山"汝耳自聪,目自明,事父自能孝,事兄自能弟,本无欠阙,不必他求"(《象山全书·语录上》)的思想。把道德原则看成人心固有的条理,认为这个条理是事物的道德秩序的根源,这是伦理准则上的主观主义。

由于事事物物的条理是由人心的条理经由实践而赋予事物的,所以:

> 又问:心即理之说,程子云在物为理,如何谓心即理?先生曰:在物为理,在字上当添一心字,此心在物则为理。如此心在事父则为孝,在事君则为忠之类。先生因谓之曰:诸君要识得我立言宗旨,我如今说个心即理是如何!只为世人分心与理为二,故便有许多病痛。如五伯攘夷狄、尊周室,都只是一个私心,便不当理。人都说他做得当理,只心有未纯,往往悦慕其所为,要来外面做得好看,却与心全不相干,分心与理为二,其流至于霸道之伪而不自知。故我说个心即理,要使知心理是一个,故来心上做工夫,不去袭义于外,便是王道之真,此我立言宗旨。(《传习录》下,《全书》三,第 84 页)

根据这里所说以及前几节的讨论,我们已经了解,阳明哲学的"心即是理"或"心外无理"的命题的提出,第一,是基于他对心与理的特定的理解与规定;第二,是集中体现他对于道德法则与道体主体间关系的看法;第三,是着眼于道德评价(及自我评价)中内在动机与外在行为的关系;第四,最终引导到内向修养方法的完全确立。以下将依照上述分疏对阳明心理观的贡献及意义做进一步的分析和诠释。

三　心即理说的诠释

（一）我们知道，孟子认为"仁义礼智根于心"，这里的"心"在孟子是指"本心"，孟子伦理哲学的基本观点是道德原理根源于人的本心。"本心"的概念孟子虽未加详细讨论，但可以合理地认为，本心是指"四端"或仁义礼智之心。从四端来说，本心具有道德意识的意义（亦含道德情感），从仁义礼智作为道德法则来说，本心就是理，就是道德法则之所从出，因而陆象山提出"心即理"说，是合乎孟学内在逻辑的。从陆象山到王阳明，"心即理"或"心外无理"，这里的心都是来源于孟子的本心概念。阳明有时更用"心体"及"心之本体"表达这一概念。源于孟子的这个本心观念，是指完全独立于感性欲念，没有任何感性欲望染乎其间的先验的主体，整个孟学，从孟子到王阳明，都是极力肯定、保护这一基本观念。这样一个观念，由于排斥了感性，显然是一个接近理性的观念，这个理性由于着眼于道德领域，所以实际上是一个近于康德所谓"纯粹实践理性"的概念。换言之，在伦理学上，本心是近于康德伦理学中的"道德主体"的观念。基于如上了解，如果不论"理"所涉及的自然法则方面的问题，仅就伦理学而言，可以看出，"心即理"的命题在阳明哲学以及心学中真正的意义要远超出它在形式方面的不严谨性，就是说，这个问题在心学传统中集中体现了对道德主体（及主体自律）的肯定。在康德哲学中，"道德主体"是指作为实践理性的意志，它是纯理性，排除一切感性的成分，仅从理性上处理各种欲望官能，心学中常常以不严格的"心"所表达的"本心"的观念，在此意义上，就是明确肯定这样一个道德主体，全部心学的基础和整个心学所要表达的就是道德主体的概念。尽管心学由于未能明确区分意志与意念，在理论上造成了许多问题，但建立道德主体这一取向十分突出。理解这一点才能对之做出正确的评价。①

（二）如上所说，心学的一个问题是，在中国哲学中，心是一个多含义的概念，即使是阳明也仍以心指谓知觉等。因此，心学虽然努力建立一个近于康德的"道德主体"的概念，但并没有像康德那样把认识主体与道德主体区分开来，也没有区分意志与意念，统统由一个"心"字来表示，这样一来，注重认识活动及意念现象的人当然有理由反对在未加分疏的情况下承认"心即理"。中国哲学中"心"的概念一直未得分化。西方哲学特别是近代哲学，尤其是德国哲学，强调把先验同经验相区别，如康德反复强调"纯粹"，区分了先验意识与经验意识，费希特的自我也是指纯粹的自我意识，而与个别的经验意识相区别，都是区分了纯粹自我与经验自我，区分了纯粹自我与现成的意识事实。就是到胡塞尔，也还是要从经验的自我还原到先验的自我。阳明心学的一个主要缺陷是，如果他像康德那样，一开始就明确心外无理说是就纯粹实践理性而言，那么，不但他的整个系统自成条理，也可免去种种不相干的非议。

（三）既然阳明哲学中的心主要是指道德主体，用康德的话来说，心就主要不是指理论理性，而是实践理性。理论理性是从感性入手，力图把握对象的知识，而"实践理性既然不是要研究对象以求认识他们，而只是处理可以实现这些对象的它自己的那种官能，即只处理那含有一种原因性的一个意志，而且它因此也无需供给任何对象，只须作为实践理性，供给一个法则"，②所以，心既然是实践理性，它就不以"认识"为目的，而以求得至善为责任，它的任务是确定实践原理究竟是由主体以内的决定原理来决定，还是以主体以外的决定原理来决定。站在这个立场上，一切指责心学不能完成认识任务的批评都是不恰当的。

（四）如阳明所说，"心即理"的提出还是为了针对把外在行事的"当理"当成内在动机的"至善"。阳明答徐爱及郑朝朔所说："若只是那

---

① 心学与康德道德主体的概念，请参看李明辉：《儒家与自律道德》，载《鹅湖学志》第一期，台北：文津出版社，1988 年 5 月。

② 康德：《实践理性批判》，商务印书馆 1960 年版，第 91 页。

些仪节求得是当便谓至善,即如今扮戏子扮得许多温清奉养的仪节是当,亦可谓之至善矣。"从康德伦理学的角度看,这里讨论的也就是"行为的合法性"与"意向的道德性"问题。一个行为契合道德法则,此行为含有"合法性",但并不等于含有"道德性"。道德性仅指意志的主观动机而言。一个人伸手扶起一个摔倒的孩子,如果他只是为了取悦孩子的父母,则此行为虽有合法性,并无道德性。只有行为出自自己对道德律令的尊重和服从,才具有道德性。因此康德说,道德法则"必须被表象为行为的真正动机,否则虽然可以产生出行为的合法性,但并不能产生出意向的道德性来"。① 康德还指出,重要的不是行为"含有法则的条文","而且还需要含有法则的精神",②条文即阳明说的条目、仪节,精神即此心。仪节再完善详尽,也只是完成了合法性,并不等于实现了道德性,因而作为"道德性"的至善只能由内在动机来决定,这一点上阳明与康德是一致的。

(五) 最后,"心外无理",由上述可见,其意义在于承认"道德主体"和道德主体的"自立法度"即自律。自牟宗三先生提出以自律、他律说心学、理学以来,心学自律说已产生了较大影响。如果撇开朱子学是否为他律形态的伦理学不论,或者不在否定、消极的意义上理解他律,以心学为自律伦理学是可以成立的。

对于康德来说,核心问题在"法则"。究竟用什么法则决定我们的意志才能成为普遍道德原理?感性法则不行,那是实质,因而能够成为普遍道德原理的只能是形式,即单纯、普遍的立法形式。除此而外不能让任何别的东西决定意志。让意志去服从而且独立于经验条件的普遍形式归根到底又是理性自己的结果,康德的自律说即由此而来,即决定意志(实践理性)的只是理性自己,理性所服从的只是理性自己。换言之,意志是真己为自己立法,并要求自己去遵守。康德因把感性欲望的对象作为实质,又预设了理性与感性的二分,则感性之外只能由理性自

---

① 康德:《实践理性批判》,第 153 页。
② 同上书,154 页。

身提供立法的根据,因而理性自立法度即自律。如果不能自立法度,那就意味着从感性接受法度,终归要倒向快乐主义。

由此可见,如果从一个比较抽象的意义上说,自律的一个意义就是作为实践理性的意志自我立法,换言之,道德法则源于道德主体自身。在这个意义上,"心外无理"是一个对意志自律的绝对肯定的命题。①

但是,我们应当注意,任何西方哲学的范畴应用于中国哲学,都具有相对的意义,因为各自范畴都产生于一定的历史文化脉络,具有不同的问题指向和意义。因而,如果把康德的自律简单地化约为道德法则源于道德主体,而不对道德法则与道德主体做出明确的规定,那么必然会造成许多理论上的漏洞及混乱。

康德在《实践理性批判》第八节阐述定理四时指出:"意志自律(Autonomie)是一切道德法则所依据的唯一原理,是与这些法则相符合的义务所依据的唯一原理。反之,一切任意选择的他律(Heteronomie)不但不是任何义务的基础,反而与义务原理,与意志的道德性互相反对。唯一道德原理的本质,就在于它可以离开法则的一切实质(即欲望的对象)而独立自主,同时,并借着一个准则所必然涵有的单纯普遍立法形式来决定任意选择。但前一种独立性就是消极意义下的自由;至于纯粹的(因而是实践的)理性的自立法度,则是指积极意义下的自由。"②照这里所说,被康德定义为"消极意义下的自由"的"前一种独立性",是指"它可以离开法则的一切实质而独立自主"。"实质的实践规则"是指以感性及其对象来决定意志动机的规则,在康德看来,依据主体的感受性,不足以为普遍法则,消极的自由即指理性能摒弃感性法则而不受其决定,使理性摆脱感性的牵扰。照康德说,这种"克己"的自由是作为唯一原理的自律原理的一个方面;而另一个方面,照康德自己的表述,所谓"积极意义的自由",即"纯粹理性的自立法

---

① 在以心学为自律伦理学的观点方面,晚近最重要的文献可参看李明辉的论文,包括:《儒家与自律道德》,载《鹅湖学志》第一期;《再论孟子的自律伦理学》,载《哲学与文化》十五卷十期,台北,1988 年。

② 《实践理性批判》,第 33 页。

度"，是指"借着一个准则所必然涵有的单纯普遍立法形式来决定任意选择"。① 因而，严格地说，对康德而言，实践理性自立法度，是有规定的，不是抽象的，这个规定，如果用西方哲学的形式与实质(原料)的划分来说，自律原理的第一个方面揭示了规定的实质面，即法则必须是排除感性的法则，自律原理的第二个方面则揭示了规定的形式方面，即主体自律是依据"单纯普遍的立法形式"，此外，道德主体在康德哲学中也有明确的意义，这些都保证了康德伦理学可以不受曲解。

由此可知，对于康德的自律来说，只说心自立法度是不够的。"心即理"若要合于康德之自律，不能仅从抽象的意义上说，必须先肯定心是道德主体(即实践理性)，和理为"单纯普遍的立法形式"，并非任何主体的任何原理皆可称为自律，正是因为单纯普遍立法形式是理性自身的结果，才能说到理性的自己立法。正因为自律是指理性以其自身的"单纯普遍的立法形式"决定选择，所以才说"这种自律本身就是一切准则的形式方面的条件"。在规定自律原理的整个定理四中，康德注意的核心仍然是如何以普遍立法形式取代感性自然法则。因而简单地说，他律即遵从感性法则，自律即由普遍立法形式以建立义务。普遍立法形式既被看做理性自身的结果，所以康德认为理性应当遵从的不过是理性自己的法则，这个演绎过程的脉络下才有自律的说法，而不是说一切主张心提供道德法则的就是自律。从主体说，心学的"本心"虽是道德主体，但此道德主体与康德规定的道德主体仍有不同，本心虽排斥情欲，但仍有感性的色彩即道德感情。本心提供的道德法则也不指唯一的普遍立法形式，更不用说"形式"与"实质"的分别也是儒学所无。此外，康德的"自律"包含"服从道德律"(重点号是康德自己的)，这表明康德的自律意味着理性的反思，而心学的良知具有直觉的意义，包含着道德感。康德在《道德形而上学探本》中特别强调了"人自己也得要服从他所定的这种规律。"②"服从"的观念显然是康德自律学说中

---

① 《实践理性批判》，第33页。
② 康德：《道德形而上学探本》，商务印书馆1962年版，第54页。

与心学很不同的一个观念。

可见,自律的范畴虽然对我们理解心学的特质有很大的帮助,由此可开发出一种富有生命力的诠释方向,但也要了解彼此之间的差异,以免使之绝对化而产生不必要的纠葛。

至于"他律"是否适用于与心学对立的理学,更一直是一个争议问题。事实上,对自律——他律用于宋明儒学诠释的疑问,主要也在他律上,而不在自律上。这个问题不必在此详加讨论,只需指出,康德伦理学包括自律原理主要讨论的是"法则"即如何确定道德法则,而不是"心体",更不是"工夫"。而在法则的问题上,程朱陆王并无异议,他们都是以天理(理性法则)排斥人欲(感性法则)。如前引述康德的表述,一切他律都是与"意志的道德性"对立的,在康德哲学中,意志的道德性与行为的合法性相对,为个人幸福而做一件合乎道德法则的行为,只有合法性,而无道德性,只有"正其谊不谋其利",把正其谊本身作为目的,才会有道德性。这样看来,"他律"所针对的乃是只讲合法性不讲道德性的倾向。而理学无论程朱还是陆王,都是把正谊不谋利作为基本实践原理。从这点看,康德所谓的他律与程朱伦理学显然有很大距离。从另一个角度说,自律与他律的分别用另一种形式表达,就是定言式与假言式的分别,而在用定言式方面,朱子学显然是为康德所肯定的。

(六)如果从哲学史的发展看,与宋代占统治地位的朱子学之重视客观性立场相比,阳明学显然转向主观性或主体性立场。梯利指出,费希特的哲学是伦理唯心主义,这样的伦理唯心主义必然注重主体性在道德哲学中的地位。杜维明指出,心学之强调心即理,是因为"如果相信理智对外物之理的逐渐穷索就能够获得自我认识,那么,我心中的理必然缺少自我的自足性力量,缺少能动的创造力。因为如果人必须把外界的理内化到心中来,自我实现的最终基础就不在自我的人性之中"①。从比较的眼光来看,阳明哲学的精神与反对黑格尔的克尔凯郭尔相似,对真理的主观性更为倾心。克尔凯郭尔对客观真理漠不关心,

---

① 杜维明:《人性与自我修养》,中国和平出版社1988年版,第136页。

尽管他并不否认这种真理,但他所关心的根本不是这一类真理。在他看来,注重外在世界客观真理的结果便是主体性的消失。因而克尔凯郭尔认为"主观的思维"优于"客观的思维"之处就在于它使我们得以把注意力转向主观。他把黑格尔叫做客观思想家,自称为主观思想家。从这种主观性立场出发,他认为"真理"应当是与我们的存在密切联系的真理,表现出对过分的理性主义的反抗。他所提出的"真理就是主观性(主体性)",与阳明的"心即理"有着许多共同的地方。阳明所关心的根本不是天地万物所以然一类的"理",他所关心的只是止于至善的理,他与克尔凯郭尔一样,具有贬抑知识的倾向。克尔凯郭尔认为,知识与存在有一种不和谐的关系,断言注重知识会忘记存在的意义,存在是不能被当做知识体系去追寻的。因而他把要求客观地认识事物的人,把阐明体系的教授视为敌人,①这个立场与阳明对朱子学的强烈抨击也有异曲同工之妙。克尔凯郭尔以把"成为一个基督徒"作为人生最重要的任务而闻名于世,阳明也因大倡"为己之学"与成圣成贤奠定了他在宋明精神发展历史中的地位。在以主观性与内在性反抗系统化的客观研究方面,二者是一致的,从而提示出一种系统化的客观主义体系所引起的反动所必然具有的某些特质。

四　心即理说的矛盾

如果对阳明心外无理说提出质疑的话,那么,可以这样说,主要的问题不在于阳明的意图难于为人了解,事实上他的意图应当说是十分清楚的,而在于形式与内容的矛盾。他把他的思想(道德法则源于道德主体)安置在一个并不完全合适的命题形式(心外无理)之下,正如一个瘦人穿了一件肥大的衣服。固然,每个哲学家对于概念可以有自己的用法,但为了与其他人沟通和理解,必须考虑到语言的约定俗成和概念的通行用法以及不严格使用所可能造成的误解,至少需要对自己异于

---

① 让·华尔:《存在哲学》,翁绍军译,三联书店 1988 年版,第 18 页。

通行使用的特殊立场做出一个限定的说明。如果说,阳明早年与徐爱论《大学》时,基于特定的经典解释脉络,把定理还原为至善是不无理由的,那么,他在后来许多一般讨论中不加限制地断言"物理不外于吾心"所引起的批评,就同样地不是没有理由的了,这在他晚年的学术活动中尤为突出。

阳明晚年提倡良知学说,而致良知思想在根本上仍未脱离心外无理的基础,在求理是否只求于心,致良知能否穷尽天下之理的问题上他反复受到朋友及门人的质疑。《文集》载:

> 妻姪诸阳伯复请学,既告之以格物致知矣,他日复请曰:致知者致吾心之良知也,是既闻教矣。然天下事物之理无穷,果惟致吾之良知尽乎? 抑尚有所求于其外也乎? 复告之曰:"心之体,性也。性即理也。天下宁有心外之性,宁有性外之理乎? 宁有理外之心乎? 外心以求理,此告子义外之说也。理也者,心之条理也,是理也,发之于亲则为孝,发之于君则为忠,发之于朋友则为信,千变万化至不可穷竭,而莫非发于吾之一心。"(《书诸阳卷》,《全书》八,第 141 页)

正如当年徐爱一样,诸阳显然认为,即使承认道德之理应当求之于心,而天下事物之理仍有超出道德之理者,这些理在诸阳的理解中是指事物的性质、法则、规律等,在他看来,这些"物理"与"伦理"不同,仅求之良知是无法获得的。而阳明的全部令人不满之处在于,他应当一方面明确指出他的"心外无理"及"不可外心以求理"都是限定于伦理学内的讨论;另一方面,对于客观事物的规律的问题也给出一种明确的解决。而他始终只是笼统地断定理是内心的先验法则,事物的道德秩序也只是内心原则通过实践运用于事物之上从而使事物呈现出来的条理。阳明晚年答顾璘一书,把他自戊辰以来的思想做了一个集中的表述,而对这些问题的解决仍无法令人满意。他说:

夫物理不外吾心，外吾心而求物理，无物理矣。遗物理而求吾
心，吾心又何物邪？心之体，性也。性即理也。……理岂外于吾心
邪？……夫外心以求理，是以有闇而不达之处，此告子义外之说，
孟子所以谓之不知义也。(《答顾东桥书》,《全书》二,第54页)

一般来说，在阳明哲学中，"心即是理""心外无理""物理不外吾心"
"理不外乎心"几种提法是一致的。但严格地看，"心外无理"断言理只
存在内心之中，独立于主体之外的理并不存在。而"心即理"或"理不
外乎心"则可以理解为理既存在于外部事物之中，也同时内在于主体，
这也就是朱子所说的"理虽散在万事而实不外乎一人之心"。阳明坚
持心与理的同一性，批评朱子以心与理为二，其实，朱子未尝不可以承
认在本体上心与理的同一性，只是朱子哲学中重视"心"作为经验意识
的意义，强调心与理不能现实地同一，从而在认识论上要求用人心之灵
莫不具有的知性能力去认识事物之中普遍存在的理。就朱子认识论上
以心为主体、以理为对象而言，可以说是心理为二；但朱子在本体上所
强调的"心与理一，不是理在前面为一物，理便在心中"(《语类》卷五，
第85页)，表明笼统地用"心理为二"批评朱子并不恰当。在陆象山和
王阳明，理并不是对象，理是主体自身的一个规定，所以心即是理。比
较来看，朱子哲学中的"心与理一"更多地用指境界，即物格知至阶段
上所达到的境界，朱子很少说到心之本体意义上的心与理一。也可以
这样说，对朱子而言，心学所谓本体(心性本体)意义上的心与理一并
不是绝对不可接受的，但朱子决不赞成把这一思想表述为"心即理"的
形式，既然"心"不仅是一个超越的本心或心之本体的概念，它就无法
避免在实践上以情欲之心混同为理的弊病。

仅就象山的立场，朱子学所谓在认识论上以作为主体的心穷究作
为对象的物理这一立场未尝不可以被接受，但心学总是认为，这样一种
思想如果作为基本为学方法，遮掩了心之本体与理为一，混淆了道德原
理的真正根源，抹杀了伦理实践中的主体性。

正如我们屡次看到的，"物理不外乎吾心"是在"物理"这一概念未

得澄清和界定的情况下提出的,在这一问题上产生的争论核心是如何对待事物的规律,阳明说:"朱子所谓格物者,在即物而穷其理也,即物穷理是就事事物物求其所谓定理者也,……夫求理于事事物物者,如求孝之理于其亲之谓也,求孝之理于其亲,则孝之理其果在于吾之心邪,抑果在乎亲之身邪?……以是例之,万事万物之理莫不皆然。"(《答顾东桥书》,《全书》二,第55页)阳明这个答复与壬申答徐爱问难的立场完全一致,表明他在这一问题的立场是一贯的。但是,如前所说,在徐爱提出的关于《大学》本文中"知止"的解释方面,阳明用止于"至善"代替止于"定理"是有理由的,但能否把朱子哲学中的定理统统解释为至善,则是另一个问题。既然阳明是针对朱子格物穷理整个哲学而来,他首先必须辨明朱子所谓物理何所指,然后才能争论求得物理所应采取的途径和方法。如果朱子的"物理"概念不止于道德的义理,孟子的义外批判就不完全适用于朱子。

朱子在谈到明道所说"夫一身之中以至万物之理,理会得多,自然有个觉悟处"时说:"一身之中是仁义礼智,恻隐羞恶辞逊是非,与夫耳目手足视听言动,皆所当理会。至若万物之荣悴,与夫动植之大小,这底是可以如何使,那底是可以如何用,车之可以行陆,舟之可以行水,皆所当理会。"(《语类》十八,第395页)因而朱子所谓"理"广泛包括"造化""名物""度数""礼乐"及各种事物的具体规律。阳明可以不赞成朱子学追求这些知识的方向,可以对穷造化之理是否有益于明明德提出质疑,但他不能用仁义之理的内在性来整个批评朱子以理为客观性的立场。事实上朱子也是把仁义礼智看做属于"一身之中"的,他的问题是:"且如陆子静说良知良能、四端根心,只是他弄这物事,其他有合理会者,渠理会不得,却禁人理会!"(《语类》十六,第324页)朱子认为,良知为人所俱有,但人止于良知,这种知就是不完全的。因而,一方面,内在的良知可以帮助人引导到行为的合法则性,另一方面,人主要通过学习历史文化典籍与其他教育途径以求孝悌忠信之理。朱子说:"古者初年入小学,只是教之以身,如礼乐射御书数及孝弟忠信之事,自十六七入大学,然后教之以理,如致知格物及所以为忠信孝弟者。"

（《语类》七，第124页）就是说，孝悌忠信之理作为人之所行的当然之则，并不是在父亲、君主身上去寻找，主要是通过教育和学习，特别是小学阶段的教育。而《大学》所说的格物穷理，则是要进一步穷"所以忠信孝弟"者，就是说，只了解要忠信孝悌是人所当行的道德准则还不够，这还只是初级阶段要解决的问题，大学作为高级阶段，要求把这些准则提高到宇宙普遍法则的表现来认识，从万物之理入手，上升到普遍性的"天理"，最终从普遍性的天理再来看孝悌忠信的意义，那就不仅是认识所当然了，而且是认识所以然了。

所以朱子哲学中的物理包含当然与必然两方面，阳明的所有论证只是解决了当然之理一面。而另一方面，事物是否有其必然之理（法则、规律、性质）？这一类物理能否归结为至善？致良知以求至善能否穷尽这类物理？面对这一类物理是否可说"心外无理"，是否可说"外吾心而求物理而无物理"？这些都是提出"心外无理"的阳明应当回答而没有回答的问题。在宋明时期的文化情境中，"心"所含有的经验意识的意义，"理"包含的分理、定理的规律意义，都使得"心外无理"的命题在令人接受方面遇到很大的困难。

最后，从整个为学方法来看，对于阳明的批评除了他自己在命题形式的利用方面所造成的原因之外，与理学的一元化的工夫论立场也有很大关系。在宋明理学的了解中"为学工夫"是面对整个精神生活的，因此"为学宗旨"要求不仅面对伦理领域，还须同时顾及各种精神领域，故"为学之方"不限于伦理道德的领域，而具有承担一般的人格发展的性质。一个宋明时代的儒者，会不自觉地对阳明的宗旨产生怀疑：这样一种为学方法如何能够涵盖一个士大夫官僚整个精神发展的多面需要？如朱子所说，照陆象山之说，为一乡善士则可，但无法实现人的精神的多方面的高度发展。而阳明所以如此，乃是面对明中期社会败坏的现实环境，故说得低些。另一方面，阳明把儒家固有的伦理优先（the priority of ethics）的立场更加推进，虽然有其现实关怀及对症下药的一面，但多少使尊德性与道问学的平衡受到了影响。

阳明哲学的这种内在的形式方面的缺陷，使得它造成了两种结果，一个方面来自朱学,批评阳明忽略了理所涵有的客观规律的一面而导致对知识发展的轻视;另一个方面则以"左派"王学为代表,利用了"心"所具有的多方面意义,使"心即理"变成了鼓吹感性法则的借口,使"率性而行""纯任自然"也在"心即理"的形式下获得了某种合法性。超出伦理学而就一般的哲学观点来看,诉诸纯粹主观性的立场必然有其困难。黑格尔曾指出,在康德看来,"由于必然性和普遍性既然不在外界事物内,则它们必然是先天的,就是说存在于理性本身内,存在于作为自我意识到的理性那样的理性之内"①,这种立场包含的哲学睿识在于"把思维理解为本身具体的,自己规定自己的东西"②,确认了理性的自主和自由。他同样指出,康德哲学使客观的独断主义的理智形而上学无法立脚,但由于康德把普遍真理转移到具有有限性的理智范畴的意识中,放弃了追问自在真理的问题,使之冒着走向"主观的独断主义"的危险③。阳明哲学也有类似问题,如果阳明"先验的"伦理唯心主义要摆脱主观的独断主义的阴影,它就应当注意明确自己在伦理学领域的分际,而避免被理解为"超越的",即越入到本来没有权力进入的另一范围。如果他不能注意避免这一点,他就无法在哲学上完全拒绝主观的独断主义的批评。

---

① 见黑格尔:《哲学史讲演录》第 4 卷,商务印书馆 1978 年版,第 260 页。
② 同上书,第 256 页。
③ 同上书,第 258 页。

第三章

心与物

心 与 意
意 与 事
心 与 物
心 物 同 体

事实上,阳明哲学在论及"心外无理"的问题时,不仅涉及心与理的定义及其相互关系,也常常同时涉及心与物、心与事的相互关系。我们已经看到,阳明在申发心外无理的原理时,总是同时宣称"天下又有心外之事、心外之理乎","心外无物,心外无理,心外无义,心外无善","心外无理,心外无事,心外无学"。与心理关系一样,心物问题也是阳明哲学中格物理论的基本前提,它与体系中其他部分密切关联,具有重要的意义。

一 心与意

阳明早年提出"身之主宰便是心,心之所发便是意,意之本体便是知,意之所在便是物"(《传习录》上,《全书》一,第 38 页)。在心、意、知、物四个范畴中,竟有三个范畴需要通过"意"来界定,这表明"意"在阳明哲学中有较为重要的地位。理清"意"的意义及心与意的关系,能够帮助我们理解阳明学"心外无物"思想的内在理路和哲学含义。

在朱子哲学中,应用于经验意识的有心、情、意、志等几个范畴。人之意识、念虑、情感在朱子统称"知觉"。按照朱子哲学的规定,知觉之合于道德法则者为"道心",与道德法则相冲突的意识则为"人欲"。在这些地方,心显然是指已发之心,即现成的、经验的意识。情有"四端",相当于道心;情又有"七情",其合于理义而中和者可促进道德性的实现,过或不及则亦属于"人欲"。"情"实际上也是属于"已发"的范畴。意与一般情感念虑不同,一方面意是心之运用,与情同属于已发,"意是心之运用也","情亦是发处","运用是发了";另一方面,情与意的分别在于"情是性之发,情是发出恁地,意是主张要恁地。如爱那物是情,所以去爱那物是意,情如舟车,意如人去使那舟车一般"(《语类》五,第98页)。"情是会做底,意是去百般计较做底,意因有是情而后用"(同上书,第96页),又说"性是不动,情是动处,意则有主向"(同上),"心者一身之主宰,意者心之所发,情者心之所动,志者心之所之"(同上)。根据这些说法,情、意、志虽然均属已发之心,但其中有所分别,情是自然流出的思维念虑,而意则是有较强意向的心理范畴,故说"意是主张要恁地""意则有主向"。志则是指意志,比意来得更强些,故说"志刚而意柔","志是公然主张要做底事"(同上)。

由于江右以前,"诚意"是阳明讲学的宗旨,他把诚意看成《大学》八条目的核心,所以特别重视和突出"意"这一范畴,他对意的看法是与他对整个《大学》八条目相互关系的看法相联系着的。同时在对"心""意"的解释方面也受到朱子的极大影响,如阳明亦多用"心之发""心之动"说明"意"。他说:"主于身也谓之心,心之发也遇父便谓之孝"(《传习录》上,《全书》一,第42页),"至善也者心之本体也,动而后有不善,而本体之知未尝不知也,意者其动也"(《大学古本序》,《全书》七,第128页),"心之发动处谓之意"(《传习录》上,《全书》三,第73页),"以其主宰之发动而谓之意"(《与罗整庵少宰》,《全书》二,第66页)。

阳明哲学中的"意",如果笼统地说,主要指意识或意念,但其间又有不同,如"其虚灵明觉之良知应感而动者谓之意"(《答顾东桥书》,《全书》二,第55页),感若指外感,则这里的意便是指作为知觉主体对于外部刺激所做的反应的感觉意念。至于"意在于事亲""意在于治民",则不是对某一外感所做的直接反应,而是作为内在欲求的另一种意念。"吾心发一念孝亲,即孝亲便是物",这里的念即是意,意与念是相通的。阳明还认为:"意欲温凊、意欲奉养者所谓意也,而未可谓之诚意"(同上书,第56页),意作为意欲,这里主要是指某种实践的意向,一种主动的、积极的、要求有所作为的意,正如朱子所说"欲有所营为谋度皆意也"(《语类》五,第96页)。阳明所说"夫人必有欲食之心然后知食,欲食之心即是意","必有欲行之心然后知路,欲行之心即是意"(《答顾东桥书》,《全书》二,第53页),以及阳明常说的"意在于为善""意在于去恶",这里的意都是意欲,表示一种行为的意向。

　　本心是本体,纯善无恶;意念、意欲、意识则是现象,是有善有恶的。"凡应物起念处皆谓之意,意则有是非,能知得意之是非者则谓之良知"(《答魏师说》,《全书》六,第118页),"如今要正心,本体上如何用得功? 必就心之发动处方可著力也,心之发动不能无不善,故须就此著力,便是在诚意"(《传习录》下,《全书》三,第83页)。所以,凡心有所发,即一切意识活动,都是意。这样,由于阳明哲学中"心"指本体之心,即纯粹自我,而"意"是一个经验意识的范畴,故心与意的区别近于康德哲学中作为纯粹实践理性的意志与意念之间的区别(wille 与willkür)。在晚期阳明思想中,人的意识结构中最重要的是两部分,即良知与意念。意念包括思维与情感,有是非,有善恶;良知则是人的更深一层的自我,又表现为判断意念善恶的能力。良知虽能判断是非善恶,但良知不能保证不善的意念不产生,也不能先验地保证人只遵从良知的呼唤和指引,因而良知既是积极的,又是消极的。这个意义的良知是阳明哲学的基本用法。阳明有时也把良知说成一种应物的能觉,这显然是因为阳明后来常用良知代替心的概念,并不表示他对良知的看法不确定。

二　意与事

现在让我们正式转到心外无物的问题上来，概括地说，阳明之提出或建立"心外无物"的原理通过三个环节作为中介，一是以物指事；二是从心上说事，即从主体方面定义事；三是通过意与物的关系建构起心外无物的心物论。

《传习录》徐爱录：

> 爱曰：昨闻先生之教，亦影影见得功夫须是如此，今闻此说，益无可疑。爱昨晓思格物的物字即是事字，皆从心上说。先生曰："然。身之主宰便是心，心之所发便是意。意之本体便是知，意之所在便是物，如意在于事亲即事亲便是一物，意在于事君即事君便为一物，意在于仁民爱物即仁民爱物便是一物，意在于视听言动即视听言动便是一物。所以某说无心外之理，无心外之物。"（《传习录》上，《全书》一，第 38 页）

为了理解这一段话的意义，首先应注意思想资料的来源。朱熹说过："心，主宰之谓也"，"意是心之所发"（《语类》五，第 94—95 页），因此，阳明所说"身之主宰便是心，心之所发便是意"，与朱子哲学中对心、意的定义并无根本区别。"身之主宰便是心，心之所发便是意，意之本体便是知，意之所在便是物"，这是把心、意、知、物作为一个纵向联结的结构加以界说。心—意—知—物的次序无疑来自《大学》的正心、诚意、致知、格物，由此可见，这四句话及其所要表达的思想是面对《大学》提出的基本问题及宋代哲学对于这些问题的解释，并且把《大学》中作为工夫条目的正心、诚意、致知、格物还原到心、意、知、物的基本概念层次上。比照晚年天泉证道的"四句教"，这里的四句话不谈教法，只论概念，可以称为"四句理"。后来的"四句教"也是以《大学》的心、意、知、物的结构为基础，兼论工夫，把本体、工夫一齐收摄。四句教因面对本体与工夫的定位,原未涉及基本范畴的界说,可以认为在基本范畴方面四句教仍以四句理为基础,四句理,虽然我们将在后面看到它与阳明当时的工夫论有直接关联,但它没有涉及本体和工夫的问题,只是基本范畴的界说和联结。

四句理中最重要的是后两句,因为前两句与朱子学无根本区别,后两句才代表了阳明哲学的睿识。其中"意之本体便是知"在致知章再详加讨论,这里围绕"物"的问题集中讨论"意之所在便是物"的问题。

"四句理"为徐爱壬申前后所闻,后来陆澄亦录:"问身之主为心,心之灵明是知,知之发动是意,意之所着为物,是如此否? 先生曰:亦是"(《传习录》上,《全书》一,第45页)。陆澄对"四句理"大概亦有所闻,故质于阳明。较之徐爱所录四句,陆澄所述似略有偏差,这就是,《大学》铺陈本是先意后知,而陆说则先知后意。他说"心之灵明为知"在某一意义上虽无不可,但与作为本体的良知有所不同。"知之发动是意"也似有未明之处,比较恰当的应说心之发动是意。后来阳明答陈九川问也说:"物在外,如何与身心知是一件? 先生曰:……指心之发动处谓之意,指意之灵明处谓之知,指意之涉着处谓之物,只是一件。意未有悬空的,心着事物。"(《传习录》下,《全书》三,第73页)

阳明晚年《答顾东桥书》中说:"心者身之主也,而心之虚灵明觉即所谓本然之良知也,其虚灵明觉之良知应感而动者谓之意,有知而后有意,无知则无意矣,知非意之体乎? 意之所用必有其物,物即事也。如意用于事亲即事亲为一物,意用于治民即治民为一物,意用于读书即读书为一物,意用于听讼即听讼为一物,凡意之所用无有无物者,有是意即有是物,无是意即无是物,物非意之用乎?"(《答顾东桥书》,《全书》二,第55页)在顾东桥致阳明书中,曾对阳明"知者意之体,物者意之用"的说法提出质疑,在此以前罗钦顺也曾表示不赞成阳明"物者意之用"的思想。据顾、罗二人的说法,"知者物之体,物者意之用"是阳明戊寅所刻的《大学古本旁释》中的话,今存函海本《大学古本旁释》亦作"心者身之主,意者心之发,知者意之体,物者意之用"。根据这点,四句理也可以表述为《大学古本旁释》的四句,但很明显,"知者意之体"

并不能明确把"意之本体"的意义充分表达出来,而"物者意之用"更无法表达出"意之所在"的含义。因而在讨论四句理方面,《传习录》徐爱所录应被考虑为标准的表达形式。

从实质上说,四句理中最重要的一句,与心物关系有直接关系并最能代表阳明思想特色的,可以说就是"意之所在便是物"(爱录)或"意之所着为物"(澄录)"意之涉着处谓之物"(九川录)。"意之所在便是物"是要为"物"下一个定义,首先须注意,照阳明与徐爱整个问答特别是徐爱"物字即是事字"的说法,这里的"物"并不是泛指山川草木等物,而是指"事"。就是说,至少"意之所在便是物"在其初提出来的时候主要是指意之所在便是"事"。心外无物,也应当在这个意义下来了解。正如徐爱所说,这个定义本质上是"从心上说物"。上述四句理的立场阳明至晚年并未改变,如《大学问》中仍然坚持"致知必在于格物,物者事也,凡意之所发,必有其事,意之所在之事谓之物"(《全书》二十六,第374页)。

就"意之所在便是物"来说,意指意识、意向、意念。意之所在指意向对象、意识对象。这里的"物"主要是指"事",即构成人类社会实践的政治活动、道德活动、教育活动等等。这个命题表示,意识必然有其对象,意识是对象的意识,"意未有悬空的"。而事物只有在与意识、意向相关的结构中才能被定义。"从心上说"表明,事物作为人的意向结构的一个极,是不可能脱离主体的,正如我们日常生活中看到的,一切活动(事)都是意识参与的活动,在这个意义上,离开主体的事物是不存在的,即"心外无物"。在阳明这个定义中,作为意之所在的"物"显然包括两种,既包括意所指向的实在之物或意识已投入其中的现实活动,也可以包括仅作为意识之中的对象的意之所在。

根据以上讨论可知,"意之所在便是物"正是阳明哲学"心外无物"的具体内涵,徐爱所录一条"如意在于事亲即事亲便是一物,意在于事君即事君便是一物,意在于仁民爱物即仁民爱物便是一物,意在于视听言动即视听言动便是一物,所以某说无心外之理,无心外之物"。将此意表达得十分清楚,陆澄亦录:"心外无物,如吾心发一念孝亲,即孝亲便是物"(《传习录》上,《全书》一,第45页)。由此我们才能把握住阳明"心外无物"说的逻辑线索。

可见，正如阳明自己反复申明的，"心外无物"的本来意义是指"意之所在便是物"，如意在于事亲事君，事亲事君便是一物，这样一来，使得他哲学中的心物问题在相当程度上体现为意与物的关系问题。如果我们不拘泥于事、物、意的分疏，仅就其哲学含蕴而言，"意之所在便是物"显然是一个接近于现象学（Phenomenology）的命题，而他的心物理论也同现象学的意向性理论颇有相同之处。

意在阳明哲学的这种地位，使得我们有理由把阳明哲学与胡塞尔（Husserl）及现象学的意向性（intentionality）理论做一对照。在胡塞尔的老师布伦塔诺（Brentano）那里已经提出，一方面意向活动必然与某个对象有关，但此对象可以是非存在（如圆方魔妖），故意向活动具有内向性特点。另一方面，由意向性的观念，可以把心理现象定义为通过意向途径把对象包括在自身中的现象。[1] 继承了布伦塔诺"每一种意识都是关于对象的意识"[2]，胡塞尔也主张，意向的本质在于"在意向中有对象被意指，被作为目标"[3]；萨特在《存在与虚无》中也强调了胡塞尔关于"一切意识都是对某物的意识"的思想[4]，用心学的语言，也就是"意之所在便是物"，"意之所用无有无物者"。

胡塞尔引进"noema"表示意向的对象，"noesis"表示意向行为，"意向对象"是意向构造的对象极，"意向行为"则是主体这一边。胡塞尔现象学中，"意向性"是一个核心概念，在意向性结构中意识活动与意识对象的关系是"原则同格"的关系，意识活动"构成"意识对象，意识对象是自我意向作用设立的。意识作用与意识对象互相联结，不可分割，意识的对象是在意向的参与下成其为对象的，意向内容作为意识对象，既有客观性，又是思维现象的一个方面，而具有主观性。内在于现象学的立

---

[1] 参看刘放桐等：《现代西方哲学》，人民出版社1981年版，第522页。
[2] 《当代哲学主流》，商务印书馆1986年版，第43页。
[3] 同上书，第99页。
[4] 《存在与虚无》，三联书店1987年版，第19页。

场,意向性观念提供了内外联结的桥梁,在意向性结构中,主体与客体、心与物的对立被打破,而由意向性为二者建立起不可分割的关联。

如前所说,阳明哲学中的物主要指事,同时,在"意之所在便是物"中他并未规定物(事)一定是客观的、外在的、现成的,因而与布伦塔诺到胡塞尔一样,这个意之所在可以是"存在的",也可是"非存在"的,即可以是实物,也可以是意识之流的对象极。阳明只是强调"意"一定有其对象,有其内容,至于对象是否实在并不重要,因为他所强调的是意向行为本身。正如湛若水与阳明辩论"物"的问题时所指出的,阳明"意之所在便是物"的命题,根本上是要把物归结为意念,只有把格物的"物"归结为"意念",才可能把"格物"解释为"正心之不正以归于心"。物由阳明这样一规定,正如黑格尔评论洛克(Locke)及贝克莱(Berkeley)一样,就不再是自在的,而是为他即为意识存在的,其根据便在主体之中了。

从上述观点了解或诠释阳明心外无物的哲学,就"意之所在便是物"来说,它表示:意具有一种对对象的指向性质,物只是作为意的对象才有意义。因而须把物纳入意识结构来定义,是意构成了事物的意义(理),事物的秩序来自构成它的意。在这个意义上,阳明可以发展出一套现象学的伦理学。由于意念是决定事物道德性的根源,事物的理必须由善的"意"赋予它,因而意是"构成"事物的要素,物不过是意的结果。在这里,意向对象是否实在,意向是否已对象化都是不重要的,重要的是意向行为本身,因为意向行为本身决定着作为对象的物的性质。换言之,对于阳明的目的而言,物不是主要以指现实的东西,而是指意向之物,由此最终回到"意向的道德性"(康德)上来,为阳明的格心说提供理论基础。"意在于孝亲即孝亲为一物",孝亲这个"物"既可以指已经实现的活动或正在实现的活动,也可以是仅指意念内容,即呈现在意识中的"意向客体",这样,"有是意即有是物""无是意即无是物",以及"心外无物"都是可以被理解的了。

在理解阳明心外无物说的问题上,最重要的一点是,我们必须了解阳明提出这一原理的目的是什么,他在内心所面对的和要解决的问题是什么,用他自己的语言来说,须辨明其"立言宗旨",才能在揭示这一命题的具体的理论侧面时,不致迷失它的主要意向。这个作为宗旨的目的就是:所有对于"物"的解释都是针对着自青年时代以来便一直困扰着阳明的"格物"的问题,他从来没有打算抽象地、孤立地讨论心物关系,他的一切努力都是为了论证格物不可离心这一心学的基本立场,在理论的组织、建构方面,某种意向性原则无疑对他帮助甚大。

最后,应当指出,我不认为现象学的意向性学说是理解阳明心物理论最恰当的方法,我只是想表示,现象学的一些理论可以使我们进一步挖掘阳明哲学中丰富的可诠释性,更不意味着王阳明与胡塞尔关于意识及对象的理论是等同的,事实上在两人之间有着相当大的差异和距离。

三 心与物

通过以上讨论,我们已经了解,阳明心外无物的命题,在把物限定为实践活动的"事"的范围内,以及把"心外无×"的语言结构理解为"没有脱离心的×"的意义内,是可以得到理解的。但是正如在心外无理问题上形式与内容存在某种不协调一样,除了上节讨论的意向性问题之外,心外无物这一命题至少在形式上还容纳了许多其他的内容,对这些问题的进一步检讨便是本节的任务。

正如上节所看到的,尽管阳明曾肯定,心外无物的"物"是指事而言,但它始终没有明确地把实在的客观物体(如山川草木)排除在心外无物这个命题的适用范围之外,而正如心外无理中理的用法通常涵有定理、分理一样,物的通常意义也包括山川草木甚至人,这使得阳明心外无物的理论必然会面对外界事物的客观实在性的挑战。

也就是说,在意之所在便是物的问题上,如果我们超出现象学的理解,就会提出另一些问题:我们现在知觉到某物,但此某物在未被意识所指向,即未被"意之所在"时,此某物是否是"物",是否存在?"意之所在便是物"中的"意"是个体的意识还是人类集体的意识?从这些问题来考查心外无物说,不可避免地与贝克莱的"存在即是被感知"发生交涉。

贝克莱把人的意识分为不同种类,特别是区分了"感觉观念"和"想象观念",感觉观念一般被认为是由心外之物通过感官印入人心的,是心外之物所引起的,而贝克莱从唯心主义经验论出发,否认感觉是由外界物质性存在所引起的,提出存在即是被感知的原则。他认为人只能感知感觉,此外别无所知,一般人所说的物质实体,不过是被感知的一组感觉的集合,贝克莱还明确说明他所讲的心不是某个特殊的心,而是"所有人的心",因此可感物并不忽生忽灭,一方面甲的知觉间断时还有乙的知觉在运作,一方面有限心灵的知觉并不是可感物连续存在的最终保证,这个最终保证只能是作为无限心的上帝。

就形式而言,贝克莱的思想也可以叫做"心外无物",存在即是被感知与意之所在便是物也存在着某种类似。我们知道,意识或感知作为行为与所意识、所感知的东西是不同的,外在对象如山河草木自然地真正地存在着,与它被知觉的情况不同,贝克莱则反对把知觉与知觉对象分开。罗素(Russell)指出,如果某物是感觉对象,当然一定有某个心和它有关系,但是这并不能证明此物不作为感觉对象时,本来就不存在,逻辑上不能证明这一点。[①] 照贝克莱的立场,意之所在也只是观念、感觉,所以贝克莱与阳明还是有所不同的。阳明所说的意一般来说只是指个体自我的意识,这与贝克莱预设的上帝的观念更有距离。一般说来,对于日月星辰山川人物,阳明是承认其独立的实在性的。

事实上,正如上节所说,心外无物的提出,对阳明来说,本来与贝克莱与胡塞尔不同,并不是面对外在的客观物体,而是着眼于实践意向对于"事"的构成作用,因而心外无物本来与那种认为个体意识之外什么都不存在的思想不相干,至少对于一个儒家学者,绝不可能认为父母在逻辑上后于我的意识而存在,也更不可能认为我的"意之所在"不在父母时父母便不存在。然而,心外无物这一命题的形式本身超出了阳明

---

① 罗素:《西方哲学史》下卷,商务印书馆 1981 年版,第 187 页。

应用这一命题的特殊意旨。阳明又没有选择其他的命题,由此产生出像"山中观花"一类问题,这对阳明几乎是不可避免的。既然传统限制了他严格选择命题形式以表达思想,他也要为此付出代价。如果说他不能完满地回答关于外界事物独立于人的意识的客观实在性问题,在很大程度上也是因为他本来不是面对这一问题的。

《传习录》下载:

> 先生游南镇,一友指岩中花树问曰:"天下无心外之物,如此花树在深山中自开自落,于我心亦何相关?"先生曰:"你未看此花时,此花与汝心同归于寂。你来看此花时,则此花颜色一时明白起来,便知此花不在你心外。"(《全书》三,第79页)

经验告诉我们,此山中之花即使无人看它,它也自开自落,其自开自落不以我们的"意之所在"与否为转移。未看花时,即意之未在,来看花时,即意之所在着于花。阳明在这里不说无是意即无是花,只是说"此在与汝心同归于寂"。寂对感而言,如说"应感而动者谓之意",心未为花所感时未动此意,但心不可谓之无;花未进入知觉结构,在意象上处于"寂"的状态,但不等于花的不存在。阳明既然没有对"自开自落"提出异议,表明他所说的不是指自开自落的存有问题。

对山中观花的一个可能的诠释来说,如果物是指事,心外无物的重点在于心外无事,则山中观花树的答问不适用于花树,而适用于"观花""看花"。意之所在于花,即"看花"为一物;未看花时,意未着于花,"看花"之物也就不在;来看花时,意着在于花上,"看花"之物即成现实之有,故此一物(看花)不在心外,即不能脱离主体的参与。另一种诠释也是可能的。如胡塞尔说:"花的'显现',并不是作为实在的内在的组成部分,而是在自我意识中,观念地作为意向的某物,呈现的某物,或者等值地陈述就是作为自在意识的内在的'对象意义',意识的对象,即在流动过程中与'自身'同一的对象,并不是来自过程之外的,相反地,它是作为一种意义被包括在主观过程自身之中,因而作为由意识的综合所产生的'意向的结果'。"①综合即构成作用,这是说,作为意向对象的花的显现,并不是实在对象,而是意向构成作用产生的一个结果,叶朗主编的《现代美学体系》从审美体验与审美意象的同一肯定了阳明这个观花问答:"客体的显现(象)总是与对客体的意向密切相关的","由于我的投射或投入,审美对象朗然显现,是我产生了它,但是另一方面,从我产生的东西也产生了我","从美学的角度,我们很欣赏王阳明这里说的话:'你未看此花时,此花与汝同归于寂;你来看此花时,则此花颜色一时明白起来',这句话可以用来作为对于审美体验的意向性的一种形象的描绘。"②这种对心学命题在审美经验方面的诠释性的探讨是值得注意的,这种从现象学的美学出发的诠释,与我们从现象学意向性理论诠释心外无事的哲学,殊途而同归。

在心外无物问题上,另一段难以处理的思想材料是:"天没有我的灵明,谁去仰他高? 地没有我的灵明,谁去俯他深? 鬼神没有我的灵明,谁去辨他吉凶灾祥? 天地鬼神万物离却我的灵明便没有天地鬼神万物了……。又问:天地鬼神千古见在,何没有我的灵明便俱无了? 曰:今看死的人,他这些精灵游散了,他的天地万物尚在何处?"(《传习录》下,《全书》三,第85页)与观花一样,仰高、俯深都是包含审美体验在内的体验性活动,而不是一种纯粹认知的态度。从审美经验的角度来看,作为审美意象的天高、地深离开了主体就无法构成,没有人的意识,天还谈得上什么崇高和伟大呢。

如果不拘于审美意识与对象的关系,而从作为意识对象的"意义"着眼,阳明讨论和关注的显然不是那个山河大地的实然世界,而是与主体活动相关的意义世界,他并不认定没有人的意识,山河大地星辰日月便不复存在,他并不直接否定天地的这种存有意义上的"千古见在",而只是问"死的人他的天地万物尚在何处"。

这样,我们就来到了胡塞尔的另一重要观念"生活世界"(leb-

① 引自张宪:《论胡塞尔现象学的本质科学》,《现代外国哲学》第4辑。
② 叶朗主编:《现代美学体系》,北京大学出版社1988年版,第566页。

enswelt），即"他的天地万物"可以被理解为近于胡塞尔哲学晚期提出的"生活世界"，即作为生活主体的个人在其特殊视界中所经验的世界。胡塞尔说："这个世界对于我不仅是作为一个事实与事件的世界，而且同时是作为一个价值世界、实物世界、实用世界而存在的，我可以不再费力地发现我面前的事物既有符合于它们实证的本然性质，又有美与丑、愉快或讨厌、快乐与忧愁等价值特点的。"①听了一堂令人讨厌的课之后，人们会说那一小时过得真慢，这说明我们的"生活时间"与客观钟表时间是不同的。同理，"生活世界""是由你的利害关系、兴趣和未来计划组成的，这就是存在主义现象学者要研究的东西"②，"这个人在日常生活的主观性中当下或直接经验到的那个世界是和各种科学研究的客观世界不一样"，③生活世界包括个人的、社会的、感性的和实际的经验，是每个人直接经验范围内形成的那个世界，是一个具有"主观性"的世界，从这个观点来看王阳明所说"天没有我的灵明谁去仰它高……天地鬼神万物没有我的灵明便没有天地鬼神万物了，……今看死的人，他的天地万物尚在何处？"这个被赋予了高、深诸性质的世界显然不是指一个事实的世界，而是一个价值的、审美的、具有意义的世界，"他的天地万物"就是他经验范围内形成的"生活世界"，这个世界离开了他的意识就不成其为他的世界了。胡塞尔的"生活世界"对海德格尔、萨特、庞蒂都有直接影响，阳明的思想也许从这个角度来了解，才是可以被理解的。

心外无物说的本意是强调实践意向对于实践活动的意义，这个思想一旦取得一种语言的形式，其意义在理解中必然有张大和变形，何况"心外"和"无物"在语言上都可以被相当合理地理解为"离开人的意识山川日月都不存在"这样的看法，阳明既然不想选择改变表达的方式，他的回答虽然可以做出某种诠释，但他的解答不能说是令人满意的。

---

① 引自《分析的时代》，商务印书馆1987年版，第103页。
② 《理想的冲突》，商务印书馆1984年版，第216页。
③ 刘放桐等：《现代西方哲学》，人民出版社1981年版，第530页。

四　心物同体

在心物问题上，阳明哲学中关于"心物同体"的讨论也值得注意。《传习录》下：

> 问：人心与物同体，如吾身原是血气流通的，所以谓之同体，若于人便异体了，禽兽草木益远矣，而何谓之同体？先生曰：你只在感应之机上看，岂但禽兽草木，虽天地也与我同体，鬼神也与我同体的。请问。先生曰：你看天地中间什么是天地的心？对曰：尝闻人是天地的心。曰：人又甚么教作心？对曰：只是一个灵明。（曰：）可知充塞天地中间只有这个灵明。……天地鬼神万物离却我的灵明便没有天地鬼神万物了，我的灵明离却天地鬼神万物亦没有我的灵明了，如此便是一气流通的，如何与他间隔得！（《全书》三，第 85 页）

万物同体这一段问答与山中观花及心外无物的讨论有些差别，心外无物是强调意识的第一性，而心物同体则是强调两者的统一性。而且，如山中观花表示的，心外无物的心可以指个体意识，而万物同体一段说的"灵明"是指整个人类精神，二者是有所区别的。前者是论个别事物与个体自我意识，后者则是存在物的整体与人类意识总体的关系。

阳明答季明德书说："明德之意本欲合天人而为一，而未免反离之为二也，人者天地万物之心也，心者天地万物之主也，心即天，言心则天地万物皆举之矣。"（《答季明德》，《全书》六，第 117 页）"人"为天地之心是指人是宇宙的精华，具有万物不能具有的智慧，这是一个拟人的说法，它是基于心（精神）既是人之全身的精华，又是人体活动的主宰这一看法，从而，人心作为宇宙的精华，在此意义上也可以说是天地万物的主宰。这里的"主宰"不是指创生或控制，只是说具有根本性。《礼运》："人者天地之心也，五行之端也"，晋人傅玄也说"心为万事主"，这些对心的说法都具有一种文学的、夸张的意义。

"人者天地之心,心者万物之主",这个心作为人心,不是指个人的心,而是人类的精神,如果说整个天地可以看做一个大身体,人类的精神便是这个大身体的心,在这个意义上"人心与物同体"。人心既然是个"灵明",即精神,又是宇宙间唯一的灵明,这个灵明也就可以看做整个宇宙之心(灵明)。

阳明晚年倡良知学说,心物的问题往往也以良知与万物的形式出现,《传习录》下:

> 朱本思问:人有虚灵,方有良知,若草木瓦石之类,亦有良知否? 先生曰:人的良知就是草木瓦石的良知,若草木瓦石无人的良知,不可以为草木瓦石矣。岂惟草木瓦石为然,天地无人的良知亦不可为天地矣。盖天地万物与人原是一体,其发窍最精处是人心一点灵明,风雨露霜、日月星辰、禽兽草木、山川木石,与人原只是一体。(《全书》三,第79页)

根据这个看法,人与天地万物是一个整体,这种一体,一方面是"一气"所构成,另一方面,在这一气构成的宇宙中,只有人心最精最灵,所以人心可被看做这一气构成的整个世界的"灵明",它的理性,它的精神,它的良知。由于把良知所安顿的躯体从小宇宙(人)放大为大宇宙(天地万物),因此作为宇宙结构成分的灵明或良知就不仅是人的良知,也可以看成草木、禽兽甚至瓦石的良知。如果没有良知,人就不成其为人,宇宙就不成其为宇宙,作为宇宙成分的草木瓦石也就不成其为草木瓦石了。天地人的这种一体性是有机的,没有人或人的良知,被破坏了原始有机一体性的天地,也就不再成其为原来意义上的天地了。这里的良知不是指个人良知,而是人类的意识与精神;物也不是个别的事物,而是整个存在的万物。这个思想是以一种有机整体宇宙的观念为基础的。

然而,如果宇宙中每一存在物及其属性都是必不可少的结构成分,那么不但无人的良知即无天地,无禽兽之恶亦不可为天地,因而,这种说法并不是哲学的论证,只是换了一个看问题的角度,或者提升了一个理解世界的境界而已。所以对于这一类命题,与其用存有论的方式去考察,不如从境界论方面去理解。这一点我们将在境界章中再详加讨论。

为了极力赞美良知作为主体性的意义,阳明不仅从心之灵明为身之主宰,经过万物一体为中介,而达到宣称"我的灵明便是天地鬼神的主宰",在《传习录》中甚至有这样的记载:"良知是造化的精灵,这些精灵生天生地,成鬼成帝,皆从此出,真是与物无对! 人若复得它完完全全,无少亏欠,自不觉手舞足蹈,不知天地间更有何乐可代!"(《全书》三,第78页)"生天生地""成鬼成帝"语原庄子《大宗师》,"与物无对"学程明道语,"皆从此出"即"万化根源总在心"(咏良知诗)。"精灵"的说法,以"今看死的人他这些精灵游散了,他的天地万物尚在何处"参之,当指"灵明"。这是不是表明阳明在存有论上有以良知为宇宙本体的思想呢? 孤立地就这一条材料而言固然可以这样理解,但这一思想在整个阳明思想中并不能找到支持,因此,毋宁说这也是以文学性的夸张语言表示的心为万事主的思想。

在对待良知即造化的精灵这一类问题上,望文生义固然是理解能力不够的表现,而回避"唯心论",把"唯心论"看成一个"坏"的语词,故意寻找非唯心论的范畴(如泛神论)去把握阳明心学,同样未能摆脱片面性。既然我们已经承认唯心论自有其认识的、伦理的价值,在哲学史的学术研究中就可以把它作为一个价值中立的范畴来使用。对于"唯物论"也是如此。因此,当我们使用诸如"唯心主义"一类范畴把握、描述阳明心学的性格时,决不表示我们对这一体系及其价值的简单否定。

在心物问题上,近代西方哲学中的唯心主义是有较大影响的。贝克莱那种基于经验论的存在即是被感知,实际上只承认观念的实在性,不承认存在的实在性。费希特则认为非我不能离开自我,非我是由自我设立的,谢林(Schelling)也认为客体不能离开主体,主客应该是绝对同一的。经验批判主义也是强调自我与非我的不可分割的同格,认为对现存的东西的任何完全的描述,不能只包括环境而没有某个自我,至少不能没有那个描述我们所见到的东西的"自我"。而胡塞尔的意向性理论,最终仍把他反对的原则同格说以另一种形式引入主体与客体的关系之中,否认有独立于意向结构的对象。从这个方面来看,在心物问题上,阳明基本上是唯心论。但不仅这一唯心论展开为不同侧面,而且其理论之中也还有些复杂性。如意有两种,一种为内心自己发动的意;一种则是心受外物所感而发生的意。从而意与物的关系上,在前一种情况下,基于意向结构来规定物,意是第一性的;在第二种情况下,意是作为对外感的"应",第一性的则是物,可见阳明哲学中其哲学结构也是相当复杂的。站在唯物主义的立场,必然要突出客体的自在性,就会以使心有所感即刺激、引起心之活动的自在对象来定义"物"。而阳明哲学总的倾向是要凸显作为实践意向的意,因而选择了把物纳入意向结构来定义。他有意地不去分别意之所在是否为实在对象,以求把对外物的注意转移到意向行为本身中来。他的唯心论一方面是类似费希特的"伦理唯心论"(梯利),一方面与现象学的唯心主义有异曲同工之妙。

第四章

心 与 性

未 发 与 已 发
心 之 本 体
心 与 性

一　未发与已发

　　未发与已发两个概念出自《中庸》"喜怒哀乐未发谓之中,发而皆中节谓之和",但在中唐以前,并没有受到哲学家的特别注意,李翱《复性书》以《中庸》为基本思想资料,开始在心性论中引进和发展这两个概念。

　　宋明儒学的心性论作为对佛教挑战的回应,其诠释方向和发展理路受到佛教的刺激与影响很大。佛教主张"不思善不思恶,识本来面目",要求人在把一切现实情感和思维"还原"为内心本来状态时体认内在的清静本性,以获得一种新的领悟,认为这个还原后的纯粹意识状态才是人的"存在"的本来面目。佛教对人生境界的看法不管是否能够得到普遍赞同,必须承认它的修养方式是有效的、有意义的。因而当儒家要包容佛教所提示的人生境界及修养方式时,这样一种还原思想显然刺激了儒者对《中庸》"未发"观念的新的诠释活力。

在二程哲学中开始较多地讨论到已发未发的问题,其基本问题有两个,一个是未发已发的定义,一个是如何在实践中体认未发。这是由于,"未发"并不只具有心性哲学的范畴意义,如《中庸》指出的,未发是"中",是"大本",所以未发也代表一种理想的境界,具有实践的意义。这两个问题,用明代理学的语言,也可以说前者是本体的问题,后者是工夫的问题。本体这里是指心性的本体,并不必然具有形上学(存有论)的含义。工夫则是由之以达到理想境界的实践方法。本体与工夫是有联系的。因为从理学的立场,工夫所要达到的境界,事实上就是心性的本然之体或本真状态,所以工夫是由本体规定了的。

但是,二程的已发未发说有几种不同的表述,其中并不一致。这一方面是由于大程、小程之间的不同造成的,另一方面也许有因人施教以及小程晚期思想发展的因素。关于未发已发的规定,二程有一种说法,认为"凡言心者皆指已发",于是心无论动静皆属已发。根据这个说法,从逻辑上说,既然心在任何时候都是已发,作为"中"的未发只能是内在于心的"性"了。二程又有一种说法"既思便是已发,与喜怒哀乐一般",这就是说,不论思维还是情感,心只要有所活动便是已发,根据这个说法,"未发"是指心的静的状态,是思虑未起、情感未作时的内心状态。在前一种意义上,未发已发是内外体用的关系,正如海德格尔所说,两者的关系是"通过某种显现的东西而呈报出某种不显现的东西"。而在后一种意义上,未发已发是前后源流的关系,都是意识过程不同阶段的呈现而已。按第一种说法,未发是意识结构的内在本质,按第二种说法,未发是意识过程的原始状态。

在未发工夫的问题上,二程的说法也不同,一种说法是"善观者却于已发之际观之",另一种说法则强调"存养于未发之前",二者用功的重点不同。

未发与已发在程门后学中愈来愈成为重要的课题。大体上,一派主张未发时的体验,如杨时一系,强调"静中体认未发气象",即体验那种还原后的前思维、前情感的内心状态,这个工夫是建立在把未发已发理解为前后两个不同阶段的看法。另一派如胡宏,则明确提出"未发只可言性,已发乃可言心",既然心只是已发,一切工夫都在已发上做,由此强调先察识后涵养,偏重于已发工夫。这两种方向,即注重未发涵养和注重已发察识的传统都汇集到了朱子。朱子本师李延平,延平继承了"静中体验喜怒哀乐未发"的传统,并以教授朱子。而朱子后来又受湖南学派的影响,认定心为已发。直到朱子四十岁己丑之悟才对二程以来这两个传统做了一个总结。朱子根据程颐晚年的思想,认为未发就是指思虑未萌时的内心状态,是静;已发则是指思虑已萌的状态,是动。对应于未发的静的状态或阶段应用主敬的涵养方法;对应于已发的动的状态或阶段,则应用省察致知的方法。朱子所有对动静修养方法的区分都是建立在他对未发已发的这种区分之上的。但是,在朱子的心性哲学中,仍然有把未发已发作为体用范畴的地方,特别是在性情关系上,以性为未发,情为已发。因此,朱子在工夫论中"未发已发"的意义与心性哲学中未发已发的意义仍有不同。①

从伊川到朱子,如果承认未发是指思虑未萌的内心状态,会面临一个困难:如果"中"不仅仅是指情感未曾发作的平定的心理状态,而更以指道德价值意义上的"不偏",那么,是否一切思虑未发时的状态都可以称作"中"?

阳明早年也受"心为已发、性为未发"的思想影响,他说:"夫喜怒哀乐,情也,既曰不可谓未发矣,喜怒哀乐之未发则是指其本体而言性也。斯言自子思,非程子而始有。……喜怒哀乐之与思与知觉,皆心之所发。心统性情,性,心体也;情,心用也。""夫自朝至暮未尝有寂然不动之时者,是见其用而不得其所谓体也。君子之于学也,因用以求其体。凡程子所谓既思即是已发、既有知觉即是动者,皆为求中于喜怒哀乐未发之时者言也,非谓其无未发者也。"(《答汪石潭内翰》,《全书》四,第93页)这是认为,"中"只是性,因而未发已发并不是一种时间的

---

① 参看陈来:《朱熹哲学研究》,中国社会科学出版社1988年版,第二部分第一章。

状态,而是本体与现象的关系。因此,企图在思虑未发的时候去求"中"是错误的,应当通过思虑的不息流行之用来体认作为性之本体的中。从这样的观点出发,他认为朱子由中和说把已发工夫与未发工夫相区分,把戒慎恐惧作为未发时的工夫,把格物穷理作为已发的工夫,是"分为两节",这种错误造成了"后之说者遂以分为两节,而疑其别有寂然不动、静而存养之时,不知常存戒慎恐惧之心,则其工夫未始有一息之间,非必自其不睹不闻而存养也"(同上)。就是说,朱子两分的方式使人认为心有寂然不动之时,于是把工夫划出静中存养一节,阳明认为这是不对的,心自朝至暮并无绝对不动之时,所以戒慎恐惧的工夫应当不分动静,贯通始终,阳明还特别强调要"于动处加工,勿使间断,动无不和即静无不中"(同上)。

在《传习录》上阳明也有另一种提法,即不是以未发为性,而是以未发之中为理想境界在思虑未萌时的状态。他说:"不可谓未发之中常人俱有,盖体用一源,有是体即有是用,有未发之中即有发而中节之和。今人未能有发而中节之和,须知是他未发之中亦未能全得。"(《全书》一,第43页)照这个讲法,阳明这里所用的"未发之中"就不是指性或良知,因为性或良知是人所"俱有"的。这里的未发之中是思虑未发时真正的中的状态,也就是说,不能把一切思虑未萌都看成是未发之中,只有克尽私欲、全复天理的人的思虑未发才是真正的未发之中。这样,阳明虽在思虑发作前后的意义上使用未发已发,又对未发之中做了严格的限制。

阳明这个思想还出于他对体用的一种了解。根据这种看法,思虑发作之前与发作之后的意识状态虽然同属现象意识的层次,但二者之间仍可以说具有一种体用的联系。只有未发时真正达到"中"的人,思虑发作时才能做到中节之"和";反过来,一切在思虑发作时尚未能做到完全中节的人,就不能说他的未发就是中。阳明认为,这就是体用一源。换言之,阳明把"未发"与"中"做了区别,未发不必即是中,这就对宋儒的矛盾提供了一种解决。

正如前述答汪石潭书以性为体,以思虑为用,答陆澄问则以未发时中为体,以已发之和为用,在体用问题上他的思想并非总是一致的。如他在后来答薛侃问时说:"心不可以动静分体用,动静时也,即体而言用在体,即用而言体在用,是谓体用一源。若说静可以见体,动可以见用却不妨。"(《传习录》上,《全书》一,第 48 页)按照他回答陆澄的讲法,未发指思虑未萌,则自然属静。他以未发之中为体,已发之和为用,一静一动之间便有体用之分。而他对薛侃的谈话则反对静为心之体,动为心之用。阳明的用意可能在于:静与动之间,只有在未发之中与已发之和的意义上,才存在着体用的关联,并不意味着一切心之静都是"体",正如不能说一切思虑未发都是"中"一样。因此,心虽然可以分体用,但不能以动静分体用,因为动静只是一种时间状态,只能区分不同的意识状态。

阳明不仅区分了"未发"与"中",而且还区分了作为性善的中和作为"莹彻无染"的中。《传习录》有一段他与陆澄详细的讨论,这个讨论可分为前后两部分,在前部分:

> 澄问:"喜怒哀乐之中和,其全体常人固不能有,如一件小事当喜怒者,平时无有喜怒之心,至其临时亦能中节,亦可谓之中和乎?"先生曰:"在一时一事固亦可谓之中和,然未可谓'大本''达道'。人性皆善,中和是人人原有的,岂可谓无?但常人之心既有所昏蔽,则其本体虽亦时时发见,终是暂明暂灭,非其全体大用矣。无所不中然后谓之'大本',无所不和然后谓之'达道',惟天下之至诚然后能立天下之大本。"曰:"澄于中字之义尚未明白。"曰:"此须自心体认出来,非言语所能喻,中只是天理。"曰:"何者为天理?"曰:"去得人欲便识天理。"(《传习录》上,《全书》一,第 45 页)

在这一段谈话中,阳明仍然区分了两种"中",一种是作为性善的中,这是"人人原有"的。另一种是思虑未发时能全其本体的中,指境界,这不是常人俱有的。用佛家的语言说,前一种中是本有,后一种中是始有。常人在某些思虑未发时能做到中,在某些已发之际能做到和,但不能实现无所不中,即一切未发时都保持中的境界。无论如何,这两种"中"都是伦理价值意义上的。在后半部谈话中阳明指出了"中"的另一意义:

> 曰:"天理何以谓之中?"曰:"无所偏倚。"曰:"无所偏倚是何等气象?"曰:"如明镜然,全体莹彻,略无纤尘染着。"曰:"偏倚是有所染着,如着在好色好利好名等项上,方见得偏倚。若未发时,美色名利皆未相着,何以便知其有所偏倚?"曰:"虽未相着,然平日好色好利好名之心原未尝无。既未尝无,即谓之有;既谓之有,则亦不可谓无偏倚。譬之病疟之人,虽有时不发,而病根原不曾除,则亦不得谓之无病之人矣。须是平日好色好利好名等项一应私心扫除荡涤,无复纤毫留滞,而此心全体廓然、纯是天理,方可谓之喜怒哀乐未发之中,方是天下之大本。"(同上)

如果作为"不偏"的中是未发,那么我们怎么能够知道未发时是否有偏?阳明认为,既然未发时思虑并没有发生,我们只能从发用上判断。他利用"病疟"的比喻指出,人心的未发并不无条件地是"中",正如得疟疾的人,不发病的时候并不等于病根已经消除。思想修养程度不够的人,心之未发时虽看不出善恶,但其日常行为表明私心的根子还未去掉,所以不能说他的心在未发时便是"中"。正如前面曾讨论的,未发之中作为本体或本质,与作为现象意识的已发是不同层次的,而未发与已发作为发做前后的不同状态,是同一层次的概念。根据这种对于意识的现象学分析,作为本质(人性)的未发之中是指"本体",而作为前发作状态的未发之中是指"境界"。本体的中是先验地有,境界的中是本体的中的全部展示,经过一定的修养才能达到。这两种"中"的共同之处是都具有一种道德价值的规定。

研究后半部对话,有另一个问题值得注意,即"中"与"善"是否有区别?看来,中与善在阳明哲学中既相联系又有区别。当阳明在前述两种价值意义上使用未发之中及宣称中即天理时,中具有善的意义。

然而当陆澄问阳明中的具体含义及表现时,阳明并不是以"粹然至善"来回答,而说中的表现是"全体莹彻,略无纤尘染着""无复纤毫留滞",这显然是另一种对"未发之中"的使用。在这个意义上,似乎可以说,"善"是一个实质的、内容的、有确定伦理意义的范畴,而"中"是一个形式的、状态的、超伦理规定的范畴。在阳明的理解中,二者不是分离的或独立的,"中"作为心体的表征是"善"所代表的性体的必然形式,两者共同构成了人的存在的基本结构。

由于"中"在超伦理的意义上,是一个心境体验的范畴,与人的情绪、情感状态直接相关,因而性体与心体在已发的层次上分别表现和对应于"四端"与"七情"。性体决定意识活动的内容,心体决定意识的情绪状态或情感形式。这个问题在这里还不能详细讨论,在讨论四句教的一章我们对此才能有较为彻底的了解。

善与中的这种分别,在良知问题上表现为良与中的分别。阳明弟子陆澄曾问阳明:"良知心之本体,即所谓性善也。未发之中也,寂然不动之体也,廓然大公也,何常人皆不能而必待学耶?中也、寂也、公也,既以属心之体,则良知是矣,今验之于心,知无不良,而中寂大公实未有也,岂良知复超然于体用之外乎?"(见《答陆原静》,《全书》二,第61页)陆澄的问题是,根据个体的体验,我们可以觉知到良知,但很难体验到中与定,这表明知之"良"与心之"中"应当是有区别的,因而如果中是心之体,良知应是超乎体用的。阳明当时的回答是,良与中都是良知本体的规定。这个思想后来发展为四句教有无合一的表述。

以上所说,都是指作为"本体"的未发,而不是作为"工夫"的未发。阳明的整个工夫论主张动静合一,所以他并不特别主张任何未发时的工夫,但他也不否认应努力体认未发之中。《传习录》载:"刘观时问未发之中是如何,先生曰:'汝但戒惧不睹、恐惧不闻,养得此心纯是天理,便自然见。'观时请略示气象,先生曰:'哑子吃苦瓜,与你说不得,你要知此苦,还须你自知。'"(《全书》一,第50页)阳明认为,体验未发气象也好,求中也好,方法只有一个,这就是戒慎恐惧,在无所闻见、无所事为的时候也要坚持念念存天理去人欲,达到圆熟完满的境地时自然会体认到未发之中的气象。

因此,未发之中的境界不是把中当作一个对象去求来的。阳明认为,伊川主张不要在喜怒哀乐未发之前去求中,正是恐怕学者把中当作一个具体的对象。阳明还认为,延平教人看未发气象,也不是要人到思虑未发的状态去寻找中的气象,中的气象只是不间断地戒慎恐惧的结果。因此,那种一味地到思虑未发时去寻找中的人,难免终究"认气定作中",把心理的平定当作德性和境界的圆成。

最后,让我们看《传习录》的另一段答问:

> 或问未发已发,先生曰:"只缘后儒将未发已发分说了,只得劈头说个无未发已发,使人自思得之。若说有个已发未发,听者依旧落在后儒见解。若真见得无未发已发,说个有未发已发原不妨,原有个未发已发在。"问曰:未发未尝不和,已发未尝不中,譬如钟声,未扣不可谓无,既扣不可谓有。毕竟有个扣与不扣,何如? 先生曰:"未扣时原是惊天动地,既扣时也只是寂天寞地。"(《全书》三,第83页)

阳明这一段话充分表现出中国哲学家自由运用语言的多义性。从形式逻辑上说,如果"真见得无未发已发"为真,则"原有个未发已发在"为假,反之亦然。阳明却认为两者可以同时成立。在这种情况下就需要加以适当的诠释以理解其"本意"。前面已经指出,未发在阳明哲学有时指本体,有时指工夫。阳明并不反对肯定人心有未发之中,但反对把修养工夫分为未发、已发两截。因而他承认有未发本体,不承认有未发工夫。根据这个立场,他在这里所说显然是指,由于朱子分工夫为未发工夫(戒慎)和已发工夫(穷理)造成的问题,必须劈头否定未发工夫与已发工夫之分,但这并不妨碍同时承认人心有未发之中。所以"真见得无未发已发"是指工夫,"原有个未发已发在"是指本体。

"未发未尝不和"即静而未尝不动,亦即"即体而言用在体";"已发未尝不中"即动而未尝不静,亦即"即用而言体在用"。中本来是体,和本来是用。用是由体决定的,"有是体即有是用",在这个意义上体中含用,所以说"即体而言用在体"。体表现为用,有是用必有其体,在这个意义上用中有体,所以说"即用而言体在用"。

二　心之本体

在阳明哲学中,"心之本体"往往也称"心体",是一个十分重要的观念。宋代的心学如陆九渊比较喜欢使用"本心"的概念,因为本心这一概念来自《孟子》,而《孟子》是整个陆学由以出发的思想基础。陆九渊哲学中并不使用"心之本体"的概念,相反,在朱子哲学中心之本体倒是一个较为常见的概念,尽管并不是一个很重要的概念。在朱子哲学中,心之本体指心的本然性质、面貌、状态,实际上即指纯粹主体。但从近代哲学的立场,主体依据其运用的不同,又可区分为认知活动的主体和伦理活动的主体,即理论理性与实践理性。在这个问题上理学内部不同的学派因着眼点不同,使他们各自赋予"心之本体"的意义便不相同。朱子哲学中的心之本体重在认知主体,故强调心体的"虚明",而阳明哲学中的心之本体重在道德主体,因而强调心体的"至善"。

1. 至善者心之本体

王阳明指出:"心者身之主宰,……主宰一正,则发窍于目,自无非礼之视;发窍于耳,自无非礼之听;发窍于口与四肢,自无非礼之言动,此便是'修身在正其心'。然至善者心之本体也。心之本体哪有不善?如今要正心,本体上如何用得功?必就心之发动处才可著力也。心之发动不能无不善,故须就此著力,便是诚意。"(《传习录》下,《全书》三,第83页)这一段话是对《大学》本文"所谓修身在正其心"的解释,及从"修身"到"诚意"之间的逻辑关系的讨论。心是身体活动及一切行为的中枢和主宰,要使人的一切行为活动合于道德法则,必须使作为身之主宰的心由"有所不正"归之于"正"。在这里阳明做了一个区分,即心与意的区分。照这里的规定,阳明认为心是一个"本体"的概念,而不是"发用"的概念。一般所说发用之心,即现成意识活动,被规定为"意",包括各种思维欲望情感。意是经验意识,是有善有恶的,是可以"著力"做工夫的。就是说,我们可以在意上进行修养,克去私欲,使归于善。而"心之本体"既然不是经验意识,而是纯粹意识,当然就无法做工夫了。

相对于现象层次的"意",心之本体是一个先验的道德主体,它是善的究竟根源。"至善者心之本体",这里的"至善"并不是表示超越善恶的"无善无恶",阳明明确指出,"心之本体哪有不善","心之发动不能无不善",表明这里说的至善是与不善相对的最高伦理范畴。

由于"心之本体上无法用功"这一重要规定,我们可以了解,阳明这里所说的心之本体不是现象意识层面上经验的自我的概念,也不是指意念未发之前的内心状态。用理学的语言来说,它不是指"未发之前",而是指"未发在中",即它不是指思维的前发作的意识状态,而是指内心的本然的、先验的结构。根据阳明整个哲学的性格及它所承继的传统,这个心之本体也就是从孟子到陆九渊的"本心"的概念。这个先验的纯粹主体,是提供一切道德法则的根源,如果说它有什么规定,那么最重要的规定就是"至善"。

2. 心之本体即是天理

就价值语态上看,说心之本体为至善与说心之本体即是天理并无差别。天理在宋明理学首先是一个普遍道德法则的概念,以心体为天理即直接肯定道德主体与道德法则的同一性。阳明说:

> 所谓汝心,亦不专是那一团血肉,若是那一团血肉,如今死的人那一团血肉还在,缘何不能视听言动?所谓汝心,却是那能视听言动的。这个便是性、便是天理。……这心之本体原只是个天理,原无非礼,这个便是汝之真己。这个真己是躯壳的主宰。(《传习录》上,《全书》一,第50页)

"真己"即真正的自我,就是说心之本体与经验的自我不同,它是我们本然的自我。"能视听言动的",一方面指心是感官及肢体活动的主宰;另一方面,参照阳明其他的论述来看,指"灵""灵明",即精神能力。但在阳明看来,这个"明""灵"并不是泛指知觉,也不是指认知意义的能觉,而是一种道德意义上的本觉,是"天理之昭明灵觉"。这种本然的明觉即心之本体,它能够自然地合于道德法则,从而,换言之,它本身即可提供道德法则,在此意义上,它与道德法则就是同一的。所以阳明常说"心之本体即是天理"(《启周道通书》,《全书》二,第 59 页)。又说:"心之本体无所不该,原是一个天,只为私欲障碍,则天之本体失了。心之理无穷尽,原是一个渊,只为私欲窒塞,则渊之本体失了。"(《传习录》下,《全书》三,第 75 页)《中庸》曾说要心"溥博如天,源泉如渊",阳明认为,心就其本体来说,本来就是广大深远,如果能把蔽障本心的种种私欲去除净尽,使心回复到本来状态,它就会成为道德准则的不尽源泉。因此德性的根源是完全内在的,人只要"体当自家心体",潜藏的宝藏就会成为至善的源泉。

3. 诚是心之本体

在《中庸》的哲学体系中有"诚"与"思诚"两个范畴。诚表示一种状态和性质,如果把诚本体化,诚就变为宇宙间一种普遍的德性。思诚则是工夫,是使人的意识改变为诚的完全的状态的方法。阳明认为,"诚字有以工夫说者,诚是心之本体,求复其本体,便是思诚的工夫"(《传习录》上,《全书》一,第 49 页)。这表示,心就其本体而言并无不善,因而并无不诚。诚是至善的一个具体"条目",心体既然是至善,在这个意义上,不但诚是心之本体,仁是心之本体,义、礼、智、信也都可以说是心之本体。朱子曾反对胡五峰"心无不仁"的说法,如果五峰明确区分心与心体,把这个思想限定为"心之本体无不仁",朱子也就没有理由加以反对。

从这里也可以看出,"心体"本来应当是一个纯粹意识的概念,但"纯粹"可指先验的,也可指没有规定的,或指排除感性的,阳明哲学的心体事实上被赋予了许多规定,这些规定都是正面的价值,从而心体作为纯粹意识并不表示它的无规定性,而表示它是先验的、不受任何感性、经验杂染的德性主体。

4. 知是心之本体

所谓知是心之本体,这里的知,不是仁义礼智的智,而是良知,即是非之知。《传习录》载:

> 知是心之本体,心自然会知,见父自然知孝,见兄自然知弟,见孺子入井自然知恻隐。此便是良知,不假外求。(《传习录》上,《全书》一,第38页)

> 惟乾问:知如何是心之本体?先生曰:"知是理之灵处,就其主宰处说便谓之心,就其禀赋处说便谓之性。孩提之童无不爱其亲,无不知敬其兄,只是这个灵,能不为私欲遮隔,充拓得尽,便完完是他本体。"(《传习录》上,《全书》一,第49页)

"理"在理学的体系中本来只是法则,"心"才有知觉的性格。而在阳明哲学中,良知是理的知觉形式,即理可以表现为知觉,这个知觉不仅是一种认识功能,而且具有价值指向,即良知,这也就是心与理一,理在这里指价值。因为在阳明哲学中,理并不被看做客观独立的法则,而看做心之活动的自然条理、良知的自然条理,所以理是心之理、心是理之灵这个话就是可以说的了。

如果进一步研究阳明这里关于知是心之本体的思想,有一个问题值得注意,即这个作为"知"的心之本体与前面所说的无法用功的心之本体是有差异的。因为这个"知"是指"心自然会知",是指见父知孝、见兄知弟的"知",就是说,这个知虽被赋予了心之本体的意义,它本身却是可以直接现实的;它不是作为本质的本体,而是可以在现成意识中现象地存在着的。因而对这个"知"是可以做工夫的,这就是"充拓",使这种知由"孩提知爱长知钦"扩充到整个知觉活动和意识领域。这个知即是良知。故阳明又说"良知者心之本体。心之本体无起无不

起,虽妄念之发,而良知未尝不在,但人不知存则有时而或放耳;虽昏塞
之极而良知未尝不明,但人不知察,则有时而或蔽耳"(《答陆原静书》,
《全书》二,第61页)。良知本体是指良知完全不受昏蔽的本然之体。
由上述可知,良知因具有可以现象地存在的性格,当阳明在这个意义上
使用本心或心之本体的概念时,良知、本心、心体就不是一个本质而是
一个本觉的概念,从而与本质主义的"性"的概念不同。

5. 乐是心之本体

"知"本来是一个知性功能的范畴,阳明通过改造把它规定为心之
本体。"乐"本来是一个情感体验的范畴,阳明也通过改造把它规定为
心之本体。宋儒自周敦颐、二程,即把"寻孔颜乐处"作为一个精神生
活中具有首要意义的课题,要人体验孔颜达到的活泼泼的自由境界,因
而"乐"便成为儒家思想中圣贤境界的重要规定之一。

乐所标志的人生的高级境界,超越了个体名利贫富穷达的束缚,把
心灵提升到与天地同流的境地,人由闻道进而在精神上与道合而为一,
这样一种经过长期修养才能实现的自由怡悦、充实活泼的心境,如果是
"乐"的话,也是一种高级的精神境界之乐,与人在日常生活中经验的
感性快乐(包括生理快乐与审美愉悦)是完全不同的。在这个意义上,
乐不是作为情感范畴,而是作为境界范畴被规定为心体的。阳明认为,
这种"真乐"实际上是人心的本然状态,求孔颜乐处,也就是回复到心
的本体状态。他说:

> 乐是心之本体。仁人之心,以天地万物为一体,诉合和物,原
> 无间隔。……"时习"者求复此心之本体也,"悦"则本体渐复矣,
> "朋来"则本体之诉合和畅充周无间,本体之诉合和畅本来如此,
> 初未尝有所增也。(《与黄勉之二》,《全书》五,第110页)

在理学的心性论中,"本体"不仅是本然状态,同时意味着"当然"的状
态,即合理的、正常的状态,而"客形"则是本体的变形、扭曲、遮蔽,是

不完善的状态。所以人的修养工夫是要改变不完善的状态以归于本来的合理状态。

但是，对于心体的至善来说，要求克服意念发动的不善，以归于本来之善。而"乐"的对立面是忧畏惊恐悲伤痛楚，那么，是否应当去除一切忧畏惊恐悲伤痛楚，以复归"真乐"呢？从理论上似无不可，但在实践上，在儒家确认的伦理关系中，如遇到亲人丧故一类事件，就要求人必须有正常的道德情感，如哀哭等。因而，进一步来看，"真乐"就不应狭义地理解为怡悦，而且应引申为"安"。所以阳明说，遇大故应当哀哭，"不哭便不乐矣，虽哭，此心安处即是乐，本体未尝有动"（《传习录》下，《全书》三，第 80 页）。心安在这里指接受道德准则为自己行为的规范、循理而行所获得的"心安理得"的境界，因此又说"良知即是乐之本体"（《与黄勉之二》，《全书》五，第 110 页）。

6. 定是心之本体

心安也就是"定"。理学所讲的"定"是指心境的稳定、平静、安宁和无烦扰。避离人世、端居默坐去求定，这样的定仍然是外在的、不稳定的东西，只有在任何情况下都能保持这种"定"，才算是达到了真正的定。程颢答张载的《定性书》中的讨论，最能体现理学对"定静"境界的向往。正如前面演示的，任何一种理想境界都可以被说成是心的本然状态一样，定的境界也可以依照前面的例子被转化为心之本体。因此阳明说："定者，心之本体，天理也。动静，所遇之时也。"（《传习录》上，《全书》一，第 42 页）"动静，所遇之时。心之本体固无分于动静也。理无动静者也，动即为欲，循理而行则虽酬酢万变而未尝为动也。"（《答陆元静》，《全书》二，第 61 页）这里阳明区分了"定"与"静"，静是相对于动而言，定则是超越动静的，从而不仅静可以是定，动也可以是定，一个人尽管思虑百端、酬酢万变，只要他是心安理得的，内心是平静而无纷扰的，他就做到了定，这也就是程颢讲的"动亦定，静亦定"。而一个人如果私欲未除，尽管在静坐时屏息念虑，也只是静，而不是定。阳明说定者心之本体，包含了两方面的意义，一方面动静是意识现象层次的规定,并不适用于本体,心之本体是无所谓动静的;另一方面表示那种平静而无烦扰的境界正是心的本然的状态。

7. 恶者失其本体

然而,如果心之本体至善无恶,恶的来源又是什么?古往今来,人们莫不把伦理学意义上的恶归诸情欲,而情欲的根源则有不同解释。依照宋代理性主义哲学,人的各种情欲根源于构成人之身体的"气质"或"气"。由于气不但是人体的构成要素,也是宇宙的构成要素,于是人的情欲事实上有着一种存有论的根据。宋儒"气质之性"的提法正是面对现实的恶,在人性善的理论上做一个妥协,承认恶在人性中占有一个地位。

恶在阳明哲学中的地位又如何?《传习录》:

> 先生曰:至善者心之本体。本体上才过当些子,便是恶了。不是有一个善,却又有一个恶来相对也。故善恶只是一物。(《传习录》下,《全书》三,第75页)
>
> 或曰:人皆有是心,心即理,何以有为善、有为不善?先生曰:恶人之心失其本体。(《传习录》上,《全书》一,第42页)

既然人的本心是善、是诚、是乐,人为什么会作恶?人类生活中到处可见的狂暴、残酷、狰狞、阴险又从何而来?正如基督教为"全善"的上帝何以不能消除"恶"所作的辩护(如奥古斯丁)一样,理学对此的解释是,宇宙本质上是善的,人心本体上是善的,恶所代表的不善,只是某种本身是善的东西的偏差或丧失,即恶是善的失调,是某种本来有价值的东西的扭曲。这种差失即"过或不及",人之心体本来是仁,仁之过便是姑息,仁之不及便成残酷。人心本来并不具有残酷和黑暗,本质上,恶是心之本体的善的失常。这当然不意味着恶是虚幻的、不实在的。[①]

不过,恶的问题对儒家特别是心学总是一个困难。如果说恶是善的过或不及,则"过"或"不及"又缘何发生?"心之本体原是一个天,只为私欲障碍",姑息、残酷或可说仁之过与不及,而人的"私欲"如何归属呢?如果对于孝、弟而言,"心自然会知",那么私意私欲是否同样是"自然会有"的呢?阳明说:"喜怒哀乐本体自是中和的,才自家着些意思,便过不及,便是私。"(《传习录》上,《全书》一,第44页)人又为什么会"自家着些意思"呢?良知既然是心之自然条理,为何不能规范"过"或"不及"呢?这些问题在阳明哲学中都未得真正解决。

综上所述,我们已经了解,阳明哲学基本上是把理想境界同时当作心之本体。在他对心之本体的诸种刻画中大体可以分为两种境界:善与诚表示道德境界;乐并不表示审美境界,它与定都表示一种"存在"的境界。道德境界在儒学传统中源远流长,存在境界显然来自儒家之外,对宋明理学而言,主要来自佛教。这两种境界共同构成了新儒家的理想人格形态,它们也正是本书所说的有无之境的一种表现,这在阳明哲学中得到了最充分的体现。这一点我们将在后面几章继续进行深入的讨论,本节只是指出阳明如何把这些境界转化为对于心之本体的种种规定。因而,本章讨论的"本体",须与本书后面讨论的"境界"与"工夫"联系起来,才能彰显其意义。

三　心与性

心与性无疑是宋明理学的一对最基本的范畴。在朱子哲学中,心与性是被比较严格地加以区分了的。主要的原因是"心"包含着各种

---

① 奥古斯丁对恶的解释参看约翰·希克:《宗教哲学》,三联书店1988年版译本,第85页。在伦理学史上沙甫慈伯利等也认为怜悯太过就是邪僻,见《西方伦理学名著选辑》上卷,商务印书馆1964年版,第766页。

经验意识、情感,不足以代表完满的道德性,而性是一个标志内心的道德本质的范畴,两者的区别在于前者现而不善,后者善而不现。心学传统中,陆象山哲学中伦理原则的内在根源是由"本心"或"心"表示的,并不需要一个性的概念。与之相似,阳明哲学中,性也不是体系中一个必要的概念,表示至善的内在性范畴是"心之本体""良知"或"心"。但是,阳明生活及学术活动所在的明代,浸润着朱子学的气氛,在他的学说中还保留了若干关于"性"的讨论。

1. 心之本体即是性

一般认为,心学的主要理论特点一是主张心即是理,二是不重心性之分。这两点原则上是可以成立的,但其中有许多细节须加以认真分疏。特别是阳明哲学已经受过朱子哲学的洗礼,他所使用的许多概念与朱学有交叉,但又具有不同的意义,这些都要在详细的讨论中才能展示出来。

阳明说:

> 心之本体原自不动,心之本体即是性,性即是理,性元不动,理元不动,集义是复其心之本体。(《传习录》上,《全书》一,第45页)

我们知道,在朱子哲学中主张心之体是性,性即理,理则是人所禀受的天理,而阳明哲学的根本原理是"心即理"。但是阳明在这里没有否定"性即理"的命题,他的说法在表面上似乎与朱学的距离并不大,实际上却不如此。

上节我们曾经指出,当阳明谈到心之本体时说"本体上用不得功"时,表明本体不是一个意识现象,即不是一个"作用"层次上的概念,相对于现成的意识现象,心之本体是一个先验的结构。在这里我们很可能有一种疑问,即心之本体如果是内心的先验的结构,它与"性"有何区别?阳明既称"心之本体即是性",表示对于他来说,"心之本体"与"性"是等同的,这个说法是否具有能涵盖整个体系的普遍性?更具体地说,当阳明说心之本体与性没有差别的时候,他究竟是把一般哲学家所使用的"性"的概念了解为他自己的心之本体的概念,还是他所说的心之本体等同于一般哲学家所了解的"性"的意义? 这些分疏显然是非常重要的。

当阳明用诚、乐、定规定心之本体的时候,这些范畴显然是指本然的心境或心的本然状态,而不是指心的内在本质。因此,诚、乐、定只能用以表征"心",而不能用来表征"性"。因此上节所述阳明对心之本体的说法,都不能换位为传统意义的作为本质概念的"性"。在阳明哲学中,心之本体虽然是"本体",但既然叫做本心,就仍然保有心的性格;心之本体作为"能视听言动"的,仍有"灵"的性格,就是说本心至少逻辑上有思维的功能,而"性"的规定无论如何也不包括这一点。心之本体可以是明觉、良知,就是说它可以有知觉的功能,可以直接现实为"见父知孝""见兄知弟"。当一切私欲去除净尽之后,心之本体就朗现为全部意识。用理学的话来说,在这些方面,心之本体是可以为"已发"的,而"性"在传统的理解中,作为本质的范畴,只能是作为自身不呈现的未发,无论如何是不能变为已发的。

由此我们可知,从象山到阳明,心学中的"本心"或"心之本体"的概念是不能等同于本质主义者(essentialist)如朱子哲学意义上的"性"的概念的。所以,当阳明说心之本体即是性的时候,并不表示他把心之本体理解为朱子哲学的性。比较合乎逻辑的是,他所说的"性",就是心之本体,而不是古典的人性观念或宋儒的性理观念。

2. 心即性

《传习录》上载:"晦庵先生曰:'人之所以为学者,心与理而已',此说如何? 曰:心即性,性即理,下一与字,未免为二,此在学者善观之。"(《全书》一,第42页)"心即性"就形式而言,显然不是一个普遍有效的命题。正如在心与理的问题上指出过的,在"耳目之知视听"的知觉意义上,即使是陆王,也不能认为心就是理。为此朱子曾用"作用是性"指责以心为理的思想,即把一切意识作用混同于道德法则(天理)。朱子的指责对于心即理的命题在形式方面的缺陷是适用的,但这不等于说陆王的本意是如此。对阳明来说,一方面,他用"意"收容了朱子哲学中经验心的内容,使"心"的概念纯粹化了;另一方面,"心即性"或"心即理"严格地说都是指"心之本体"而言。

《传习录》上徐爱录:"先生曰:性是心之体,天是性之原,尽心即是尽性。"(《全书》一,第38页)阳明晚年《答顾东桥书》讨论尽心知性时也说:"夫心之体,性也;性之原,天也。能尽其心,是能尽其性矣。"(《答顾东桥书》,《全书》二,第54页)朱子曾认为,"尽其心者知其性也"(《孟子·尽心上》)是指所以能尽其心者,以能知其性之故也,就是说知性是尽心的前提。阳明则不赞成此说,认为尽心应当在先,当然这只是逻辑地在先,因为事实上尽心与尽性是一回事,尽了心也就尽了性,并不存在两个先后不同的阶段。这意味着,心之外并没有什么与此心不同的性。

当然,阳明这样讨论的时候,他所说的心是指本心,也就是他在这里使用的"心之体"。然而,朱子反对"心即理",正是因为他坚持"心之体为性,心之用为情",因而,在形式上,阳明说"性者心之体,天者性之原",与朱子哲学是一致的。问题在于,两人对"心之体"的理解不同。在朱学中,理具于心,是为心之体,这个体是体用的体,是某种实在性的存在禀入人心构成的。而阳明所谓心之体并没有任何禀受实在性存在(理)的意义,这个"体",用理学的语言,主要是指本然的体段。因而,在朱学中,"性是心之体"表明心性为二,而阳明哲学中虽然也称"性是心之体",心性却不是二物,二者实际是同一的。

3. 性、天、命

《传习录》上:

> 澄问:仁义礼智之名因已发而有? 曰:然。他日澄问:恻隐羞恶辞让是非是性之表德邪? 曰:仁义礼智也是表德。性一而已。自其形体也谓之天,主宰也谓之帝,流行也谓之命。赋于人也谓之

性，主于身也谓之心。心之发也，遇父便谓之孝，遇君便谓之忠，自此以往至于无穷，只一性而已。犹人一而已，对父谓之子，对子谓之父，自此以至于无穷，只一人而已。(《全书》一，第42页)

在朱子哲学中，仁义礼智分别对应于恻隐羞恶辞让是非。前者为性，为未发；后者为情，为已发。在阳明哲学中，四端作为良知，就是本心的呈现，未发之性是不必要的，因此仁义礼智也是已发，这是第一层意思。阳明又认为，心之发动，遇父谓之孝，遇君谓之忠，因此，与孝悌忠信一样，仁义礼智也都是此心在各种不同场合下的具体表现，这种具体表现，用理学的语言，就是"表德"。阳明认为，一切道德规范、准则都是"一性"的不同的具体表现。根据他的"心之发也"的说法，他所说的一性，其实就是一心，这个心当然是指本心，而不是经验的习心。这是第二层意思。

在阳明指出仁义礼智不过是此一性的不同具体表现时，他提到了另一个观点。他认为，正像一个人，对于父亲而言他是儿子，对于儿子是父亲，对于妻子是丈夫，对于长官是下属，对于学生是师长等等，父、子、上、下、夫、婿、师、生，都是这同一个人相对于不同的社会关系中的定位。性也是如此，就其体现为有形体的存在叫做天，就其表现为对万物的主宰作用而言叫做帝，就其流行运化叫做命，就其赋予个人叫做性，就其作为人身之主宰叫做心，都是这个"性"的不同的说法而已。阳明这个譬喻很难说是很恰当的，天、帝、命、性、心，显然与同一个人在不同关系中的不同角色并不相同。如果说天、命、帝、性、心都是同一实体"性"的不同表现形式，阳明哲学就是一种性一元论了。

二程曾说："在天为命，在物为理，在人为性，主于身为心，其实一也。"(《遗书》十八，《二程集》，第204页)二程所说的"一也"指都是同一天理(道)的不同表现或不同规定，这是二程理一元论的题中应有之义。这个表述的方式是阳明上述说法的先导。天理就其体现为一种宇宙的必然性而言谓之命，就其体现为具体事物的规律而言谓之理，就理禀受于人而言谓之性，这些都是言之成理的。"主于身为心"当指性理发用的道心,即这里的心只能是狭义的,才能使整个理一元论的模式成立。当然,无论二程或阳明,严密性对他们来说可能都不是一个被考虑的因素,他们都只是企图表达一个基本的意向而已。

如果天与命都是性的表现形式,在形式上便近于性一元论的宇宙论,而这种理论的实质则依赖于对"性"的解释。如果性是"理"或者"道",那就与五峰哲学相同,不过是理一元论的另一种表述方式。如果性是心,则其实质为心的一元论。如前所说,把性解释为心,可能比较接近阳明的本意。但无论如何,应当承认,阳明这一段话并不是十分清楚的,如心是个体的心还是宇宙的心,若心是个体的意识或者本心,它怎么又能同时是天和命,在这些问题上,阳明的分析是不能令人满意的。

前引《传习录》上所载阳明答陆澄问似乎未能使陆澄感到满意,后来他又作书质之阳明,《传习录》中载录阳明答其书:

> 来书云:"聪明睿知果质乎? 仁义礼智果性乎? 喜怒哀乐果情乎? 私欲客气果一物乎二物乎? ……"性一而已,仁义礼智,性之性也;聪明睿知,性之质也;喜怒哀乐,性之情也;私欲客气,性之蔽也。质有清浊,故情有过不及,而蔽有浅深也。私欲客气,一病两痛,非二物也。(《全书》二,第63页)

本来,像"性一而已"这样一种表述方法是处理一与多、统一与分殊关系的形式,表示各种分殊的形态是某种统一性的不同表现。但从这里可以看出,阳明使用的"性一而已"并不能完全按照这种理解加以诠释。如私欲客气是蒙蔽本性的障碍,显然不能说它们也是性的一种表现。阳明这一段话,只能理解为,质、性、情、欲、气,都可以从"性"或关联着"性"加以界定。仁义礼智是性的本质规定,故说性之性;聪明睿知是天赋的材质,故说性之质;喜怒哀乐是性的发见形式,故说性之情;私欲客气是妨碍性的充分实现的障碍,故说性之蔽。这提示我们,在《传习录》上对"性一而已"的使用,可能也是不严格的。事实上,阳明一般是拒绝概念的细密分疏的,对他的上述讨论,我们只能以意逆志,不要预期他的讨论能像理性主义哲学家的表述那样可以较清晰地被理解。

4. 性与气

上节指出,阳明认为"聪明睿知,性之质也",又说"质有清浊",清浊本是对气质而言,说性之质有清浊,意味着性与气的某种关联。于是,对性的讨论也就牵涉到气的问题。

阳明曾说:

> "生之谓性",生字即是气字,犹言气即是性也。气即是性。人生而静以上不容说,才说"气即是性",即已落在一边,不是性之本源矣。孟子性善是从本源上说,然性善之端须在气上始见得。若无气亦无可见矣。恻隐羞恶辞让是非即是气。程子"论性不论气不备,论气不论性不明",亦是为学者各认一边,只得如此说。若见得自性明白时,气即是性,性即是气,原无性气之可分也。(《启周道通书》,《全书》二,第60页)

"生之谓性"最早是由告子提出来的,指生而具有的就是性。在告子看来,人生而具有的只有食色,所以又说"食色,性也"。这是把人的与生俱来的自然生理本能看做人之所以为人的本性,孟子对此曾给以严厉的批判。孟子认为以感性欲望为内容的自然属性是人与动物共同具有的,并不是人之所以为人的特性,人之所以为人的本质在于人有道德的理性。但是在理学的先驱那里,因提出了气禀之性的思想,开始在正面意义上利用"生之谓性"的思想资料。二程都承认"生之谓性"在某一意义上是可以成立的,如他们说:"生之谓性,性即气,气即性,生之谓也。人生气禀,理有善恶,然不是性中元有此两物相对而生也。善固性也,然恶亦不可不谓之性也。"(《遗书》一,《二程集》,第10页)这里说的"理有善恶"是指理当有善恶,即人生禀气,必然有善有恶,这种由气决定并反映为意识活动的善恶,也具有性的意义。气禀决定的良善是性,气禀决定的良恶也不能说不是性。阳明答周道通的前两句即承二程的这个说法而来,依照这个思想,气作为决定人之善恶的一个先验因素,是应该被承认为"性"的。

阳明"气即是性"的思想,首先在论证方式上与二程不同。二程是从气禀的先天影响立论,而阳明则是从体用不二来说明气的积极意义。在阳明看来,性是自身不显现的,性只有通过气才能得到表现,离开了气,性就无从表现,性的"善"只有借助气才能为人所确证。在这个意义上,气就不是纯粹消极的了,不是那种驳杂之气使人为恶的看法了。在这里,气成为一种使善得以外在化、得以实现的积极的力量了。"体"的善如果不能通过"用"表现出来,这个善就是空的,体必须通过用来实现自己,在这个结构中,用成为善的实现的重要一环。正是在这个意义上,阳明认为可以说"气即是性"。

依阳明的看法,固然一方面可以说气即是性,但须知道这个从气表现出来的毕竟不是性之本体自身,故说"才说气即是性,便落在一边",即落在现象和用的一边;另一方面,从阳明对孟子使用了一个"然"字来看,他也表示了对孟子的某种不满,即认为孟子只讲了性之本体,而没有说明这个本体需要借助气才能得到表现。

阳明的思想如果停留在上述体用的了解,那他的思想与二程的区别还不是那么明显。事实上,按阳明自己所说,他与二程是有所不同的。这就是,二程哲学中气固然是用,但理作为体,是作为一种内在深微的本质而存在于用之中的。而阳明的说法表示出,他实际上认为那种本质主义理解的古典的人性概念是应否定的,性把自己完全表现为气,换句话来说,王阳明的观点是一种"即体即用"的观点。[①] 所以他说:"气即是性,性即是气,原无性气之可分也。"

按阳明的看法,性之善必须表现为恻隐羞恶辞让是非这些意识现

---

① 即体即用之说近世熊十力颇发明之,其义可参见拙著《熊十力哲学的体用论》,载《哲学研究》1986 年 1 期。

象才能被确证。被孟子称为"四端"的这四种意识现象,在朱子哲学中称之为"情",而在阳明看来是"气",这是颇值得注意的。孟子把四端作为心;朱子至多把七情看做气之发,四端则被认为是理之发;而照阳明看法,似乎只要是"发",就属于"气"。这样,阳明哲学中显然对"气"做了较为积极的评价。这些说法,反映了在明代理学中,理(性)与气的距离日益缩小,理和气不再被看成具有对峙的紧张的关系。阳明思想中已露出"性即气质之性"的苗头,而"性即气质之性"在中晚明至明清之际几乎成了哲学家们的普遍看法了。

但是在阳明以恻隐等四端为气的思想中存在一个问题,如果作用层次上的意识活动都可称为气,那么,一方面就会导致"心即气"的说法,而这与"心即理"显然有冲突;另一方面,"气即性"是一个肯定"气"的命题,这对于四端来说也许没有明显的问题,但人的"气"除恻隐之心外还有种种不善之气,在羞恶之心外还有种种物欲私意。如果"气即是性"是一个价值肯定的语态,那它必然不适用于这些不善的"气",而显示命题的形式不严格。如果坚持这一命题的普遍性,那么"性"就是有善有恶或无善无恶而不是粹然至善的性了。对于这些,阳明并未给以必要的分疏。

让我们来看《传习录》下的另一段材料:"问:生之谓性,告子亦说得是,孟子如何非之?先生曰:固是性,但告子认得一边去了,不晓得头脑,若晓得头脑,如此说亦是。孟子亦曰'形色天性也',这也是指气。又曰:凡人信口说、任意行,皆说此是依我心性出来,此是所谓生之谓性,然却有过差。若晓得头脑,依着良知上说出来、行将去,便自是停当。然良知亦只是这口说这身行,岂能外得气别有个去说去行?故曰'论性不论气不备,论气不论性不明',气亦性也,性亦气也,但须认得头脑是当。"(《全书》三,第79页)阳明在这里所讲的"气亦性也"与前面所讲的"气即是性"是针对不同问题的。前面的气指恻隐羞恶辞让是非,而这里的气则是指包括食色在内的一切"作用"。但是阳明所以能够拒绝朱子对心学的批评,是因为他这里所说的"气亦性也"与佛家的"作用是性"是不同的。他认为,作用虽然是性,但这只是生之谓性的性,这个性不能自然地引出道德原则,因此,说"作用是性",并不表示可以听凭作用的自然引导,相反,须要有一个"头脑"来规范作用,这个头脑就是良知。这样,就对前面提出的如何对待不善的气的问题,做了一个补充。

不过,这样一来,如果良知也是性的话,"作用"便代表了人性的自然的一面,"良知"则代表了人性中当然的一面,甚至,仍隐含了义理之性与气质之性的对立,从而默认了朱子性二元论的立场。

5. 性之善恶

根据前述阳明关于心之本体至善的思想,必然引导到性善的结论。如果阳明所说的性,即指心之本体,他所说"至善者,性也。性无一毫之恶,故曰至善"(《传习录》上,《全书》一,第46页),"性无不善、知无不良"(《答陆元静》,《全书》二,第61页),都可以认为是由心体至善合乎逻辑地得出的结论。然而,既然已有心之本体的至善作为道德法则的先验的、内在的保证,性的意义又何在呢?对于阳明来说,似乎可以这样解释,在他的体系中主要采取心之本体的说法,但在儒学体系中充满了有关性的讨论的情况下,某些涉及性或以与性相关的形式出现的讨论是不可避免的。

在人性的问题上,善恶一直占有重要地位。虽然阳明说性无不善,但在某些时候他也表达过一些另外的看法。《传习录》下载:

> 告子病源从性无善无不善上见来,"性无善无不善",如此说亦无大差。但告子执定看了,便有个无善无不善的性在内,有善有恶又在物感上看,便有个物在外,都做两边看了,便会差。无善无不善,性元是如此,悟得及时,只此一句便尽了,更无内外之间。告子见一个性在内,见一个物在外,便见得他于性有未透彻处。(《全书》三,第79页)

按照这里的说法,阳明认为,告子的错误并不在主张性无善恶,事实上性无善恶之说"亦无大差"。告子的错误在于以性为内,以物为外。阳明的这个讲法是耐人寻味的。对这一段话有两种可能的解释:一是这里的性指生之谓性的性,即形色天性、口说身行,认为这类作用之性本身无所谓善恶。二是这里的性并不是指孟子与告了所讨论的人性,而是指心之本体,即与四句教"无善无恶心之体"表达的是同一种思想。这一段语录为钱德洪在阳明居越后所录,与四句教有联系的可能性是很大的。我们在前几节已经说明,阳明哲学所理解的性常常是指心之本体,因此,第二种解释在阳明整个体系看来是可以成立的。不过,这就与传统所说的人性善恶的问题是性质不同的两个问题了。至于内外两边的问题,站在第二种解释的立场上,指的应是执著于内外之分的看法,即"执定看了",正如我们在讨论四句教章要指出的,四句教首句的本质正是揭示破除"执著"的智慧。

第五章

知与行

知行合一的内容

知行合一的宗旨与工夫

知行合一的分析

一 知行合一的内容

1. 知行本体

正德三年戊辰阳明谪至龙场，"居贫处困"，"动心忍性"，最后"中夜忽大悟"。尔后"体验探求，再更寒暑"，凭依记忆与六经四子相印证，终于确信宋儒格物说是错误的，由此确定了他一生的学问基调。

次年正德四年贵州提学副使席书聘请阳明讲学于贵阳书院，《年谱》记载："是年先生始论知行合一。始席元山书提督学政，问朱陆异同之辨，先生不语朱陆之学，而告之以其所悟，书怀疑而去。明日复来，举知行本体，征之五经诸子，渐有省，往复数日，豁然大悟。"（《全书》三十二，第446页）据此，阳明自贵阳时就开始利用经典的权威，宣传知行合一的学说，而他向席书说明的"知行本体"便是阳明用来阐发知行合一的基本观念之一。

阳明在贵阳初提知行合一时,曾受到普遍怀疑,阳明自己说过"昔在贵阳,举知行合一之教,纷纷异同,罔知所入"(《年谱》庚午条),后在北京,知行话头亦不常提起①,关于知行合一的详细阐述首见于《传习录》上徐爱所录②:

> 爱因未会先生知行合一之训,与宗贤、惟贤往复辩论,未能决,以问于先生。先生曰:试举看。爱曰:如今人尽有知得父当孝兄当弟者,却不能孝不能弟,便是知与行分明是两件。先生曰:此已被私欲隔断,不是知行的本体了。未有知而不行者,知而不行只是未知。圣人教人知行,正是要复那本体,不是看你只恁地便罢。故《大学》指个真知行与人看,说"如好好色,如恶恶臭",见好色属知,好好色属行,只见那好色时已自好了,不是见了后又立个心去好。……就如称某人"知孝"、某人"知弟",必是其人已曾行孝弟方可称他"知孝""知弟"。不成只是晓得说些孝弟的话便可称为"知孝弟"?又如"知痛",必自己痛了方知痛,"知寒"必自己寒了,"知饥"必自己饥了,知行如何分得开?此便是知行的本体,不曾有私意隔断的。(《全书》一,第38页)

知与行是儒家道德实践理论的一对重要范畴。在儒家哲学中,知行问题所讨论的是道德知识与道德践履的关系。一般说来,知是一个标志主观性的范畴,行则是主观见之于客观、标志人的外在的行为的范畴。知行的讨论在宋代理学中得到了很大的发展,其中朱子的知行观代表了宋儒对知行的基本看法,其基本观点是知先行后、行重于知、知行互发三个方面。在宋代理学中,与知相对的行并不是用来泛指一切行为

---

① 据湛若水、黄绾后来回忆他们与阳明在北京的交往,都没有提到关于知行合一的问题。
② 《年谱》以徐爱所录知行合一之论为在壬申冬南下舟中论学语,然录中言"与宗贤、惟贤往复辩论,未能决,以问于先生",则所录亦非皆是舟中所论。

的,主要是指人对既有知识的实践或实行,如张南轩说:"行者不是泛然而行,乃行其所知之行也。"另一方面,知的意义相对较宽,因为知既是名词,又是动词,从而知不仅指主观形态所表现的知识,也可以指求知的行为。所以在理学中,格物致知属于知,而不属于行,尽管求知穷理本身也是一种行为。

就范畴的使用说,阳明哲学中的知与行与宋儒是有差别的。在宋儒,知与行不仅有知识与实践的区别,也可以指两种不同的行为(求知与躬行)。在阳明哲学,知的意义仅指意识或主观形态的知,是一个纯粹主观性的范畴,在这点上其范围要比宋儒来得狭小。相反,行的范畴在阳明哲学则较宋儒的使用来得宽泛,一方面行可以用指人的一切行为,另一方面,如后面所要讨论的,还可以包括人的心理行为。

在宋儒的知行讨论中,"真知"也是一个较为常见的重要观念。真知指真切之知。就道德知识而言,真知表示人已获得了高度的道德自觉。因而,真知者必然会把他所了解的道德知识付诸实际行为中去,从而不会发生知与行相互脱节的问题。反过来说,知而不行,不能把自己所了解的当然之则付诸实践,恰恰表明行动者还没有达到"真知"。因此,在宋儒看,"真知"这一观念虽然并不直接包括行为,但包含了"必能行"这一性质。正是在真知的意义上,程朱都反复申明"无有知而不能行者"(《二程遗书》十五)、"真知未有不能行者"(《朱子文集》七十二)。宋儒的这个思想正是阳明知行观的出发点。他说"未有知而不行者,知而不行只是未知",就是把程朱关于"真知必能行,不行不足谓之知"的思想作为知行合一学说的一个起点。

"真知"包含了"必行"在其中,如果不严格地说,则真知包含了"行"在其中。如果我们再在真知的意义上使用"知",于是我们就有了知本身包含了行的结论,这就是阳明提出知行合一说的基本线索。

当宋儒以"真知"指主体必定将所知付诸践履,以与常人之"知"相区别的时候,在概念上是清楚的。但当阳明要在真知的意义上使用知的概念时,这个真知的知与常人的知如何区别,就需要一个分疏。"知行本体"就是阳明用来代替真知的概念。"本体"指本来意义,是说知与行就其本来意义而言,是互相联系、互相包含的,一切使知行分裂的现象都背离了知行的本来意义。按照知行的本来意义,知包含了必能行,这是知行本体,也是真知行。阳明使用"知行本体"代替真知行的意义在于,在这个说法下,"晓得当孝弟而不能孝弟"的人就不是知而不行,而根本上被认为是"未知",这个态度对于道德践履的要求就更严厉了。

根据这个思想,阳明认为,知与行,就其本来意义,是合一的。这个合一并不是指知行两者指涉同一对象、二者完全是一回事,而是强调二者是不能割裂的,知行的规定是互相包含的。不过,知行本体的概念提出后,意味着有本体的知行和非本体的知行这两种不同层次的知行。而阳明又常常把"知"与"行"同时用于这两种不同层次,这使得在理解和说明方面增加了曲折。如前引语录中阳明说"知而未行只是未知",这句话中前一个知字就是通常意义的知,即非本体意义的知,而后一个知字就是真知,即本体意义的知。这两个概念事实上差别很大,如从知行本体的意义上说,"知而不行"这句话就是不通的,因为本体意义上知之必行,不行不足以谓之知。这样一来,阳明在交互使用着两种语言。这使得他在与他人沟通时,面临着误解及其他困难。

由于阳明事实上正是面对"知而不行"这一社会现象,他又没有发明其他范畴来指称知行脱节的现象,他常常仍然使用"知而不行"这类说法。在"知而不行"这句话中的知与行都不是本体意义上的知与行,而是通常语言中使用的知与行。于是,阳明并不必然地处处与朱子相矛盾,因为可以说朱子的知先行后说是在阳明所谓非本体层次上讲的。①

当阳明提出知行本体的时候,意味着对于知行范畴,应当按照他所说的本来意义来了解和使用。但是事实上一般人及多数哲学家都仍然在传统哲学即宋代哲学的意义上使用和理解知行。阳明哲学的费力之

---

① 贺麟论知行合一曾提出有自然的、率真的、理想的三种知行合一,亦甚具分析性,然其说非释阳明哲学,乃其所倡之新论,参看贺著《知行合一新论》《知行问题的讨论与发挥》,二文皆载《中国现代哲学史资料汇编》第三集第五册,辽宁大学哲学系 1982 年编印。

处正在于,一方面他要宣明本体意义的知行概念,另一方面又不得不用非本体意义的知行概念与他人取得沟通。阳明的知行合一说固然提出了许多新的观点,但他的思想与宋儒并非全无继承关系,他与宋儒的差别有些则是范畴使用本身的差别,而阳明所以强调知行合一而不用真知真行的表述,正是要突出这种形式的对立以体现对于宋儒的冲击和反叛。

2. 真知即所以为行,不行不足以谓知

以下我们来研究阳明关于知行合一说的具体表述和论证。

被我们作为知行合一说的第一个表述的,即"真知即所以为行,不行不足谓之知"(《答顾东桥书》,《全书》二,第53页)。这里的"真知即所以为行"当指真知必能行,这个思想承自宋儒,已在上节讨论过了。因而这个命题值得注意的特点是在"不行不足谓之知"。

"不行不足谓之知"有两方面的意义。首先这里的"知"是指道德意识的自觉程度而言。阳明说过"就如称某人知孝、某人知弟,必是其人已曾行孝行弟,方可称他知孝知弟,不成只是晓得说些孝弟的话,便可称为孝弟?"(《传习录》上,《全书》一,第38页)就是说,当"知"用于德性谓词"孝""弟"等时,不可能与"行"没有联系,只能对在伦理实践中从事过此类活动的人使用"知孝""知弟"。因此,当我们对人的道德意识水平使用"知"的时候,必然意味着这个知是与行联结的,这是"不行不足谓之知"的一个含义。

第二个意义则指一般知识活动而言。阳明说:"知痛必已自痛了方知痛,知寒必已自寒了,知饥必已自饥了,知行如何分得开"(同上)。又说:"食味之美恶必待入口而后知,岂有不待入口而已先知食味之美恶者邪?""路岐之险夷,必待身亲履历而后知,岂有不待身亲履历而已先知路岐之险夷者邪?"(《答顾东桥书》,《全书》二,第53页)只有经历过痛感的人才知道什么是痛,只有经历过寒冷的人才知道什么是寒,这些与我们的感受性直接相关的体验之"知",显然是与我们是否有过亲身经验(行)相关的。食味的美恶即一种食物是否好吃,或路途的险

夷即一条道路是否平坦,显然也是依赖于实践活动才能为我们所"知",在这里阳明无疑是正确的。

阳明的这些讨论,事实上所有知行合一的讨论,都是针对着宋儒的知先行后说的。按照知先行后的学说,一个食物,先要知道确实能吃,然后才吃;一条道路,必先知道确实可行,然后才行。阳明对宋儒的批评无疑是合理的,它可以丰富我们对知行范畴的辩证联系的认识。然而,如果从具体问题来看,宋儒与阳明的命题虽然截然相反,但他们面对的问题并不相同。阳明的讨论,如身亲履历而知路,是着眼在认识的来源,在这一点上强调不行不足以谓之知,强调知识依赖于实践,是正确的。而宋儒如朱子讨论的知行关系,并不是企图回答认识的根本来源,他们着眼于认识或伦理活动的个别片断,如欲从德胜门到崇文门,可依地图了解路线,然后往行之,虽然路线的确定,从根源上是依赖实地测量勘查的,但我们不必事事根据直接经验。因此,阳明与朱子关于知行的命题,在这种对应于不同问题的意义下,是各自成立的。换言之,每一方的命题如果不被绝对化的话,都含有具体的合理因素。

3. 知是行之始,行是知之成

阳明与徐爱论知行时指出:"知是行之始,行是知之成,若会得时,只说一个知,已自有行在。只说一个行,已自有知在。"(《传习录》上,《全书》一,第38页)他还说:"知者行之始,行者知之成,圣学只一个功夫,知行不可分作两事"(同上书,第41页)。"知是行之始,行是知之成",这是从动态的过程来了解知行相互联系、相互包含的意义。意识属于知的范畴,但从意识活动是外部行为的开始这一点说,意识或思想是行为过程的第一阶段,在这个意义上它是行为过程的一部分,从而也可以说就是行。同理,阳明认为,行为实践本属行的范畴,但从行为是思想的实现,或实践是观念的完成这一点来说,行也可以看做整个知识过程的终结,即知识过程的最后阶段,因而从这点说,它也就是知。

按照阳明的立场,知并不是"可以说"是行,行也不是"可以说"是知,知与行就其本来真正的意义就是互相包含的。无论就范畴还是范畴指称的对象说,知中就有行的因素,行中也有知的因素。所以知行是合一的,这两个范畴的规定是互相包含的。但是,阳明的知行"合一"是否可以被理解为"同一"呢?至少从知是行之始,行是知之成这个命题来说,知与行不能是完全同一的。如果知行范畴是完全同一的,就意味着其中任何一个可以是不必要的,也就无所谓知是行之"始",或行是知之"成","始"和"成"正是表示这两个范畴和它们所对应的对象并不是完全同一的。

在一般的理解中,知表示知识、理论,但在阳明哲学中,知也指意识、意念、意欲等知觉形式。如说"夫人必有欲食之心,然后知食,欲食之心即是意,即是行之始矣","必有欲行之心,然后知路,欲行之心即是意,即是行之始矣"(《答顾东桥书》,《全书》二,第 53 页),阳明在这里所说的知显然不是作为认知范畴的知,而是属于包括动机、欲望在内的意志范畴,①从而使知行的讨论大大超出了认识论哲学的范围。

我们已指出,阳明整个知行观是针对朱子知先行后说的,如果从这个角度来看,"未有知而不能行者"虽然规定了必然付诸实践的性质,而知与被付诸的实践仍然可以有一个先后的"时间差"。"知是行之始,行是知之成"也不能弥合这个时间差。知是行之始虽然表明知始终与行相联系,但并不排除它与行的纵向连续关系。如果知是行之始,是行的第一阶段,就不再有权利批评朱子学要求人先从事"讲习讨论"以求知了,因为事物总要从开始做起。甚至,朱子学者也可以提出,如果知也就是行,则"讲习讨论"的求知也已经就是行了,这与阳明要求落实践履的取向显然不合。因此,根本的问题也许不在知是否为先,而在于先知之后一定要行,同时,先知的知是不完全的,也要通过行才能逐渐深化,在这里并不需要知行合一说。②

当阳明使用"始""终"这两个词的时候,给人以一种印象,他仍然

---

① 参看沙弗尔:《心的哲学》,陈少鸣译,三联书店 1989 年版,第 8 页。

② A. S. Cua 从道德心理的角度把先知的知与参与行为过程的知加以区分,认为相当于 prospective moral knowledge 和 retrospective moral knowledge, 参见其书 *The Unity of Knowledge and Action*, University Press of Hawaii, 1982。

把知行过程看成前后两个阶段,似乎不足以构成对朱子学的强有力的挑战。但在阳明,"知"并不需要去求,知既然是良知,讲习讨论已经是多余的了,从而知行合一学说的重点在强调践行。因此,如果知行合一的思想对朱子学的知先原则有真正的挑战意义,其中须预设了良知或同类的观念,这也说明知行合一说要与阳明其他部分的思想联系起来,才能彰显其全部意义。

4. 知是行之主意,行是知之工夫

《传习录》上载:"爱曰:古人说知行做两个,亦是要人见得分晓,一行做知的功夫,一行做行的功夫,即功夫始有下落。先生曰:此却失了古人宗旨也。某尝说知是行的主意,行是知的功夫。"(《全书》一,第38页)主意与功夫是阳明学中常用的一对方法论范畴,一般地,"主意"表示目的、统帅,"功夫"则表示途径和手段。一般来说,在阳明哲学中用主意与功夫(工夫)讨论某对范畴的相互关系时,他是为了突出"主意"的统帅地位和重要性,如尊德性是道问学的主意等。但在知行问题上他的侧重比较偏于"功夫"。

孤立地看,"知是行的主意"主张知识是行为的观念指导,是程朱派的知行观可以接受的命题,与知行合一宗旨的联系也不明显,因此,整个命题的重点是在"行是知的功夫",就是说,知以行为自己的实现手段。这样一来,并没有什么独立的、先于行或与行割裂的知,要达到知,就必须通过行。同时行也不是一匹瞎马狂奔,它有知作为指导。所以,阳明提出这个命题并不是要强调先有主意,再做工夫,而是强调知行间不可分离的关系。行不能无主意,故行不离知;知不能无手段,故知不离行。有趣的是,"知是行的主意,行是知的功夫",与朱子"知行常相须,如目无足不行,足无目不见"(《语类》卷九,第48页)有异曲同工之妙。

这一点并不奇怪。事实上,阳明本来就是强调"知行并进,不宜分别前后"(见《答顾东桥书》引)。"本体"的合一,正是为了促进"功夫"的并进,在"并进"这一点上宋明理学是一致的。如朱子虽说知先行后,但强调行重于知,强调知行相须,"知行工夫须著并到","知与行须

齐头做"。在这个意义上,阳明的知行合一说是促进知行并进的一个新的形式。知行合一的实践意义,也是要且知且行,且行且知,即知即行,即行即知。

从认识的意义说,知是行的主意是指人在意识中预先建构的关于活动的目标和方式,是指导行动的观念模型。行是知的功夫,指实践活动是使观念模型现实化、对象化的途径和方式,在这个意义上,这个命题的合理性是十分明显的。

5. 知之真笃即是行,行之明察即是知

阳明晚年更多地提到知行合一的另一表述:"知之真切笃实处即是行,行之明觉精察处即是知"(《答顾东桥书》,《全书》二,第54页),"知行工夫,本不可离,只为后世学者分作两截用功,失却知行本体,故有合一并进之说"(同上)。后来答学生周道通问知行合一时说"行之明觉精察处即是知,知之真切笃实处即是行,足下但以此语细思之当自见"(《王阳明答周冲书之四》,《中国哲学》第一辑,第320页),可见阳明认为这两句话对理解知行合一是很重要的。在另一封讨论知行合一的信中他进一步阐述了这个观点:

> 问:自来儒先皆以学问思辨属知,而以笃行属行,分明是两截事,今先生谓知行合一,不能无疑。(阳明)曰:此事吾已言之屡屡。凡谓之行者,只是著实去做这件事。若著实做学问思辨的工夫,则学问思辨亦便是行矣,学是学做这件事,问是问做这件事,思辨是思辨做这件事,则行亦便是学问思辨矣。若谓学问思辨之然后去行,却如何悬空先去学问思辨得?行时又如何去得做学问思辨的事?行之明觉精察处便是知,知之真切笃实处便是行。若行而不能明觉精察,便是冥行,便是学而不思则罔,所以必须说个知。知而不能真切笃实,便是妄想,便是思而不学则殆,所以必须说个行。元来只是一个工夫。(《答友人问》,《全书》六,第115页)

阳明在这里为"行"作了一个注解,他认为"凡谓之行者,只是著实去做这件事",就是说,行是指实实在在地做一件事,也就是"实践"。实在地做事可能就是实践这个词的原意。从这个立场,实在地去学、去问、去思、去辨都是行。因此,《中庸》"博学之、审问之、慎思之、明辨之、笃行之"五个条目中并不是只有"笃行"才是行,"两截"的传统看法是错误的。另一方面,人做一件事,离不开学怎样做,问怎样做,思怎样做,因而行的过程是一个包含着学问思辨的过程,亦即同时是一个知的过程。在这个分析的基础上,阳明提出,人的思维的活动,如学问思辨、明觉精察,只要是实实在在地从事着的,也就是行。而人的种种外部实践中必然包含的思考、分析、辨察等意识活动就是知。这就是"知之真切笃实便是行,行之明觉精察处便是知",表明知行是同一工夫过程的不同方面,正如手心手背一样,是不能割裂的。

阳明又说:"若知时其心不能真切笃实,则其知便不能明觉精察,不是知之时只要明觉精察、更不要真切笃实也。行之时其心不能明觉精察,则其行便不能真切笃实,不是行之时只要真切笃实、更不要明觉精察也。"(同上)这里说的"知之时"显然是指学问思辨等思维、意识、知识的活动。"行之时"是指外部的、客观的、物理性的行为和活动。按阳明的了解,明觉精察与真切笃实分别是知与行的特点。同时他又认为,无论是知的过程还是行的过程,事实上都需要具备两者。从事知识活动时如果不能抱有真切笃实的态度,人对知识的了解就不会精明。人在从事其他实践活动时,若不能在主体方面进行细致的分析和研究,则这些活动就是盲目的,不能真正完成这些活动。阳明这个思想企图说明知的活动中必然包含有行的因素和特性,行的活动也必然包含知的因素和特性,以这样的方式论证知行合一。换言之,知与行不过是从不同方面描述同一过程。正是在这个意义上,阳明常说知行"只是一个"。

在阳明这个命题中,值得注意的是他对于行的说法:"凡谓之行,只是著实去做这件事。"我不想说这就是阳明对"行"下的完整定义,但他确实采取了某种定义的形式。问题在于阳明这个提法是着重于"著实",还是着重于"做事"?从整个讨论来看,他是比较注重"著实"的,也就是"真切笃实"。另一方面他所说的做事既指物质性活动,也可以指心理性活动如思维、分析等。这无异于表示,无论心理行为还是物理行为,只要是真切笃实的,就属于"行"的范畴。

阳明这个讲法似乎是在抹杀心理行为与物理行为的界限,其实,宋代理学中的"行"常常主要以指"力行",亦即涵养,而涵养就其目的而言,无非是使心得以"真切笃实"。正如早年徐爱所录,笃实意味着躬行,意味着知识活动的落实,后来阳明《答顾东桥书》也提到"笃者敦实笃厚之意"。因而,阳明这个说法,内在于理学的立场来看,是并不奇怪的。

6. 未有学而不行者,不行不可以为学

这个命题实际上是"未有知而不行者""不行不足谓之知"的一个变形。

阳明在批判朱子知先行后说的时候是从两个方面立论。依照程朱的看法,人必先学习法律才能作律师,必先学习机械原理才能作工程师。阳明认为,人之学习必先有学习之心,这个欲学之心就是行之始,这是从个体活动的心理原因立论。另一方面,他认为,人所要学习的知识推原其始是人通过实践活动所得来的,这是从整个人类活动和认识的本源立论。阳明在这两方面的讨论,如前所述,从个体到整体,从横向解析到纵向推原,可谓苦心。

由于"学"在儒学传统中是一个与"行"区别的概念,如《中庸》以"好学"与"力行"相对,阳明在阐发知行合一时特别讨论了学的问题。他在《答顾东桥书》中指出:"夫问思辨行皆所以为学,未有学而不行者也。如言学孝,则必服劳奉养、躬行孝道,然后谓之学,岂徒悬空口耳讲说而遂可以谓之学孝乎? 学射则必张弓挟矢、引满中的,学书则必伸纸执笔、操觚染翰,尽天下之学,无有不行而可以言学者,则学之始固已即是行矣。……天下岂有不行而学者邪? 岂有不行而遂可谓之穷理者邪? ……是故知不行之不可以为学,则知不行之不可以为穷理矣。知不行之不可以为穷理,则知知行之合一并进而不可以分为两节事矣。"

(《全书》二,第55页)阳明这个讨论,原则上与论知食之美恶、路之险夷是一致的。程朱认为,学习某种理论知识是从事该种专业技能活动的前提,因而知在行先。阳明所运用的论点,都是指出学习某种技能,这种学习就其过程本身而言就是不能脱离实践(行)的,学并不是一与行相脱离的独立过程。对于学习(如学书学射)来说,学的过程同时是行的过程,这个行的过程又同时是学的过程,两者是无法分开的。

学是知的一种形式,因为阳明的"知"包括学问思辨等智力活动。同时"学会"意味着"知道怎样"(knowing how),意味着一种知识的获得。在这一点上,正如我们下面要谈到的,阳明的立场与现代某些关注心的哲学的哲学家(如赖尔)的观点有非常接近的地方,即都是强调知与行、理论与实践是无法分割的。

二　知行合一的宗旨与工夫

1. 知行合一的宗旨

现在让我们来进一步讨论王阳明指出知行合一说的宗旨。

阳明指出:"如今苦苦定要说知行做两个是什么意? 某要说做一个是什么意? 若不知立言宗旨,只管说一个两个,亦有甚用!"(《传习录》上,《全书》一,第38页)可见,了解知行合一说提出的目的对于理解知行合一的特点、侧重、作用等都有重要意义。

就一般意义而言,知行合一的提出是针对明中期社会风气败坏、道德水平下降的总体背景的。阳明指出:"逮其后世,功利之说日浸以盛,不复知有明德亲民之实,士皆巧文博词以饰诈,相规以伪,相轧以利,外冠裳而内禽兽,而犹或自以为从事于圣贤之学。如是而欲挽而复之三代,呜呼其难哉! 吾为此惧,揭知行合一之说,订致知格物之谬,思有以正人心息邪说,以求明先圣之学。"(《书林司训卷》,《全书》八,第143页)由此看来,知行合一是指向当时日益颓丧的士风。士人的思想状态在专制皇权的压迫下,在商品经济发展所促成的市民阶层的发达影响下,愈来愈庸俗化,多数知识分子丧失了理想性的追求,而成为虚伪的利禄之徒。阳明的知行合一说正是为"吃紧救弊而发",为了扭转硗薄的士风,使圣贤之学大明于天下。

阳明认为,从思想上来说,这些现象的发生根源于"将知行截然分做两件",阳明指出,知行合一虽是针对时弊而发,但并不意味着这只是一种权宜的说法,事实上,其本身是具有真理性的,他说"某今说知行合一,虽亦是就今时补偏救弊说,然知行体段亦本来如是"(《答友人问》,《全书》六,第115页),又说"此虽吃紧救弊而起,然知行之体本来如是,非以己意抑扬其间、姑为之说以苟一时之效者也"(《答顾东桥书》,《全书》二,第54页)。在知行分裂方面有两种形式,从而阳明知行合一的宗旨也表现为两个方面。

第一,阳明答人问知行合一时说:"此须识我立言宗旨。今人学问只因知行分作两件,故有一念发动虽是不善,然却未曾行,便不去禁止。我今说个知行合一,正要人晓得一念发动处,便即是行了。发动处有不善,就将这不善的念克倒了,须要彻底彻根,不使那一念不善潜伏胸中,此是我立言宗旨。"(《传习录》下,《全书》三,第75页)所谓一念发动有不善即是行,从"知是行之始"方面来看,是阳明知行合一学说的一个合乎逻辑的推论,既然意念、动机被看做整个行为过程的初始阶段,在这个意义上意念之动即是行。

很多学者据此认为阳明关于"一念发动即是行"的这一段话是知行合一说的唯一宗旨,认为阳明知行合一的学说可以概括为"一念发动即是行"。这种看法是有问题的。我们知道,在理学的伦理学中把道德修养分为"为善"和"去恶"两个方面,从这个角度来看,提出一念发动即是行,对于矫治"一念发动虽是不善,然却未曾行,便不去禁止"有正面的积极作用;然而,如果这个"一念发动"不是恶念,而是善念,能否说"一念发动是善,即是行善"了呢?如果人只停留在意念的善,而并不付诸社会行为,这不正是阳明所要批判的"知而不行"吗?可见,一念发动即是行,这个说法只体现了知行合一的一个方面,它只适用于"去恶",并不适用于"为善",阳明的知行合一思想显然是不能归结为"一念发动即是行"的。

第二，由上可知，"一念发动"并不能完全体现知行合一学说的立言宗旨，事实上，阳明更强调知行合一对于朱学知先行后说的批判意义，他说："今人却就将知行分作两件去做，以为必先知了，然后能行，我如今且去讲习讨论，做知的工夫，待知得真了，方去做行的工夫。故遂终身不行，亦遂终身不知。此不是小病痛，其来已非一日矣。某今说个知行合一，正是对病的药，又不是某凿空杜撰。知行本体原是如此，今若知得宗旨，即说两个亦不妨，亦只是一个。若不知宗旨，便说一个亦济得甚事！"（《传习录》上，《全书》一，第 38 页）他后来答周道通书也强调："知行合一之说，专为近世学者分知行为两事，必欲先用知之之功而后行，遂致终身不行，故不得已而为此补偏救弊之言。"（《王阳明答周冲书之四》，《中国哲学》第一辑）由此可知，阳明所关注的问题，还不只是那种"一念发动虽是不善，然却未曾行，便不去禁止"的意识，而且是"我如今且去讲习讨论，做知的工夫，待知得真了，方去做行的工夫"的想法，从阳明哲学批判朱子学的整体性格来看，后者是知行合一说针对的主要对象。而这里所批判的先知后行，知而不行，就不是专指去恶，而是兼为善去恶而言，知善即为之，知不善即去之。

显然，阳明所面对的是这个事实：人们了解社会通行的道德准则，但并不依照这些准则去行动；明知为道德律令所禁止，却仍然违背禁令去行动。这种现象在伦理学领域当然具有普遍性。阳明则把这种现象归罪为宋儒知行观的错误引导，因而通过知行合一的学说批判知行脱节，希望以此补救偏弊。其实，对于宋儒来说，行至少在理论上是更为重要的范畴。但是在朱子哲学，确实从整体上更凸显了"知"的重要性，强调理性对道德法则的了解是伦理实践的前提。而在阳明，由于良知观念的预设，指导伦理行为的"知"是本心自然而有的，故更为强调行，因此在阳明哲学中知行观的解决与心理观有着内在的逻辑的联系，所以阳明也说，以心理为二故知行为二，以心理为一故知行合一，从而阳明知行观的基本精神是强调行，而不是强调知。

所以，对于阳明所注重的知当孝而不去著实尽孝的现象，如果强调一念发动即是行,强调知就是行,在伦理实践上显然是不利的。这样看来,语录的那一句话应当作"一念发动不善即是行",指知不善而不著实去其不善而言,即对于"去恶"而言,知即是行;而对"为善"而言,行才是知。从而,知行合一的那些具体表述在伦理实践中往往针对着不同对象而有不同意义。如对于"去恶",应强调知已是行之始;对于"为善"则应强调行才是知之成。

2. 对知行合一的批评

阳明的知行合一说在当时和以后受到了不少批评,其中有代表性的是王船山的批评:

> 陆子静、杨慈湖、王伯安之为言也,吾知之矣。彼非谓知之可后也。其所谓知者非知,而行者非行也。知者非知,然而犹有其知也,亦惝然若有所见也。行者非行,则确乎其非行,而以其所知为行也。以知为行,则以不行为行,而人之伦、物之理,若或见之,不以身心尝试焉。(《尚书引义》第76页)

船山甚至批评阳明"销行以归知,终始于知"(同上)。船山的批评是否能够成立,决定于他与阳明对知行范畴的理解。如站在阳明自己的立场上,他是强调行的。① 顾东桥在与阳明论知行合一书时曾引阳明之语"行即是知",他后来也曾说:"阳明尝与余讲学,力主行即是知之说,其言具载其《传习录》,余以为偶出奇论耳。余观与北村书,取子路何必读书然后为学之言,乃知其学亦不必专信孔氏也。"(《跋王阳明与路北村书卷》,《凭几续集》卷二,《顾华玉集》十五)可见阳明主张"行"本身同时是"知"的过程,没有什么脱离行的、独立的知的过程,其本意是以行代知,而不是以知代行,也不是以不行为行。当然,这都是在阳明

---

① 沈善洪等也指出"知行合一说反对的是终身不行,所注重的恰恰是行",见沈著:《王阳明哲学研究》,浙江人民出版社1981年版,第95页。

哲学自己规定的意义上。

然而,船山的批评也不是完全没有理由的。如阳明所说"一念发动便即是行",若此念之动是为善之念,以善之念即为善之行,人便不必在人情事理上下为善实功,所以船山的批评"以不行为行","销行以归知",就这一点而言是有的放矢的。但是,这显然不是阳明的意愿。然而,既然阳明自己未能在为善与去恶方面如前所说的做出必要的分疏,他就无法完全拒绝类似的批评。从范畴来说,阳明倡知行合一,强调知行范畴的互相包含,强调知行过程的统一性,"说一个知,已自有行在;说一个行,已自有知在",使知行范畴的规定变得有些模糊。在阳明的了解中,行不仅指物质实践活动或人的身体的物理性行为,也包含纯粹心理行为、心理事件,除了上述"一念发动不善即是行"的说法之外,他还把《大学》的"如好好色"解释为知行的合一,认为见好色属知,好好色属行。见好色作为一种知觉被阳明划入"知",而好好色只是一种心理行为,阳明也认为是"行"。而在船山的理解中,凡主体的意识活动都是知,只有外在的、客观化的行为才是行,因此从船山看来,阳明所讲的行自然就不属于行了。

然而,在范畴的问题上就很难说谁是正确谁是错误的。范畴是一种形式,一种工具,每个哲学家常常都有自己对范畴的使用习惯,这里的关键应当在于对特定的问题如何解决。无论如何,阳明反对知而不行,主张知行并进,强调不行不足以谓之知,要求人在事上磨炼,在这些方面,船山的批评显然是不适用的。另一方面,前面已经指出,在理学体系的内在脉络里面,行与知都有特定的意义。我曾指出,理学体系中的"知",在一般意义上主要是指人的知识和求知过程;"行"则是指人把已得的知识付之践行。在伦理实践领域,理学并不强调"行"一定是一种外部的、物理性行为,如正心诚意,只要是把已知的当然之则用于身心的实际涵养,对于知所当然的"知"而言,就是"行"了。因而身心的涵养,即意念本身的修养,在这个意义上,是属于行的。同理,格物致知作为一种求知活动,虽然属于知,但其中免不了伴随外部的行为。特别是理学中的知行常是"致知"与"力行"的简用语,在这里心理行为与物理行为的差别并不是知行差别的一个本质规定；何况理学中还常把与致知穷理相对的涵养作为"行"。内在于这个脉络而言，阳明在"行"的规定中容纳了心理行为，并不就是不合法的，只是他的某些话造成了他只强调心理行为的印象，这一点上，他自己是应当负责的。

3. 致良知与知行合一

阳明自江西平濠后，"单提致良知话头"，他的所有思想，如心外无理、知行合一以及困扰他多年的儒佛问题都汇归到"致良知"里，得到了一个总结、提升和融会。详细检讨致良知思想及其形成，见于另章，这里对致良知与知行合一的交葛做一些必要的分疏。

近年不少史家提出，在致良知思想中，良知是知，致是行，致良知即知行合一。这个提法确实有相当的理由。黄宗羲曾说："先生致之于事物，致字即是行字，以救空空穷理。"（《明儒学案》上，第179页）此说承自刘蕺山，《明儒学案》述刘宗周之语："良知为知，见知不囿于闻见；致良知为行，见行不滞于方隅。即知即行，即心即物，即动即静，即体即用，即工夫即本体，即上即下。"（《师说》，《明儒学案》，第7页）这说明明代王学传统中已经注意到致良知学说与知行学说的联系。

《传习录》载："或疑知行不合一，以知之匪艰二句为问。先生曰：良知自知，原是容易，只是不能致那良知，便是知之匪艰，行之惟艰。"（《全书》三，第84页）这表明阳明认为，《尚书》中"知之匪艰，行之惟艰"中的"知"是指良知，"行"是指致其良知。良知知是知非，本自明白，故说"匪艰"；但不能致其良知而行之，故说"艰"。《传习录》又载："问圣人生知安行是自然的，如何有甚功夫？先生曰：知行二字即是功夫，但有浅深难易之殊耳，良知原是精精明明，如欲孝亲，生知安行的只是依此良知实落尽孝而已；学知利行只是时时省觉、务要依此良知尽孝而已。"（《全书》三，第80页）这里也是说知是知非是良知，依良知所知而实落行之即是致良知。这些说法都包含着良知为知、致良知为行。

阳明《书朱守谐卷》：

守谐曰:"人之言曰'知之未至行之不力',予未有知也,何以能行乎?"予曰:"是非之心,人皆有之,子无患其无知,惟患不肯知耳。无患其知之未至,惟患不致其知耳,故曰'知之非艰,行之惟艰'。"(《全书》八,第 141 页)

这也是把是非之心对应于"知",而把致其知对应于"行"。阳明晚年多次提出《易大传》"知至至之"之语,他说:"知至者知也,至之者致知也,此知行之所以一也"(《与陆元静二》,《全书》五,第 108 页)。此语又见于与顾惟贤书,也是把知与致知分别对应于知与行。这都表明良知是知,致良知是行,不患不知,惟患不行。

上述思想与前面几节已经讨论过的知行合一思想有所不同。如说不患无知,惟患不行,与"未有知而不能行者"就不一致。又如,若从知行合一的立场,知即是行,于是"良知"即是"致良知"了,这当然是阳明不能赞成的。阳明晚年的良知学说,正是要明确区别"良知"与"致良知",认为良知人人本有,惟不能致其良知于事事物物,这明显地是区别知行的思路,与知行合一的思路不同。知行合一正是强调知与行之间的同一性,如说"知而不行只是未知",若用于良知与致良知,就可能得出良知不致便是未知,把良知视同未知,而这肯定是阳明不能接受的。这也表明良知与致良知的学说与早年知行本体的说法侧重不同。在致良知的思想中不再有良知(知)与致良知(行)相互包含、相互渗透的意义。在致良知学说中,至少在逻辑上良知是先于致知的,从这个方面说,阳明晚年的致良知思想中已不强调知中有行、行中有知、知即是行、行即是知的思想。当然,无论是知行合一还是致良知,都是强调把所知付诸践履,它们只是为了达到同一目的的不同方式而已。

"知行合一"这类命题,正如"理一分殊"一样,它的可诠释性是很丰富的。对知与行的理解哲学家们常各自不同,而"合一"既可以指本体的合一,又可以指工夫的并进,因而在阳明前后同时不少哲学家也都使用过知行合一的命题形式,但是不等于说他们的思想与阳明的知行观就是一致的,从而每个哲学家所说的知行合一必须依照其论述的具体脉络及整个体系加以正确的诠释。

4. 知行合一的工夫

知行合一学说的具体工夫意义也是一个值得注意的问题。阳明在论知行合一的时候总是强调知行不能分为两件，这个"分为两件"不止是理论上或范畴上否认知与行的互相渗透，而且指在实践上把"本是一个工夫"的知行割裂了，所以他强调知行不能"分开两截做"。

阳明多次表示"圣学只是一个功夫，知行不可分作两事"（《全书》一，第41页），"知行工夫本不可离"（《答顾东桥书》，《全书》二，第54页），"元来只是一个工夫，故凡说知行皆是就一个工夫上补偏救弊说，不似今人截然分作两件事做"（《答友人问》，《全书》六，第115页）。"知行原是两个字说一个工夫。若头脑处见得分明，则虽把知行分作两个说，毕竟将来做那一个工夫"（同上）。所以阳明所说"某要把知行说做一个"，既指概念，更指工夫。

因此，重要的问题在于，当宋儒以致知为知，以力行为行时，阳明并不认为把致知说成行、把力行说成知就算完成了知行合一所要解决的任务，而是根本上要使致知和力行在人的每一活动之中都密切结合，亦即知行并进。从这个意义上说，所谓"知是行之始、行是知之成""知是行的主意，行是知的工夫""知之真切笃实即是行，行之明觉精察即是知"都是侧重在知行概念本身的联结，而"不行不足谓之知"才体现了知行合一学说的实践精神和工夫意义。所谓"一个工夫"，就是指人在任何时候都要不间断地进行意识的道德修养和从事伦理活动的实践。

《传习录》下记载阳明答学生论知行合一的具体工夫：

门人问：知行如何得合一？且如《中庸》言"博学之"，又说个"笃行之"，分明知行是两件。先生曰：博学只是事事存此天理，笃行只是学之不已之意。又问：《易》"学以聚之"，又言"仁以行之"，此是如何？先生曰：也是如此。事事去学存此天理，则此心更无放失时，故曰学以聚之。然常学存此天理，更无私欲间断，此即是此心不息处，故曰仁以行之。又问：孔子言"知及之，仁不能守之"，知行却是两个事。先生曰：说及之已是行了，但不能常常行，已为私欲间断，便是仁不能守。(《全书》三，第84页)

由此可知，所谓一个工夫，就是不论有事无事，常存天理、克除私欲。无事时念念存天理去人欲，既是知也是行；有事时亦常存天理去人欲，既是行也是知。在不间断地存天理去人欲中知行实现了合一，这个工夫就是圣学工夫。

三　知行合一的分析

现代哲学家，特别是赖尔(Ryle)，注重研究智力性形容词的描述性质，其中对"知道怎样"(knowing how)和"知道什么"(knowing what)的区分是整个分析的重要基础。

赖尔在其《心的概念》第二章指出，知道怎样修剪树枝、知道怎样使用乐器，以及知道怎样下棋、知道怎样烹调，与知道德文的"刀"是"Messer"，知道苏塞克斯是英国的一个州虽然同属于"知"，却有某种区别。他指出："当我们说人们知道怎样玩笑得体，说话合乎语法，知道怎样下棋、钓鱼以及辩论时，所指的意思是什么？部分意思是指，他们能将这些事情干得很出色，即干得很正确、很有成效或很成功。他们的行为能达到某种标准，或符合某个标准。"[1]他还指出："当我们用'精明的''笨拙的''谨慎的''粗心的'这些智力性形容词来形容一个人时，并不是指他是否认识这个或那个真理，而是指出他能否做某类事情。"[2]他认为，一般人喜欢把理智活动(如学问思辨)仅仅看做心理活动和行为，其实这理智活动本身并不是理智的活动，也不是理智的活动的结果，而是一种实践、智力实践。这种与实践联系的"知道怎样"，与"知道如何"是不同的。

---

①②　赖尔：《心的概念》，刘建荣译，上海译文出版社1988年版，第23页。

如果把"知道怎样"与"知道如何"混同起来,其结果是"由此必然得出,智力活动之前必定要先从理智上承认这些规则或标准。就是说,行为者非得先经过内在过程来认识某些有关须做之事的命题(如律令等)才能根据要求实施自己的行为"。赖尔嘲笑这种知先行后说,说这等于"厨师必须先背诵一遍菜谱,再照本烹饪;英雄必然先默颂某条适当的道德律令,再跃入激流抢救溺水者;棋手必须先全盘考虑一下所有相关棋路和规则然后再走出正确熟练的一步。根据这种传奇,一个人做某事时思考自己所做之事这种活动就成了始终要做两件事,即先考虑某些恰当的命题或规定,然后将它们付之实践,先做一件理论工作,再做一件实践工作。"①赖尔批评了这种把智力行为说成"含有思考与实践的双重活动"的看法,主张"先有成功的实践,后有总结实践的理论"②,许多智力行为的完成并不预先形成规则,人们完全可能在尚未考虑任何规定他们怎样做某些事的命题的情况下来做这些事。

赖尔也谈到学习智力技能的问题,他指出,假如一个男孩只会准确地背诵棋规,就不能说他"懂得怎样"下棋,他必须能走出符合棋规的棋步,他所具备的有关怎样的知识主要发挥在他所走的或承认的棋步中,从而表明他是否能以实际应用的方式掌握棋规的,不是他头脑中想的或嘴上说的,而是在棋盘上实际做的。同理,拳击家的聪明才智显示在出拳和避拳的动作上,而不显示在接受或否定关于拳术的命题上。外科大夫的技能也不是发挥在述说医学真理上,而只是在他双手的正确操作上。

赖尔的理论主要着眼于个体的智力活动,虽然他的思想在阐述认识与实践的关系问题上接近唯物主义认识论的结论,但在总体的认识考察方面,马克思主义的认识论在理论的表述方面更具有优越性。辩证唯物论关于实践是认识的基础、社会实践是一切知识的唯一来源,以及理论与实践辩证地联结、转化等观点,是知行问题在认识来源与认识

---

① 赖尔:《心的概念》,上海译文出版社 1988 年版,第 24 页。
② 同上书,第 25 页。

过程问题上的新的发展。而我们所以在这里特别提出赖尔的学说来，是因为他的理论与阳明的知行合一说，至少在形式方面，更具有相似的特点。

当赖尔主张智力性心理谓词如"机敏的""精明的"不是指人在理论上的知识，而是指他们能否做某类事情，从而这些心理谓词并非描述心理行为，而是一种描述外部行为的方式的时候，很容易使我们联想到阳明对德性形容词或德性谓词的看法。阳明认为，如孝悌忠信等谓词，用于描述人，不是指是否具有某种律令的知识，而是指能否在行为践履中完成这些规范。与赖尔提出的"知道怎样"（knowing how）相似，伦理实践中的"知"是决不能脱离"行"的。赖尔说，说某人知道怎样下棋是指能将事情干得符合某种标准，阳明也指出："就如称某人知孝知弟，必是其人曾行孝弟方可称他知孝知弟，不成只晓得说些孝弟的话便可称为知孝弟？"

赖尔不赞成把活动看成先智思后行动的看法显然是一种反对先知后行的观点，事实上他的理论主要是批判先知后行说，这与阳明面对的问题在形式上也很相似。赖尔所说的"双重性"主要是指思考在先、实践在后的观点。赖尔认为，不但知识从总体上必须先有成功的实践作为基础，个体的学习（如学下棋）过程本身也是知行合一的。对已掌握某种技能的人来说，智力活动（如下棋）本身也不需要先做理论工作、再做实践工作。赖尔关于学习下棋的看法，也与阳明"未有学而不行者"，及对"岂徒悬空口耳讲说而遂可以谓之学乎"的批评十分接近。

自然，赖尔理论的出发点、他所企图解决的问题、他所讨论的重点都与阳明有很大差距。他的总体批判是针对笛卡尔式的身心双重论，它以逻辑分析为手段是现代哲学的特色，他的行为主义立场更不是阳明所了解的。在 knowing how 方面，阳明讨论的知孝知弟等也不属于"知道怎样"的知，这些都是阳明不同于赖尔的地方。事实上，就阳明使用的"知"的一般意义而言，是包含着许多不同性质和形态的知的。阳明所关注的活动不是智力性活动，而是道德性活动。然而，无论如何，阳明主张德性谓词"孝的"或德性知识"知孝"不是指意识对准则的知性了解,而指其在行为上能正确体现这些性质,因此这些心理谓词并非仅指心理特质而是指心理特质发挥的行为方式,在这些方面显然与赖尔的提法是相通的。他们都承认至少有一类知识是知行合一的,他们共同反对先知后行。这表明,他们是从各自不同的领域揭示出人类的知识与行为的活动及反映此种活动的知行范畴与理论之间的相互联系。从这个意义上说,赖尔的理论为我们诠释、理解阳明的知行学说提供了又一新的可能性。

从伦理学本身而言,"孝的"或"知孝"都属于道德评价,但道德实践的评价以动机和行为的结合为基础。道德性不能仅仅停止为善的动机,"知以行为功",善的动机须借助行为才能实现自己。从这点来看,知行合一与心外无理所强调的不同,心即理说强调内在意向的道德性是善的本质,而知行合一说则强调意向的道德性必须通过实践把自己真正实现为现实的道德性。因而前者强调动机,后者强调行为。在知行合一的立场上,善的动机只是完成善的开始,并不是善的完成。甚至认为,不能落实到实践,意向的善就不是真正的善,虽然有了行为的合法性并不就等于证明了意向的道德性。这一点上康德显然没有给以充分的注意,这也是宋明理学知行观包括阳明的知行合一说在伦理学领域的价值所在。

第六章

诚意与格物

《大学》古本与古本序

诚意

格物与格心

格物之辩

《大学问》的格物说

与陆九渊以《孟子》为基本思想资料的基础不同,整个阳明哲学的概念和结构都与《大学》有更为密切的关联,这也是阳明受到宋学及朱子影响的表现之一。我们知道,在方法论上,朱子哲学特别重视《大学》中所谓"格物""致知"的问题。朱子一生学问致力于对儒家经典的重新诠释,而对《大学》几个重要观念的诠释在他的整个经典解释系统中占有重要的地位。朱子少年时即受教读《大学》,临终前仍在修改《大学章句》,他以超人的学识和智力,把终生奉献给这一篇短小的古典文献的整理和解释实践,这表明朱子对经典权威的尊重,和他想通过汲取古典的智慧并加以创新来发展人文价值的信念。朱子的这一努力产生了广泛的影响,从此整个哲学被格物致知的问题所笼罩,格物与致知成为宋明理学中最富有生命力的范畴。在宋元明清四个时代,众多的儒家学者根据不同的理解对"格物""致知"所做的不同解释,促进了这个时期的学术繁荣,儒学的经典解释传统也由此得到进一步发展。格物与致知的这种诠释有代表性地反映了中国哲学中固有的古典解释学的形态。

　　阳明在这样的学术气氛中成长,他用以思考问题的方式及范畴无不受到《大学》基本观念的影响。事实上,困扰阳明早年思想的主要课题就是《大学》中的"格物"问题。他所企图解决的问题及编织体系的网络也从来没有脱离过《大学》。他的《大学古本旁释》和《大学问》既充分表现了他自己的基本思想,也代表了朱子《大学章句》《大学或问》之后对《大学》的一个新的重要的诠释方向,从而使心学的思想也获得了某种经典诠释的形态,这与陆九渊"六经注我,我何注六经"的立场有着明显的差别。

一 《大学》古本与古本序

　　《大学》原文的面貌如何,汉唐所传古本是否有脱文错简,是宋代以来儒家经典学中的一个反复争论的问题。

　　《大学》本为小戴《礼记》之第四十二篇。《大学》的内容可分为两部分;一部分提出了"明明德""亲民""止于至善"三项基本原则和"格物""致知""诚意""正心""修身""齐家""治国""平天下"八项方法;另一部分是对三项原则和八种方法的解说和论证。朱子把提出三纲领八条目的第一部分称为"经",把第二部分即解释三纲八目及其相互关联的部分称为"传"。朱子在研究所谓"传"这一部分的时候发现,这一部分基本上是按照次序逐条解释三纲八目的。但是,在"逐条"解释中唯独缺少对"致知在格物""诚其意在致知"的论证,而且对于"正心在诚其意"的论证也没有按照八条目应有的次序,反而出现在传文开始的地方。于是,朱子继承北宋儒学对《大学》本文面貌的怀疑传统,认为,解释诚意的传文没有出现在八条目中应在的位置上,这是因为"错简"造成的;而全文中没有出现对"诚意在致知""致知在格物"的解释则是由"阙文"造成的。朱子《大学章句》最重要的工作是两条，一是做了一个"补格物致知传"，来弥补所谓"阙文"造成的不连贯(当然朱子并不认为这个补传就完全接近原来所遗失的本文，他指出，这只是根据二程的思想为读者所作的一个参考)，二是把传文中对诚意的解释移后至解释正心之前。后人称此为"移其文、补其传"，加以批评。其实这种做法也不自朱子始，北宋二程兄弟都有改正《大学》之作，他们虽未说《大学》有阙文，但都认为有错简。这说明《大学》的结构和文字确实有不容易被清楚地解释的地方。

朱子《大学章句》宋季之后成为流行最广的本子，元代奉为科举功令，具有普遍的权威性。相对于郑玄传下的《大学》的"古本"，朱子章句的改本亦称"新本"。但南宋以来，与朱子意见不同的学者也在所不少。这些人基本上与二程接近，认为《大学》确有错简，但不一定有阙文，因而反对朱子的补传。不过错简于何处，各家所说不同，其中主要有几种意见：一，以"子曰听讼吾犹人也，必也使无讼乎？无情者不得尽其辞，大畏民志，此谓知本，此谓知之至也"一段为"致知在格物"的解释，故以此主张无须补传，持此说者如董槐；二，把经文中"知止而后有定，定而后能静，静而后能安，安而后能得"与上述"子曰听讼吾犹人"一段合起来，作为致知格物的解释，如郑济改本；三，把原传文第二章"诗云瞻彼淇澳……"一节与"子曰听讼吾犹人"一段加在一起，以为格物致知之传，如刘渍改本；四，以"诗云瞻彼淇澳"一段独立作为格致之传，移于诚意章之前。[①]

阳明则一以古本为正，认为既无阙文，亦无错简，其文本自平正、无不可通。门人徐爱在《传习录》引言中说："先生于《大学》格物诸说，悉以旧本为正，盖先儒所谓误本者也。爱始闻而骇，既而疑，已而殚精竭思，参互错综，以质于先生，然后知先生之说若水之寒，若火之热，断断乎百世以俟圣人而不惑者也。"(《全书》卷一，第37页)《传习录》第一条记载徐爱与阳明关于《大学》"亲民"的问答，阳明向徐爱解释为什么

---

① 参见傅武光：《四书学考》，台湾师范大学国文研究所集刊第十八集。

旧本作"亲"是正确的,而朱子改本作"新"是不正确的。据《年谱》,这一段讨论是正德七年壬申归省途中发生的,这表明阳明在北京吏曹末期已经有了以旧本为正的看法。又据正德十年春湛若水奉母枢南归时与阳明在南京关于《大学》古本的讨论,湛若水在此以前尚不了解阳明关于《大学》古本的详细立场,而湛若水在正德六年一直与阳明在京讲学,至正德七年二月才出使安南。由此推之,阳明关于《大学》古本的观点在正德六年以前尚未形成。《年谱》在正德十三年刻《大学古本旁释》条下称:"先生在龙场时疑朱子《大学章句》非圣门本旨,手录古本,伏读精思,始信圣人之学本简易明白,其书止为一篇,原无经传之分。格致本于诚意,原无缺传可补。"但现有材料尚不能证明正德六年以前阳明已经有了信用古本的态度,故《年谱》以龙场时(正德三—四年)即信用古本,尚不足据。

朱子哲学在当时具有强大的权威地位,他对《大学》的研究世多称许,而阳明认为"大学古本乃孔门相传旧本耳,朱子疑其有所脱误而改正补辑之,在某则谓其本无脱误,悉从其旧而已矣"(《答罗整庵少宰》,《全书》二,第66页),正如徐爱所说,这在时人听来,无异于骇人听闻。这种对既有权威的挑战一方面激起了强烈的批评,另一方面也推进了思想的解放,以至不少著名学者(如湛若水、方献夫)①不久也都改信《大学》古本。仅就章句本身而言,阳明信用古本的有利之处在于,由于诚意的解释在经文之后居于传文之首,这就为突出诚意工夫找到了经典依据;其次,把"诗云瞻彼淇澳……民之不能忘也"作为"言格物之事",这就可以甩掉朱子的补传。而在诚意的主导下来格物,也就便于把格物的范畴解释纳入心学的体系中来,故说"惟以诚意为主,而用格物之工,故不须添一敬字"(《大学古本旁释》,百陵学山天号)。

正德十三年戊寅,阳明47岁,平定闽广暴动奏捷后,刻行《大学古本旁释》,《年谱》于是年七月条记此事,且云"以诚意为主而为致知格物之功,故不必添一敬字,以良知指示至善之本体,故不必假于见闻。

---

① 甘泉有《大学测》,方献夫有《大学原》,据阳明与甘泉、西樵书,二人正德末亦信用古本。

至是录刻成书,傍为之释,而引以为序。"以格致本于诚意,见于《传习录》徐爱所录,徐爱卒于正德十二年,在徐爱所录的语录中,阳明关于《大学》及古本的基本思想已得到清楚的表述,如以古本为正,改"新"为"亲",以格为"正",以物为"心"、为"意之所在",以格物为"去其心之不正"等。然而,《年谱》所说"以良知指示至善之本体",这既不见于《大学古本旁注》,也不见于与之同年刊刻的《传习录》上。

问题就出在这个"引以为序"上面,《阳明全书》所收《大学古本序》全文:"大学之要,诚意而已矣。诚意之功,格物而已矣。诚意之极,止至善而已矣。止至善之则,致知而已矣。正心复其体也,修身著其用也。以言乎己谓之明德,以言乎人谓之亲民,以言乎天地之间则备矣。是故至善也者,心之本体也。动而后有不善,而本体之知未尝不知也。意者其动也,物者其事也,致其本体之知而动无不善。然非即其事而格之,则亦无以致其知。故致知者诚意之本也,格物者致知之实也。物格则知致意诚而有以复其本体,是之谓止至善。圣人惧人求之于外也,而反复其辞。旧本析而圣人之意亡矣,是故不务于诚意而徒以格物者谓之支,不事格物而徒以诚意者谓之虚,不本于致知而徒以格物诚意者谓之妄。支与虚与妄,其于至善也远矣。合之以敬而益缀,补之以传而益离。吾惧学之日远于至善也,去分章而复旧本,傍为之释,以引其义。庶几复见圣人之心而求之者有其要。噫,乃若致知则存乎心,悟致知焉尽矣。"①(《全书》七,第128页)这段序文前后有些不一致,前部分突出诚意,以诚意为《大学》之要。而在后部分突出致知,说"悟致知焉尽矣"。照这个序文所说,致本体之知即致良知,即《大学古本旁释》初刻时已有致良知说,则前引《年谱》之说似当成立。

但是,《年谱》及阳明弟子一致强调,致良知宗旨的提出始自正德十六年。这与《全书》所载注明正德十三年的《大学古本序》显然是有矛盾的,而且我们知道阳明为古本《大学》所作的序文曾作过几次修

---

① 按自王门弟子时即读此序末句为"存乎心悟",然"心悟"之说不见于阳明其他文字,故我将"悟"字属下句读,似近原意。后阳明致薛侃书亦云致知二字从前儒者多不曾悟。

改。阳明答黄勉之书云："古本之释,不得已也,然不敢多为辞说,正恐葛藤缠绕则枝干反为蒙翳耳。短序亦尝三易其稿,石刻其最后者,今各往一本,亦足以知初年之见未可据以为定也。"(《与黄勉之》,《全书》五,第109页)此书作于嘉靖三年甲申,阳明53岁,上距古本旁释初刻已六年,据阳明此说,自正德十三年戊寅刻古本《大学》之后,序文曾"三易其稿",他随书寄给黄省曾的石刻本序是第三次修改所成。

序文的修改主要是增加了致良知的内容,阳明戊寅初刻《大学》,辛巳揭致良知教,又两年后嘉靖二年癸未致薛尚谦书云:"致知二字,是千古圣学之秘,向在虔时终日论此。同志中尚有未彻,近于古本序中改数语,颇发此意。然见者往往亦不能察,今寄一纸,幸熟味焉。此是孔门正法眼藏,从前儒者多不曾悟耳,故其说卒入于支离。"(《与薛尚谦》,《全书》五,第112页)这封信明白指出,正德十五年在虔州始发良知之说,阳明在嘉靖二年(或稍前)修改序文时,已增入了"致知"的内容,由此可知,《全书》的《大学古本序》文应当是后来改定的,并非戊寅所作原文。

罗钦顺在《困知记》中曾对《大学古本序》的前后改订做过比较,并引述了他所见到的戊寅所作的原序。他记述到:

> 庚辰春王伯安以大学古本见惠,乃戊寅七月所作,序云:"大学之要,诚意而已矣。诚意之功,格物而已矣。诚意之极,止至善而已矣。正心复其体也,修身著其用也。以言乎己谓之明德,以言乎人谓之亲民。以言乎天地之间则备矣。是故至善也者,心之本体也。动而后有不差。意者其动也,物者其事也。格物以诚其意,复其不善之动而已。不善复而体正,体正而无不善之动矣,是之谓止至善。圣人惧人求之于外也,而反复其辞。旧本析而圣人之意亡矣。是故不本于诚意而徒以格物者谓之支,不事于格物而徒以诚意者谓之虚,支与虚其于至善也远矣。合之以敬而益缀,补之以传而益离,吾惧学之日远于至善也,去分章而复旧本,傍为之释以引其义,庶几复见圣人之心而求之者有其要。噫,罪我者亦以是

矣。"此其全文也,首尾数百言,并无一言及于致知,近见《阳明文录》有《大学古本序》,始改用致知立说,于格物更不提起,其结语云:"乃若致知则存乎心,悟致知焉尽矣"。阳明学术以良知为大头脑,其初序大学古本,明斥朱子传注为支离,何故却将大头脑遗下,岂其拟议之未定钦!(《困知记》三续)

《阳明全书》收《传习录》《文录》《别录》等,《大学古本序》即载在《文录》之四。《困知记》保存的这个重要材料证明,在正德十三年《大学》古本初刻的原序中根本没有关于致知的内容,阳明在正德十五年赠《大学》古本给罗钦顺时尚未修改序文,而我们现在看到的《文录》中所载《大学古本序》,已非原序。[①] 原序与改序的根本区别在于改序增入了以致知为本的思想。

这表明,阳明对《大学》格物致知的理解有一个发展变化的过程。这个过程,简单说来,就是以"诚意"为本转向以"致知"为本的过程。

《大学古本旁释》一反朱子的分章、移文、补传等做法,完全回到郑玄所用本,并以郑本为据,对于重要句段加以简明解释,这就是"去分章而复旧本,傍为之释"。不过,今存《大学古本旁释》有两种不同传本,何者为戊寅初刻,已不易断定,[②]古本旁释初刻的史料意义主要是研究阳明思想发展的历程,《大学问》为嘉靖丁亥征思田时由钱德洪手录,既系统又有条理,代表了阳明嘉靖居越以后即晚年的思想,其对《大学》的整个解释已改变为以"致良知"为主线,这和古本旁释初刻时不同。古本旁释代表了征南赣以前对《大学》格物说的理解,这是阳明思想发展的一个重要时期。

---

① 文录最早刻于嘉靖六年丁亥,见《年谱》。

② 今存传本一为函海所收《大学古本旁注》,一为百陵学山天号所收《大学古本旁释》,二者颇有出入。据学山本王文禄跋,该本乃文禄于嘉靖丁亥得自王龙溪,时阳明往征思田,故学山本决定不伪。函海本有李调元序,乃取朱彝尊所用本。函海本用原序,学山本用改序,勘之时人引用《大学古本旁释》之文,二本皆不伪。然二本皆有致良知之说,故似皆非戊寅原本,皆改本也。王文禄本得之阳明书院,尤为可信,但二本孰先孰后,已不易辨定。

二 诚 意

在阳明对《大学》的诠释中,与朱子的基本区别是,诚意和致知受到特别的重视,江西平藩之前他一直以诚意来统率格物,平藩之后以致知为宗旨,建立哲学体系。

徐爱在《传习录》跋中曾记述阳明征南赣前的基本思想:"格物是诚意的工夫,明善是诚身的工夫,穷理是尽性的工夫,道问学是尊德性的工夫,博文是约礼的工夫,惟精是惟一的工夫。"(《全书》一,第40页)这里所说的"工夫"指手段、方式、途径,"主意"指工夫所服从的统帅、目的,是与工夫相对的范畴。这个思想是说诚意是格物的主意,格物是诚意的工夫。诚意是"头脑",是中心;格物则是服务于这一目的的手段和措施。我们很容易注意到,在这里完全没有提到"致知"。

在阳明举出的这一对一对的关系中,如博文与约礼、尊德性与道问学等,都是在经典中本来自成一"对"范畴的,但格物和诚意在《大学》中并不成对,在宋代哲学也不是作为一对范畴来讨论,这显然和阳明在这一时期特别重视诚意的思想有关。

正德九年(甲戌)阳明答天宇书中说:"君子之学以诚意为主,格物致知者,诚意之功也。犹饥者以求饱为事,饮食者求饱之事也。"(《答天宇》,《全书》四,第99页)这与后来在《大学古本序》中所说的"大学之要,诚意而已矣;诚意之功,格物而已矣"是一致的。对此《传习录》上薛侃有一段记录:

> 蔡希渊问:文公大学新本,先格致而后诚意,工夫似与首章次第相合。若如先生从旧本说,即诚意反在格致之前,于此尚未释然。先生曰:大学工夫即是明明德,明明德只是个诚意,诚意工夫只是格物致知。若以诚意为主去用格物致知的工夫,即工夫始有下落。如新本先去穷格事物之理,即茫茫荡荡都无着落处,须用添个敬字方才牵扯得向身心上来。然终是没根源。若须用添个敬

字,缘何孔门倒将一个最紧要的字落了,直待千余年后要人来补出?正谓以诚意为主即不须添敬字,所以提出个诚意来说,正是学问的大头脑处。……大学工夫只是诚意,诚意之极便是至善。(《全书》一,第51页)

所以后来守衡复述阳明语也说"大学工夫只是诚意,诚意工夫只是格物,修齐治平只诚意尽矣"(《传习录》上,《全书》一,第49页)。《传习录》上与《大学古本旁释》都刻于戊寅,所以上述思想集中表现了阳明47岁以前的立场。照这个时期的思想说,《大学》中最重要的观念是"诚意",这是《大学》思想的核心和灵魂。所谓格物致知,是指为了实现诚意的各种具体途径(这里的致知不是致良知,指穷理)。在阳明看来,唯有诚意能把伦理的优先性明确显示出来,以诚意为核心,《大学》的整个工夫结构才能具有整体的内向性。在诚意的规范之下,格物只是去格与诚意有关的物,致知只是去致与诚意有关的知,这就不会导致"大军游骑无归"或"茫茫荡荡都无着落"。因而,"格物者诚意之功"的意义是指,格物必须服务于诚意的目的,格物的范围是由诚意所决定的,诚意作为"头脑"排除了使格物变成纯粹知识活动的可能性,保证了《大学》实践的伦理优先性格。阳明认为,这样一种工夫的模式,可以避免朱子学的"支离",使学问"向里",因为很显然,在诚意的统率下,自然不会去穷格鸟兽草木之理。

阳明早年以诚意为本的思想的另一表现形式即在教法上提出"立诚"。正德八年他与黄宗贤书说:"仆近时与朋友论学,惟说立诚二字。杀人须就咽喉上著刀,吾人为学当从心髓入微处用力,自然笃实光辉。虽私欲之萌,真是洪炉点雪,天下之大本立矣。……吾侪往时所说自是向里,此盖圣学相传,惜乎沦落埋埋已久,往时见得犹自恍惚,近来无所进,只于此处看较分晓,直是痛快,无复可疑!"(《与黄宗贤五》,《全书》四,第95页)阳明作此书时在滁州督马政,次年书天宇卷也指出:"圣,诚而已矣。君子之学以诚身格物。致知者立诚之功也。譬之植焉,诚,其根也;格致,其培壅灌溉之者也。后之言格致者或异乎是矣,不以植根而徒培壅焉、灌溉焉，敝精劳力而不知其终何所成矣。"(《书天宇卷》，《全书》八，第 139 页)这里与前述答蔡希渊问相同，阳明认为，朱子强调在外物上穷理，然后借助主敬把物理转向主体，这样得来的东西终究是外在的，缺乏内在的根基，只有从内在的善出发，把格物变为培养、发展、实现内在的善的工夫，才是真正的成圣之学。

从滁阳到征南赣，阳明一直强调"立诚"的宗旨，把格物作为诚意的实现方式，以改变朱子学格物论的外向取向。正德十年赠郑德夫序说"子务立其诚而已"(《赠郑德夫归省序》，《全书》七，第 127 页)，赠周以善序也强调："阳明子与之座，盖默然良久，乃告以立诚之说。"(《赠周以善归省序》，《全书》七，第 126 页)由于立诚着眼于内在品格的修养，以立诚为学问宗旨，必然遇到如何处理穷外物之理的问题："阳明子曰立诚，典卿曰：学固此乎？天地之大也，而星辰丽焉，日月明焉，四时行焉，引类而言之，不可穷也。人物之富也，而草木著焉，禽兽群焉，中国夷狄分焉，引类而言之，不可尽也。而曰立诚，立诚尽之矣乎？阳明子曰：立诚尽之矣。"(《赠林典卿归省序》，《全书》七，第 125 页)林典卿的问题与朱子对杨时的批评相近，立诚固然是重要的修养条目，但如果把立诚作为唯一宗旨，就会遇到立诚本身能否穷尽万物之理的问题。对此阳明加以明确肯定，这显得过于武断。但照《书天宇卷》来看，立诚的作用主要是植根。还不是说立诚本身可同时了解天下万物之理，因而只能从立诚是根本的意义上说"立诚尽之矣"。

那么，什么是诚意呢？阳明答人问说："为学工夫有深浅，初时若不着实用意去好善恶恶，如何能为善去恶？这着实用意便是诚意。"(《传习录》上，《全书》一，第 49 页)《大学》本文说"所谓诚其意者，毋自欺也，如恶恶臭、如好好色，此之谓自慊"，朱子说："经曰'欲诚其意，先致其知'，又曰'知至而后意诚'，盖心体之明有所未尽，则其所发必有不能实用其力，而苟焉以自欺者。"(《大学章句》六章，《四书章句集注》，第 8 页)依此看来，朱子也是以"实用其力"为诚意之一义，只是朱子认为穷理致知在先，而后才能诚其意。事实上朱子也说过"诚其意只是实其意"(《朱子语类》十六，第 326 页)，可见阳明尽管与朱子思想方向不同,但在经典的诠释方面仍与朱子有千丝万缕的联系。

在《大学古本旁释》里阳明说:"修身惟在于诚意,故特揭诚意以示人修身之要。诚意只是慎独,工夫只在格物上用,犹《中庸》之戒惧也。"今存古本旁释的两个传本都有此条,照这个说法,诚意作为修身的要法,其内容是慎独。《大学》诚意章本有慎独的提法,指在人所不见而己之独处时仍要注意保持意念之正。《中庸》的"戒慎其所不睹、恐惧其所不闻"也是指同样的意思。阳明这里所说的格物与朱子不同,指意念之格,我们在下面还会详细讨论。

这样,在诚意问题上阳明有两种表述,一种是"着实用意",一种是"戒惧慎独"。着实用意应当指"着实用意为善去恶",其伦理意义才是确定的。同时,阳明晚年,更把着实用意作为"着实用意去做",强调其践行的含义。如《答顾东桥书》:"盖鄙人之见,则谓意欲温凊奉养者所谓意也,而未可谓之诚意。必实行其温凊奉养之意,务求自慊而无自欺,然后谓之诚意。"(《全书》二,第56页)比照阳明所说"知如何而为温凊之节者所谓知也,而未可谓之致知,必致其知如何为温凊之节者之知而实以之温凊,然后谓之致知"(同上),意属知,诚意与致知一样,同属于行,从而这里的诚意即指"实行其意"。

正如我们所知道的,"意"在阳明哲学中指心之所发,是有善有恶的。如果不把"诚"理解为经过慎独等具体方法使意识的内容变为"诚"的状态,而仅仅把诚意理解为实实在在地依照意之所向去做,就会不可避免地引出一些问题。正如阳明自己批评朱子的主一学说一样。朱子以主一为专一,阳明正确地指出,专一读圣贤书固是善,若专一于声色货利也属主一,则儒家的主一学说就失去了伦理意义。同理,如果不论意之善恶,把任何着实用意都作为诚意,或实行其任何意欲都可作为诚意,这个失误就远比朱子更严重。这显然不是阳明的本意。

《大学》把诚意解释为不自欺,显然预设了两个自我。要求不欺自我,这个自我是指人的德性的自我,而"诚意"又是对治意之不诚而发,不诚之意是指人的经验的自我。阳明送郑德夫序:"曰:心又何以定是非乎?曰:无是非之心,非人也。""……子务立其诚而已,子惟虑夫心之于道不能如口之于味、目之于色之诚切也,而何虑夫甘苦妍媸之无辨也乎?"(《全书》七,第 127 页)《大学》的"不自欺"要求我们像发自本心地厌恶臭味、喜爱美色一样,在伦理实践上完全依照本心所发去做,不要违背或欺骗自己的心。既然"不自欺"是诚意的具体含义,它作为一个德目,就预设了一个先验的是非之心,要人不要欺瞒这个本有的善良意志。阳明所说的立诚,也是要人实其是非之心,依其是非之心所发的意去实用其力。由此可见,阳明的诚意说后来发展为致良知说,也反映了体系内部的要求。

《传习录》下载:"心之发动不能无不善,故须就此著力,便是诚意。如一念发在好善上便实实落落去好善,一念发在恶恶上,便实实落落去恶恶。"(《全书》三,第 83 页)照这里所说,如果"诚"指"著实""实落",则阳明所说的诚意并不是泛指意念而言,而是指依照好善恶恶的意去实实落落地做。从另一方面看,这个诚就是行。阳明晚年说知之真切笃实便是行,这真切笃实也就是诚,从而"知之真切笃实便是行"也可以认为是诚意说的另一种形式。"一念发在好善上便实实落落去好善"表明诚意说与知行合一说也有内在的关联。然而,这里都没有说明如果一念发在恶善好恶上怎么处理,这一直到《大学问》才得到解决。

《大学问》中阳明提出:"凡其发一念而善也,好之真如好好色;发一念而恶也,恶之真如恶恶臭,则意无不诚,而心无不正矣。"(《全书》二十六,第 374 页)又说:"今于良知所知之善恶者,无不诚好而诚恶之,则不自欺其良知,而意可诚矣。"(同上)阳明这一段话与前引"一念发在好善上便实实落落去好善"一段有所不同。在前引一段话中,阳明要人诚其好善恶恶之意,但人如何知道一念之发所好究竟是善是恶?《大学问》因已有致良知说作为基础,因而把诚意表述为,当产生善念时应实落去行善,而当产生的是不善的意念时,就应实落地克除这个不善的意念。根据这个说法,诚意是指按照良知的指导去诚,这就对于前面提到的问题给予了一种解决。不过,这样一来,如果"诚"是指实落而行,诚意就不是诚"意",而是诚(致)其良知了。一念为善,良知知其为善,便实落行此善。一念为恶,良知知其为恶,便依良知克去此恶。

于是诚意说完全变为致良知说了。

以上所说都是针对宋儒以来因用"实"来解释诚意之"诚"所造成的一些纠葛。如果诚意一开始就被理解为存其善意,去其私意,问题就要简单得多,事实上,尽管在阳明哲学中有这些纠葛,他的基本意图还是比较清楚的,即诚意是指"着实用意去好善恶恶"(《传习录》上,《全书》一,第49页)。这一宗旨支配着他自滁阳至南赣时期的讲学实践。阳明晚年与顾东桥论学,顾东桥曾指出:"近时学者务外遗内,博而寡要,故先生特倡诚意一义,针砭膏肓,诚大惠也。"阳明对此回答:"若诚意之说,自是圣门教人用功第一义,但近世学者乃作第二义看,故稍与提掇紧要出来。"(《答顾东桥书》,《全书》二,第53页)阳明致良知宗旨倡自正德末年,在当时,王门以外的人士多所不知,因此嘉靖初顾东桥致阳明书时对此尚无了解,他指的是正德中阳明讲学的宗旨,他的话清楚地表明,阳明在江西时期以前是以提倡"诚意之学"而著称。正如以上所讨论的,这个时期把格物作为诚意之功的看法与江右以后以格物为致知之功的看法是有所不同的。

三　格物与格心

弘治二年,阳明18岁,是年迎娶诸氏由江西归余姚,途经广信时,曾谒康斋门人娄谅(一斋)。娄谅向他阐述了朱子的格物之学,并指出人可以通过知识的学习成圣成贤。青年阳明当时完全接受了这些思想。回到余姚后,一面准备举业,一面搜求六经子史研读,这可以说是依照娄一斋"圣人可学而至"的方向进行的初步实践。

《年谱》弘治五年壬子21岁条载:

> 是年为宋儒格物之学。先生始侍龙山公于京师,遍求考亭遗书读之,一日思先儒谓众物必有表里精粗,一草一木皆涵至理,官署中多竹,即取竹格之,沈思其理不得,遂遇疾。先生自委圣贤有分,乃随世就辞章之学。(《全书》三十二,第444页)

《传习录》下也曾载阳明自叙早年"格竹"的故事:"先生曰:众人只说格物要依晦翁,何曾把他的说去用,我著实曾用来。初年与钱友同论作圣贤,要格天下之物,如今安得这等大的力量,因指亭前竹子令去格看。钱子早夜去穷格竹子的道理,竭其心思,至于三日便致劳神成疾。当初说他这是精力不足,某因自去穷格,早夜不得其理,到七日亦以劳思致疾,遂相与叹'圣贤是做不得的,无他大力量去格物了'。及在夷中三年,颇见得此意思,乃知天下之物本无可格"(《全书》三,第84页)。这个"亭前格竹"的故事见于阳明自述,其为阳明早年思想发展历程的一个重要事件,自无可疑。不过,如果这件事确实发生在阳明随父寓京师时,那也应该是他17岁以前的事情(详见本书最后一章所考)。

事实上,阳明把朱子的格物哲学了解为面对竹子的沉思,可以说是宋明哲学史上绝无仅有的。绝大部分理学家,尽管可以不赞成朱子格物理论,但还没有人把朱子思想误解到这个程度。而就阳明的过人才智来说,这种误解就更不应该发生,因此,对这一事件的唯一的合理解释就是,它是在阳明青少年时代即他的思想还完全不成熟的时期所发生的。

阳明在广信见娄谅之后,通过"圣可学"的观念对朱子哲学应有新的了解,纠正了从前格竹的困惑。弘治三年至五年阳明的父亲王华归姚守丧,在此期间督促阳明和亲友子弟一起讲析经义,表明他已开始走上朱子哲学的道问学的道路。大体上,在这一时期,直到弘治末年,阳明的整个思想基本上处在朱子哲学的影响笼罩之下,他是按照朱子哲学来理解"格物"的。

正德三年,阳明(时37岁)在龙场悟道,是阳明格物思想的一个转折点。一方面,他自青年时代以来对格物问题的困惑一直没有得到根本解决;另一方面,弘治十八年(34岁)与湛若水(甘泉)定交之后,受湛氏"自得"之学影响,使他得以坚定了"向内用功"的方向,预示了他终究要与朱子的格物说彻底决裂。这一切在龙场的"大悟"得到了完成和解决:"始知圣人之道吾性自足,向之求理于事物者误也。"(《年谱》戊辰条,《全书》三十二,第 446 页)"忽中夜大悟格物致知之旨。"
(同上)表明在过去的二十年里"格物"一直是他思想中的核心问题。

　　既然龙场之悟否定了在事上求理,它的积极结论必然是把格物穷
理的方向由外在事物转向主体自身,它的理论基础是心即理说,即格物
所要穷得的"理"存在于人的内心之中。因此,从根本上说,阳明是通
过对心与理的问题的解决打通解决格物问题的道路,换言之,格物的解
释必须依照对心理问题解决的方向来进行,后者是本体,前者是工夫。

　　龙场之悟明确提出格物不应向外求理,而应反求诸心,于是格物变
为求心,这在《传习录》上表现为"格心"说:

　　　　格物如孟子"大人格君心"之格,是去其心之不正,以全其本
体之正。但意念所在,即要去其不正以全其正,即无时无处不是,
存天理即是穷理,天理即是明德,穷理即是明明德。(《全书》一,
第 39 页)

　　　　问格物,先生曰:格者,正也。正其不正以归于正也。(同上,
第 45 页)

　　　　意之所在便是物,如意在于事亲,即事亲便是一物;意在于事
君,即事君便是一物;意在于仁民爱物,仁民爱物即是一物;意在于
视听言动,即视听言动便是一物。(同上,第 38 页)

根据阳明的解说,"格"的意义是"正",即把不正纠正为正。"物"则指
事,定义为"意之所在"。因而"格物"的解释,简单说来,就是正意之所
在。但"意之所在"既可以是意识已参与其中的实际事物,也可以仅仅
是"意向对象"(即非实在的),那么,格物究竟是正那些实际事物,还是
仅仅正意向行为本身,也就是说,格物是正其心之不正,还是正其意之
所在之事的不正呢?

　　照前面引述的,阳明认为格物的直接意义就是"去其心之不正以
归于正"。这是说心之本体无所不正,但常人之心已不是心之本体,而
成为不正;格物就是要纠正人心的不正,以恢复本体的正。这样一来,

格物的意义就是格心。所以阳明强调，意之所在便是物，"但意念所在，就要去其不正以全其正"，这就是格物。这里的"意念所在"，从上下文来看，明显地指"心"。正如我们在《心与物》一章中指出的，阳明借助于一个对"物"的意向性定义，把格物的方向从外在事物移向意向行为本身，实现了向"反求诸心"的战略转变。阳明格物说的这种意义通过下节对阳明、甘泉的格致之辩将看得更为清楚。

朱子的格物学说具有双重性格。在朱子的格物说里包含了探索事物规律的认识意义，又强调道德意识的充分实现是格物的终极目的。在经典的训诂和解释方面，朱子以格为穷，以物为物之理，格物即是穷理。有时亦训格为至（到），以物为事，格物即到事物上去。在朱子看来，既然《大学》条目中已有正心诚意这样的德性条目，格物致知就应指知识的学习积累，因此到物上去是去穷物之理，这和《易大传》"穷理"之说又可以相通。

阳明训格为正，训物为事，对事又采取了一个意向性的定义，从而把格物变为格心之不正。在这个意义下，朱子学中格物的认识功能和意义被干脆取消，代之以由简易直捷的方式把格物解释为纠正和克服非道德的意识。在工夫上彻底否定在经典文义上穿求及在自然事物上考索，使"在心体上用功"统率整个学问工夫，在反对舍心逐物的口号下，完全转向了内向性立场。

四　格物之辩

1. 与湛甘泉论格物

阳明格物说一出，立即受到普遍的怀疑。这些怀疑不仅来自朱学思想家或受朱学影响较大的思想家，也来自阳明自己的友人和学生。研究这些辩论对理解阳明的格物说将有很大益处。在与阳明辩论格物的学者中，湛若水对阳明的质疑是阳明思想遇到的第一次严重的挑战。

正德六年（辛未）春至七年（壬申）冬，阳明任职北京（吏部验封清

吏司主事、文选清吏司员外郎、考功清吏司郎中），时湛若水、黄绾皆在
北京，阳明即甘泉右邻而居①，"职事之暇，始遂讲聚，方期各相砥砺，饮
食启处必共之"（《年谱》辛未条，《全书》三十二，第 448 页），三人交往
极为密切。后来湛若水祭阳明文亦云："辛壬之春，兄复吏曹，于吾卜
邻，自公退食，坐膳相似。存养心神，剖析疑义。我云圣学，体认天理；
天理问何，曰廓然尔。兄时心领，不曰非是。……"（《奠王阳明先生
文》，《甘泉文集》卷之三十，第 4 页）由此可知，阳明 40 岁在吏部任职
时，湛甘泉已提出"体认天理"的思想，据湛氏所说，阳明当时并未表示
有不同的意见。事实上，阳明当时还没有提出格心的思想。

　　正德七年壬申春甘泉出使安南，壬申冬阳明升南京太仆寺少卿，南
下便道归省，阳明之信用《大学》古本及以格心释格物皆始自甘泉出使
安南之后，首见于《传习录》上壬申冬与徐爱南舟论学，故当时甘泉未
及与闻。正德八年冬阳明在滁阳督马政，甘泉此时北归，两人曾在滁阳
相聚。正德九年阳明升南京鸿胪寺卿，居南京。正德十年春甘泉因丧
母扶枢南归，与阳明相会于南京龙江。《传习录》下载陈九川录："正德
乙亥九川初见先生于龙江，先生与甘泉先生论格物之说，甘泉持旧说，
先生曰：是求之于外了。甘泉曰：若以格物理为外，是自小其心也。"
（《全书》三，第 73 页）这是阳明与甘泉第一次辩论格物的问题。龙江
相别不久甘泉与阳明有书，云：

　　　　昨承面喻《大学》格物之义，以物为心意之所著，荷教多矣。
　　但不肖平日所受益于兄者，尚多不在此也。兄意只恐人舍心求之
　　于外，故有是说。不肖则以为人心与天地万物同体，心体物不遗，
　　认得心体广大，则物不能外矣。故格物非在外也。格之致之之心
　　又非在外也。于物若以为心意之著，见恐不免有外物之病，幸更思
　　之。（《与阳明鸿胪》，《甘泉文集》卷之七，第 10 页）

----

　　① 甘泉《阳明先生墓志铭》云："留为吏部验封主事有声，阳明公谓甘泉子曰：乃今可卜邻
矣。遂就甘泉子长安灰厂右邻居之。"（见《全书》三十七，第 514 页）

　　这里所说"昨承面喻《大学》格物之义",即陈九川所录乙亥两人龙江之辩。这一次与正德六年在北京的情况不同,阳明对甘泉的"体认天理"说提出异议,甘泉则对阳明的"意之所著"说表示怀疑。甘泉认为,格物是在物上体认天理,这样格物就有了"头脑"而不会茫荡无归,从而这个思想并不排斥"格物"原来具有的向外即物的意义。而阳明认为,这是保留了一条朱学的尾巴,应当使学问之道完全"向里",故说甘泉"求之于外",即求之心外。甘泉则强调,他所说的心是指"大心",是涵盖宇宙万物并与之浑然一体的大心,在大心的意义上,万物并不在心外,而就在心中,因而格万物并不等于求之于"外"。如果把万物视为"外",那就是"自小其心"了。甘泉认为,阳明的格物说出发点是反对逐物,但把万物视为"外",把格物的物释为意之所著,其实质是必然走向了另一极端即"外"物,也就是厌弃事物。同年甘泉答徐爱书也指出阳明有"以内外为二而离之"的倾向(见《答徐曰仁工曹》,《甘泉文集》卷之七,第12页)。就王湛二人的分歧来看,问题的本质不在于把心定义为大心或者小心,把物叫做外或内,而在于要不要把独立于个体意识之外的事物纳入格物的范围,在这点上二人的意见确实不同。

　　甘泉指出,训物为"意之所著"的用意在于使人不要求之于外,这正确地指明了阳明格物定义的实践取向。这样看来,按照甘泉这里所说,阳明的格物即求之于内,"意之所在"在实践中是指具有某种所在内容的意念本身,从而格物也就是在心意上做工夫。甘泉是阳明最亲密的友人,他的理解又基于他与阳明在龙江的当面讨论,这个理解是决不会错的。

　　甘泉乙亥春别阳明于龙江,途中与阳明两书,此后两三年间未曾回到这个问题上来,后来他们再次讨论《大学》格物问题时阳明说:"向在龙江舟次,亦尝进其《大学》旧本及格物诸说,兄时未以为然,而仆亦遂置不复强聒者,知兄之不久自当释然于此也,乃今果获所愿。"(《答甘泉》,《全书》四,第102页)可见乙亥龙江之会二人还讨论了《大学》古本的问题,据阳明此说,当时甘泉对古本及格物说都是初次了解,并表示不以为然。

甘泉居丧期间,因方献夫提及阳明关于佛教的某些看法,而与阳明就儒佛问题辩论一次。正德十二年四月甘泉服阕,十月入西樵筑烟霞洞居之,方献夫亦来同住西樵。正德十三年阳明又曾与湛、方二人讨论过宇宙性分问题。同年阳明刻行了他的《大学古本旁释》《朱子晚年定论》,湛若水也完成自己的《大学测》,为此《大学》格物问题再次成为阳明与甘泉论学的焦点。只是这一时期两人的书信中甘泉与阳明书保存较多,而阳明与甘泉书保存较少,因此我们不得不更多地借助甘泉与阳明书来了解阳明的思想。

正德十三年戊寅春,甘泉有《答阳明书》,所答阳明之书今已不详,甘泉此书进一步解释了他的"随事体认天理"的思想,他认为随事体认天理并不是支离,他指出,凡是把内与外加以割裂的都是支离,因而不仅逐外忘内是支离,"是内而非外亦谓之支离"(《甘泉文集》卷之七,第16页)。甘泉同时答陈惟浚书也说:"阳明格物说未得其详,大抵心与天下不可分内外,稍云求之本心,又云由内,便有外物之弊。"(同上,第12页)这些提法都仍然是接着乙亥龙江之辩而来,并没有提出新的问题。

戊寅秋,阳明门人杨仕德自赣归潮,经西樵,携阳明与湛甘泉、方献夫书及《朱子晚年定论》。甘泉寻复二书与阳明,其中一书说:"格物之说甚超脱,非兄高明何以及此!仆之鄙见大段不相远,大同小异耳。鄙见以为,格者,至也;格于文祖、有苗来格之格。物者,天理也;即言有物、舜明于庶物之物,即道也。格即造诣之义。格物者即造道也。知行并造,博学审问慎思明辨笃行皆所以造道也。读书亲师友酬应,随时随处皆随体认天理而涵养之,无非造道之功。……孟子深造以道,即格物之谓也;自得之即知至之谓也;居安资深逢原即修齐治平之谓也。近来与同志讲究,不过如此,高明以为如何?"(《答阳明书》,《甘泉文集》卷七,第18页)湛甘泉这里所说的阳明的"格物之说"不知何指,疑指《大学古本旁释》或阳明曾有与湛甘泉论格物之书,若是后者,则其书今已不存。在这里甘泉称扬阳明格物说"甚超脱",又说"非兄高明何以及此",与从前对阳明的批评相比,态度上有较大的改变。但是,实际上,在格物的问题上他与阳明的观点仍有较大的分歧。甘泉训格为至,解物为理,格物被解释为造道,即达到理。而且提出,致知力行都是达到天理的途径,读书应接无非造道之功。甘泉的格物说,无论是字义训解或工夫指向,都很难说与阳明"大段不相远,大同小异耳",他的基本立场与乙亥龙江之辩时是一致的,但他对阳明格物说的态度有了较明显的改变。

戊寅冬阳明复甘泉书,他以极为欣慰的心情写道:"旬日前杨仕德人来领手教,盖自是而吾党之学归一矣,此某之幸,后学之幸也。来简勤勤,责仆以久无请益,……而仆亦不以汲汲于兄者,正以志向既同,如两人同适京师,虽所由之途有迂直,知其异日之归终同耳。向在龙江舟次,亦尝进其大学旧本及格物诸说,兄时未以为然,而仆亦遂置不复强聒者,知兄之不久当自释然于此也。乃今果获所愿,喜跃何可言!"(《答甘泉》,《全书》四,第102页)是什么原因使阳明如此"喜跃"?仅仅是上述湛甘泉致阳明论格物为造道书似乎不能完全解释。《传习录》下记载陈九川正德十四年己卯与阳明的问答,其中有:"又问:甘泉近亦信用《大学》古本,谓格物犹言造道,又谓穷理如穷其巢穴之穷,以身至之也,故格物亦只是随处体认天理。似与先生之说渐同。先生曰:甘泉用功,所以转得来,当时与说亲民字不须改,他亦不信,今论格物亦近,但不须换物作理字,只还他一物字便是。"(《全书》三,第73页)由此可见,正德十三年戊寅时甘泉已经从怀疑《大学》旧本转为信用《大学》旧本,方献夫亦转而同意旧本为是,这对阳明无疑是一个令人鼓舞的变化,故戊寅冬阳明答顾惟贤书也说:"近得甘泉、叔贤书,知二君议论既合,自此吾党廓然同途,无复疑异,喜幸不可言。"(《与顾惟贤六》,《全书》二十七,第384页)甘泉当时完成了他的《古本大学测》,与阳明一样,他也放弃了朱子改本,完全回到古本,这对于阳明来说正是求之不得的支持,因为自正德初年以来,甘泉一直被阳明视为最重要的友人与同道,这是使他感到无比兴奋的主要原因,尽管甘泉以物为理,以格物为造道的思想他并不完全同意。

在戊寅年往来书札中,双方都未提及刻于同年八月的《传习录》,其中原委不得而知。在《传习录》中详细记录了阳明有关格物的思想,可以想见,这些思想必然对于当时的思想界形成一个冲击,在阳明的友人中引起反响。正德十四年己卯,阳明忙于平叛宁王之乱,学术活动大大减少。正德十五年庚辰至十六年辛巳,阳明与甘泉之间关于格物问题的分歧越来越突出,其中是否有其他因缘,尚不清楚。我们现在所知道的是,一方面,甘泉友人极力怂恿甘泉反驳阳明的格物说,另一方面,阳明在与人谈话中对甘泉的随处体认天理说进行了公开批评。甘泉答王宜学书说:"阳明所见固非俗学所能及,但格物之说以为正念头,既于后面正心之说为赘,又况如佛老之学者皆自以为正念头矣。因无学问思辨笃行之功,随处体认之实,遂并与其所谓正者一齐错了。……阳明先生亦尝有辩论,多未同。"(《答王宜学》,《甘泉文集》卷七,第22页)甘泉又答杨少默书云:"阳明近有两书,终有未合,且与陈世杰谓随处体认天理是求之于外。若然,则告子义外之说为是,而孟子长者义乎长之者义乎之说为非,孔子执事敬之教为欺我矣。程子所谓体用一源、显微无间,格物是也,更无内外。静言思之,吾与阳明之说不合者有其故矣。盖阳明与吾看心不同,吾之所谓心者,体万物而不遗者也,故无内外。阳明之所谓心者,指腔子里而为言者也,故以吾之说为外。阳明格物之说谓正念头,既与下文正心之言为重复,又自古圣贤学于古训,学问思辨笃行之教,博文约礼之教,修德讲学、尊德性道问学之语又何故耶?"(《与杨少默》,《甘泉文集》卷七,第24页)此二书皆在庚辰辛巳,甘泉强调,阳明的格物说是以格物为"正念头",而以正念头解释格物在理论上主要有两点困难,一是正念头与正心的条目相重复,二是在正念头的宗旨中无法区别儒释,儒学传统中"学问"的一面也完全被抹杀了。

甘泉提到,阳明对陈世杰表示过对"随处体认天理"的不满意,他还说"阳明近有两书"辩格物。根据现有的材料,庚辰辛巳间阳明与甘泉书仅存一封。在这封信中阳明说:"世杰来,承示《学庸测》,喜幸喜幸。中间极有发明处,但于鄙见尚大同小异耳。随处体认天理,是真实不诳语。鄙说初亦如是,及根究老兄命意发端处,却似有毫厘未协,然亦终当殊途同归也。修齐治平总是格物，但欲如此节节分疏，亦觉说话太多，且语意务为简古，比之本文，反更深晦。"(《答甘泉》，《全书》五，第 105 页)此书原注辛巳。根据此书，陈世杰访阳明时，甘泉曾托其带《学庸测》往江西，阳明看后，曾当陈世杰面对甘泉之说提出批评，并作书甘泉婉转地提出了自己的意见。

阳明的批评显然对甘泉是一种刺激，加上方献夫、王宜学一二年来不断地要求甘泉出面批评阳明，使甘泉终于下决心彻底检讨阳明格物说，这就是正德十六年辛巳末甘泉《答阳明王都宪论格物书》，其中详细列举了他的关于阳明格物说的四点意见：

> 两承手教，格物之论足仞至爱。然仆终有疑者，盖兄之格物之说有不敢信者四：自古圣贤之学皆以天理为头脑，以知行为工夫。兄之训格为正，训物为念头之发，则下文诚意之意即念头之发也。正心之正即格也，于文义不亦重复矣乎？其不可一也。

> 又于上文知止能得为无承于古本，下节以修身说格致为无取，其不可二也。

> 兄之格物训之正念头也，则念头之正否亦未可据，如释老之虚无，则曰应无所住而生其心，无诸相无根尘，亦自以为正矣。杨墨之时皆以为圣矣，岂自以为不正而安之！以其无学问之功而不知其所谓正者乃邪而不自知也。其所自谓圣，乃流于禽兽也。夷惠伊尹，孟子亦以为圣矣，而流于隘与不恭，而异于孔子者，以其无讲学之功，无始终条理之实，无智巧之妙也，则吾兄之训徒正念头，其不可者三也。

> 论学之最始者，则《说命》曰"学于古训，乃有获"，《周书》则曰"学古入官"，舜命禹则曰"惟精惟一"，颜于述孔子之教则曰"博文约礼"，孔子告哀公则曰"学问思辨笃行"，其归于知行并进，同条共贯者也。若如兄之说徒正念头，则孔子止曰"德之不修"可矣，而又曰"学之不讲"何耶？止曰"默而识之"可矣，而又曰"学而不厌"何耶？又曰"信而好古敏求"者何耶？子思止曰"尊德性"可矣，而

又曰"道问学"者何耶？所讲所学所好所求者何耶？其不可者四也。(《答阳明王都宪论格物》,《甘泉文集》卷之七,第25页)①

从正德十年乙亥到正德十六年辛巳,从湛甘泉前后对阳明格物说的叙述来看,阳明这一时期格物说的主要意旨是"正念头",这应当是没有什么疑问的。通过阳明与甘泉正德末年关于格物的讨论,我们对《传习录》上和《大学古本旁释》尚未能提供的阳明格物说的明确意义有了更为完整可靠的了解,并且对正德中阳明提出的一些重要命题如"意之所在便是物"等的含义和实质也有了更进一步的理解。

2. 与罗整庵释格物

罗钦顺,明代最重要的朱学思想家,他与阳明早有交往。阳明在留都时与罗钦顺以文相往来,但未尝讨论学术。庚辰夏阳明自南昌赴赣州,途经泰和时,罗钦顺正家居。先是,罗曾致书阳明论学,阳明赠以《大学古本旁释》《朱子晚年定论》,至是,因阳明过泰和,罗即与书详论格物说,阳明在舟行未至赣州时复此书。②

事实上,罗钦顺在正德十四年己卯已经读过《传习录》,当时即已形成了他的基于朱子哲学的对于阳明哲学的批判性立场。他在庚辰夏致阳明书中把这些观点和盘托出,这些批评在相当程度上代表了朱学学者对于阳明哲学的态度和看法。罗钦顺认为,在工夫论中制造"内"与

---

① 此书原无年月,考甘泉祭阳明文云"我居西樵,格致辨析,兄不我答,遂而成默",则此书仍在甘泉居西樵时,按甘泉壬午起,故此书不得晚于辛巳。又此书中云"仆获交于兄十有七年矣",据《阳明年谱》,与甘泉定交在弘治十八年,则此书当在正德十六年辛巳为近。《甘泉文集》此书下有另一书云:"恭谂执事大功显受休赍,……前附潮人数通必彻左右,未蒙示下,以为快快。向送陈世杰求放心之说,正欲与高论相遂迹,闻渠报兄有辩说,恨不得一见,以讲去我偏也,且兄又何嫌而不示我耶?"(《寄阳明》,《甘泉文集》卷之七,第35页)以大功显受休赍,当指辛巳十二月阳明封新建伯,未蒙示下即祭文所谓兄不我答,盖阳明得论格物书后一直不答其书。以此观之,格物书当在辛巳壬午之交为近。

② 《困知记》三续"王伯安庚辰春以大学古本见惠",《困知记》附录与阳明书"昨拜书后一日始奉领所惠大学古本、朱子晚年定论二编"。《阳明年谱》谓阳明庚辰六月经泰和时得整庵弁格物说,由此可知阳明于庚辰春赠书整庵,整庵则在阳明六月过泰和时移书论辩,阳明即答之。

"外"的对立,把圣贤之学仅仅理解为求之于内,这样的看法是错误的,也是不符合历史事实的。罗钦顺举出儒家经典中"博我以文"等语指出,儒学本来内在地具有博学于文的一面,如果以内外划分学术的正与不正,把学问之道完全归于内心反省,这至少与孔子以来的整个儒学传统不合。

罗钦顺的批评特别集中在格物问题上,他引用了戊寅原刻《大学古本旁注》中的表述,加以批评,这些引述对我们了解《大学古本旁注》原刻的面貌有一定帮助。他所引述的《大学古本旁注》语有:

> 物者,意之用也。
>
> 格者,正也。正其不正以归于正也。
>
> 意用于事亲,即事亲之事而格之,正其事亲之事之不正者,以归于正,而必尽夫天理。(《与王阳明书》,《困知记》附录)①

罗钦顺指出,阳明的意旨是通过对《大学》的再解释,排除研究外部事物的必要而使学问完全转为内向性的活动。这种把阳明的格物定义说成为了否定外求的看法,与甘泉对阳明的理解是一致的。他认为阳明的本意要纠正"溺于外而遗其内",但实际上走向"局于内而遗其外",而后者正是禅学的特色。他更对《朱子晚年定论》加以详细考察,指出阳明把许多朱子早年的书信也都当成晚年定论的错误。与湛若水一样,他也指出,如果把格物解释为正其不正以归于正,便与本文的诚意、正心等条目形成重复,这样一来,《大学》的其他条目都成为多余的了。

对罗钦顺的批评阳明做了详细认真的答复。他首先表示,他之所以不用朱子《大学》改本而尊信旧本,是因为旧本为孔门所传,这其中并不是出于内或外的选择。他说"学岂有内外",他认为罗钦顺批评他

---

① 按今函海本《大学古本旁注》,此句为"物者意之用,如意之用于事亲,即事亲之孝而格之,必尽夫天理,则吾心事亲之良知无私欲之间而得以致其知矣。"与整庵引述略异,其中乃有致良知说,疑为后来改本。百陵学山本此句与函海本同,唯有一字之异耳。

仅仅注意约礼的内而否定博文的外,本身就包含着内外之分。他认为,对他自己来说,"理无内外,性无内外,学无内外,讲习讨论未尝非内也,反观内省未尝遗外也"(《答罗整庵少宰》,《全书》二,第66页)。因此他说,凡是批评他求之于内的人们自己才把内和外割裂了。阳明这个说法显然回避了罗钦顺的正面锋锐,我们记得,在乙亥龙江之辩时,正是阳明指出甘泉"是求之于外了",后来也是阳明自己对陈世杰表示甘泉的随事体认天理说是"求之于外",表明他本来是强调内外之分的。而在这里,为了回避关于儒学固有的博学传统的问题,他却说自己没有内外之分。他还说"夫谓学必资于外求,是以己性为有内也,是有我也,自私者也,是皆不知性之无内外也"(同上)。这样一来,阳明在方法上等于接受了甘泉的说法。甘泉当时反对阳明对他求之于外的指责,认为心是大心,无内外,因此研究事物之理并不是求外。阳明借用了这个方法,反对罗对他求之于内的指责,认为性无内外,因此反观内省并不是遗外。在心学传统中,"外"代表着一种否定性的取向,因此甘泉用心无内外来化解求外的指责。而在理学来看,"外"并不自身是否定的,恰恰是肯定的,因而用"遗外"批评心学,阳明只好借用性无内外来抵御这种批评。但是正如上节所指出的,问题的实质不在于心或性定义的大小。归根到底,甘泉承认研究接触外部事物的必要性。而阳明的真正立场如何呢?对此,阳明进一步申发了关于格物的观点:

> 夫正心诚意致知格物皆所以修身,而格物者,其所用力日可见之地。故格物者,格其心之物也,格其意之物也,格其知之物也。正心者正其物之心也,诚意者诚其物之意也,致知者致其物之知也。此岂有内外彼此之分哉!
>
> 理一而已。以其理之凝聚而言则谓之性,以其凝聚之主宰而言谓之心,以其主宰之发动而言则谓之意,以其发动之明觉而言谓之知,以其明觉之感应而言则谓之物。故就物而言谓之格,就知而言谓之致,就意而言谓之诚,就心而言谓之正。正者正此也,诚者诚此也,致者致此也,格者格此也,皆所谓穷理以尽性也。天下无

性外之理,无性外之物,学之不明皆由世之儒者认理为外、认物为外,而不知义外之说。(同上)

在讨论心物问题的一章中我们已经指出,以"意之所在便是物"为代表的阳明心物论对"物"采取了类似"意向性"的看法。按这种看法,意总有其对象,但作为意之所著的对象可以不是外在的客观之物,而仅仅是意向性结构中的意向对象,这个对象阳明称为物。因此,正如阳明说的,格物不是指格外部事物,而是"格其心之物也,格其意之物也,格其知之物也",即格这些作为意向对象的物,实质上就是正意念。因为意识总有其对象,所以"正心者正其物之心也,诚意者诚其物之意也,致知者致其物之知也",即格物所说的正其意念之不正,这些意念都不是空的意念,都是发动而著于某种事物并具有某种内容的意念。比照甘泉认定的阳明格物即"正念头"的说法,阳明的用意应是很清楚的。

因此,所谓格、致、诚、正,都是在主体自身上做工夫,所以"格者格此也","致者致此也","诚者诚此也","正者正此也",这里的"此"都是指个体意识而言。当然,由于阳明采取了"意向性"原则的方法,意必然与物相关,物也必然与意相关,在这一点上与传统的"内外"之分有所不同,所以阳明自谓"此岂有内外彼此之分哉"。事实上,"此"的这种用法在心学中亦属常见,如陆九渊曾说"所谓格物致知者,格此物、致此知也","易之穷理,穷此理也","孟子之尽心,尽此心也"(《陆九渊集》十九),"思则得之,得此者也;先立乎其大者,立此者也;积善者,积此者也;集义者,集此者也;知德者,知此者也;进德者尽此者也"(《陆九渊集》一)。陆九渊所说的"此"都是指此心。阳明早在正德八年与王纯甫书中已说过:"夫在物为理,处物为义,在性为善,因所指而异名,实皆吾之心也。心外无事,心外无物,心外无理,心外无义,心外无善。……格者格此也,致者致此也。"(《与王纯甫》,《全书》四,第96页)①

———————————

① 邢允恕致罗整庵书亦云:"象山想是合下心地清明,故所见过高,再不细究,遂谓心即理也。又谓格此物,穷此理,此字皆指心言。"(引自《困知记》附录)

如前所说，阳明虽与甘泉同持"无分内外"之说，但阳明是在反驳整庵批评他"遗"外时讲无内外，甘泉则是在反驳阳明批评他"求"外时讲无内外，这样一来，由于阳明在形式上接受了无内外的方法，似乎不得不付出代价。既然天下无性外之物，则不仅孝亲事君，山河草木也不是性外之物（甚至不能再说心外无理）。穷理不仅穷忠孝之理，亦可穷山川草木之理，而这正是甘泉本来持有的立场。阳明回答罗钦顺对他的批评时申明："凡执事所以致疑于格物之说者，必谓其是内而非外也；必谓其专事于反观内省之为，而遗弃其讲习讨论之功也。必谓其一意于纲领本原之约，而脱略于支条节目之详也。必谓其沉溺于枯槁虚寂之偏，而不尽于物理人事之变也。审如是，岂但获罪于圣门，获罪于朱子，是邪说诬民叛道乱正，人得而讨之也，况于执事之正直哉。审如是，世之稍明训诂，闻先哲之绪论者皆知其非也，而况执事之高明哉。凡某之所谓格物，其于朱子九条之说皆包罗统括于其中。但为之有要，作用不同，正所谓毫厘之差耳。然毫厘之差，而千里之缪实起于此，不可不辨。"（《答罗整庵少宰》，《全书》二，第 66 页）

照阳明这里所说，至少在理论上，阳明并不否定经史的讲习、礼制的研讨，他认为，甚至整个朱子哲学格物论的范围如读书、讲论、应接、穷理都包容在他自己的格物的范围内，而他与朱子格物说的差别并不在范围的不同。也就是说，并不是他只主张格物的范围不超出主体。他的格物论的特点在于，虽然他也不否定讲习讨论读书应接，但这些活动是服务于明确的目的，有一个明确的统帅即"头脑"，这些活动只是作为实现这一目的的手段被承认的，其意义并非独立的，这个头脑就是"止至善"。所以他说虽然他的格物就范围而言与朱子并无差别，但"为之有要""作用不同"。

从《传习录》上徐爱所录来看，这些思想确实是阳明一贯的思想，如徐爱所述"博文是约礼的工夫，惟精是惟一的工夫"，就是说，阳明并不根本否定"博文"，而是以约礼为博文的"头脑"，这就是为之有要；以博文为实现约礼的手段，这就是作用不同。然而，事实上，上述阳明对学问之道的看法，并不像他自己说的，已经反映或体现在他的格物说中了。客观地说，无论是《传习录》上还是《大学古本旁注》，都既没有明确地提出格物即是正念头，也没有明确地在诚意的头脑之下肯定博学于文的传统。

然而正念头之说见于甘泉与阳明之辩可证，这说明正念头至少是阳明格物说的主旨。当然，阳明可以辩解，以格物为正念头，并不是指专事内省反观，而是指在一切现实活动中包括讲论读书和实践中不断地"正念头"，也就是说，正念头要"即物"而正。但是，正德中阳明的格物说显然没有明确说明这一点。何况，即物而正念这个思想固然可以简要地讲述清楚，而这两方面如何统一在对《大学》本文"格物"的训诂及诠释中，也是一个难题。但无论如何，答罗钦顺书第一次全面地论述了阳明学在当时对于讲习讨论的态度，使一切简单地指责阳明"是内非外"的论点都无法立足了。严格地说，阳明心学并不是"是内非外"，而是认为内优于外，内重于外，"外"的意义仅在于它是"内"的实现的不可缺少的方式和途径。其实，在这一点上，即伦理优先的立场，是朱子、甘泉都共同承认的。只是朱子更加注重经典研习、礼制讨论的意义，更强调考求物理在整个儒学知识体系中的地位，更表现出文化的意识和爱智的品格。

在阳明格物说中还有一个问题。阳明常把格物解释为"正其不正以归于正"，但这中间的"其"字的意义比较模糊。就是说，"其"是指念头，还是指事物，或二者兼而有之，并不清楚。照甘泉的理解，"其"是指念头。我想"其"包含念头是没有问题的，问题是，如果"其"仅指念头，那么问题就归结到正念是否需要即物，这一点已述之于上。如果"其"也指物，这个物就需要一个限制，即这个物就只能是伦理之物，而不是自然之物。阳明答罗钦顺书数年之后，嘉靖七年罗钦顺复阳明书中指出这一点，[1]他说："执事尝谓意在于事亲，即事亲是一物；意在于事君，即事君是一物。诸如此类，不妨说得行矣。有如《论语》川上之

---

① 《困知记》附录与阳明书后有整庵后记："初作此书将以复阳明往年讲学之约，书未及寄而阳明下世矣。"

叹,《中庸》鸢飞鱼跃之旨,皆圣贤吃紧为人处,学者如未能深达其义,未可谓之学也。试以吾意著于川之流、鸢之飞、鱼之跃,若之何正其不正以归于正耶?"(《与王阳明》,《困知记》附录)站在阳明的立场上,"物"解释为事,因此川流鱼跃都不在考虑之内。而在罗钦顺看来,"物"是一个最普遍的概念,如果"正其不正"的"其"用指格物的物,正物的说法因无法适用于自然事物便暴露出其不合理性,也就是说,罗钦顺既不赞成以正训格,也不赞成以事解物,他认为这无论从思想还是从概念的源流来看,都是不合理的。

3. 与顾东桥辩格物

甘泉与阳明辩格物在正德末年(己卯、庚辰、辛巳),整庵与阳明辩《大学》亦在庚辰。甘泉说阳明对于他的挑战一直保持沉默,其实,作于同时的阳明答罗整庵书代表了阳明当时的思想,也可以看做对包括湛甘泉在内的所有质疑的答复。

无论正德中与甘泉论格物时或正德末与整庵论格物时,阳明都还没有提出"致良知"宗旨,湛、罗都是以《大学古本旁释》和《传习录》上的思想为对象加以批评的。据《年谱》,阳明提出致良知宗旨在正德十六年辛巳、而据阳明自己所说,致良知思想在十五年庚辰在虔州时已提出。阳明庚辰六月至虔,答罗钦顺书作于赴虔途中,当时虽然也略及良知,如论心意知物时说"以其发动之明觉而言则谓之知"(与《传习录》的说法不同),但总的说还没有形成完整的致良知思想。而阳明嘉靖中与顾东桥论格致知行书,为《传习录》中卷之首,其论格物在阳明诸文字中最为详备,作此书时在甲申乙酉居越之时,时已立致知之教,又无政务兵事纷扰,故研究此书对了解阳明这一时期的格物说及其表述是有重要意义的。

阳明《答顾东桥书》,[①]在重述了《传习录》对徐爱阐发的心即理说以驳议朱子的即物穷理说之后,指出:

---

① 顾华玉与阳明书今已不存,又据阳明引其书语,此前阳明已有一书与之论学,惜亦不存。

若鄙人所谓致知格物者,致吾心之良知于事事物物也,吾心之良知即所谓天理也。致吾心良知之天理于事事物物,则事事物物皆得其理矣。致吾心之良知者,致知也。事事物物皆得其理者,格物也。是合心与理而为一者也。(《答顾东桥书》,《全书》二,第54页)

以"事事物物皆得其理"释"格物",这个说法是正德中格物说所没有的。在"格"的解释上,正德中阳明始终以"正"训格,至此,他认为格字可兼正、至两义(这在《大学问》更为清楚),他说:"格字之义,有以至字训者,如'格于文祖''有苗来格',是以至训者也。然格于文祖必纯孝诚敬,幽明之间无一不得其理而后谓之格。有苗之顽,实以文德诞敷而后格,则亦兼有正字之义在其间,未可专以至字尽之也。如'格其非心''大臣格君心之非'之类,是则一皆正其不正以归于正之义。"(同上)这样来看,阳明仍然坚持以"正"为主训释"格"字,只是在这里,他所说的"正"包含了"无一不得其理而后谓之格"。

与正德间格物说相比,这里的区别在于,阳明没有说格物是正其心之不正,而是把"正"的解说从"心"转向了"物",强调治民、事亲、应物等事事物物各得其理。这样,虽然"格"仍解释为"正其不正以归于正",但格物不再直接说为正其心之不正,而解释为正其事之不正,即使社会事务及人的实践活动改变不合理的状态而成为合理的状态。合理是指符合伦理原则规定的秩序。就是说,物指事,即人的社会行为及社会关系状态,要使这些行为或关系具有社会规范意义的"正"。应当说,比起"正念头""正心之不正以归于正"来说,这个解释较之阳明以前的解释,至少就经典本身而言,更符合或接近于"格物"这两个字。

既然阳明宣明"鄙人所谓致知格物者,致吾心之良知于事事物物也",仅就格物而言,这里的格物显然不是指"正念头"一类的意识修养,而是把良知之理贯彻在具体活动和实际事物之中的实践性活动,是一个很接近行的概念。因而,整个体系所表现的,不是正德中强调意念的倾向,而是一种"到实际事物上去"的倾向。阳明虽然仍持"意之所在即是物",他说:"物即事也,如意用于事亲即事亲为一物,意用于治民即治民为一物,意用于读书即读书为一物,意用于听讼即听讼为一物。凡意之所用无有无物者。"(同上)而联系起全篇《答顾东桥书》的思想,阳明在这里更多地强调的是实际事物,而不是停留为意向对象的物。应当指出,说阳明居越之后对格物的解释不再提"正念头""正心之不正",是仅就格物问题而言,并不是说在整个阳明工夫论中不再需要正念头。可以说,致良知宗旨提出之后,阳明的工夫论向着更为积极的方向发展,"正心之不正"虽然仍是必要的工夫,但它不再被定位于"格物"的环节,而被作为工夫的一个方面贯穿于从诚意到格物的整个过程。

在格物这个环节上,晚年阳明更强调的是"即物"或"随事随物",在晚年阳明的思想中,格物与其说是一种独立的工夫,毋宁说是致知诚意的一种必要的条件和方式(即物),这在《大学问》看得可能更为清楚。他在晚年兼以"至"训格,也应与他关于"即物"或"随事随物"的强调有关。

五 《大学问》的格物说

在前几节中,分别讨论了阳明格物说的一些具体问题,并考察了阳明格物说在其不同时期的表述。这一节我们将总体上对阳明格物说加以叙述,以显示出他对《大学》格致诚正修齐治平逻辑关系的理解,和他在晚年关于格物的比较确定的看法。

《传习录》为阳明平日讲学语的记录,所录较为零散,因所问而答之,不可能成系统而有条理。答人论学书也有类似情形,阳明讨论的问题都是由对方提出来的,无法按照自己的思想逻辑全面地展开。阳明总体地、连贯地讨论《大学》八条目的材料主要有两个。一个是《大学问》,这是阳明死前一年即嘉靖六年丁亥秋起征思田时,由阳明口授而由钱德洪笔录而成。钱德洪曾说《大学问》是王门的"教典",代表了阳明几经变化而形成的成熟看法;又经历了多年授学实践的改进,具有经典的意义和权威。阳明居越之后,凡弟子来学,皆先授以《大学》首章之意。为此弟子曾多次请求阳明将讲授《大学》首章的讲义整理成文,但始终没有得到阳明同意,直至丁亥征思田临行时,始许门人录为成书。《大学问》只解首章,与《大学古本旁释》释全文不同。《大学问》阐述既详且明,与《大学古本旁释》之简略亦不可比。另一个材料见于《传习录》下一段讨论《大学》首章的较长的文字。这段文字与后来录成的《大学问》十分接近,应是钱德洪所录阳明居越时讲授《大学》首章的原录。兹将这两段材料录之如下,在此基础上对阳明格物说做总体的讨论。《传习录》下载:

> 先生曰:先儒解格物为格天下之物,天下之物如何格得?且谓一草一木皆有理,今如何去格?纵格得草木来,如何反来诚得自家意?我解格字作正字义,物作事字义。大学之所谓身,即耳目口鼻四肢是也。欲修身便是要目非礼勿视,耳非礼勿听,口非礼勿言,四肢非礼勿动。要修这个身,身上如何用得工夫?心者身之主宰,目虽视而所以视之者心也,耳虽听而所以听者心也,口与四肢虽言动,而所以言动者心也。故修身在于体当自家心体,常令廓然大公,无有些子不正处。主宰一正,则发窍于目自然无非礼之视,发窍于耳自然无非礼之听,发窍于口与四肢自然无非礼之言动,此便是修身在正其心。

> 然至善者心之本体也,心之本体那有不善?如今要正心,本体上何处用得功?必就心之发动处才可著力也。心之发动不能无不善,故须就此著力,便是诚意。如一念发在好善上,便实实落落去好善。一念发在恶恶上,便实实落落去恶恶。意之所发既无不诚,则其本体如何有不正的。故欲正其心在诚意,工夫到诚意始有着落处。

> 然诚意之本又在于致知也,所谓人所不知而己所独知者,此正吾心良知处。然知得善却不依这个良知便做去,知得不善却不依这个良知便不去做,则这个良知便遮蔽了,是不能致知也。吾心良

知既不能扩充到底,则善虽知好,不能著实好了。恶虽知恶,不能著实恶了。如何得意诚?故致知者诚意之本也。

然亦不是悬空的致知,致知在实事上格。如意在于为善便就这件事上去为,意在于去恶便就这件事上去不为。去恶固是格不正以归于正,为善则不善正了,亦是格不正以归于正也。如此则吾心良知无私欲蔽了,得以致其极,而意之所发,好善恶恶,无有不诚矣。诚意工夫实下手处在格物也。若如此格物,人人便做得,人皆可以为尧舜,正在此也。(《全书》三,第84页)

这一段讨论中关于诚意的一节尚不够完善。按阳明的说法,心之发动为意,意有不善,在意上用功,便是诚意。如何在意上"著力"?阳明只说一念好善即实去好之,一念恶恶即实去恶之。但如果一念之发为不善则如何?阳明没有说明。关于格物,照阳明这里所说,虽然他是以"正事"训格物,实际上是指"在实事上为善去恶"。把诚意与格物相比较,诚意只是指意识活动本身是否真切笃实,它只要求好善的"意"是实实在在的,恶恶的"意"是实实在在的。而格物则更指具体的实践,使意通过实践实现知行合一。因而,诚意主要是指意念本身的"存天理、去人欲",格物主要是指在实际活动中为善去恶。

《全书》二十六载《大学问》,前有德洪按语云:"吾师接初见之士,必借学庸首章以指示圣学之全功,使知从入之路。师征思田将发,先授《大学问》,德洪受而录之。"《大学问》论格致诚正修:

何谓身?心之形体运用之谓也。何谓心?身之灵明主宰之谓也。何谓修身?为善而去恶之谓也。吾身自能为善去恶乎?必其灵明主宰者欲为善而去恶,然后其形体运用者始能为善而去恶也。故欲修其身者必在于先正其心也。

然心之本体则性也,性无不善,则心之本体本无不正也。何从而用其正之之功乎?盖心之本体本无不正,自其意念发动而后有不正。故欲正其心者,必就其意念之所发而正之。凡其发一念而善也,好之真如好好色,发一念而恶也,恶之真如恶恶臭,则意无不诚而心可正矣。

然意之所发有善有恶,不有以明其善恶之分,亦将真妄错杂,虽欲诚之而不可得而诚矣。故欲诚其意者必在于致知焉。致者至也。……

然欲致其良知,亦岂影响恍惚而悬空无实之谓乎?是必实有其事矣。故致知必在于格物。物者,事也。凡意之所发,必有其事,意之所在谓之物。格者,正也。正其不正以归于正之谓也。正其不正者去恶之谓也,归于正者为善之谓也,夫是之谓格。《书》言"格于上下""格于文祖""格其非心",格物之格实兼其义也。良知所知之善虽诚欲好之矣,若不即其意之所在之物而实有以为之,则是物有未格,而好之之意犹未诚也。良知所知之恶虽诚欲恶之矣,苟不即其意之所在之物而实有以去之,则是物有未格而恶之之意犹为未诚也。(《全书》二十六,第374页)

在《大学》本文中,八条目之间被规定为一种内在的联系,即每一条目都是前一条目的逻辑前提,而又以后一条目为基础。如平天下以治国为基础,治国又以齐家为基础,齐家则以修身为基础。修、齐、治、平四个条目中的每一条目都具有独立的实践领域和明确的实践意义。然而,在修身以下的后四个条目即正心、诚意、致知、格物上,由于这四项条目的意义本身并不清楚(特别是格物),从而使得这四者之间递进的基础关系变得模糊起来。而且,由于不同哲学家注重于其中某一条目的阐释的不同,以此为基点构造的对其他几个条目的解释也很不同,后四个条目是否具有独立的实践范围和意义也常成为问题。

就阳明思想来看,他认为"身"在儒家伦理哲学中的意义不是生理性躯体,而是指处在社会生活中的个人的活动和行为。"修身"是指使人的行为合于社会准则和规范。阳明的这个解释是清楚的,无论从经典或思想来看都是可以成立的。

但在"正心"这一条目上,阳明的解释值得研究。他认为心之本体有善无恶,无所谓不正,因而"正"所表示的规范性道德实践对于心之本体而言是无意义的。"正"只能用于纠正人的各种经验的意识、情感,而经验的、现象的意识在阳明哲学统称之为"意",而不是"心"。正像黑格尔由纯有转到纯无一样,正心在这里近乎一个纯粹逻辑的环节,使阳明过渡到下一条目诚意。也就是说阳明在这里等于否认"正心"有独立的实践意义,等于把正心视为一个虚设的环节。然而,究竟有什么理由认定《大学》"正心"中"心"这一概念只能指心之本体,而不是指习心、以致否定正心的工夫意义?

在阳明哲学来看,道德修养的基本内容是存天理去人欲,而存天理去人欲主要是对人的动机结构而言,即意识、情感等。他认为,"存""去"这些践履行为只能用于现象意识(意)的层次,而无法用于本体(心)的层次。意念之发有善有恶,存善去恶即是诚意。所以阳明说,《大学》工夫到诚意始有着落。因为心是本体,意才是现实。

但是在意念上存善去恶,首先必须辨明善恶。阳明认为,对是非善恶的"知"并不需要从外部取得。人无不具有天赋的"良知"作为内在的是非准则,良知有能力辨明意念活动中的善与恶。于是阳明由诚意转到致知。良知就其在个体的表现而言经常是不完全的,不同程度地受到私欲的蒙蔽,从而,要真正使内心有一个健全完满的是非准则,就要"致知",即至极其良知,把不完满的良知扩充至极。

阳明认为,扩充良知的过程并不是闭门修养可以达到的,必须通过格物。按《大学问》的解释,格物是指"实有其事""即其所在之物而实有以为之"。这里显然有朱子训格物为即物的影响。在这里,格物指即物而正其不正,不仅指要即物正心,更以指正物之不正,即使我们的活动、行为合于至善之正。①

《大学问》最后一段中"良知所知之善虽诚欲好之矣,苟不即其意

---

① 此思想正德末亦有表现,陈九川录:"意未有悬空的,必着事物。故欲诚意,则随意之所在某事而格之,去其人欲,归于天理,则良知在此事者无蔽而得致矣,此便是诚意的工夫。"(《传习录》下,《全书》三,第73页)

之所在之物而实有以为之,则是物有未格,而好之之意犹未诚也"实际上包含了诚意、致知、格物三者的定义和关系。"良知所知之善"属良知,"诚欲好之"指诚意,"即其意之所在之物而实有以为之"即格物。三者的关系是良知指导诚意,诚意落实在格物。

在讨论阳明晚年格物说中,《大学问》是最主要的材料,但"四句教"中的格物说也值得注意。《大学问》是丁亥秋征思田前口授德洪,与之同时,征思田前夕的"天泉证道"提出了"四句宗旨",其中最后一句是"为善去恶是格物"。显然,因受诗偈形式的限制,"为善去恶是格物"不能说是一个完整的对于格物的定义。固然,《传习录》和《大学问》,如前所引,都肯定去恶是"正其不正",为善即"归于正",因而为善去恶与对"格"的解释"正其不正以归于正"是一致的。但在这里完全没有显示出格物作为"即物而实有以为之去之"的意义。

事实上,当我们梳理阳明格物说的时候,总有一个中心问题不明朗,这就是阳明究竟是主张格"心",还是格"物",或者二者兼而有之?看来平濠以前的阳明较倾向于格心,这见于湛甘泉多次批评他"正念头"可证,《传习录》上徐爱录也有"正其心之不正以归于正"的讲法。黄绾晚年对阳明学术也曾提出直接批评,他说:"予昔年与海内一二君子讲习,有以致知为至极其良知,格物为格其非心者。又谓格者正也,正其不正以归于正。致者至也,至极其良知,使无缺亏障蔽。以身心意知物合为一物而通为良知条理,格致诚正修合为一事通为致良知工夫,又云克己工夫全在格物上用,克其己私,即格其非心也。"(《明道编》,第10页)黄绾与甘泉同为阳明最亲密的友人,黄绾晚年闻阳明良知之说,改执弟子礼,以师事阳明,后又以女嫁阳明之子,他的说法是完全可靠的。他说阳明用"格其非心"解释格物,与甘泉说阳明用"正念头"解释格物是一致的。可见以格物为正念头、格其非心确实是阳明曾建立的解释,是阳明致良知说建立之前的解释,《答罗钦顺书》的"格者格此也""格其心之物也"也仍然是格心的立场。

居越以后关于格物的解释,除《大学问》"即其意之所在之物而实有以为之"的表述外,还有《答顾东桥书》的"事事物物皆得其理者格物也"的说法。严格地说,"事事物物皆得其理"只是"效验",不是"工夫"。若依此说解格物,格物就没有任何工夫意义了,这与《大学》把格物作为一个基本的工夫条目显然是矛盾的。其实"事事物物皆得其理"是"物格",而不是格物。它是指格物实践在"物"的方面形成的结果,而不是格物实践本身。但是,虽然阳明这里错把物格作格物解,在这两者之间的联系却可以从侧面反映出阳明对格物的看法。既然物格是事物皆得其理,格物就必定指用理去规范事物,即把我们的道德意念贯彻在实际活动中,使这些活动和行为获得"合法性"与"道德性",而不是仅仅纠正意念活动本身的不善而使归于善。

那么,是否可以说晚年阳明格物说仅仅指正其物之不正呢?在关于"四句教"的记录中表明并非如此。如《传习录》所记天泉证道中说:"其次不免有习心在,本体受蔽,故且教在意念上实落为善去恶功夫",又说"人有习心,不教他在良知上实用为善去恶功夫,只去悬空想个本体,一切事为俱不着实"(《传习录》下,《全书》三,第 83 页)。这里都是解释为什么四句教最后一句归结为"为善去恶是格物"。照这个解释,格物似是格心,这与《大学问》显然不一致。我认为,这是由于天泉问答内容很多,钱德洪在根据记忆录成文字的时候,只能保持基本思想无误,不可能把阳明原话一字不误地回忆下来,其中有些地方不够周密是可以理解的。但大体上,天泉问答显示出,晚年阳明的格物说仍然包含了正念头的一面。

如果仔细注意一下天泉问答,"意念上实落为善去恶",严格说属诚意功夫,如《传习录》下总论《大学》的一段中解释诚意说"心之发动不能无不善,故须就此处著力,便是诚意。此一念发在好善上,便实实落落去好善,一念发在恶恶上,便实实落落去恶恶"。而"在良知上实用为善去恶功夫",严格说应属致良知功夫,如阳明《大学问》说"意念之发,吾心良知既知其为善矣,使其不能诚有以好之而复背而去之,则是以善为恶而自昧其知善之良知矣"。阳明在天泉问答中为何把诚意、致知、格物三者混为一谈呢?

照阳明来看,这并不是把三者"混"为一事,它们本来就是同一工夫的不同说法而已。《大学问》说:"盖身心意知物者是其工夫所用之条理,虽亦各有其所,而其实只是一物。格致诚正修者,是其条理所用之工夫,虽亦各有其名,而其实只是一事。"(《全书》二十六,第 374 页)所谓只是一事,指格致诚正修都是"为善去恶"。故阳明说"何谓修身?为善而去恶之谓也"(同上),又说"为善去恶,无非是诚意的事"(《传习录》上,《全书》一,第 51 页)。可见,为善去恶不仅适用于"格物"的解释,也适用于修身、诚意、致知的解释。阳明的道德实践工夫,可以概括为"依此良知随事随物实落为善去恶",这个为善去恶兼指心、事而言,以心为主;因为事之为善去恶根于心之为善去恶。这个功夫从良知方面看,即致知;就随事随物而言即格物;意念之实落好善恶恶即诚意。笼统地说,这个过程既是致知,也是诚意,也是格物。分别地说,知善知恶是良知,好善恶恶是诚意,为善去恶是格物,正如宋儒的"力行"中包含涵养一样,为善去恶虽表示实有其事之行,而意念之正也在其中。

阳明平濠前以格物为格其非心,为正念头,见于甘泉、黄绾所述,当非误解,而这个解释在经典本身会引起一些问题。首先,以格物为正心之不正,正如罗钦顺及湛若水指出的,这就与《大学》本有的"正心"条目相重复。其次,如果格物是正念头,念头又是意,这使得格物与诚意也形成重复。[①] 这样一来,修身以下四个条目就不像前四个条目那样有独立的领域和明确的意义了。从经典诠释的立场上看,这是阳明在理论上的疏忽。不过,阳明晚年虽然仍训格为正,训物为事,在解释上并没有明确出现"正其心之不正"或"正念头"的说法,对"意之所在"也更多地强调实事实物,这就可以避免了许多困难。同时,即事即物、随事随物,用来诠释"格物",也使得儒学固有的学问思辨传统在"为善去恶"作为头脑的规范下容纳到格物说中来,使得阳明格物说比之正德中更为完善一些。

当然,这不表示阳明格物说完全没有困难了。在致良知思想形成

---

① 陈九川时亦有疑:"步步推入根源,到诚意上再去不得,如何以前又有格致工夫?"(《传习录》下,《全书》三,第 73 页)

之后,根据阳明哲学的逻辑,首先应致良知,以辨明意念的善恶;然后诚其好善恶恶之意;最后即事即物实落为善去恶之事。这个顺序,即致知→诚意→格物,与《大学》本文的"格物→致知→诚意"的工夫次序有所不合。所以后来罗钦顺指出,若据致良知说,"审如是言,则《大学》则当言格物在致知,不当云致知在格物,当云知致而后物格,不当云物格而后知至耳"(《困知记》附录)。这说明,从经典学的立场来看,阳明哲学终究还有一些内在的难题没有解决。

第七章

良知与致良知

致良知说的提出

良知

致良知

从格物到致知

致知的概念源于《大学》,良知的概念出自《孟子》。阳明哲学在其形成时,就其基本思想方向来说,明显地继续了宋代陆九渊以来的心学传统。这个传统就儒学内部的历史渊源来说,主要根于孟学的传统。然而,在理论的形式方面,由于受宋代以来程朱学派的影响,阳明思想的结构自始至终是从《大学》提供的思想材料和理论范畴出发的。青年时代他最重视《大学》的"格物",正德三年在贵州龙场悟道之后,他一方面建立了自己的与朱子学不同的对格物的解释,另一方面把《大学》的重点改变到"诚意",认为"大学工夫只是个诚意",用诚意来统率格物。在阳明40岁以后的七八年间,"致知"在阳明思想中并没有确定的地位。即使有时提到致知,其解释和用法也仍未摆脱朱学的影响。平濠之后提出的"致良知",表明阳明真正找到了结合《孟子》与《大学》思想的形式,也表明,在《大学》的逻辑结构中,阳明的重点由诚意转移到致知。这样一来，便导致了阳明思想，包括以《大学》结构为表现形式的工夫理论，发生了一次新的调整。"致良知"是阳明哲学发展的最后的形态，对整个中晚明哲学思潮的开展有着重大的影响。

一　致良知说的提出

"致良知"是阳明晚年论学的宗旨，但是致良知思想的明确提出始于哪一年，尚需进一步研究说明。

阳明自己曾说："吾良知二字，自龙场以后，便已不出此意，只是点此二字不出，与学者言，费却多少辞说，今幸见出此意，一语之下，洞见全体，真是痛快！"（钱德洪《刻文录序说》，《全书》卷首，第6页）黄绾说："甲戌升南京鸿胪寺卿，始专以良知之旨训学者。"（《阳明先生行状》，《全书》三十七，第517页）这是认为良知之旨始发于正德九年43岁。钱德洪等所纂《年谱》则明确肯定"正德十六年辛巳先生五十岁，在江西"，"是年先生始揭致良知之教"（《年谱》，《全书》三十三，第464页）。根据这些说法，在致良知思想的形成方面，需要把有关良知的基本思想何时形成与致良知话头何时揭出区分开来。阳明正德三年龙场悟道之后，提出"心外无理"，认为至善根于本心，道德法则源于道德主体，这与后来所说的"良知便是天理"在基本立场上是完全一致的，所以阳明晚年说他的基本思想在龙场时已经确立，确实如此。但在龙场后的十几年中，阳明一直没有找到一个既能概括其基本思想，又适于引导常人从事为己之学的简易恰当的表述形式。在这个意义上，龙场以后的知行合一、心外无理、心外无物、立诚、格其非心等思想都可以看做这一探索历程的不同阶段。钱德洪说："先师始学，求之宋儒不得入，因学养生而沈酣于二氏，恍若得所入焉。至龙场，再经忧患，而始豁然大悟良知之旨，自是出与学者言，皆发诚意格物之教，……辛巳以后，经宁藩之变，则独信良知，单头直入。"（《论年谱书》，《全书》三十六，第504页）知行合一虽为工夫切要，但未及心体。心外无理虽论心体，但非功夫。格物为正念头虽为反身功夫，终是缺却本体一截，而"致良知"本体、功夫一齐收摄,无怪阳明多次称之为"圣门之正法眼藏"。

当然,龙场谪居至南京鸿胪期间,阳明思想中确曾间断地出现过良知的说法。这是很自然的,因为《孟子》本有良知之说,而且《大学》工夫的八条目中,致知的"知"也需要一个解释。朱子解释致知时以知为识,即知识,但朱子也把良知包括在其中。阳明提出知行合一时,知行本体的概念中,作为本体的知已经隐含着良知的观念。四句理中"意之本体便是知"虽然是为解释"致知"与"诚意"而发,但确实突出了"知"对于意的优先性,而这个"知"只能是良知。《传习录》上徐爱录:"知是心之本体,心自然会知,见父自然知孝,见兄自然知弟,见孺子入井自然知恻隐,此便是良知,不假外求。若良知之发更无私意障碍,即所谓充其恻隐之心而仁不可胜用矣。然在常人不能无私意障碍,所以须用致知格物之功,胜私复理,即心之良知更无障碍,得以充塞流行,便是致其知,知致则意诚。"(《全书》一,第39页)后来阳明答惟乾问知如何是心之本体,说"充拓的尽,便完完是他本体"也已经显露出后来"致良知"思想的萌芽。正如前人有言,阳明当时"已知宗旨,只是未为主张耳"。

钱德洪曾把阳明基本思想的演变称为"学之三变",而把阳明用以教示学者的宗旨的演变称为"教之三变",他多次明确申明,致良知宗旨的提出在江西平宁藩之乱后,代表了阳明的晚年定论。他说"师学静于阳明洞,得悟于龙场,大彻于征宁藩"(《续编序》,《全书》二十九,第399页),又说"辛巳年已后,先生之教益归于约矣"(《文录序说》,《全书》卷首,第7页),以辛巳为揭致良知教之年,但此说证之阳明之语,不能尽合。

嘉靖二年阳明答人书中曾述及良知说的提出:"致知二字是千古圣学之秘,向在虔时终日论此,同志中尚多有未彻。近于古本序中改数语,颇尤发此意,然见者往往亦不能察。今寄一纸,幸熟味。此是孔门正法眼藏,从前儒者多不曾悟到,故其说卒入于支离。仕鸣过虔,尝与细说,不审闲中曾论及否。"(《答薛尚谦》,《全书》五,第112页)虔即赣州,按阳明正德丁丑正月巡抚南赣,是年平漳、平横水、桶冈,次年戊寅平三浰,往来常居赣州。但阳明自言致知之说出于江西平藩之后,故不可能在己卯之前。阳明己卯夏平定宁濠之乱，往返居南昌，庚辰正月赴芜湖，二月还南昌，六月如赣州，九月仍还南昌，辛巳正月居南昌，五月集门人于白鹿洞，六月离江西。根据阳明行踪看来，辛巳阳明在江西仅半年，又皆居南昌及赣北，未曾有居虔之迹。己卯擒濠之后，唯庚辰夏有三四月居虔。由此看来，阳明自述"向在虔时终日论此""仕鸣过虔尝与细说"，都是正德十五年庚辰（阳明49岁）事，因而《年谱》谓致知说始揭于正德十六年辛巳，是不够准确的。

《传习录》下陈九川录中也记载："庚辰往虔州再见先生，问：近来功夫虽若稍知头脑，然难寻个稳当快乐处。先生曰：尔却去心上寻个天理，此正所谓理障。此间有个诀窍。曰：请问如何？曰：只是致知。曰：如何致？曰：尔那一点良知，是尔自家底准则。尔意念着处，他是便知是、非便知非，更瞒他一些不得。尔只不要欺他，实实落落依着他去做，善便存、恶便去，他这里何等稳当快乐！此便是格物的真诀、致知的实功。若不靠这些真机，如何去格物？我亦近年体贴出来如此分明。初犹疑只依他恐有不足，精细看，无些子欠阙。"（《传习录》下，《全书》三，第74页）此段以下皆为九川在虔所录，几乎每段都谈到良知与致良知，这与阳明"在虔终日论此"正好相合。

九川又录："虔州将归，有诗别先生云：'良知何事系多闻，妙合当时已种根。好恶从之为圣学，将迎无处是乾元。'先生曰：若未来此讲学，不知说好恶从之从个什么！敷英在座曰：诚然，尝读先生大学古本序，不知所说何事，及来听讲些时，乃稍知大意。"（同上书，第74页）敷英表示，以前看《大学古本序》，不知所云，有了致良知说，才见大意。这正是因为古本序写于正德十三年戊寅，阳明还未提出致良知的思想，而正德十五年庚辰在虔州论学，才反复指明良知宗旨。按阳明戊寅前主诚意说，诚意指真实地好善恶恶，但辨别善恶的标准没有确定。所以阳明指出，懂得良知学说，好恶就有了所当依从的标准，因为良知就是每个人内在具有的是非之则。

嘉靖元年壬午阳明与陆元静书也说："致知之说，向与惟濬及崇一诸友极论于江西，近日杨仕鸣来过，亦尝一及。颇为详悉。"惟濬即陈九川字,崇一为欧阳德字,庚辰年二人皆侍阳明于江西①,阳明致良知说揭于江西时,当无可疑。据上所述,以致良知为宗旨,当倡自庚辰,时阳明49岁。致良知宗旨的提出固然包含有"教法"改变的意义,但确实也体现了阳明思想的新的发展,从平定宸濠之变到经张许之难,阳明在极其复杂险恶的政治军事环境中,沉着应变,终于摆脱危机和困境,他指出:"某于良知之说,从百死千难中得来,非是容易见得到此。"(《文录序说》,《全书》第6页)表明致良知的提出绝不是《孟子》与《大学》的简单结合,与他经历了复杂事变所获得的深刻的个人体验密切相关,是他自己的生存智慧的升华,是心灵经历艰苦磨练发生的证悟。了解这一点,我们才能理解阳明对他自己关于致良知的发现的不厌其烦的惊叹和赞美。

从庚辰年起,阳明的谈话和文字中,充满了他对良知的赞叹,以及把"致良知"看做巨大发现的那种喜悦。庚辰在虔州时他说:"人若知这良知诀窍,随他多少邪思妄念,这里一觉,都自消融,真个是灵丹一粒、点铁成金!"(《全书》三,第74页)又说:"这些子看得透彻,随他千言万语,是非诚伪,到前便明。合得便是,合不得便非,如佛家说心印相似,真个是试金石、指南针!"(同上)辛巳以后,他更常以"正法眼藏"称道良知宗旨。辛巳与杨仕鸣书:"区区所谓致知二字,乃是孔门正法眼藏!于此见得真伪,真是建诸天地而不惊,质诸鬼神而无疑,考诸三王而不谬,百世以俟圣人而不惑。"(《与杨仕鸣》,《全书》五,第107页)正像二程把天理说看做是千载不传的圣学一样,他对湛若水说:"致知之说鄙见恐不可易,亦望老兄更一致意,便间示知之,此是圣学传心之要,于此既明,其余皆洞然矣。"(《与甘泉》,《全书》五,第106页)又说:"此致知二字真是个千古圣学之秘,见到这里,百世以俟圣人而不惑。"(《全书》三,第74页)"致知二字是千古圣学之秘,此是孔门正法眼藏,从前儒者多不曾悟到。"(《与薛尚谦》,《全书》五,第112页)"致

---

① 《年谱》庚辰九月条"是时陈九川、夏良胜、万潮、欧阳德、魏良弼、李遂、舒芬及裘衍日侍讲习"(《全书》三十三,第464页)。

良知之外无学矣，自孔孟既设，此学失传几千百年，赖天之灵，偶复有见，诚千古之一快！"（《书魏师孟卷》，《全书》八，第142页）嘉靖改元后，居越讲学，专提致良知三字宗旨，得到了学徒的热烈反响："每以启夫同志，无不跃然而喜"（同上），直到嘉靖四年、五年，他仍反复对邹谦之说"比遭家难，工夫极费力，因见得良知两字比旧愈加亲切"（《寄邹谦之》，《全书》六，第113页），"以是益信得此二字是吾圣门正法眼藏！"（同上书，第105页）表明在提出致良知宗旨后，他自己不断身体力行，并在实践中进一步确认了致良知宗旨为圣门之传。当时有人请他去讲学，问他除良知之外是否还有其他可讲，他立即回答"除却良知，还有什么说得！"（同上）晚年征思田途中，他写信谆谆告诫儿子，强调"吾平生所学，只是致良知三字"（《寄正宪男手墨》，《全书》二十六，第381页）。致良知是阳明心学的最后归宿，致良知说的提出，表现出他的思想在心学方向上的发展更加成熟，也使得格物及知行合一说都发生了某种微妙的改变，与佛教智慧的结合也更加圆融，正是这些，使得阳明把他的全部思想概括为"致良知"。

阳明居越以后，诗文皆入化境，其咏良知诗尤见所造之深，兹举其二：

> 万里中秋月正晴，四山云霭忽然生。
> 须臾浊雾随风散，依旧青天此月明。
> 肯信良知原不昧，从他外物岂能撄。
> 老夫今夜狂歌发，化作钧天满太清。
>
> （《月夜二首与诸生歌于天泉桥》，《全书》二十，第317页）

> 独坐秋庭月色新，乾坤何处更闲人。
> 高歌度与清风去，幽意自随流水春。
> 千圣本无心外诀，六经须拂镜中尘。
> 却怜扰扰周公梦，未及惺惺陋巷贤。
>
> （《夜坐》，《全书》二十，第317页）

二 良 知

1. 良知即是非之心

良知的观念源出于《孟子》,孟子说:"人之所不学而能者,其良能也。所不虑而知者,其良知也。孩提之童无不爱其亲者,及其长也,无不知敬其兄也。"(《孟子·尽心上》)根据这个说法,良知是指人的不依赖于环境、教育而自然具有的道德意识与道德情感。"不学"表示其先验性,"不虑"表示其直觉性,"良"即兼此二者而言。当然,良知之先验性并不意味着人生落地立即可以现实地获得它的全体,它有一个从潜在而发展、最终全部实现的过程,正如人的某些生理本能也是由潜在逐步实现一样。

阳明继承了孟子的思想,他说:"心自然会知,见父自然知孝,见兄自然知弟,见孺子入井自然知恻隐,此便是良知,不假外求。"(《传习录》上,《全书》一,第39页)"自然"表示不承认良知是外在的东西的内化结果,而把良知看做是主体本有的内在的特征。

孟子在论证性善的时候,不仅提出良知,而且提出"四端",即"恻隐之心,仁之端也;羞恶之心,义之端也;辞让之心,礼之端也;是非之心,智之端也"(《孟子·公孙丑上》)。根据阳明"见孺子入井自然知恻隐,此便是良知"的说法,四端都是良知,这就比孟子更明确地把良知与四端结合起来了。

按照宋儒的看法,"四德之元犹五常之仁",因而认为四德(元亨利贞)中"元无不统",五常(仁义礼智信)中"仁无不包",进而对于四端特别强调"恻隐之心"。如朱子言"其发用焉则为爱恭宜别之情,而恻隐之心无所不贯"(《仁说》,《朱子文集》六十七)。阳明则认为四端在某种程度上可以归结为"是非之心",从而特别强调良知作为是非之心的意义。因为道德意识如果是先验的道德原理,其功能无非是提供是非善恶的准则。因此,阳明以是非之心为主要内容的良知说的提出,标志着孟子哲学的进一步发展。①

　　阳明明确指出，良知是每个人先验的是非准则，他对陈九川说："尔那一点良知，是尔自家底准则。尔意念着处，他是便知是，非便知非，更瞒他一些不得。"（《全书》三，第74页）在阳明看来，良知是人的内在的道德判断与道德评价的体系，良知作为意识结构中的一个独立的部分，具有指导、监督、评价、判断的作用。阳明所说的"良知"无疑就是伦理学的"良心"范畴，所以他强调良知就是是非之心。他说："孟子之是非之心，知也，是非之心人皆有之，即所谓良知也。"（《与陆元静》，《全书》五，第108页）又说"良知只是个是非之心。是非只是个好恶，只好恶就尽了是非，只是非就尽了万变"（《传习录》下，《全书》三，第80页）。还说"夫良知者即所谓是非之心，人皆有之，不待学而有，不待虑而得者也"（《书朱守谐卷》，《全书》八，第141页）。由此可见，良知作为先天原则，不仅表现为"知是知非"或"知善知恶"，还表现为"好善恶恶"，既是道德理性原则，又是道德情感原则。良知不仅指示我们何者为是何者为非，而且使我们"好"所是而"恶"所不是，它是道德意识与道德情感的统一。

　　阳明不仅强调良知的内在性，也强调良知的普遍性，认为良知对于每个人都是相同的，他说："自圣人以至凡人，自一人之心以达四海之远，自千古之前以至于万代之后，无有不同，是良知也者，是所谓天下之大本也。"（同上）又说："是非之心，知也，人皆有之。子无患其无知，惟患不肯知耳。……今执途之人而告之以凡为仁义之事，彼皆能知其为善也。告之以凡为不仁不义之事，彼皆能知其为不善也。"（同上）因此，人并不需要到外部去寻找善恶是非的准则，这个准则是每个人所固有的、完全相同的。

2. 良知与意念

　　根据良知学说，良知对意念起着监督、指导的作用，因而良知与意

---

①　按阳明答聂文蔚书亦言良知发见处只是一个真诚恻怛，此因文蔚所论而发，考之余书，毕竟以是非之心说良知为多也。

念的区分是很重要的,如阳明说"尔意念着处,他是便知是,非便知非",在这个意义上,良知是意念的判断原则,并不是意,故阳明晚年指出:"意与良知当分别明白,凡应物起念处皆谓之意,意则有是有非,能知得意之是非者,则谓之良知。"(《答魏师说》,《全书》六,第118页)按照这个看法,我们的意识活动主要是由良知与意念两部分组成的。

早在正德中提出四句理时,阳明就对知与意的区分十分留意,认为"心之所发便是意,意之本体便是知",这其中的"知"实即良知。但在四句理中,相对于意而言,知的特质是不十分清楚的。如"心之所发便是意",心指心之本体,意则指现象的意识活动。而"意之本体便是知",并未指明"知"是否可以体现为意识活动。本体如果是指本质,则良知就不能参与现象的意识活动。如果本体只是指本来状态,则良知便成为本然之意,这个说法等于在本体上取消了二者的差别。

后来在《大学古本旁释》中阳明把四句理表述为"心者身之主,意者心之发,知者意之体,物者意之用",其中"知者意之体"更嫌分疏不够。至嘉靖初阳明《答顾东桥书》,对此加以解释:"心者身之主也,而心之虚灵明觉即所谓本然之良知也,其虚灵明觉之良知应感而动者谓之意。有知而后有意,无知则无意矣,知非意之体乎。"(《答顾东桥书》,《全书》二,第55页)这个说法与四句理有所不同,照四句理说,"心之所发便是意",若按这里所说,则是"知之感动便是意",显然更强调了良知的本体意义,即良知作为意念的根据。在这里显然也没有说明良知作为是非之心在现象的意识活动中的作用和地位。在答罗钦顺书中阳明对此的说法又略不同,他说:"以主宰而言谓之心,以其主宰之发动而言谓之意,以其发动之明觉而言则谓之知,以其明觉之感应而言则谓之物。"(《答罗整庵少宰》,《全书》二,第66页)在这里,与四句理中"意之本体便是知"不同,强调"发动之明觉便是知",这个"知"在这里被强调的就不是本体层次的意义,而是在"发动"层次上的意义,只是这里没有说明,既然心之发动谓之意,良知也是发动,则是否也属于意?如果不属于意,这个定义是否有缺欠?当然这些问题都是阳明未曾意识到的。此外,《答顾东桥书》说"明觉之应感而动谓之意",答罗钦顺书说"明觉之感应而言谓之物",二者之间也需要一个分疏。

在朱子哲学中,心分为未发和已发。我们看到,在阳明哲学中一方面把已发之心叫做"意",另一方面,良知也体现为已发的明觉,实际是指是非之心。因而,在阳明哲学中心之发动有两个方面,即良知与意念,二者共同构成意识活动,在这个意义上,不能说心之发动全部是意。

对于良知而言,"意之本体便是知"和"发动之明觉便是知"并不矛盾,良知既是本体,也是发用,正像一面明镜沾了一些尘土,全体明亮莹彻,是指镜子的本体;同时,尘土所不能遮盖并发出光明的地方也是本体。

意的发生有两种情形:一种是"应物起念",一种则仅仅为"心之所发"。意有应物而起,有不应物而起,因而阳明"心之所发便是意",与"知之感动便是意"是并行不悖的。只是以"良知应感而动"定义意念,毕竟不如用心之发动或心之感动更妥帖。因为"良知应感而动谓之意"与"明觉之感应谓之物"一样,都意味着把作为明觉的良知同时当成一般的知觉主体。而在《大学问》中这两种提法都没有出现。

"意之本体便是知"这句话不如"知是心之本体"来得恰当。因为即使在"意无不诚"的境界,意与知仍然并不就是同一的。何况,按照致良知的学说,致知才能意诚,而"意之本体便是知"则意味着意诚而后知致。这是由于"意之本体便是知"提出于正德中,致良知说则发自晚年,在这个问题上,我们还是应以《大学问》为阳明的定论。《大学问》说:"良知者,孟子所谓是非之心,人皆有之者也。是非之心不待虑而知,不待学而得,是故谓之良知,是乃天命之性,吾心之本体自然灵昭明觉者也。凡意念之发,吾心之良知无有不自知者。其善欤惟吾心之良知自知之,不善欤亦惟吾心之良知自知之。"根据这个说法,良知的作用并不是使我们只产生善的意念,而是作为监视我们意念活动的内在的评价系统。阳明这一看法及对是非之心的强调,与传统儒家对恻隐之心的强调,及西方伦理学强调良心作为羞恶之心的意义,是有其不同侧重的。

3. 良知与独知

如上节所引《大学问》所说,意念之善恶惟良知"自知之",阳明又称此为"独知"。阳明居越后咏良知诗说"无声无臭独知时,此是乾坤万有基",又说"良知即是独知时,此知之外更无知",都是强调良知作为独知的意义。

"独知"之说见于朱子《四书集注》。《中庸》首章"是故君子戒慎乎其所不睹,恐惧乎其所不闻,莫见乎隐,莫显乎微,故君子慎其独也",朱子章句注云"隐,暗也。微,细事也。独者,人所不知而己所独知之地也。言幽暗之中、细微之事,迹虽未形而几则已动。人虽不知,而己独知之,则是天下事无有著见明显而过于此者。"《大学》也有慎独之说,如"所谓诚其意者,毋自欺也,如恶恶臭,如好好色,此之谓自慊。故君子必慎其独也"。朱子章句注云:"独者,人所不知而己所独知之地也","其实与不实,盖有他人所不及知而己独知之者,故必谨之于此以审其几焉"。由此可知,独知是指个体的内心世界。

内心世界是每个人独自占有的,其他人无法了解我们自己的内心活动。而道德原理规定了:道德是指动机的合道德性而言。既然道德之为道德,决定于动机世界,而动机世界又是每个人自己占有的,道德实践就要求我们自己谨慎地处理内心世界的活动。在朱子与其门人之间曾有一段关于"独知"的问答:"昨闻先生云'人所不知而己所独知处',自然见得愈是分晓,如做得是时,别人未见得是,自家先见得是。做得不是时,别人未见得是非,自家先见得是非,如此说时,又觉亲切。曰:事之是与非,众人皆未见得,自家自是先见得分明。"(《朱子语类》六十二,第1501页)根据这里所说,独知不仅是指知道自己意念活动的事实,而且指知道意念之发的善与恶,由此看来,朱学中"独知"的观念中也隐含了某种是非之心的意义。阳明的思想继承并发展了这个观念,并与良知结合起来,他说:"诚意之本又在于致知也,所谓人所不知己所独知者,此正吾心良知处。"(《传习录》下,《全书》三,第80页)

在朱学中,"独知"主要是作为认知原则而不是判断原则,独知主要表示我们对某种东西有所知;在阳明哲学中,独知则主要作为判断和评价的内在原则,表示独立于意念活动的道德意识,这是二者的不同之处。

4. 良知是谓圣

阳明咏良知诗第一首说"个个心中有仲尼",这是指,每个人就其本心而言都是圣人。当然,一切现实的人其本心均有所遮蔽,因而只是潜在的圣人而不是现成的圣人。这个说法从良知方面来看,是指良知是每个人成圣的内在根据,这个根据是完全充分的,没有欠缺的。

《传习录》下载九川江西所录:

> 在虔与于中、谦之同侍先生,曰:"人胸中各有个圣人,只自信不及,都自埋倒了。"因顾于中曰:"尔胸中原是个圣人。"于中起:"不敢当。"先生曰:"此是尔自家有的,如何要推?"于中又曰:"不敢。"先生曰:"众人皆有之,况在于中!却何故谦起来,谦亦不得。"于中乃笑受。又论:"良知在人,随你如何,不能泯灭,虽盗贼,亦自知不当为盗,唤他作贼他还扭怩。"(《全书》三,第74页)

比起"人皆可以为尧舜","人人胸中有圣人"这个提法显然更加突出了人的道德的主体性和道德主体的内在完满性。圣人为中国文化理想人格的典范,承认人可臻于圣人的完满境界是儒家固有的性善论的必然结论。而在阳明,不仅承认人可以"成为"圣人,而且提出人"本来"就是圣人,这对常人而言不啻一声惊雷。人从"不敢"确信自己内在的完满性,到确信胸中本来有个圣人,必然是一个主体意识大大提高的过程。用"满街都是圣人"唤醒每个人对良知的信任成为阳明居越以后教人的常法之一。《传习录》下又载:

> 先生锻炼人处,一言之下,感人最深。一日王汝止出游归,先生问曰游何见,对曰:见满街都是圣人。先生曰:你看满街人是圣

人,满街人看你是圣人。又一日董萝石出游而归,见先生曰:今日见一奇异事。先生曰何异,对曰见满街都是圣人。先生曰此亦常事耳,何足为异!(《全书》三,第82页)

前面已指出,胸中有个圣人是指良知本体而言,现实的人则只能说是潜在的圣人。这个提法如果被曲解为每个人现成地是圣人,那就与阳明的本意背道而驰。因而,"满街都是圣人"更容易导致把"本有"当成"现成"。严格地说,只能说满街人胸中皆有个圣人,或满街人潜在地都是圣人,如果把满街是圣人不加限制地当成一个话头,其结果是双重的:一方面可以导致个体意识的提高,及对个性的解放的促进;另一方面减弱了对人的道德修养的要求及心灵提升的意义。这两者正是晚明个人主义思潮发展的思想资料方面的条件,也表现出阳明良知说多方向发展的可能性,及不同条件下的不同社会作用。

就阳明哲学自身的宗旨及较严格的意义上,只能说良知即圣,所以阳明晚年有"心之良知是谓圣"的提法。他说:"心之良知是谓圣,圣人之学,惟是致此良知而已。自然而致之者,圣人也。勉然而致之者,贤人也。自蔽自昧而不肯致之者,愚不肖者也。愚不肖者虽其蔽昧之极,良知又未尝不存也。苟能致之,即与圣人无异矣。"(《书魏师孟卷》,《全书》八,第142页)"善即良知,言良知则使人尤为易晓,故区区近有心之良知是谓圣之说。"(《答季明德》,《全书》六,第117页)"心之良知是谓圣",这个提法从思想资料的源流来看,是取《孔丛子》"心之精神是谓圣"一语而变之。南宋陆学者杨简曾特别拈出"心之精神是谓圣"一语,发扬陆九渊的本心学说。陆学在思想上"因读孟子而自得之",但其中杨简一派又受佛教"即心是佛"的影响,故与阳明同时的罗钦顺特别批判杨简以心之精神为圣的说法,认为精神只是知觉,没有准则的意义。而阳明以"心之良知是谓圣",本于孟子的立场,良知自身有其规范的意义,这样就可以避免罗钦顺指出的那种困难。

5. 良知即天理

依照陆学的立场，从"心即理"也可以推出"心即圣"，但正如上节指出的，"心"的概念含义甚广，与"心之精神是谓圣"一样，"心即圣"的提法也有其缺陷，因而阳明"心之良知是谓圣"的提法在心学发展史上确实是一个进步。由于"良知"说的提出，像"心即理"这类失于笼统的命题形式就可以换成"良知即天理"，在这一点上，阳明的论敌就很难从正面攻击这个命题，而只能对之加以补充，从而阳明心学的立场就较之从前稳固得多了。

阳明说："明道云'吾学虽有授受，然天理二字却是自家体认出来'。良知即是天理，体认者，实有诸己之谓耳。"（《与马子莘》，《全书》六，第 118 页）在儒学传统中，《乐记》的"天理"概念影响最大，指与"情欲"相对的人生准则。二程对天理的理解则更加本体论化，但天理作为道德法则的意义仍是宋代理学的基本用法。阳明以良知为是非准则，在这个意义上良知即是理、即是天理。阳明说"愚夫自知的是非便是他本来天则"（《传习录》下，《全书》三，第 81 页），"天则"也就是天理，指良知是既先验又普遍的道德法则。理或天则换个说法也就是"道"，所以阳明又有"良知即是道"（《与陆元静书》，《全书》二，第 63 页）的说法。他曾说："天命之谓性，命即是性；率性之谓道，性即是道；修道之谓教，道即是教。……道即是良知，良知原是完完全全，是的还他是，非的还他非，是非只依着他，更无有不是处，这良知还是你的明师。"（《传习录》下，《全书》三，第 78 页）根据这些说法，良知即是道的道，与良知即是天理的理，都是指人类社会的普遍道德原理而言，而不是指宇宙存在、运动的普遍法则。

但是，另一方面，良知既然是"知"，它作为道德法则的运作或表现方式就离不开"知觉"，正因为良知具有"知觉"的性格，所以阳明往往更强调良知是"天理之昭明灵觉"。他说："良知是天理之昭明灵觉处，故良知即是天理，思是良知之发用，若是良知发用之思，所思莫非天理矣。良知发用之思自然明白简易，良知亦能知得，若是私意安排之思，自是纷纭劳扰,良知亦自会分别得。盖思之是非邪正良知无有不自知者。"(《答欧阳崇一》,《全书》二,第64页)以良知为天理之昭明灵觉并不是指天理能够知觉,另一方面,如果良知仅仅是知觉,则不过是"心之精神"而已。在"昭明灵觉"前加一限制语,既表示这个灵觉不是指认知意义的能觉,又表示这个知觉自身具有规范的意义,如见父自然知孝等。阳明更常用"明觉",如"盖良知只是一个天理自然明觉"(《答聂文蔚二》,《全书》二,第69页)、"心之虚灵明觉即本然之良知也"(《答顾东桥书》,《全书》二,第55页),这里的"明"都是道德意义上的明,指良知作为心之发动的知觉自然明辨是非,阳明在答罗钦顺与顾东桥书中也都强调了明觉的概念。

由以上讨论来看,严格地说,天理不就是良知,灵觉也不就是良知,只有在天理后加上灵觉,或在灵觉前加上天理,两义结合才是良知的含义。

6. 良知与明德

以良知为"明觉",这样一来,又与《大学》三纲领之首的"明德"接上了头。朱子《大学章句》注明德云:"明德者,人之所得乎天,而虚灵不昧,以具众理而应万事者也。"朱子对明德的解释不十分清楚,照大学章句"虚灵不昧"的讲法,明德应是指心而言,但朱子又常以明德为性。然而,无论如何,朱子曾以"孩提之童无不知爱其亲"说明明德,还说过"良心便是明德"(《语类》十四,第269页)。阳明哲学十分重视《大学》的范畴,因而在致良知学说提出之后,把良知与明德相联系是势所必然的。在《大学问》中他认为,人心之仁(如恻隐怵惕、不忍之心)"是乃根于天命之性而自然灵昭不昧者也,是故谓之明德",又说"天命之性粹然至善,其灵昭不昧者,此其至善之发见,是乃明德之本体,而即所谓良知者也"。这些提法亦见于嘉靖四年所撰《亲民堂记》。根据这些说法,"明德"即是良知,明德是指良知本体固有的、不可昧灭的本然之"明"而言,正如一颗宝珠,尽管它可能被泥垢所玷,但它固有的光亮并不会被消灭①。在这个意义上,《大学》所谓明明德就是要去除人心的种种私欲,以彰显出本来具有的光辉。

当然,致良知与明明德两者还有所不同,至少在理论上,明德是全体,而良知作为四端,在发用层次上只是端绪或部分。致良知是积极地把部分的良知扩充到全体大用的本体,明明德则是克除不善的意念以恢复明德的全体。二者是从两个不同的方向揭示同一个复其本体的功夫。

在良知的问题上阳明还有许多说法,如良知是易、良知是未发之中(详见四句教章)等等,这类表述是相当多样的,这些不同一方面是因联系着不同的经典来源,在不同的解释脉络中出现的;另一方面,这些不同并不表示良知有众多的不同的规定,基本上他们都是从不同角度、不同功能侧面描述作为是非之心的良知。

7. 良知与自慊

良知在意识结构中的作用,不仅对意念的是非善恶进行判断和评价,而且体现为一定的心理、情感的体验,以强化对人的监督和指导。合于道德法则的思想和行为引起欣慰,违反道德法则的思想和行为则引起羞愧和不安。

阳明指出:"当弃富贵即弃富贵,只是致良知,当从父兄之命即从父兄之命,亦只是致良知,其间权量轻重,稍有私意,于良知便不自安。"(《与王公弼》,《全书》六,第117页)这是说良知的主要意义是为我们提供知善知恶的准则,同时,在帮助我们进行道德判断之外,还使我们对于自己的意念和行为做出一定的心理的、情感的反应。当人不能依照良知的指引,而屈服于私意的时候,人就会体验到"不自安"感,这实际上是良知对我们进行指导的另一种方式。他说:"集义只是致

---

① 宝珠之喻明德或性体,常见于朱子语录,而西哲亦未尝无此说,如康德谓"这个好意志也还是像宝珠似的,会自己发光,还是个自身具有全部价值的东西。它的有用或是无结果,对于这个价值既不能增加分毫,也不能减少分毫"(《道德形而上学探本》,商务印书馆1962年版,第9页)。

良知,心得其宜为义,致良知则心得其宜矣。……昔人有为手足之情受污辱者,是不致知,此等事于良知亦自有不安。"(《与董沄》,《全书》五,第111页)

心之安与不安即是良知作用的表现方式,因而心安与否在某一程度上也可以作为检验良知并判断是非的一个方法。"问曰:据人心所知,多有认欲作理,认贼作父处,何处乃见良知?先生曰:尔以为如何?曰:心之安处,才是良知。曰:固是,但要省察,恐有非所安而安者。"①经验表明,人并不是在任何时候都能把正确的东西认为是合理正当的,良知的指导作用在这种情况下似不明显。阳明认为,心的不安表示对道德准则有所违反,但心之安并不绝对地表示符合道德准则,因而在心安之外,还要加一条省察原则,以保证人不会认欲为理。不过这样一来,良知原则就不是充分的了。因为良知是不虑而知的直觉,心理和情感的体验也是一种与良知的直觉同时发生的直接性活动,而省察则是深入的思虑,如果良知在判断上是不充分的,那么省察借以判断是非的准则从何而来?在这里阳明显然并没有把他们之间的关系做一个清楚的分疏。②

心安,按照《大学》的语言,就是"自慊",《大学》:"所谓诚其意也,毋自欺也。如恶恶臭,如好好色,此之谓自慊。"朱子注云"慊,快也,足也"。阳明说:"所云毁誉得丧之间未能脱然,足知用功之密,只此自知之明便是良知,致此良知以求自慊,便是致知矣。"(《与王公弼》,《全书》五,第111页)自慊就是人对自己履行道德义务而产生的满意和快乐的感受。致良知就是充拓自己的良知,而其结果之一即使内心实现持久的超越感性的快乐和满足。因此,在阳明哲学中,道德情感体验是整个良知机制中不可缺少的要素。

---

① 此录见于张问达:《阳明文钞》,陈荣捷先生《王阳明传习录详注集评》载此条为拾遗之⑦。

② 这也说明阳明并不完全信赖直觉性活动,在他关于道德决定的全部理论中仍为思考和理性留有一席之地。

最后,关于良知是未发还是已发的问题,在后来王门中争论不休。阳明说过"良知即是未发之中"(《答陆元静书》,《全书》二,第 61 页),故认良知仅为已发不合于阳明本旨。阳明又多以"是非之心""独知""明觉"说良知,表明良知又可以具有已发的特性。说良知是未发之中,是指心之本体原本是善是中,但相对于现实人的习心而言,心之本体的全体多被遮蔽而不得表现,故说是未发,这是指心之本体的全体而言。同时,心之本体虽受到遮蔽,但仍不可埋没,而有所表现,这主要就是以"是非之心"为表现的昭明灵觉。这些活动在人的现成意识中的"知是知非"之知虽然不是良知全体,但既是知觉,便属已发。致良知就是从已发入手加扩充之功。所以良知是即本体即现成,即未发即已发的。关于良知是未发之中的问题在四句教章中将得到进一步讨论,这里就不赘述了。

三 致良知

1. 致良知之至极义

什么是致知或致良知呢?我们知道,阳明自龙场之后即用力于诠释"格物"的观念,以正训格,以事训物,又有"正念头""格其非心"等说法,而在一个相当长的时期内,对致知的讨论较少。

不过,《传习录》上徐爱所录论"知是心之本体"一段,确实包含了他后来关于致良知的基本观念,这一点他在当时也许并没有自觉的意识。在论"知是心之本体"这一段中,阳明不但以良知为心之本体,同时提出,所谓"致其知"就是指"充其恻隐之心",使"心之良知更无障碍,得以充塞流行"。用"充"解释"致",是吸收了孟子"扩充四端"的思想,孟子说:"凡有四端于我者,知皆扩而充之矣,若火之始燃,泉之始达,苟能充之,足以保四海;苟不能充之,不足以事父母。"(《孟子·公孙丑上》)又说"人能充无欲害人之心,而仁不可胜用也"(《孟子·尽心下》)。阳明在《传习录》上已隐约地提出致(良)知就是充扩自己发见于日常意识中的良知,使阻碍良知的"私意"全部去除,使良知全体得以充塞流行、毫无滞碍。

阳明晚年明确提出"致吾心之良知者,致知也"(《答顾东桥书》,《全书》二,第55页),使《大学》的致知有了明确的解释。在"致良知"宗旨中,以良知解释"致知"的"知",这是十分清楚的。而"致"的意义如何,尚需进一步讨论。

阳明在《大学问》说:"致者,至也。如云'丧致乎哀'之致,《易》言'知至至之',知至者知也,至之者致也。致知云者,非若后儒所谓充广其知识之谓也,致吾心之良知焉耳。"(《全书》二十六,第374页)以"至"训致,这里的"至"是指至乎极,"至"字既有极点之义,又有向极点运动之义。因而,致知是一个过程,正如格物的目的是达到"物格",致知的目的是要达到"知至"。《大学问》释知至说:"吾良知之所知者无有亏缺障蔽,而得以极其至矣。"(同上)可见,致与极相通,是指经过一个过程而达到顶点。用于良知,即指扩充良知至其全体。阳明说:"某近来却见得良知两字日益亲切简易,……缘此两字人人自有,故虽至愚下品,一提便省觉。若致其极,虽圣人天地不能无憾。"(《寄邹谦之》,《全书》六,第114页)这也是说良知人人自有,但能扩充至极,便是圣人。"若致其极"表明"致"是一个趋向于极的过程。

使良知致其极,就是"充拓"至其极。阳明说:"孩提之童无不知爱其亲,无不知敬其兄,只是这个灵能不为私欲遮隔,充拓得尽,便完完是他本体。"(《传习录》上,《全书》一,第49页)从这个说法来看,良知有本体,有发用。孩提之爱与路人之知都是良知本体的自然表现,但并不是良知本体的全体。只有从这些发见的良知进一步充扩至极,良知本体才能全体呈露。从反面来说,良知本体不能全体呈露,是由于私欲障蔽了良知。因而,致良知工夫,从积极的方面来说是充拓良知到极至,从消极方面来说是去除私欲障蔽。人无不有良知发现,但此发现还不是良知完完全全的本体,需要有一个致知的过程。阳明指出:"诚意之本又在于致知也,所谓人虽不知而己所独知者,此正吾心之良知处。然知得善却不依这个良知便做去,知得不善却不依这个良知便不做去,则这个良知便遮蔽了,是不能致知也。吾心之良知既不能扩充到底,则善虽知好,不能著实好了。恶虽知恶不能著实恶了,如何得意诚!"(《传习录》下,《全书》三,第83页)这是强调致知是诚意之本,阳明在这里也说明致良知就是把心之良知"扩充到底"。

黄绾晚年在《明道编》中明确指出:"予昔年与海内一二君子讲习,有以致知为至极其良知,格物为格其非心者,又谓格者正也,正其不正以归于正。致者至也,至极其良知,使无亏缺障蔽。"(《明道编》卷一)黄绾正德初即与阳明、甘泉共倡心学,为阳明最亲密的友人。嘉靖初惊于致良知之说,改执弟子礼以师事阳明,他的说法完全体现了阳明的思想,"致者至也,致极其良知,使无亏缺障蔽"可以看做是阳明"致良知"的一个最好的注解。事实上,《大学古本旁释》的改本中也以致知为使"吾之良知无私欲之间而得以致其极"。

2. 致良知之实行义

致良知,就训诂而言,是"至极其良知"。但正如训格物为正事并不能完全反映出阳明格物说的意义一样,致良知思想的意义仅由至极其良知也不能完全表现出来。致良知思想的另一基本意义是依良知而行,这是阳明更为强调的一面,阳明自己也认为,只有从这一方面才能与以前的知行合一说衔接起来。

阳明在虔州时对陈九川说:"尔那一点良知是尔自家底准则,尔意念著处,他是便知是,非便知非,更瞒他一些不得。尔只不要欺他,实实落落依着他做去。"(《传习录》下,《全书》三,第74页)从这里看,他把"实实落落依良知去做"作为致知的应有之义。他又说:"如知其为善也,致其为善之知而必为之,则知至矣。……知犹水也,人之心无不知,犹水之无不就下也。决而行之,无有不就下者。决而行之者,致知之谓也,此吾所谓知行合一者也。"(《书朱守谐卷》,《全书》八,第141页)知善知不善是良知,致其知善之知而必为之,才是致知。可见致知包含"为之"即依照良知去实行、实践,所以,阳明又用"决而行之"表示致知就是要把良知所知贯穿落实于行动中去。他还说:"人孰无良知乎?独有而不能致之耳。……良知也,是所谓天下之大本也;致是良知而行,则所谓天下之达道也。"(《书朱守乾卷》,《全书》八,第142页)这也说明"行"是致良知的一个内在的要求和规定。

阳明在《答顾东桥书》中也指出:"知如何为温凊之节,知如何为奉养之宜,所谓知也,而未可谓之致知。必致其知如何温凊之节者之知,而实以之温凊;致其知如何奉养之宜者之知,而实以之奉养,然后谓之致知。"(《答顾东桥书》,《全书》二,第56页)这也是强调知所当然为"知",实依此知而行才是"致知"。他进一步指出:"温凊定省孰不知之,然而能致其知者鲜矣。若谓粗知温凊定省之仪节而遂谓之能致其知,则凡知君之当仁者皆可谓之能致其仁之知,知臣之当忠者皆可谓之能致其忠之知,则天下孰非致知者邪?以是而言,可以知致知之必在于行,而不行不可以为致知也,明矣。知行合一之体不益较然矣乎。"(同上,第56页)这都是指出"致知"所包含的"实行"之义。

正因为"良知"为知,"致"则有力行之义,所以阳明认为"致良知"可以说体现了知行合一的精神。故说致良知"即吾所谓知行合一"。阳明答陆元静书:"孰无是良知乎?但不能致之耳。《易》谓知至至之,知至者知也,至之者致知也,此知行所以合一也。近世格物致知之说,只一知字尚未有下落,若致字工夫,全不曾道着,此知行所以二也。"(《答陆元静》,《全书》五,第108页)这也是说"致知"一语中"知"属知,"致"属行,程朱讲格物穷理,只讲了知,没有讲行,所以知行为二,致良知则是自身知行合一的。良知是内在的道德准则,"致字工夫"是表示"行"的,致良知就是将此准则诉诸实践之中,在这个意义上,"致"就是行。

如果说朱子"格物"观念的要点是"即物""穷理""至极"的话,阳明的"致知"观念也有三个要点,即"扩充""至极""实行"。在这三点之中,扩充、至极的意义比较清楚,不复赘述,惟实行一义所带来的致良知与知行合一的关系须进一步加以分析说明。

由以上所述可知,阳明晚年提出致良知宗旨之后,不仅没有放弃知行合一的说法,而且常常强调致良知本身就体现了知行合一。但是,致良知意义上的知行合一与壬申答徐爱所说的知行合一并不完全一致。从贵阳时开始,阳明提出"知行合一"话头,根据《传习录》徐爱所录,当时阳明强调的是"知行本体本来合一"。阳明的思想整体上说是强调道德实践,在阳明看来,道德意识不需要到外面去寻找,人具有先验的道德知识,因而,所谓为学的功夫,关键在依此知而践行之。为了实现这一点,他早年提出知行本体只是一个。在"本体"的意义上,"未有知而不行者,知而不行只是未知",在这个意义下,知识不见诸于实践就不能算做"知",阳明想通过这种方式促使人们著实践履。但在晚年,阳明把良知与致良知纳入知行的范畴,这个理论在出发点上也是强调人把良知所知贯彻到行为和实践,而它强调区分良知与致知,于是阳明不能像"知而未行只是未知"一样讲良知不致便不是良知。这样一来,阳明晚年虽然仍然提倡知行合一,但反复强调良知人人本有、只是不能致其良知,他的重点不再强调知行本体的合一,而是强调知行工夫的合一,即知之必实行之。从而,阳明晚年对知行范畴的使用回到了宋儒的层次。当然,按照良知之说,良知逻辑上先于致良知,知逻辑上先于行,但在功夫上,良知因为是固有的,不需要先有一个求知的阶段,工夫只是力行,这就可以克服先知后行、只知不行的弊病。由于良知与致良知的明确界线,使阳明就不再强调"知即是行""未有知而不能行者",不能再说"只说一个知已自有行在"。阳明晚年对学生说:"知行合一之说,吾侪但口说耳,何尝知行合一邪?"(《与陆元静》,《全书》五,第108页)这"何尝知行合一邪"就是指工夫层面上的合一,因为知行本体是无所谓不合一的。由此可见,致良知宗旨确立之后,使阳明哲学的其他部分也相应地发生了一定的调整,格物是如此,知行也是如此。

3. 良知与见闻

理学自北宋时有德性之知与见闻之知的分别,见闻之知指人通过经验获得的知识。诸家皆用此义,但德性之知一语,各家所用略异。如张横渠主张"大心",以大心为发挥德性之知,说"大其心则能体天下之物,物有未体则心为有外。世人之心止于闻见之狭,圣人尽性,不以见闻梏其心"(《正蒙·大心》,《张载集》,第24页)。他认为德性所知是一种"视天下无一物非我"的境界,这种境界不是得自经验知识的,所以说"见闻之知乃物交而知,非德性所知。德性所知不萌于见闻"(同上)。横渠还认为,"穷神知化"的"知"是"天德良知",但他认为这种知虽然不是得自见闻与经验,但是"德盛仁熟"的结果。程伊川继承了这个说法,认为"物交物则知之,非内也,今之所谓博物多能者是也,德性之知,不假闻见"(《遗书》二十五)。伊川所说的德性之知指道德意识。这种道德意识的增进不依赖于我们对于外部事物的经验和知识的积累。他甚至认为,"知者我固有之,然不致不能得之",隐含着致知即致固有的德性之知。这些说法都表明理学家的"德性之知"是一种不同于经验知识或科学知识的"知",实际上是指一种世界观,即对宇宙及人生意义的觉解。

阳明继承了早期理学家关于德性之知不假闻见的思想,他说:"夫子尝曰'盖有不知而作之者,我无是也',是犹孟子'是非之心人皆有之'之义也。此言正所以明德性之良知非由于闻见耳。"(《答顾东桥书》,《全书》二,第57页)在他看来,所谓不萌于见闻的德性之知就是指良知,良知之为"良"正是表明它是不依赖于经验见闻而有的特质。

宋代理学因把德性之知看做德盛仁熟的境界,因而十分注意在德性之知与见闻之知间保持平衡。因为过分强调德性之知与见闻之知的对立,可能导致否定和脱离见闻之知去追求德性之知,所以横渠仍主张合内外,伊川更注重格外物,而朱子干脆不谈德性之知。在阳明哲学,有了良知的概念,就可以取代德性之知的概念,这既有坚实的经典根据,又可避免德性之知上的不同理解,而且,由于良知是现成的明觉,为求德性之知而否定见闻之知的问题也就不发生了。

但是,对于主张致良知的阳明来说,仍有一个如何对待见闻的问题。阳明曾说:

> 良知不由见闻而有,而见闻莫非良知之用。故良知不滞于见闻,而亦不离于见闻。孔子云"吾有知乎哉,无知也",良知之外别无知矣。故致良知是学问大头脑。……大抵学问功夫只要主意头脑是当,若主意头脑专以致良知为事,则凡多闻多见莫非致良知之

功。盖日用之间见闻酬酢，虽千头万绪，莫非良知之发用流行。除却见闻酬酢，亦无良知可致矣。(《答欧阳崇一》，《全书》二，第64页)

"良知不由见闻而有"，指良知是天赋的、内在的、先验的，是不依赖于见闻、生而具有的。"见闻莫非良知之用"，指人的视听言动及种种经验活动是良知活动的必要条件，良知是通过这些经验性活动表现其作用的。"不滞不离"是佛教常用的表述模式，"良知不滞于见闻"指良知不受见闻的局限，这是指良知本身。而"亦不离于见闻"是指致良知。良知本身是不依赖见闻经验的先验知识，但致良知必须通过种种经验活动来"致"，这实际上是"致知必在格物"的另一种表述方式。所以，在这一段开始的四句话中，前几句是论良知本体，最后一句是兼论工夫。按照阳明学的内在逻辑，良知为心之本体，即是未发之中，不睹不闻时良知未尝不在，在这个意义上不能说良知不离于见闻。正因为兼工夫而言，故强调"除却见闻酬酢，亦无良知可致矣"。可见，"不离于见闻"不是指离开见闻良知就不存在，而是说良知的体现和作用须要通过见闻，致良知必须在具体的实际活动中来实现。由此也可见，良知与见闻在阳明哲学中的关系，不是仅指良知自身与见闻的关系，而且包含了致良知与见闻活动的关系，也体现了阳明关于致知与格物相互关系的看法。

根据良知与见闻的关系，也可以说格物"莫非良知之用"，致知"不离于格物"。阳明晚年立致良知宗旨后，对于致知与格物的关系也做了说明，强调"不是悬空的致知，致知在实事上格"(《传习录》下，《全书》三，第84页)，以格物为体现致知的具体活动，提倡"有官司之事便从官司的事上为学，才是真格物"，"读书时，良知知得欲速之心不是，即克去之"，"随事随物精察此心之天理以致其本然之良知"。在致良知的体系中，格物与致知并不是两种不同的工夫，格物只是强调整个致良知工夫过程中即事随物的必要性。

四 从格物到致知

在讨论诚意的一章中已经指出,阳明正德中以诚意为宗旨建立心学方法论的体系。这一方面体现为恢复《大学》古本以诚意章先于格致章的次序,也表现为《传习录》上"诚意之功只是个格物"的提法,以诚意统率格物。特别是把格物解释为"正其心之不正以归于正",使功夫更加"向里"。所以钱德洪说阳明龙场之后"皆发诚意格物之旨",指这一时期的诚意说不能离开这一时期对格物的重新诠释独立发生影响。事实上,正德中阳明的很大精力都集中在对格物的解释方面,他当时最有影响的提法也是关于格物的心学的解释。因此,湛若水叙述阳明一生思想的基本发展时特别指出:"阳明公初主格物之说,后主良知之说"(《阳明先生墓志铭》,《全书》三十七,第 514 页),的确,从工夫论来说,可以说阳明思想的发展是从中年的"正念头"说到晚年的"致良知"说的发展。

冯友兰先生在《中国哲学史新编》第五册的道学通论中曾指出:"人一生都在殊相的有限范围内生活,一旦从这个范围解放出来,他就感到解放和自由的乐(这可能就是康德所说的'自由')。"①的确,站在康德哲学的立场,人作为理性存在,其自由在于挣脱了人作为生物的感性存在的自然因果性。自由意味着我们不受生物的、机械的世界的法则所制约,意味着对自然因果性的超越。一个存在者的意志,就其属于感性世界而言,他属于现象,他可能经常不得不服从自然的因果法则;但就其属于理性世界而言,把他作为自在之物看,他是本体,也就具有本体界的属性——自由,这个自由即先验意义下的自由,即能独立于全部感性世界的自由的原因性。② 就是说,他不再被感性世界所奴役和支配,他可以自己决定自己。

---

① 冯友兰:《中国哲学史新编》第五册,人民出版社 1988 年版,第 15 页。
② 参见康德:《实践理性批判》,商务印书馆 1960 年版,第 42、45、48、56、99、100、33—34 页。

不仅如此，康德还区分了"消极意义下的自由"和"积极意义下的自由"，前者指实践理性摆脱感性法则而独立，后者是指理性的自立规矩与法度。① 从这个角度看阳明伦理学的发展，可以说是始终围绕着这个意义的"自由"展开的。从"格其非心"发展到"致其良知"，即从格物到致知，阳明哲学的发展可以说就是从"消极意义下的自由"发展为"积极意义的自由"。从格其非心的消极对治，到致良知的积极充拓，表明阳明对道德自由了解的深化。从这一点看，阳明从龙场悟道后到江右末期的思想发展，不仅不是无迹可寻，更不是毫无意义。由是我们也许才能了解阳明晚年对良知的赞叹与康德对头上的星空和内心道德法则的赞叹是如何相通的：他们都是把自由作为人生的目的。只是康德的自由限于原理的本体而不涉及工夫，这与阳明格其非心与致极良知具有工夫论意义有所不同罢了。

消极意义的自由加上积极意义的自由，合起来就是康德自律原理的全部意义。事实上，整个理学都是向往这个道德的自由之境。陆象山的"自作主宰"，其真正含义不在于对经典权威的挑战，而在于确立道德主体性，使意志摆脱感性自然法则的统治，获得自己的自由的原因性。摆脱自然的因果性而自作主宰、自我立法，这就是自由。程朱理学围绕天理人欲的论辩也是同样，朱子《论语集注》："曾点之学，盖有以见夫人欲尽处，天理流行，随处充满，无少欠阙，故其动静之际，从容如此，其胸次悠然，直与天地万物上下同流！"（《论语集注》卷六）理学肯定的这个境界，毫无疑问也是摆脱了感性自然因果性的自由境界。

比较起来，康德的意志主要提供立法原则，而不具有实践的功能。意志只能订立法度，而不能直接进入意识发动道德行为。因而"意志"只是立法力量，而不是实践力量。② 从儒家伦理学来看，如果"本心"或"心之本体"与实践层面的意识距离太远，以致无法明确地成为活动原则，便与康德哲学有相同的弊病。从这点来看，"良知"具有比"本心"

---

① 参见康德：《实践理性批判》，商务印书馆 1960 年版，第 42、45、48、56、99、100、33—34 页。
② 参见李明辉：《儒家与自律道德》，《鹅湖学志》第 1 期，第 17 页，文津出版社 1988 年版。

更接近意识活动的性格,更强调道德主体作为活动原则的一面。良知即体即用,既是本体,又是现成;既是未发,又是已发;既是立法原则,又是行动原则,尤其在工夫上使人易得入手处。较之发明本心,来得更为亲切。所以,"良知即是天理"与"良知是天理之明觉"之间并无矛盾,即体即用,即未发即已发,即立法即行动。"良知即天理"指道德主体可以自己决定道德法则;良知为天理之明觉,则是强调良知同时呈现为现实意识中的是非好恶的特质。换言之,良知即天理,是强调良知作为立法原理的一面,良知为天理之昭灵明觉,是强调良知作为践履原则的一面,两者虽是体用的关系,但却是即体即用,即用即体的。

关于儒家哲学中道德情感的问题也是一个与康德哲学比较研究中为人注目的问题,因为良知、四端都是包含道德感情的。而在康德哲学则反对以道德感、良心决定道德法则。康德伦理学中,所谓道德感觉是指人对于自己正当的行为、意识而产生的快乐感,及人对自己违反法则的行为、意识而产生的痛苦感,①因此,这些道德感觉都是后于一定的行为和意识活动而发生的,这与四端包含的先于道德行为并作为行为直接动机的道德情感(如恻隐之心)不同。在这个意义上,四端并不完全等同于康德说的道德感觉。康德意义上的道德感觉在儒学中也有类似概念,如《大学》所谓"自慊"即其一种,指正当行为、意识后的满足感,及孟子"行有不慊于心",指不合法则而引起的愧疚感。但在儒家,提出此种道德感只是面对修养过程及工夫实践中情感伴生的一面,并不是以之为决定道德法则的根源,也不是以自慊为一切道德的终极目的。

康德在讨论纯粹实践理性的动机,即道德实践的主观表象时认为:"一条法则自身怎样直接能成为意志的动机的这个问题,乃是人类理性所不能解决的问题。"②良知则不存在这个问题,良知既是法则又是主观表象。康德认为,从道德法则到心灵的动机,"不但不需要感性冲动的协助,甚至还要斥退这些冲动,挫抑一切能够与那条法则相抵触的

---

① 参见《实践理性批判》,商务印书馆 1960 年版,第 40 页。
② 同上书,第 74 页。

好恶之心"①。而阳明则认为"良知只是个是非之心,是非只是个好恶,只好恶便尽了是非"(《全书》三,第80页),这与康德完全排斥"好恶"是显然大不相同的。康德认为"一切好恶都依靠在感情上面","全部好恶总合起来就构成利己之心","它的满足就称作个人幸福"。②整个康德伦理学是立基于人作为理性存在和作为感性存在的矛盾,既然人也是感性的存在,"自私原是人的天性,甚至在道德法则之前就已发生于我们心中"③,因此只有克己而复礼,即把自私心"加以挫抑使之与道德法则符合"。由是康德认为,在挫抑一切私欲以合于天理"之先"的一切自诩的理由都不足取,"因为只有确信自己意向合于这个法则的那种信心,才是人格的全部价值的首要条件。而在达到这种符合地步之前,自命有价值的一切僭妄念头都是没有根据的,不合法的"④。康德的这些说法都是坚持,道德法则只是理性的自律,感性是道德法则的最大障碍,人只有理性地克抑了感性冲动而意识到自己与道德法则的符合,才是合法的。没有经过理性的检视的一切自发冲动都是不合法的,康德特别反对"把道德法则降到心头嗜好的地步"⑤,可见,在康德的立场上不能把恻隐等四端看做道德法则的合法依据,也不承认人可以有良知这种道德直觉,更何况"只好恶便尽了是非"尤与康德的思想相悖。若站在费希特的立场,可以把好恶分为"纯粹冲动"与"感性冲动",四端可作为纯粹冲动被肯定,康德则根本上把一切冲动都看成感性的。

按照康德,当法则把感性冲动挫抑下去之后,才会唤起我们对于法则的"敬重心",这种敬重也是一种道德感情,这种感情有积极的作用和意义,也就是说当人排除了感性的好恶之情后,也产生了"加强法则对意志所施影响的一种感情"⑥,能够帮助践履。然而,重要的是,对于康德,"在这里,主体预先并没有倾向于道德的任何感情"⑦,敬重代表的道德情操不是决定是非之则的原因,不是道德的动机,而是"道德法

①②③④⑤　参见《实践理性批判》,商务印书馆1960年版,第74、75、79页。
⑥⑦　同上书,第77页。

则意识的一种结果"①。因而,康德认为,敬重代表的道德情操(感情)"其作用并不在于评价行为,也不在于作为客观道德法则自身的基础"②。从这里来看宋明儒学,如果仅就道德感情与道德法则的关系而言,心学的四端、良知说倾向于认为道德感情不但能够参与评价行为,而且简直就是普遍道德法则自身的基础。而康德强调对法则的敬重,强调命令、义务、理性的节制等,比较近于朱学。在这一点上,康德反对不受命令而听凭好恶、任意行事、自由奋发的取向与心学有所不同。正因为如此,康德明确提出反对"道德狂热",即"轻浮夸张而富于热狂的思想方式,满以为自己心地不待勉强,自然良善,无需鞭策,无需命令"③,加上康德在整体上严格区分理性与感性,从而使得康德系统中不会出现王学末流的情况,而这种情况只能发生在费希特以后,浪漫派诗人赞美并夸大费希特新唯心主义的重情论,把伦理的自我转化为浪漫神秘的冲动以及怪诞的个人主义自我。这与王学末流的"道德狂热"有类似之处,都与王学及费希特体系中含有此种感性因素有关。

儒家内部对良知的哲学批判主要表现为两方面:一是批判良知的先验性,认为良知的形成是后天的,如王廷相对良知的批判;二是批评良知的普遍性,指出良知的局限性,如湛若水的批评。④ 后者较前者更为重要,因为如果人人都有良知,不管它得自先验或后验,则主要的问题便归结为良知是否可以独立决定道德法则。康德针对的也是这个问题,如他指出:"如果人的行为不但应当含有合法性,并且也应当含有道德性,那么在道德准则中就有支配一切的一个中心思想,那就是必须把法则认为动机才行。好恶是盲目服务的,不论它是否善良,而且问题如果在于道德,则理性一定不可单扮作'好恶'的监护人,而必须作为实践理性,忽视好恶。单顾自己利益,就是这种哀怜感情和柔和同情。

①②③ 参见《实践理性批判》,商务印书馆1960年版,第76、78、87页。

④ 王廷相之说见于《雅述》上,此处不赘。湛甘泉说见其语录:"良知事亦不可不理会,观小儿无不知爱亲敬兄固是常理,然亦有时喜怒不得其正时。恃爱打詈其父母,紾兄之臂而夺之食,岂可全倚靠他见成的? ……今说致良知以为是非非非,人人皆有,知其是则极力行之,知其非则极力去之,而途中童子皆能,岂不害道! 子等慎之!"(《语录》,《甘泉文集》二十三,第28页)

如果不等人们深思熟虑作为义务就已先发生,成为动机,那么,它甚至对于心地良善的人自己也是一种负担,并且搅乱了审虑中的准则。"①这是说,如果不把理性地服从道德法则以形成义务的动机作为前提,而单凭善良的好恶之心以为动机,那就是盲目的。这无异于说,必须把"理"作为动机,而不可直接把"心"作为动机(尽管理可以是主体的自律)。由此可见,从孟子到王阳明,心学的伦理学与康德伦理学有很大差异。以良知或四端决定道德法则和作为动机,是康德所反对的。在心学的哲学诠释方面,我们在相当程度上要依赖康德哲学,但也须了解其间的区别。

在儒家哲学中,本来,一方面承认人性先天地是善的,另一方面,个人的成圣成贤是一个极为长久的修养过程。否认性善人就失去了成圣的内在根据,也无法发挥主动性。但过分强调良知现成,满街都是圣人,也可能导致道德狂热,损害了道德法则的神圣性,忽视了我们只有在一个持久的进步过程中才能达到与道德法则完全契合的地步,或者用杜维明的话来说,用存在结构代替存在过程。② 同时,良知原则就整个儒家伦理学来看,也不是唯一原则。在儒家伦理中良知原则还需要与其他原则(如忠恕原则)等相互补充,仅靠良知原则还不能使人得到最充分的实现。甚至如弗洛姆所说,中世纪的宗教法庭和战争发动者们也宣称是根据良心行事的,权威主义良心并不能保证会引导人们从善。③ 不过,对于阳明来说,处在明朝正德年间这样一个腐败社会之中,不可能在伦理学上提出较高的要求,故说得低些,这是可以理解的。

以上讨论都是试图在与康德哲学的比较中了解阳明思想的意义,并通过二者的同异显示出阳明哲学的特殊性格。就本章及上章讨论的格物致知问题而言,在康德,意志与意念的分离,理性与情感的分裂,虽然使意志仅仅成为立法原则,失去了实践力,但以此为代价,换来的是

---

① 康德:《实践理性批判》,商务印书馆 1960 年版,第 121 页。
② 杜维明:《人性与自我修养》,中国和平出版社 1988 年版,第 132 页。
③ 弗洛姆:《为自己的人》,三联书店 1988 年版,第 138—141。

理性与感性泾渭分明的界线,使感性无法混入理性。在心学,没有意志与意念的分离、理性与感情的两分,本心与心交叉使用,良知即体即用,良知包括感情好恶,可以成为践履原则,但也要为此付出代价。它借用了感性的力量,便无法排除感性的渗入,以致"任心率性而行"都可在良知的名义下求得合法性,使纯粹的良知无法保持童贞,这是王学"左派"的发生在理论上的必然结果。这也许是一个难以解决的矛盾:道德主体如果是"纯粹实践理性",则失去了活动的力量,而道德主体涵容了感情因素后,又导致了感性参与决定意志动机的弊病。从伦理学来看,这些问题都还值得深入研究。

第八章

有与无

天泉证道

无善无恶

心体与性体

儒与佛

有与无

严滩问答

阳明晚年提出"无善无恶心之体,有善有恶意之动,知善知恶是良知,为善去恶是格物"的"四句教法"。这个有无之辩不仅成了王门的一大公案,引起了王学派别的分化,而且由之衍生出来的"本体""工夫""心体""性体"的讨论笼罩了晚明的整个思潮。不仅如此,"四句教"关系着阳明思想的"终极关怀"和基本宗旨,而且,不阐明四句教也不可能彻底了解阳明的"良知"学说。从历史的角度,四句教也是了解阳明晚年思想发展的核心课题。所有这些表明,四句教是阳明学研究中的极为重要的问题。

旧时代的学者在讨论四句教的问题时有两大局限:第一不能摆脱朱陆(王)之争的对立意识,把理学和心学看成非此即彼、水火不容的两极;第二把儒家与佛家看成绝对相排斥的两种思想体系,不能摆脱儒释之争的正统观念。攻阳明者以四句教为禅,护阳明者以四句教非禅,二者有一个共同的意识,即对佛教思想的任何吸收都被视为对儒家正统的背逆。在这种典范之下对四句教做出的评价,必定是片面的。今天,我们完全应该超越朱陆之争和儒释之辩的对立,从人类精神价值的普遍性立场,对阳明的四句教及他融合佛家智慧的努力做出同情的了解和尽可能客观的分析与评价。

一　天泉证道

四句教之思想莫详于《传习录》丁亥秋(时阳明56岁)所录,但王龙溪曾说"阳明夫子论学,每提四句为教法",故四句教之提出,并非始自丁亥秋。王龙溪从学始于阳明平濠之后归越之初,所以四句教的提出当在阳明居越之后,而不会早于居越时期。①

嘉靖六年丁亥(1528)夏,阳明被任命提督两广及江西湖广军务兼都察院左都御史,平定广西思恩、田州少数民族暴乱。辞免不允,于九月八日起程赴广。起程前夕,在越城天泉桥上应高弟子钱德洪(字洪甫,号绪山)、王畿(字汝中,号龙溪)之请,详细阐发了关于四句宗旨的思想,史称为"天泉证道"。天泉证道是我们据以了解阳明晚年关于有无之境思想的最基本的材料。不过,天泉证道的始末细节,今存各家所录略有不同,后人亦由此怀疑四句之教出于弟子之手,而非阳明本旨。因此,在这一节须将有关天泉证道的文献比列出来,加以研究,以确定阳明的立场,在此基础之上,进行深入的讨论。

(一)《传习录》下载:

丁亥年九月,先生起复征思田。将命行时,德洪与汝中论学,

---

① 以天泉证道阳明"我年来立教亦更几番,今始立此四句"之说参之,四句之提当在丙戌丁亥间,不能更早。

汝中举先生教言曰"无善无恶是心之体,有善有恶是意之动,知善知恶是良知,为善去恶是格物"。德洪曰:"此意如何?"汝中曰:"此恐未是究竟话头。若说心体是无善无恶,意亦是无善无恶的意,知亦是无善无恶的知,物亦是无善无恶的物矣。若说意有善恶,毕竟心体还有善恶在。"德洪曰:"心体是天命之性,原是无善无恶的。但人有习心,意念上见有善恶在。格致诚正修,此正是复那性体功夫。若原无善恶,功夫亦不消说矣。"

是夕,侍坐天泉桥,各举请正。先生曰:"我今将行,正要你们来讲破此意。二君之见正好相资为用,不可各执一边。我这里接人原有此二种:利根之人直从本源上悟入,人心本体原是明莹无滞的,原是个未发之中,利根之人一悟本体即是功夫,人己内外一齐俱透了。其次不免有习心在,本体受蔽,故且教在意念上实落为善去恶功夫,熟后渣滓去得尽时,本体亦明尽了。汝中之见是我这里接利根人的,德洪之见是我这里为其次立法的,二君相取为用,则中人上下皆可引入于道。若各执一边,眼前必有失人,便于道体各有未尽。"

既而曰:"已后与朋友讲学,切不可失了我的宗旨:无善无恶是心之体,有善有恶是意之动,知善知恶是良知,为善去恶是格物。只依我这个话头,随人指点,自没病痛。此原是彻上彻下功夫,利根之人世亦难遇,本体功夫一悟尽透,此颜子明道所不敢承当,岂可轻易望人?人有习心,不教他在良知上实用为善去恶功夫,只去悬空想个本体,一切事为俱不著实,不过养成一个虚寂。此个病痛不是小小,不可不早说破。"是日德洪、汝中俱有省。(《传习录》下,《全书》三,第82页)

(二)《传习录》所载天泉问答为钱德洪所录,但在《年谱》有德洪所录另一段,与《传习录》有所不同。《年谱》嘉靖六年丁亥"九月壬午发越中"条下详载:

是月初八日①，德洪与畿访张元冲舟中，因论为学宗旨，畿曰："先生说'知善知恶是良知，为善去恶是格物'，此恐未是究竟话头。"德洪曰："如何？"畿曰："心体既是无善无恶，意亦是无善无恶，知亦是无善无恶，物亦是无善无恶。若说意有善有恶，毕竟心亦未是无善无恶。"德洪曰："心体原是无善无恶，今习染既久，觉心体上见有善恶在，为善去恶，正是复那本体功夫。若见得本体如此，只说无功夫可用，恐只是见耳。"畿曰："明日先生启行，晚可同进请问。"

是日夜分客始散，先生将入内，闻德洪与畿候立庭下，先生复出，使移宴天泉桥上。德洪举与畿论辩请问，先生喜曰："正要二君有此一问，我今将行，朋友中更无有论证及此者。二君之见，正好相取，不可相病。汝中须用德洪功夫，德洪须透汝中本体。二君相取为益，吾学更无遗念矣。"

德洪请问，先生曰："有只是你自有，良知本体原来无有，本体只是太虚。太虚之中，日月星辰风雨露雷阴霾噎气，何物不有？而又何一物得为太虚之障？人心本体亦复如是，太虚无形，一过而化，亦何费纤毫气力？德洪功夫须要如此，便是合得本体功夫。"

畿请问，先生曰："汝中见得此意，只好默默自修，不可执以接人。上根之人世亦难遇，一悟本体即见功夫，物我内外一齐尽透，此颜子明道不敢承当，岂可轻易望人！二君已后与学者言，务要依我四句宗旨：无善无恶是心之体，有善有恶是意之动，知善知恶是良知，为善去恶是格物。以此自修，直跻圣位。以此接人，更无差失。"畿曰："本体透后，于此四句宗旨何如？"先生曰："此是彻上彻下语，自初学以至圣人，只此功夫。初学用此，循循有入；虽至圣人，穷究无尽。尧舜精一功夫亦只如此。"

先生又重嘱咐曰："二君以后再不可更此四句宗旨，此四句中

---

① 按《年谱》以天泉证道为丁亥九月八日事，然阳明丁亥十二月所作赴任谢恩疏云"己于九月八日扶病起程"，则阳明当于八日发越中，而天泉证道即在七日矣。

人上下无不接著。我年来立教亦更几番，今始立此四句。人心自有知识以来，已为习俗所染，今不教他在良知上实用为善去恶功夫，只是悬空想个本体，一切事为俱不著实，此病痛不是小小，不可不早说破。"是日洪、畿俱有省。(《全书》三十四，第475页)

(三)《传习录》下刊于嘉靖三十四至三十五年(1555—1556)，《年谱》成于嘉靖四十二年(1563)，《年谱》所载天泉问答，其首尾与《传习录》同，中间所录论太虚一段，不见于《传习录》，对了解阳明思想有极为重要的意义，《年谱》为洪、畿等同编，刻行时畿亦为之序，所录天泉问答亦用"畿"名，说明王畿并不认为《年谱》所录有失实之处。[1] 不过，1587年刻行的《王龙溪全集》中有王畿门人根据王畿口述录成的《天泉证道记》，也有重要的参考价值：

> 阳明夫子之学，以良知为宗，每与门人论学，提四句为教法："无善无恶心之体，有善有恶意之动，知善知恶是良知，为善去恶是格物。"学者循此用功，各有所得。绪山钱子谓"此是师门教人定本，一毫不可更易"。先生[2]谓："夫子立教随时，谓之权法，未可执定。体用显微，只是一机。心意知物，只是一事。若悟得心是无善无恶之心，意即是无善无恶之意，知即是无善无恶之知，物即是无善无恶之物。盖无心之心则藏密，无意之意则应圆，无知之知则体寂，无物之物则用神。天命之性，粹然至善，神感神应，其机自不容已，无善可名。恶固本无，善亦不可得而有也。是谓无善无恶。若有善有恶，则意动于物，非自然之流行，着于有矣。自性流行者，动而无动；着于有者，动而动也。意是心之所发，若是有善有恶之

---

[1] 王畿《刻阳明先生年谱序》中云："友人钱洪甫氏与吾党二三小子虑学脉之无传而失其宗也，相与稽其行实终始之详，纂述为谱，以示将来。其于师门之秘，未敢谓尽有所发，而假借附会，则不敢自诬以滋臆说之病。"(《全书》三十六)即承认钱录并无失实，唯于师门之秘未能尽发耳。

[2] 此录中夫子指阳明，先生指龙溪，钱子即德洪。

意,则知与物一齐皆有,心亦不可谓之无矣。"绪山子谓:"若是,是坏师门教法,非善学也。"先生谓:"学须自证自悟,不从人脚跟转,若执着师门权法以为定本,未免滞于言诠,非善学也。"时夫子将有两广之行,钱子谓曰:"吾二人所见不同,何以同人? 盍相与就正夫子?"晚坐天泉桥上,因各以所见请质。夫子曰:"正要二子有此一问,吾教法原有此两种。四无之说为上根人立教。四有之说,为中根以下人立教。上根之人,悟得无善无恶心体,便从无处立根基,意与知物,皆从无生,一了百当,即本体便是工夫,易简直截,更无剩欠,顿悟之学也。中根以下之人,未尝悟得本体,未免在有善有恶上立根基,心与知物,皆从有生,须用为善去恶工夫,随处对治,使之渐渐入悟,从有以归于无,复还本体。及其成功一也。世间上根人不易得,只得就中根以下人立教,通此一路。汝中所见,是接上根人教法,德洪所见,是接中根以下人教法。汝中所见,我久欲发,恐人信不及,徒增躐等之病,故含蓄到今。此是传心秘藏,颜子明道所不敢言者。今既已说破,亦是天机该发泄时,岂容复秘? 然此中不可执着。若执四无之见,不通得众人之意,只好接上根人。中根以下人,无从接授。若执四有之见,认定意是有善有恶的,只好接中根以下人,上根人亦无从接授。但吾人凡心未了,虽已得悟,仍当随时用渐修功夫,不如此不足以超凡入圣,所谓上乘兼修中下也。汝中此意正好保任,不宜轻以示人。概而言之,反成漏泄。德洪却须进此一格,始为玄通。"(《天泉证道记》,《王龙溪全集》卷一)①

这三个材料是我们讨论四句教的基本依据。在这三种当事人的记录中,记录者各自强调了有利于自己一方的观点,虽然三种记录互有差别,个别问题上差异很大,但大体上说都真实地反映了阳明思想的不同

---

① 此记当据龙溪万历甲戌(1574)所作《钱绪山行状》,按绪山行状出于龙溪亲笔,本当据以为证,但《天泉证道记》虽为弟子记,其叙龙溪思想较之行状为详,又为历来研究者所重,故亦用之。

侧面。把这些材料综合起来,我们就可以接近天泉证道的全部真实情形。

在这几种不同记录中共同确认的几点是:

第一,阳明晚年确实提出四句教法,这四句的内容是"无善无恶心之体,有善有恶意之动,知善知恶是良知,为善去恶是格物"。明末刘宗周曾说:"四句教法,考之阳明集中,并不经见,其说乃出于龙溪,则阳明未定之见,平日尝有是言,而未敢笔之于书,以滋学者之惑。"(《师说》,载《明儒学案》上册,第8页)这是认为四句教出于王畿,是阳明的未定之见。据上引述,这个说法显然不足立。不仅龙溪强调"每与门人论学,提四句教法",钱德洪也坚持四句为"先生教言",根据这些记述,四句教是阳明反复强调的"宗旨",也是他晚年经过多次斟酌确立的教法,是无可怀疑的。他还再三叮嘱门人对这"四句宗旨"不可更改。关于四句的原文,王世贞所作阳明传称:"守仁之语门人云:无善无恶者心之体,有善有恶者心之用,知善知恶者良知,为善去恶者格物,以此为一切宗旨。"(《新建伯文成王公守仁传》,《国朝献征录》卷之九)毛奇龄所作阳明传则说:"公尝会门人于天泉桥,有请业者,公曰:无善无恶心之体,有善有恶意之动,知善知恶是致知,为善去恶是格物。(小注:或以致知作良知,误)"(《王文成传本》卷下,《西河合集》)此二说皆非是。心、意、知、物,乃从《大学》正心诚意致知格物而来,王世贞将"意之动"改作"心之用",是不了解王学的思想资料来源。"知善知恶"只是良知,致此知而实行之才是致知,毛奇龄把良改为致,以致知对格物,显然是不了解阳明致良知思想所致。钱德洪、王畿为王门高弟,所录四句宗旨皆同,已足以明后人种种猜疑妄改之不足据也。

第二,天泉证道起因于德洪与王畿的辩论。王畿认为四句教只是"权法",不是阳明的终极宗旨;德洪则坚持四句教为"定本",即确定不变的原则。两人的分歧集中在四句教的最后三句,这与后来学者着重于四句教首句的争论形成了一个明显的对照。王畿认为,心与意、知、物是体用的关系,心既然是无善无恶,意、知、物都应该是无善无恶,因此不应当说"有善有恶意之动,知善知恶是良知,为善去恶是格物",而应当说"意即是无善无恶之意,知即是无善无恶之知,物即是无善无恶之物",用他自己的话来说,应当坚持"四无"的立场。但在钱德洪看来,"为善去恶是格物"是最基本的复性工夫,否定了意念有善恶,并否定了在意念上下为善去恶的工夫,那就根本取消了"工夫",因此他坚持维护四句教特别是为善去恶工夫的立场。两人的争论及其分歧,所引三录基本一致。

第三,对于钱、王的分歧,阳明采取了调和的态度。他认为王畿的看法是用来接引上根人的,钱德洪的看法是用来接引下根人的,两种看法虽然都是王门用来教人的方法,但每种方法各有局限性,所以两种方法应当"相资为用",相辅相成,不可偏废。

《年谱》及《传习录》所录的天泉问答出于德洪之手,其中没有提到"四有""四无"的说法。"四无""四有"之说见于王畿所记:"四无之说为上根人立教,四有之说为中根以下人立教。"从这个说法来看,"四无"指王畿的以心意知物皆为无善无恶的看法,"四有"则指钱德洪的看法。既然阳明申明"四无""四有"都有局限性,又说四句教是"彻上彻下"工夫,可见阳明的主张既不是"四无",也不是"四有"。有的学者把阳明的思想及四句教也称为"四有"说,这显然是不正确的。因为四句教首句既然是"无善无恶心之体",那么四句教最多只是三有。然而,什么是"四有"呢?从逻辑上说,"四有"应当不赞成"无善无恶心之体",认为心、意、知、物都不是无善无恶。换言之,"四有"之说应当主张心体有善无恶,故主张为善去恶,以复其本体之善。从《年谱》所录看,阳明着重向德洪解释了为什么说"无善无恶心之体",这样看来,德洪对四句教中的本体问题本来是有疑问的。阳明另一高弟子邹守益(字谦之,号东廓)曾写道:

> 阳明夫子之平两广也,钱王二子送于富阳。夫子曰:"予别矣,盍各言所学。"德洪对曰:"至善无恶者心,有善有恶者意,知善知恶是良知,为善去恶是格物。"畿对曰:"心无善无恶,意无善无恶,知无善无恶,物无善无恶。"夫子笑道:"洪甫须识汝中本体,汝

中须识洪甫工夫，二子打并为一，不失吾传矣。"(《青原赠处》，《邹东廓文集》卷三)①

邹东廓这里所述钱德洪的观点正是"四有"说。这正足以说明四有说不是阳明四句教的观点，而只是钱德洪的观点，阳明则要求把四无、四有"打并为一"。黄宗羲曾论东廓所录云："此与龙溪天泉证道记同一事，而言之不同如此，蕺山先师尝疑阳明天泉之言与平时不同，平时每言'至善是心之本体'，又曰'至善只是尽乎天理之极，而无一毫人欲之私'，又曰'良知即天理'，录中言天理二字不一而足。有时说'无善无恶者理之静'，未尝径说'无善无恶心之体'。今观先生所记，而四有之说仍是以至善无恶为心，即四有四句亦是绪山之言，非阳明立之为教法也。"(《明儒学案》十六)黄宗羲认为天泉证道的四句教出于钱德洪，并不是阳明立教的宗旨，并认为四句教的第一句本应是"至善无恶心之体"。黄宗羲否认四句教是阳明教法，根据前面引证的三种记录，是没有根据的。刘宗周、黄宗羲欲为阳明回护，所以一再主张"无善无恶心之体"不是阳明的思想。但是黄宗羲认为四有四句是钱德洪的主张，这是正确的。

许多学者用邹东廓《青原赠处》所引钱德洪"至善无恶者心"一语来证明钱、王所录四句教首句为误记，这是不合理的。一方面，邹守益非天泉问答的当事人，不能用他的转述否定当事人的记录；另一方面，"至善无恶者心"是钱德洪语，用钱德洪的主张修改阳明四句教首句，也是不合法的。《青原赠处》的价值在于，在使我们了解钱德洪的全部主张方面，它对前述三录是一个有力的补充。

由此我们了解，天泉问答中共有三种意见：王畿主张四无说，即"心无善无恶，意无善无恶，知无善无恶，物无善无恶"；钱德洪主张四有说，即"至善无恶者心，有善有恶者意，知善知恶者良知，为善去恶者

---

① 按东廓非丁亥九月天泉证道的当事者，他把天泉证道与严滩有无之辩混为一事，故误以天泉为富阳。富阳即指严滩，盖钱、王送阳明至严滩，再论有无，其详亦见于《传习录》下。

格物"；而阳明的主张既不是四无，也不是四有，却又在某一种方式下同时容纳了四无和四有。四句教本身是个有无合一的体系。

四句教中的"本体"指心之本体，"工夫"指复其心之本体的实践方法。本体的问题是本章的重点，将在后面详加讨论，这里先讨论四句教中的工夫问题。

钱德洪根据四有的立场，坚持以意念上的为善去恶为工夫，王畿根据四无的立场，主张从彻悟心体无善无恶入手。阳明则认为，上根之人悟透心之本体无善无恶，一了百当；下根之人在意念上为善去恶，循序渐进。因此，上根人入道以"悟"为工夫，这是顿悟的方法；下根人入道的工夫则是"致良知"，这是渐修的方法。顿悟之学是"从无处立根基"的工夫，渐修之学是"从有上立根基"的工夫，这是两种分别适应具有不同资质的学者的教法。阳明通过这样一种方式分别肯定了两种工夫在不同的范围内的合理性。

不过，阳明虽然肯定了四无之说是接引上根人的教法，四有之说是接引下根人的教法，他也指出，对于上根人而言，四无之说还不是完全的；对于下根之人而言，四有之说也不是完全的。就是说，四无之说可以接引上根人入道，但仅依四无之说还不能成圣。同理，四有之说用以接引下根人入道，但仅依四有之说还不能成圣。因而，四句教的优越性不仅在于容纳了上根下根两种教法，还在于整个四句教体系适用于每一种人，可以使各种人"超凡入圣"。他指出，上根之人虽可依顿悟之学入手，但透悟本体之后仍然需要随时用渐修工夫，"不如此不足以超凡入圣，所谓上乘兼修中下也"。下根之人从意念的为善去恶上渐修，但最终也还要注意"从有以归于无，复还本体"。所以，无论对于上根之人或下根之人，都须本体工夫"打并为一"，不可各执一边。四句教首句"无善无恶心之体"是指本体而言，其余三句是指工夫而言，因而无论对于上根或下根之人，只有四句教才是"彻上彻下"工夫，因为它即顿即渐，即有即无，即上即下，即本体即工夫，所以阳明天泉证道一再强调"二君已后与学者言，务要依我四句宗旨"。

阳明对钱、王的看法，各有肯定，各有批评，但他是否比较倾向于其中一种呢？在这点上两人的记录都强调了阳明对对方的批评。据钱录，阳明虽在理论上承认"四无"不失为接引上根人的教法，但认为世上能够承当此种教法的人几乎没有，反复告诫王畿不要悬空想个本体，要着实用为善去恶工夫。而据王畿所述，阳明虽然认为上根之人世上难得，但肯定了四无之说是"传心秘藏"，久所欲发，含蓄到今，甚至说"今既已说破，亦是天机该发泄时，岂容复秘！"根据本章及对阳明整个学说的考察来看，这两种说法应都有真实性。也就是说，他在内心对四无之说更为欣赏，但作为指导学者的学问宗旨来看，他更强调四有之说的实践意义。

二　无善无恶

在四句教中，最重要的，也最令人感到困惑的是，作为一个儒学思想家，阳明所谓"无善无恶心之体"究竟是什么意思？

后人曾引《传习录》中一段话"无善无恶者理之静，有善有恶者气之动，不动于气即无善无恶，是谓至善"来证明阳明四句教首句的"无善无恶"不过是指心体至善、不可言说，以此解决四句教与阳明平日强调"至善者心之本体"之间的矛盾。关于理静气动的问题在后面再来讨论，就"无善无恶是谓至善"而言，这句话有两种可能的解释：一种是把无善无恶叫做至善，另一种是把至善叫做无善无恶，这是完全不同的两种思想。在前一种理解中，对象的性质是无善无恶的，即超伦理的，把它叫做至善，完全是一个语词的问题，并不表示对象具有伦理意义的善。在后一种理解中，对象的性质纯善无恶，具有确定的伦理意义，把它叫做无善无恶只是一种语言缺乏情况下的表达。按照后一种看法，是要区别终极的善和具体的善。具体的善与恶相对待，终极的至善需要一个与具体的善不同的概念来表达。这个思想方法在中国思想史上亦有表现，如南宋之胡宏讲性无善恶，但他实际是主张性为至善，他认为"本然之善不与恶对"，为了表达这个本然之善或至善，他用了无善恶这个说法。然而，就四句教而言，阳明的思想是否也是企图用无善无恶来表达终极的至善呢?

照《传习录》钱德洪录,阳明自己对于"无善无恶心之体"有具体的解释,即"人心本体原是明莹无滞的,原是个未发之中"。《年谱》对此有更为详细的解释:"有只是你自有,良知本体原来无有,本体只是太虚,太虚之中,日月星辰雨露风霜阴霾暗气,何物不有? 而又何一物得为太虚之障? 人心本体亦复如是,太虚无形,一过而化,亦何费纤毫气力!"《年谱》所录这一段,是了解阳明无善无恶思想的关键。我们要牢记阳明对德洪的这个解释,并由此深入阳明的思想。

根据阳明的这一解释,所谓"无善无恶心之体"所讨论的问题与伦理的善恶无关,根本上是强调心所本来具有的无滞性。照他的说法,这种性质正如太虚具有的性质一样;虽然各种星辰风霜在太虚中运动不息,太虚的本然之体是一无所有,风雨雷电星辰在太虚中往来出没,一过而化,决不会成为滞泥在太虚中的障碍。人心就其本体即其本然状态来说,也具有纯粹的无滞性,这种无滞性与太虚相同,喜怒哀乐充满人心,但心之本体无喜无怒无哀无乐无烦恼,所以人心虽有喜怒哀乐七情,但应使它们一过而化,不使它们任何一种滞留在心中,所以说心之本体明莹无滞,是未发之中。正像明亮的冰面一样,冰面运动的一切物体一滑而过,所以能够如此,因为它们都不属于冰之本体所具有,冰之本体不必、也不想牢牢抓住某些物体去拥有它们,这就叫做"无滞"。①

不滞不留,不有不障,是人的一种理想的精神—心理境界。照儒家的立场,一切应该达到的,也就是本来具有的,因而阳明认为,不滞不留实际是心之本体,即心的本然状态,或本来属性。"无善无恶心之体"是指一切情感、念虑对于心之本体都是异在的,心之本体听凭情感念虑的往来出没,而它在意向性结构上并没有任何"执著",是无。正因为本体上无喜无怒无哀无乐无烦恼,故在作用上喜怒哀乐爱恶欲虽往来

---

① 四句教之精义,唯阳明弟子何庭仁揭之甚明:"师称无善无恶者,指心之应感无迹,过而不留,天然至善之体也。心之应感谓之意,有善有恶,物而不化,著于有矣,故曰意之动。"(《明儒学案》卷十九)但何廷仁只论其用,未言其体。

胸中,却能够一过而化,不滞不留,阳明就是要强调人心本来具有的这种无执著性。阳明把这个无滞的心体叫做"未发之中",表明这里所说的心体主要是相对于七情而言,它不是指纯粹意识的主体,而是纯粹情感的主体。

刘宗周认为阳明这个思想在阳明一生中"并不经见",其实恰恰相反,在阳明思想的整个发展中,这是一个十分重要的线索。《传习录》载:

> 问:知譬日,欲譬云,云虽能蔽日,亦是天之一气合有的,欲亦莫是人心合有的? 先生曰:喜怒哀惧爱恶欲,谓之七情,七者俱是人心合有的,但要认得良知明白。比如日光,亦不可指著方所。一隙通明,皆是日光所在。虽云雾四塞,太虚中色象可辨,亦是日光不灭处,不可以云能蔽日,教天不要生云。七情顺其自然之流行,皆是良知之用,不可分别善恶。但不可有所著。七情有所著,俱谓之欲,俱为良知之蔽。然才有著时,良知亦自会觉,觉即蔽去复其体矣。此处能勘破得,方是简易透彻工夫。(《传习录》下,《全书》三,第80页)

心之本体虽无七情意欲,但七情意欲又是人心合有的,心的实际活动必然产生这些情感念欲。因此,一方面要"认得良知明白",也就是"良知本体原来无有";另一方面在工夫上,要使七情"顺其自然之流行"。顺其自然,就是要"不可分别善恶",不可"有所著"。有所分别就有所著,著就是"滞",就是"障",就是执著。七情有所著,必然造成某些情感滞留心中不化,这个思想与四句教的思想是一致的。

《传习录》又载:

> (问)尝试于心,喜怒忧惧之感发也,虽动气之极,而吾心良知一觉,即罔然消阻,或遏于初,或制于中,或悔于后。然则良知常若居优闲无事之地而为之主,于喜怒忧惧若不与焉,何欤? (阳明

答）知此则知未发之中、寂然不动之体,而有发而中节之和、感而
遂通之妙矣。然谓良知常若居于优闲无事之地,语尚有病。盖良
知虽不滞于喜怒忧惧,而喜怒忧惧亦不外乎良知也。(《答陆元
静》,《全书》二,第62页)

人之动气指各种感情情绪的激荡,如发怒时良知猛然觉醒发怒不是,所
动之气便颓然消阻。陆元静根据自己的体验提出,这样看来,良知似乎
并未动气。良知好像一个超然的主宰,自身并无喜怒哀惧,这与阳明
"良知本体原来无有"的思想一致,故阳明回答说,有了这种对良知的
了解,就可以知道什么是《中庸》说的喜怒哀乐"未发"之"中",和《易
传》所说的"寂然不动"了。就是说,这种"于喜怒哀乐不与焉"的性质
正是未发之中和寂然不动所指的性质。只是,说良知"常居优闲之地
而为之主",并不恰当,因为这把良知本体和它的发用太割裂了,所以
阳明指出良知不滞于喜怒哀乐亦不外于喜怒哀乐。这里的"良知"是
指心之本体,心之本体不滞于喜怒哀乐,即不会执著哪一种喜怒忧惧。
正像人吃东西,健全的胃肠功能可以使食物"一过而化",但有时食而
不化,成了食滞,便是疾病。照阳明思想来说,良知就其本来能力可以
使任何情感都不滞留心中,不会出现情滞。另一方面,正如太虚中不能
无星辰,良知也不排斥七情,良知既不离于七情,又能不滞于七情。所
以能如此,因为在本体上它有与太虚相同的无滞性。这种性质既可称
为"无",也可称为"虚"。阳明说:

> 仙家说到虚,圣人岂能虚上加得一毫实? 佛氏说无,圣人岂能
> 无上加得一毫有? 但仙家说虚从养生来,佛家说无从出离生死苦
> 海来,却于本体上加却这些意思在,便不是他虚、无的本色了,便于
> 本体有障碍。圣人只是还他良知的本色,更不曾着些意思在。良
> 知之虚,便是天之太虚,良知之无,便是太虚之无形。日月风雷山
> 川民物,凡有貌象形色,皆在太虚无形中发用流行,未尝作得天的
> 障碍。圣人只是顺其良知之发用。天地万物俱在我良知的发用流

行中,何尝又有一物超乎良知之外能作得障碍!(《传习录》下,《全书》三,第79页)

阳明认为,如果仙家讲虚、佛家讲无是指心之本体而言,那么与儒家并无矛盾,儒家也承认心体的无滞性。问题在于各家的出发点不同,无滞性问题在各自理论系统中的地位不同。这一段与《年谱》所载天泉桥上阳明对无善无恶的解释正好相互补充,就是说,所谓"无善无恶心之体"是指出良知具有的"虚""无"的特性,这种特性表现在良知不会使自己"着"在哪一事物上,而使之成为良知流行无滞的障碍。人心可以知觉天地万物并产生种种情感,但这些无一可以滞留心中成为心理纠结或障碍,这就叫做"天地万物俱在良知发用流行中,何尝有一物能作得障碍"。"只是顺其良知之发用,更不曾着些意思在",就是前引"七情顺其自然之流行,但不可有所著",与心体无善无恶表达的是同一思想。

阳明嘉靖中答南元善书也详细地阐发了这一思想。他指出,个人的富贵、利害、爵禄等都是人的生存的种种样式,也是常人追求的对象,由此引发出各种人心的烦恼、愁苦、抑郁。人怎样才能摆脱这些达到"无入而不自得"的自在境界呢?许多人采取转移注意对象,如寄情于诗酒山水,以缓解人在富贵利达追求的道路上产生的失意或烦闷。对于这些人来说,总是需要一个新的转移对象,旧的对象厌倦了,又会重复苦闷的情绪状态,这就叫做"有待于物"。阳明认为,有道之士从主体的修养入手,这样的修养达到的结果是无待于物的,即在任何情况下都能保持心灵的无烦扰,他叙述这种境界:

> 夫惟有道之士真有以见其良知之昭明灵觉,圆融洞彻,廓然与太虚同体,太虚之中何物不有,而无一物能为太虚之障碍。盖吾良知之体本自聪明睿知,本自宽裕温柔,本自发刚强毅,本自斋庄中正、文理密察,本自溥溥渊泉而时出之,本无富贵之可慕,本无贫贱之可忧,本无得丧之可欣戚,爱憎之可取舍。……故凡慕富贵、忧贫贱、欣戚得丧、爱憎取舍之类,皆足以蔽吾聪明睿知之体而窒吾

渊泉时出之用,若此者如明目之中而翳之以尘沙,聪耳之中而塞之以木楔也。……故凡有道之士,其于富贵贫贱得丧爱憎之相,值若飘风浮霭之往来变化于太虚,而太虚之体固常廓然其无碍也。(《答南元善》,《全书》六,第116页)

所谓良知与太虚同体就是阳明天泉证道所说"本体只是太虚",这封信可以作为《年谱》所录天泉问答的太虚说的一个注脚。对富贵的羡慕、对贫贱的忧愁,对个人得失利害的欣喜与悲戚,以及由此引起的疾痛郁逆、愤悱苦闷都不是良知本体本有的,对于这些,良知本体一无所有,有道之士就是要使这些情感像飘风过太虚一样,化而不滞,因为良知与太虚一样,本来就是廓然无碍、明莹无滞的。

认为得失爱憎之情于心体正如沙粒尘土之于眼睛,这个说法又见于《传习录》:

心体上著不得一念留滞,就如眼著不得些尘沙。些子能得几多,满眼便昏天黑地了。又曰:这一念不但是私念,便好的念头亦着不得些子,如眼中放些金玉屑,眼亦开不得了。(《传习录》下,《全书》三,第85页)

从心之本体说,良知与太虚同体,无一物能为良知障碍。但就心之发用说,人有私意搀杂,情有所著,便成滞碍,所以工夫上需注意保持心的自然流行,防止或克解情意念头的留滞不化,阳明说,这正像眼睛中不得有任何沙子滞留其中一样。他强调,即使是好的念头也是如此。但是应注意,阳明这里并不是主张扫除一切念虑,使善念恶念都不产生,而是指善念恶念都不能"执著"。不是说人心不应生善念,而是说一切念头都不应当"留滞"。黄宗羲曾说"其实无善无恶者,无善念恶念耳"(《明儒学案·姚江学案按语》),这个说法只看到了"无善无恶心之体"的工夫的一面,事实上四句教首句更强调的是本体的一面。

以上所说,都是阳明居越以后的思想,足以证明无善无恶之说不是

阳明偶发之论,事实上,这些思想也见于江西之前。如心体不可滞留意念(特别是善念)的问题,在《传习录》上也有一段记载:

> 守衡问:"大学工夫只是诚意,诚意工夫只是格致,修齐治平只诚意尽矣。又有正心之功,'有所忿懥好乐则不得其正',何也?"先生曰:"此要自思得之,知此则知未发之中矣。"守衡再三请,曰:"为学工夫有浅深,初时若不用意去好善恶恶,如何能为善去恶? 这着实用意便是诚意。然不知心之本体原无一物,一向着意去好善恶恶,便又多了这分意思,便不是那廓然大公。《书》所谓无有作好作恶,方是本体"。(《传习录》上,《全书》一,第49页)

这个思想也就是四句教"无善无恶心之体"的思想,心之本体原无一物是指心就本来状态而言对任何东西都不执著,因此不论对任何东西的执著,都是失了心之本体,所以《大学》说"有所忿懥好乐则不得其正",也是指由于执著引起的消极情感。阳明认为,好善恶恶实用其力即是诚意,初学者必须用此工夫。但学问并非到此为止,在好善恶恶的基础上还要了解"心之本体原无一物",在意向上自觉地做到"不著意思",这也就是天泉证道所说的"从有入于无"。如果"着意"于某物,即使是着意于好善,在意向上就不是"不曾着些意思在",就是"多了这分意思",就会产生忿懥好乐等情意的留滞,使内心的平衡即未发之中被破坏。因此,不着念也好,不着意也好,都是着眼于情感留滞带来的心理后果。同时说明,所有上述讨论中的"心之本体",其"本体"并不是指某种本质,某种伦理原则,而是一种本然的情感——心理状态。《传习录》上刊于正德十三年戊寅,阳明尚在,其中所录,必经阳明首肯,因此这一条记录无疑是可靠的,这说明阳明无善无恶心之体的思想在较早就形成了。在他另一个谈话中还明确谈到"无善无恶"的问题:

> 侃去花间草,曰:"天地间何善难培、恶难去?"先生曰:"未培未去耳。"少间曰:"此事看善恶皆从躯壳处起念,便会错。"侃未

达。曰:"天地生意,花草一般,何曾有善恶之分,子欲观花,则以花为善,以草为恶。如欲用草时,复以草为善矣。此等善恶皆由汝心好恶所生,故知是错。"曰:"然则无善无恶乎?"曰:"无善无恶者理之静,有善有恶者气之动,不动于气即无善无恶,是谓至善。"曰:"佛氏亦无善无恶,何以异?"曰:"佛氏着在无善无恶上,便一切都不管,不可以治天下。圣人无善无恶,只是'无有作好、无有作恶',不动于气。然'遵王之道,会其有极',便自一循天理,便有个裁成辅相。"曰:"草既非恶,即草不宜去矣。"曰:"如此却是佛老意见。草若有碍,何碍汝去?"曰:"如此又是作好作恶?"曰:"不作好恶非是全无好恶,却是无知觉的人。谓之不作者,只是好恶一循于理,不去又着一分意思,如此即是不曾好恶一般。"曰:"去草如何是一循于理、不着意思?"曰:"草有妨碍,理亦宜去,去之而已,偶未即去,亦不累心,若着了一分意思,即心体便有贻累,便有许多动气处。……"曰:"'如好好色,如恶恶臭',安得非意?"曰:"却是诚意,不是私意。诚意只是循天理,虽是循天理,亦着不得一分意,故有所忿懥好乐则不得其正,须是廓然大公,方是心之本体,知此即知未发之中。"(《传习录》上,《全书》一,第47页)

阳明在这里明确指出,他所说的"无善无恶",作为工夫来说,不是指混淆是非、不辨善恶,而是指"不著意思""不动于气"。他认为这也就是《书经》所说"无有作好无有作恶"的意思。无善无恶、不作好恶并不是要人变成心空一念、无所知觉的枯槁,人自然有所好恶,也应当好善恶恶,但这种好恶除了"依于理"而外,还应"不动气",无善无恶就是强调不动于气的一面。不动气是由于不着意思,即不执著,而着了意思就难免动气,这里的动气是指某种有害的情感情绪的发生,而人所以能不着意思是因为心体本来"原无一物"。人若从感性躯体出发而生私意,就会产生执著,从而导致某种情绪情感成为内心的障碍(累心)。根据这些了解,我们可以回答本节前边提出的问题,即在这里阳明是把这种无善无恶称做至善的,至善在这里的意义不是道德的,而是超道德的。

关于"着意""动气"与累心的情感情绪,《传习录》上还有一则对话:

> 澄在鸿胪寺仓居,忽家信至,言儿病危,澄心甚忧,闷不能堪。先生曰:"此时正宜用功。若此时放过,闲时讲学何用?人心要在此等时磨炼,父之爱子自是至情,然天理亦自有个中和处,过即是私意,人于此处多认作天理,当忧则一向忧苦不知已,是有所忧患不得其正。大抵七情所感只是过,少不及者才过便非心之本体。"(《传习录》上,《全书》一,第43页)

按以上三条皆见于《传习录》上,乃阳明戊寅前之讲学语,此条陆澄所录者当在阳明正德九年至十一年任南京鸿胪寺卿时,前两条亦当同时。有些学者把阳明对陆澄的谈话说成是"矫情饰伪",这完全是由于没有了解阳明整个无善无恶思想的心理调节意义。阳明认为,因儿子患病而忧闷,这是人情之常,他所反对的只是哀情之"不能已"。根据阳明思想的要求,人对各种外部事物发生的情感都应"一过而化""不滞不留",不使这些情感情绪有累于心,保持良好的心理素质和状态。因而陆澄的"闷不能堪""忧不能已",在阳明看来就是"滞""累""碍""障",都是保持心理稳定平衡的阻碍。

总上讨论,至此,阳明四句教"无善无恶心之体"思想的意义已经完全清楚了,它的意义不是否定伦理的善恶之分,它所讨论的是一个与社会道德伦理不同面向(dimension)的问题,指心本来具有纯粹的无执著性,指心的这种对任何东西都不执著的本然状态是人实现理想的自在境界的内在根据。①

---

① 阳明同时有王鏊,晚作性善论云:"寂然不动之中而有至虚至灵者存焉。湛兮其非有也,缅兮其非无也,不堕于中边,不杂乎声臭。当是时也,善且未形,而恶有所谓恶者哉!恶有所谓善恶混者哉?恶有所谓三品者哉?性其犹鉴乎?鉴者善应而不留,物来则应,物去则空,鉴何有焉。"(《太傅王文恪公传》,《全书》二十五,第365页)其说与阳明无善无恶心之体说相近。鏊先阳明四年卒。

三　心体与性体

　　"心体"与"性体"的概念在阳明及后阳明王学中是十分常见的概念。而自近人牟宗三《心体与性体》问世以来,这两个概念至少在学术界已是耳熟能详。本节将进一步梳理这两个概念在宋明理学的发展脉络,以阐明阳明哲学中这两个概念的意义。自然,我们的着眼点仍在深入理解"无善无恶心之体"的意义。

　　在北宋五子,不仅濂溪、横渠没有心体与性体的概念,即是二程,也没有提出这两个概念。不过,张横渠提出"太虚无形,气之本体"的思想,明确地在"本然之体"的意义上使用"本体"的概念。及二程提出"其体则谓之易,其理则谓之道,其用则谓之神",在变易总体的意义上发展了"体"的用法。这两种关于体的用法虽然并没有被他们本人用于心性论的建构和表达,但在理论思维上为后来的心体与性体的观念奠定了基础。二程关于"未发"的讨论也对后来这两个概念的发展具有启示性。

　　理学中最先提出心体与性体的观念的,反是朱子。朱子初年与张南轩论中和时曾提出"心体流行",这里心体的体并非体用的体,乃程氏"其体则谓之易"的体,即变易的总体,故又说"此心流行之体"①。

　　朱子更多地使用心之本体的观念。朱子说:"心体本正,发而为意之私,然后有不正。"(《语类》十六)又说:"此心之体,寂然不动,如镜之空,如衡之平,何不得其正之有。"(《语类》十八)"人之一心,湛然虚明,如鉴之空,如衡之平,以为一身之主者,固其真体之本然"(《大学或问》卷二)。"人之心,湛然虚明,以为一身之主者,固其本体"(《答黄子耕》,《文集》五十一)。可见,在这些地方,朱子是在"真体之本然"的意义上使用"心体"或"心之本体",故朱子又说:"心本善,发于思虑则有善有不善,程子之意,是指心之本体有善而无恶。"(《语类》九十五)

---

① 参看拙著:《朱熹哲学研究》第二部分第一章,中国社会科学出版社 1988 年版。

朱子又有"性之本体"的观念。因为"才说性时,便有些气质在里面"(《语类》四),所以相对于人的气质之性而言,朱子建立了"性之本体"的概念。"性之本体,理而已矣"(《孟子或问》十一),"性之本体便是仁义礼智之实"(《答林德久》,《文集》六十一),"人生以后,此理已坠在形气之中,不全是性之本体矣。……才说性,便已涉乎有生而兼乎气质,不得为性之本体也。然性之本体亦未尝杂,要人就此上面见得其本体元未尝离,亦未尝杂耳"(《语类》九十五)。正是在这个意义上,朱子更多地用"本然之性"与"气质之性"相对,以指作为本性的性理。可见,朱子主要是在本然面目的意义上使用心体与性体的概念。必须注意,朱子及宋明理学其他哲学家所讲的心之本体或性之本体,心体或性体(明中叶以后更多用"本体"代替心之本体),都不是指存有论(ontology)意义上的体,与西方哲学存有论的本体、实体观念并无关系。心体在多数理学家是指心的本然之体。

在朱子哲学中,"心之本体"并不是一个重要的观念,而且,因为朱子更注重心作为穷理的认知主体,他的"心之本体"的观念认识论的色彩较重,故多以"湛然虚明"言心体。在阳明哲学中,"心之本体"成为一个重要的观念,而且由于阳明哲学对心的了解主要不是指认识主体,因而尽管他也在本然之体的意义上使用心体概念,却与朱子显示出很大的不同。

就伦理学意义的心性论而言,阳明主张"至善者心之本体也","心之本体即是天理",强调心体作为道德主体的意义。阳明亦常用"心体"指心之本体,如"四书五经不过说这心体"(《传习录》上,《全书》一,第42页),"若解向里寻求,见得自己心体,即无时无处不是此道"(同上书,第44页),"圣人心体自然如此"(同上),"人只要成就自家心体"(同上),"惟养得心体正者能之"(同上)。有时亦把心之本体简称为本体,如"心之本体元是如此,……若论本体,元是无出无入的"(同上书,第43页),"常人之心既有所昏蔽,则其本体虽亦时时发见,终是暂明暂灭"(同上书,第45页)。天泉证道的记录中的"本体"也都是指心之本体。阳明亦用"性体",如与辰中诸生云"兹来乃与诸生静坐僧寺,使自悟性体"(《年谱》庚午条)。在阳明哲学中,心体范畴的使用与朱子相同,但他所赋予心体的基本规定——至善,表明他的心体观念在思想上主要源于孟子及陆象山的"本心"思想。

明儒中最喜欢用心体、性体两概念的为刘宗周。他说:"独字是虚位。从性体看来,则曰莫见莫显,是思虑未起,鬼神莫知也。从心体看来,则曰十目十手,是思虑既起,吾心独知时也。然性体即在心体中看出。"(《明儒学案》六十二)据刘蕺山此说,性体为未发,心体为已发,二者是有区别的。蕺山喜用体字,如独体、诚体、微体,皆指真实本然之体段。

从整个宋明理学来说,"心体"与"性体"这两个概念,在思想资料的来源方面也受益于佛教。《坛经》云:"性体清静,此是以无相为体"(《坛经》敦煌本十七节),"去来自由,心体无滞,即是般若"(宗保本《般若品》第二),"自性建立万法是功,心体离念是德"(《疑问品》第三)。佛家理想境界是万法无滞,于一切境上心不染。佛家认为人虽须经修行达此境界,但此境界实亦人心本然之体,亦即性体,这个心体"非青非白""无善无恶",是本来清静的。人在工夫上须"不思善、不思恶",由此认取"本来面目",本来面目即心体。"一切善恶都莫思量,自然得入清净心体"(《护法品》第九),佛教这种把理想境界内在化为心体的方法对理学有普遍的影响。

以上所说三种关于心体的概念有一定的代表性:朱子之心体重在认识论意义上的心体(荀子亦然);阳明之心体重在道德论意义上的心体(孟子亦然);禅宗之心体则重在生存论的(existential)意义上的心体。朱子之心体以"湛然"为特质,以物来能照得其真为目的。阳明之心体重在以"至善"为特质,以扩充良知成就其善为目的。禅家心体以"清净"为特质,以求去来自由、无滞无碍的定境为目的。

但是,如果全面来看,阳明哲学中心体的意义并非至善一义可以说明(或者说至善本身还有超道德的一面),天泉证道四句宗旨首提"无善无恶心之体",使得一切仅从至善之道德含义解释阳明思想者无法自圆其说,尽管明末以来儒者多以至善解释"无善无恶",究竟是为阳明分说,未曾得其本意。如前节所述,四句教中所说本来与伦理的善恶无关,阳明以"明莹无滞"说心体,正是吸收了禅宗"去来自由、心体无滞"的生存智慧,根本上是指心体具有的无滞性、无执著性。

在宋明理学中,"心之体"与心体略不同,心之体简单来说有两义,一是指作为心之体的"性",一是指"本心"或心之本体。正是因为"心之体"有此两种不同意义,明代学者对"无善无恶心之体"常常作出离开阳明本意的理解。一般地,在朱子哲学体系中,用到"心之体"时总是指性。在这种影响下,在明代多数儒者看来,阳明的"无善无恶心之体"是一个伦理学的人性论命题,与儒家传统的性善论明显相违。与心学对立的朱学思想家抓住这一点,猛烈抨击王学。王学的学者也感到困惑,因为仅就文字上看,把四句教首句解释为性无善恶论,不能说是完全不合法的解释。尤其使王学者自己不解的是,阳明平时多次明确地强调"性无不善""天命之性粹然至善",难道这两者是矛盾的吗?

王龙溪以主张心意知物皆无善恶而著称,但是据《天泉证道记》,龙溪阐述其四无思想时劈头第一句却说"天命之性,粹然至善",这难道是后来所改吗?一种可能是他把无善无恶叫做至善,但王学中从未有人说天命之性无善无恶。另一种可能则是,他讲的心体无善无恶,本来就不是指性体而言,因而与他的性善观念本无矛盾。从《天泉证道记》的叙述来看,后一种解释应比较合理。因为"天命之性粹然至善",对于一般宋明儒者已经是一个普遍流行的性善论的命题形式。如果龙溪真以性为无善无恶,而又不希望他人误解的话,他就不必讲"天命之性粹然至善",而应声明"无善无恶是谓至善"。

阳明四句教的情况相同。根据上节引述的阳明思想,他关于四句教的思想与性之善恶的问题是不相干的。因而,假如阳明认为性为至善,就如王龙溪一样,并不一定与四句教相矛盾;同理,即使他以为性无善恶,四句教也不是用来表达性的无善恶。因为他讲的无善无恶,是指心体,而不是性体。并且这个心体,在四句教中,也不是指道德论意义上的心体,而是生存论意义上的心体。在这个意义上的"心体"与道德论意义上的"性体"的区分可以借助于理学"七情"与"四端"加以理解。

依朱子哲学,仁义礼智为性之本体,即性体,恻隐羞恶辞让是非为情,是性体之已发,故四德是体,四端是用,用是体的表现和显露(已发)。由作为用的四端追溯其内在根源,我们就有了"性体"的观念。同样,理学中已发未发也有两种用法:一种是体用的用法,如四端之未发即性体。另一种用法,未发并不是指某些意识现象的内在根据,而是指意识现象不曾萌发时主体的本然状态,在这个意义上,七情(喜怒哀惧爱恶欲)之未发便是"心体"。

因而,虽然性体是四端之未发,心体是七情之未发,但这两种未发的意义并不相同,其结果,作为范畴的心体与性体,所指涉的对象在层次上不同。性体是一个本质的范畴;心体,在本章讨论的意义上,是一个本真的范畴,指本然的情感—心理状态。从四句教和阳明的解释来看,他的立论都是针对着人的存在的情感状态而言。因此,尽管阳明与朱子都用"明镜"譬心体,朱子强调的是明镜"物来能照""随感而应","因彼之自尔,自然见得高下轻重",而阳明强调的则是"明镜曾无留染,所谓情顺万物而无情"(《答陆元静》,《全书》二,第64页)。

在这个意义上,就儒家传统而言,这两者本来是交融在一起的。《大学》八条目中的"正心"一条强调"有所忿懥不得其正,有所恐惧不得其正",显然都是指情绪感受状态,而不是指道德意识的修养。《中庸》首章"喜怒哀乐未发谓之中"也是指出人具有的心理—情感的先验平衡。《大学》《中庸》又都强调"慎独",以戒慎恐惧培养道德意识。阳明哲学也是如此,既强调良知好善恶恶,又赋予良知本然的情感以无执著性,使良知"一心开二门",成为一个互补的先验结构。在这个结构中,也可以说至善代表了结构的内容方面,无滞代表了结构的形式方面,从而对意识活动在伦理内容和情感形式两方面发生作用。

四 儒与佛

如以上讨论所揭示的,"无善无恶心之体"的意义实际上是指向一种"无"的境界,这个思想无疑与来自佛教、道教的影响有关,而其中最主要的是禅宗的影响。因此这一节要揭示阳明一生思想与佛教的纠葛,以为进一步的讨论奠定基础。

不少学者,特别是日本学者,对阳明一生游旅的僧寺、交往的僧人及文字、语录中来自佛教的用语等进行过细致的研究。[①]这些研究在全面了解阳明思想中的儒佛问题上各有贡献。但很明显,这些都不能直接说明或帮助我们理解阳明思想中究竟如何看待佛教。本节则采取另一方法,通过阳明与湛甘泉的思想交往,显示出融合儒佛一直是阳明思想深处的中心问题,只是其表现比较曲折幽隐罢了。

阳明死后,湛若水为作墓志铭及奠文。墓志铭之作乃因黄绾及阳明子正亿之请,并且以黄绾提供的行实材料为依据。奠文则表明甘泉自己对阳明思想发展的全部看法,其中详细叙述了湛王儒释之辩:

> 辛壬之春,兄复吏曹,于吾卜邻。自公退食,坐膳相以,存养心神,剖析疑义。我云圣学,体认天理,天理问何,曰廓然尔。兄时心领,不曰非是,言圣枝叶,老聃释氏。予曰同枝,必一根柢,同根得枝,伊尹夷惠。佛与我孔,根株咸二。奉使安南,我行兄止。兄迁太仆,我南于北。一晤滁阳,斯理究极,兄言迦聃,道德高博,焉与圣异,子言莫错。我谓高广,在圣范围,佛无我有,中庸精微。同体异根,大小公私,敷叙彝伦,一夏一夷。夜分就寝,晨兴兄嘻,夜谈子是,吾亦一疑。分呼南北,我还京师,遭母大故,扶柩南归,迓吊金陵,我戚兄悲。及逾岭南,兄抚赣师,我病墓庐,方子来同。谓兄有言,学竟是空,求同讲异,责在今公。予曰岂敢,不尽愚衷,莫空匪实,天理流行。兄不谓然,校勘仙佛,天理二字,岂由此出。予谓学者,莫先择术,孰生孰杀,须辨食物。(《奠王阳明先生文》,《甘泉文集》三十,第4页)

---

① 请参看久须本文雄:《王阳明の禅思想研究》。陈荣捷先生指出:"日本学者遂以此种旅行为阳明好禅之实据,殊不知游山玩水乃我国文人之通习,并不足为参禅之证。"(《王阳明与禅》,学生书局1984年版,第76页)

根据湛甘泉的叙述,他与阳明自正德六年(辛未)至正德十一年曾有过三次关于基本思想方向的重大讨论,这三次争论全部是集中在如何看待儒家思想与佛老思想之间的关系。

第一次在正德六年,时阳明与甘泉在京师比邻而居,日夜论学,共同践修。当时阳明提出"佛老是圣之枝叶"的思想(这与后来三间房的比喻一致),认为佛老与儒家并行不悖,在根本上是一致的,佛老可以看做是圣学主干上旁出的一枝。对此湛若水加以反对。认为槐树不可能旁出柳枝,因而圣学大树上旁出的枝叶只能是儒学内部的圣贤,如伊尹、伯夷、柳下惠等。儒与佛老在根本思想上不同,如果说佛老是圣学之枝叶,那就意味着否认儒与佛老在思想上有根本分歧,实际上儒佛并不同根。

第二次在正德九年甲戌,阳明在滁州督马政,甘泉自安南北还,两人相会于滁阳,进一步讨论了儒释是否同根的问题。阳明提出,佛老的境界非常高远,与圣人似无区别,他怀疑湛若水以佛儒"根株咸二"的说法是错误的。湛若水回答说,佛老的境界固有高远的一面,但这并未超出儒学的范围,而儒学本有的"道中庸"和"精微"即注重社会伦理实践和知识学习的方面,则为仙佛所无。因而儒学是"大""公",仙佛是"小""私"。特别是佛教否定社会正常的伦理秩序,与儒家是两个完全不同的思想体系。滁阳之辩一直持续到深夜,次日清晨,阳明笑着对湛若水说"还是你说的对",但是,湛若水对阳明是否真正放弃三教合一的主张不无怀疑。

第三次在甘泉居丧之中,乙亥春湛甘泉扶枢回增城守母丧,不久方献夫来庐墓见湛若水,①提到阳明近有"学竟是空"的主张,即把佛家的"空"看做学问的究极境界。方献夫提出,湛若水必须在这个问题上与

---

① 按甘泉答徐曰仁书云:"承远致盛礼,重以奠文,甚感,斯文骨肉之情告奠墓前,哀不自胜。且知旌旆还都,已有师承之益,所叹此道孤危,彼此同然,七月初叔贤来墓下二旬。"(《甘泉文集》卷七)徐曰仁奠甘泉母必在乙亥,叔贤即方献夫,故此书在乙亥。又知方献夫乙亥七月至增城见湛甘泉,述阳明"学竟是空"之论,故甘泉与曰仁书又云"内外上下莫非此理,更有何事,吾儒开物成务之学异于佛老者此也,幸以质诸阳明"(同上)。亦针对阳明合佛思想而言也。

阳明辩明清楚,他认为只有湛若水能做到这一点。甘泉认为责无旁贷,向阳明提出异议,指出宇宙四方上下无处不是"天理流行",并没有什么空,儒家以"开物成务"为学,正是基于自然、社会的真实之有,《甘泉文集》答徐曰仁书下次其《寄阳明》书:

> 昨叔贤到山间,道及老兄,颇讶不疑佛老,以为一致,且云到底是空,以为极致之论。若然,则不肖之惑滋甚。此必一时之见耶?抑权以为救弊之言耶? 不然,则不肖之惑滋甚,不然,则不肖平日所以明辨之功未至也。上下四方之宇,古今往来之宙,宇宙间只是一气充塞流行,与道为体,何莫非有? 何空之云? 虽天地弊坏人物消尽,而此气此道亦未尝亡,则未尝空也。道也者,先天地而无始,后天地而无终者也。(《甘泉文集》卷七)

这就是甘泉奠阳明文中所说的关于空的辩论。儒佛一致论是阳明辛未、甲戌两次儒佛之辩中的一贯主张,而这一次,阳明不仅"旧病"未改,调子更加上升,以佛老之"空"为极致之论,这就使甘泉极为不安。甘泉提出,宇宙间此气此理无始无终,充塞无余,所谓"空"根本不存在。不过我们知道,根据阳明整个思想来看,阳明所说的"空"是指境界上的空,及心体上的空,而不是本体论的、存有论的空,所以甘泉的这一批评并没有对准阳明的问题。

阳明的答书今已不存,据甘泉奠文"兄不谓然,校勘仙佛,天理二字,岂由此出",奠文因受四字句体例限制,表达得并不清楚,我们只能从中得知阳明这一次并没有立即收回他的看法,他对湛甘泉的批评"不谓然",还提出"校勘仙佛"的说法作为答复。何谓校勘仙佛,不易了解,甘泉《新泉问辨录》载甘泉答周冲之问:

> 冲问:儒释之辨,是此非彼,终当有归一处,如何? 请详。(甘泉答)子可谓切问矣。孟子之学知言养气,首欲知诐淫邪遁之害心,盖此是第一步,生死路头也。往年曾与一友辨此,渠云"天理

二字不是校勘仙佛得来",吾自此遂不复讲。吾意谓天理正要在
此歧路上辨,辨了便可泰然行去,不至差毫厘而谬千里也。儒者在
察天理,佛者反以天理为障,圣人之学至大至公,释者之学至私至
小,大小公私足以辨之矣。(《甘泉文集》卷之八)①

"天理二字不是校勘仙佛得来"这句话颇不易解,照奠文中甘泉对阳明
此语的回应及此处所评论,甘泉主张"辨"儒释,阳明则不主张辨儒释;
阳明认为辨儒释并不能使我们更好地理解天理二字,甘泉则认为要真
正认明天理必须以儒释之辨为基础,也才能使我们的行动合乎天理,不
在儒释之间辨别孰是孰非,就可能把毒品当成了补药。由此看来,阳明
并未向甘泉全面地阐述他的想法。正德十年乙亥阳明在南京,直至十
二年丁丑初赴赣,上节我们已经知道,在南京时期阳明已经多次表达过
他的关于无善无恶的思想。

阳明这几次与湛甘泉的讨论,是他与湛甘泉思想交往的最重要的
部分,其意义超过了两人在此前后发生的格物之辩。在格物的问题上
两人有同有异,而在儒佛的问题上,两人的立场完全不同。可以这样
说,这三次讨论,都是阳明以试探的方式提出儒佛一致或儒佛合一的问
题,但这几次都遭到湛甘泉的断然否定。以阳明与甘泉的关系而言,我
们完全确信,这正是阳明内心深处的一个重大的问题。

事实上,在正德七年阳明《别湛甘泉序》中也已提出三教一致的思
想,认为老释皆得圣道之一隅,以各自方式实现了"自得"的境界,这实
际上是以佛老为圣之枝叶的思想。至正德十年稍后乃有以空为极致之
说,认为在生命境界上禅宗的生存智慧要高于儒家的道德境界。此后
数年忙于军旅之事,及改格物为致良知,没有机会回到这一问题上来。
归越之后,以四句为教法,公开提出"无善无恶心之体"。可见,在阳明

① 此录不知何时,按甘泉语录"戊子岁除召,各部同志饮于新泉,共论大道"(《甘泉文集》
二十三),疑《新泉问辨录》即此时事,则时阳明尚未卒,周冲往来于王、湛两家,故甘泉只言一友,
而不明言阳明也。

的整个思想中一直有两条线索：一条是从诚意格物到致良知的强化儒家伦理主体性的路线，另一条是如何把佛道的境界与智慧吸收进来，以充实生存的主体性的路线，而这两条线索最后都在"良知"上归宗。

五 有与无

"无善无恶心之体"思想的意旨，是侧重于对情感的超越，而就其本质而言，即超越烦恼。烦恼是由于人执著小我的躯壳，因而超越烦恼就是要超越自我。这种境界就是"无"的境界，"无"即超越，这里的"无"是指境界的无，而不是本体的无。要通过"无"的内在的超越，以获得来去自由的精神境界，这是人格发展结构中道德境界之外的另一重要层面①。

这个思想与佛教和道家（教）的人生理想是有相近之处的。对此阳明并不讳言，他不仅明确申明圣人与仙佛都讲心体的"虚""无"，他还指出：

> 圣人致知之功至诚无息，其良知之体皦如明镜，略无纤翳。妍媸之来，随物见形，而明镜曾无留染，所谓"情顺万物而无情"也。"无所住而生其心"，佛氏曾有是言，未为非也。明镜之应物，妍者妍，媸者媸，一照而皆真，即是"生其心"处。妍者妍，媸者媸，一过而不留，即是"无所住"处。（《答陆元静》，《全书》二，第64页）

这里说的"曾无留染，一过而不留"即是天泉证道所说"明莹无滞，一过而化"，都是指人的情感—心理状态及境界而言。

这里，已经接触到宋明理学中一个极为重要的问题，即人的精神—心理境界的问题，用本书讨论的语言，即"有"与"无"的问题。四句教

---

① 傅伟勋有"人生十大层面"之说，以道德境界为第七层面，而八、九、十层面分别为实存主体、生死解脱、终极存在，见其《从西方哲学到禅佛教》，三联书店1989年版。

首句"无善无恶心之体"是指向一种"无"的境界。阳明所有关于无善无恶的思想可以归结为《金刚经》的"应无所住而生其心",以及《坛经》的"无念、无相、无住"。固然,这一"无"的境界在释道儒中各有表现,如道家亦言"无情""无心而顺有",明道则说过"情顺万物而无情",但儒家中对此有真体认者毕竟寥寥无几。围绕四句教首句的解释及前述阳明种种讨论都显示出,阳明一直致力于在儒家思想中容纳"无情无己""应无所住而生其心"的境界,并给予一个心性本体的解释。吸引阳明的不是佛教或道家(教)讲的宗极本体的"无",而是精神—心理境界的"无"。在阳明看来,吸收境界的"无"并不需要放弃儒家固有的"有"的立场,即承认世界的实在、价值的实有,它不仅使人的精神发展更为完满,而且使人能更好地履行其社会、道德义务。因而,即使站在儒家的立场上看,把"无所住而生其心"吸收到儒家思想中,既不值得大惊小怪,也无所谓离经叛道。事实上,宋代以来的理学中一直就有这样一个趋向,即从精神性和精神生活方面扬弃佛教,而这一点正是理学的一个基本主题。阳明的思想不过是这一传统发展的高峰(新儒家以有合无的传统详见下章)。

黄绾自弘治中起与甘泉、阳明定交,阳明归越后,黄绾又师事阳明。阳明死后,又以女妻阳明之子。在一个相当长的时期中黄绾一直是王阳明学说的坚定的信徒,又因他是阳明最亲密的友人,他对阳明的思想必然是最了解的。黄绾晚年转而批评阳明,他曾说:

> 予昔年与海内一二君子讲学,有以致知为至极其良知,……又令看六祖《坛经》,会其"本来无一物","不思善、不思恶"、见"本来面目",为直超上乘,以为合于良知之至极。又以《悟真篇》后序为得圣人之旨,①以儒与佛仙之道皆同,但有私己同物之殊,以孔子《论

①　张伯端《悟真篇后序》中言:"心镜朗然""纤尘不染,心源自在""身不能累其性,境不能乱其真""达人心若明镜,鉴而不纳,随机应物,故能胜物而无伤也",亦与四句教首句之意相通,见《悟真篇三家注》,华夏出版社 1989 年版,第 15 页。

语》之言皆下学之事,非直超上悟之旨。(《明道编》,第11页)

故言工夫,惟有去私而已,故以不起意、无意必、无声无臭为得良知本体。(同上书,第10页)

根据黄绾所述,我们知道,阳明对于儒释道的态度与一般儒者大不相同,他不仅肯定佛家的某些教义与圣人之道同,甚至鼓励门人去读《坛经》,把禅宗的思想与良知的思想结合起来。"本来面目"在禅宗即指清净佛性,"本来无一物"也是指心体本自清净,阳明的四句教首句无疑受到《坛经》的影响。"不思善不思恶"是指工夫,即排除一切思维欲念,使主体"还原"到心的本来面目,即心之本体。因此,佛家的自性清净心也好,儒家的心之本体、良知本体也好,同样都是指还原后得到的纯粹意识状态。佛教与阳明都认为,这个本体是人的"存在"的一个最根本的基点,体认这个心体本来一无所有、清静自在,是人达到一无所滞、来去自由的境界的根据。有了这个根据,有了这样的境界,人才能在现实生活中做到不为名利所动,不为富贵贫贱所扰,拿得起,放得下,不著于悲喜忧烦,人的心灵才能摆脱一切束缚,永远自由自在,才能发挥或实现个体的最大潜能。

阳明并不讳言,这些有关"无"的生存智慧吸收了佛家(主要是禅宗)的思想,他明确肯定《金刚经》"应无所著而生其心"的思想,公开宣称圣人对仙佛心体虚无的思想并无异议,他强烈反对把主张心体的无滞性看成佛家独有的专利,力求在儒家内部找到其合法性。当时有人问他,二氏皆有功于身心修养,儒者应当兼取否?阳明回答:"说兼取便不是,圣人尽性至命,何物不具?何待兼取?二氏之用皆我之用,即吾尽性至命中完养此身谓之仙,即吾尽性至命中不染世累谓之佛。但后世儒者不见圣学之全,故与二氏成二见耳。譬之厅堂,三间共一厅,儒者不知皆吾之用,见佛氏则割左边一间与之,见老氏则割右边一间与之,而己则自处其中间,皆举一而废百也。"(《年谱》癸未条,《全书》三十四,第468页)这是说,虚与无本来是儒学圣人之道固有的一些内容与侧面,不能把虚无之说仅仅看成仙佛的思想。在这个意义上,讲心体之虚无,并不是"吸收"仙佛的思想,而是阐发圣人之道广大具备的固有思想而已。后来王畿也说:"吾儒未尝不说虚不说寂不说微不说密,此是千圣相传之秘藏,从此悟入乃是范围三教之宗。"(《龙溪王先生全集》卷一)

虽然如此,禅宗的思想毕竟是阳明无善无恶思想的一个直接来源①。罗钦顺当时曾指出:"佛以离情遣著然后可以入道,故欲人于见闻知觉一切离之。离之云者,非不见不闻、无知无觉也,不着于见闻知觉而已。"《金刚经》所谓"心不住法而行布施""应无所住而生清静心",即其义也(《困知记续》,卷上)。罗因有长期学佛的经验,故对佛家之精义能有了解。罗钦顺还曾引南宋大慧宗杲答曾天游书的一段话:

> 此真空妙智与太虚空齐寿,只这太虚空中还有一物碍得他否?虽不受一物碍,而不妨诸物于空中往来,此真空妙智亦然。凡圣垢染着一点不得。虽着不得而不碍生死凡圣于中往来。如此信得及、见得彻,方是个出生入死、得大自在底汉。(引自《困知记》卷上)

真空妙智相当于阳明的良知,宗杲这段话与阳明天泉证道"良知本体原来无有,本体只是太虚,太虚之中日月星辰风雨露雷阴霾曀气何物不有,而又何一物得为太虚之碍"完全一致;阳明与南元善书"良知之昭明灵觉圆融洞彻,然与太虚同体,太虚之中何物不有,而无一物能为太虚之障碍"亦与之如出一手。毫无疑问,阳明心体无善无恶的思想来自禅宗的直接影响。事实上以心体为太虚,在《坛经》已有此说②。同时,从阳明坚执不疑的态度看,与他对这种修养工夫的实践及所得受用也直接相关。正是这种"去来自由,无著无滞"的境界才使他经宁濠之

---

① 阳明以道教的价值在养生,即完善此身;而禅宗的价值在养心,即心不染世累,因此心体无善恶的思想主要来自佛教。

② 六祖云:"若见一切人恶之与善尽皆不取不舍,亦不染著,心如虚空名之为大,故曰摩诃"(《坛经·般若品第二》)。

乱至张许之难，在"百死千难"的危机中，化险为夷，他提出良知宗旨，本来即基于此种深刻的生存体验。

由此我们对阳明的良知思想有了进一步了解，良知不仅是儒家的本心，也同时是佛家的妙智。天泉桥上阳明向钱德洪解释时说"良知本体原来无有"，《传习录》黄省曾录"七情顺其自然之流行皆是良知之用"，答陆元静书"良知不滞于喜怒哀乐，而喜怒忧惧亦不外于良知"，"圣人只是还他良知的本色，更不曾着些意思在，良知之虚便是天之太虚，良知之无，便是太虚之无形"，以及"良知之昭明灵觉与太虚同体"，"良知之体如明镜，曾无留染"等等，都表明良知与心之本体是同一的。

固然，四句教中对"无善无恶心之体"与"知善知恶是良知"的关系没有给出一个明确说明，事实上"无善无恶"与"知善知恶"并不互相排斥，他们都是良知本体的特性，两者是良知的一体之两面。阳明丁亥秋征思田之前，一方面令德洪手录《大学问》，阐发致良知的伦理实践意义；又在天泉桥证道，定立四句宗旨。这说明知善知恶与无善无恶是不矛盾的。良知既具有知善知恶的先验能力，又具有"不著意思"的先验品性，可见，仅从知善知恶解释良知，还不能完全显示出阳明良知说的全部内涵。从而，致良知中也应包含无善无恶意，所以黄绾说阳明以不思善恶为"合于良知之至极"，又说以不起意、无意必"为得良知本体"。

只有充分了解了阳明晚年把良知思想进一步发展，以包容了"无善无恶心之体"，才能理解为什么王畿在叙述阳明思想发展时提出在致良知提出之后，还有一个"所操益熟，所得益化"的阶段，而且把这一阶段的特点概括为"时时知是知非，时时无是无非"，这正是指良知具有的一体两面。事实上在南都时，阳明已经倡言"好恶一循于理，不去又着一分意思"。毫无疑问，阳明哲学中有无合一，而有无的结合模式，可以说，是以有为体，以无为用。"无"的境界可以使好善恶恶的实践因不著意思而更加便于发挥出主体的全部潜能，用"不染世累"促进儒者"尽性至命"目的的实现。

所以，阳明并不因此而成为"禅"，从本章前后各章的讨论可知，阳明并没有脱离儒者"有"的立场。事实上"有"的境界在他关于"仁者与天地万物为一体"的思想中更得到高度表现(详见《境界》章),阳明是以有合无,他把仙佛的虚无容纳入儒学中成为整个尽性至命过程中必不可少的生理、心理条件。在传统中国文化环境中,阳明作为一个儒学思想家,这样做是需要勇气的。在他晚年思想中所要解决的是这样一个问题:怎样在儒家思想体系中容纳禅宗关于超越境界的思想,使儒家的基调并不因此改变,又使禅宗的精华得以有机地结合到儒家中来。冯友兰先生早就指出,在禅宗与理学之间并没有不可逾越的鸿沟,既然"运水搬柴无非妙道",则忠君孝亲又为何不是道?所以由禅宗一转手便是理学。① 可惜冯先生没有说明,禅宗运水搬柴之说,正是要人树立无著无滞的"平常心",有此平常心应付环境与实践,无往而不自在,故运水搬柴无非妙道。但是佛教表面上心境皆空,其实并不彻底,阳明说得好,禅宗出家,还是因为"着了相",还是有执著,否则为何一定弃人伦、绝世务,而儒家则不离日用亦不滞于日用。他晚年作《答人问道诗》云:"饥来吃饭倦来眠,只此修行玄更玄,说与世人浑不信,却从身外觅神仙。"这是套用了大珠慧海禅师"饥来吃饭困来即眠"的话,极富寓意。所以他说"不离日用常行内,直造先天未画前",这个先天未画前并不是指世界的究极本源,而是指人生的最高境界。

当然,对于阳明来说,有与无之间不一定是完全平衡的,他的言辞之间表现出对"无"的某种更明显的向往,这也许是他内在的宗教气质所致。对于阳明,无的境界更为高远,更难达到,相对而言,道德境界不是一个很难于达到的境界。因而,论高远,以无为高;论轻重,则以有为重。此外,从天泉证道始末来看,有无之间如何结合和表述,他本来还未考虑得十分成熟。如果不是钱王二子追问的话,他可能会比较仔细地考虑一下表达上的问题。因为在标举"无"的境界时,他把善恶作了对立面,采取了一种非伦理化的形式,尽管在第二节我们对此已经有了详细的解释,这对于仍站在为善去恶立场上的儒者阳明毕竟有些问题。刘宗周说得对:"特其急于明道,往往将向上一机,轻于指点,启后学踏

---

① 冯友兰:《中国哲学史新编》第五册,人民出版社 1988 年版,第 8 页。

等之弊有之。"(《明儒学案·师说》)也许阳明的四句教应改为"知善知恶是良知，好善恶恶是诚意，无善无恶是正心，为善去恶是格物"，庶几不背阳明之意，而无轻于指点之弊。

六　严滩问答

嘉靖六年丁亥九月八日阳明自越城出发，赴广西思田平乱，前一日与绪山、龙溪二子在天泉桥论学，申发"四句宗旨"。《年谱》说"九月壬午发越中，甲申渡钱塘"，又说"先生游吴山、月岩、严滩，俱有诗，过钓台……"，这是说阳明在杭州一带又盘桓数日。据过钓台诗序"嘉靖丁亥九月二十二日书，时从行进士钱德洪、王汝中，建德尹杨思臣，及元材凡四人"，可知钱王二人送阳明至钓台在九月下旬，后在富阳一带分别。嘉靖八年春钱王二人在《讣告同门文》中说：

> 前年秋，夫子将有广行，宽、畿各以所见未一，惧远离之无正也，因夜侍天泉桥而请质焉。夫子两是之，且进之以相益之义。冬初追送严滩，请益，夫子又为究极之说。由是退与四方同志更相切磨，一年之别，颇得所省，冀是见复得遂请益也，何遽有是耶？呜呼！别次严滩，逾年而闻讣复于是焉，云何一日判乎道，遂为终身永诀之乎？(《讣告同门文》，《全书》三十七，第529页)

这是说丁亥十月初钱德洪与王畿在严滩与阳明告别，在严滩他们再次讨论了四句教的问题，这一次不仅是天泉问答的继续，而且具有"究极其说"的意义，即具有结论或定论的意义。钱王在阳明死后将这一点通报同门，以期统一认识，也表明他们对严滩问道十分重视。[①]

《传习录》下载严滩问答：

---

① 王畿《钱绪山行状》谓四句教之论，阳明在富阳"复申前说"，即指严滩问道一事。

先生起征思田,德洪与汝中追送严滩。汝中举佛家实相幻相之说,先生曰:"有心俱是实,无心俱是幻。无心俱是实,有心俱是幻。"汝中曰:"'有心俱是实,无心俱是幻',是本体上说工夫。'无心俱是实,有心俱是幻',是工夫上说本体。先生然其言。洪于是时尚未了达,数年用功,始信本体工夫合一。"(《全书》三,第 85 页)①

此条明为德洪所录,《传习录》入于黄以方录,甚误。这样看来,天泉证道之后,本体工夫之论并未结束,龙溪仍不能无疑于有无之间,故严滩临别前又旧话重提,阳明仿佛家偈子,为说四句,龙溪慧解,即得其意,德洪笃实,后始了达。

经过前几节的讨论,我们可以比较容易地了解,"有心俱是实,无心俱是幻"是就四句教后三句"有"的立场来说的。这里的"有心"是指承认善恶及其分别为实有,故依知善知恶之良知,诚之以好善恶恶之意,实为为善去恶之事,这就是"有心俱是实"。如果把善恶的分别看成虚假的对立,认为善恶的分别是无意义的,这种看法就是"无心",是错误的,所以是"幻",这就是"无心俱是幻"。这是从儒家"有"的基本立场立论。下二句"无心俱是实,有心俱是幻"则是用"无"的智慧对"有"的立场作一种补充。在这两句中的"无心"与"有心"与前二句中的"无心""有心"意义不同,这后二句中的"无心"是指无心而顺有、情顺万物而无情,指"不著意思",即对事物不要有偏执或执著,否则便会引起种种心理障碍,而这里的"有心"是指计较、执著之心。因此在后二句中就要否定作为执著之心的有心,而肯定作为不著意思的无心。

严滩四句,比之天泉四句,虽有隐晦之病,但也有其优越性,在严滩四句中,阳明不是把"无",而是把"有"置之于首,也不用"无善无恶"这种容易引起误解的说法,明显表现出以有为体,以无为用的精神,使有与无、有心与无心,在儒家的立场上得到统一的思想更加明确。这种

---

① 按德洪此录尾云:"先生是时因问偶谈,若吾儒指点人处,不必借此立言耳。"此是因阳明死后,未及一传,已有悬空之弊,故德洪为此言耳。然据《讣告同门文》,二人当时甚为重视严滩之论。

统一既表现为工夫的有无合一,也同时是心体(本体)的有无合一。王畿的那种理解,即认为前二句讲为善去恶工夫,后二句讲无善无恶本体,忽视了本体、工夫都是有无合一,是不恰当的。

"儒道互补"在隋唐之后变为儒与佛道互补,中国文化的内部结构固然由此发生新的改变,形成了与先秦不同的格局,但在本书注重的意义上,"有无互补"的平衡仍然进一步维持甚至强化。但是,如果认为在儒学内部从来就没有过道家及后来佛家代表的超越性——逍遥性,就完全错了。事实上,不仅古典儒家含有"洒落"的一面,而且在佛教的刺激下,在宋明时代更发展了这一方面,使"忧患意识"与"超然境界",用本书的语言,即有与无,在儒学的不断发展中"合二而一",在以有合无的方向上不断开辟新的局面。把阳明哲学置于这样一个诠释的视野,其意义是十分重大的。这一点我们将在后面几章中进一步加以讨论。

四句教中的哲学问题主要有两个:一是"心体"概念的问题。《传习录》载:"澄曰:好色好利好名等心固是私欲,如闲思虑如何亦谓之私欲? 先生曰:毕竟从好色好利好名等根上起,自寻其根便见。如汝心中决知是无有做劫盗的思虑,何也? 以汝心原无是心也。汝若于货色名利等心一切皆如不做劫盗之心一般,都消灭了,光光只是心之本体,看有甚闲思虑! 此便是寂然不动,便是未发之中。"(《传习录》上,《全书》一,第 45 页)根据这里所说,阳明所讲的"心之本体"或心体是指排除了一切具体的意念情感的纯粹内心(意识—情感)状态。阳明认为这是人心的本然之体,即本然状态。

胡塞尔现象学的一个基本思想是"先验的还原",主张排除掉一切经验因素,使主体还原到所谓"纯粹意识",即先验自我、先验主观性。[1]尽管胡塞尔现象学的还原试图由此确定一个绝对的认识主体与阳明的出发点不同,但阳明排除了经验思维的"光光只是心之本体"与胡塞尔先验还原后的纯粹主体在概念上是相通的。就本章讨论的心体无善无

---

[1] 参看刘放桐等:《现代西方哲学》,人民出版社 1981 年版,第 520 页。

恶问题而言,阳明的一切立论都是针对着人的存在的情感状态(喜怒哀乐爱憎欣戚),他所向往的是不受任何否定、消极性情感拘滞的自由境界。他把这种境界同时说成心的原初结构(本体),因而这样一个纯粹主体并不是认识的、道德的主体,而是指先验的情绪感受主体。而这个立场与存在主义者十分接近。

在存在主义看来,情感是一种存在状态,是"此在"的本质,情绪和感觉是一切知觉的基础,因而要求以情感体验把握人的存在的实质。萨特认为,人对事物及自我的意识都是"反思",都是一种认识活动。他认为,反思并不是人的深处的、本质的意识,只有"反思前的我思"才是使反思成为可能的存在方式,"反思前的我思"即情感体验的主体。萨特反对认识至上,强调情感体验的原初性,"反思前的我思"并不是指认识意义上的心之本体,而是指情感的先验主体,这与阳明是一致的。一般来说,存在主义者哲学中的主体都是指情意主体。如海德格尔也认为,情绪是存在者状态上最熟知的东西,因而是"基本的生存论状态",是此在的"最基本的生存论环节",是"此在的源始的存在方式"。在阳明哲学中也有类似情况,他把情感的无执著性称做"本体",认为这是"向上一机",认为这一点只有在较高的体验阶段才能了解,都显示出他把这个先天的情感体验主体看成人的更深的存在。他在晚年一方面强化了道德主体性的实践,另一方面表现出对人的深层存在的更大关切,使他的哲学明显具有存在主义的性格,及某种情绪现象学的特点。

在具体的情感体验范畴方面,存在主义都很强调"烦恼",但不同哲学家的理解并不相同。如萨特哲学中的"烦恼"含有"全面深刻的责任感"的体验,显然与儒家固有的"忧患"意识相同。正如《周易》的"忧患"是肯定的、积极的忧患,而《大学》"正心"要排除的"忧患"则是否定的、消极的个人忧患一样,与萨特具有某种积极性的烦恼不同,存在主义者如海德格尔则强调更多地体现了消极性的"烦"。① 阳明继承

---

① 参看段小光:《存在主义情感认识论》,《现代外国哲学》第9辑。

了道家与佛教的思想，也把"烦恼"看成完全消极的、异在于心之本体的情感，"烦恼"代表了一切消极性的情感情绪，而"心体"正是烦恼的对立面，无烦恼的安宁与平静、自在，才是人的本真的纯情绪状态。人的精神生活的目的就是排除种种非本体所固有的烦恼，而回到内心本然的自由境界。当然，这并不意味着情感不发生，只是强调不要使情感情绪的留滞不化引起内心的障碍和失衡。从而，与海德格尔要通过"畏"达到无的澄明之境不同，①阳明则要克服执著带来的烦恼达到不离不滞的自在之境。无，在无滞的意义上，是一个正面的体验。与存在主义者如萨特以否定、消极的态度看待空无或虚无化不同，东方存在主义是要积极地利用必要的虚无化，以解除烦扰心灵的负荷，使主体得到全面的解放。

当我们说阳明哲学具有某种存在主义性格时，并不意味着他与存在主义者有相同的立场，毋宁是指他所提出的问题是"存在主义式"的问题。事实上，在存在主义者之间对这些问题的解决也往往大不相同。

---

① 参看袁义江等：《论无在海德格尔哲学中的地位》，《现代外国哲学》第 9 辑。

第九章

境　界

有无之境
无我为本
狂者胸次
与物同体

一　有无之境

王国维在《人间词话》中曾经提出"有我之境"与"无我之境"作为审美意境的基本范畴。事实上,可以把"有我之境"与"无我之境"看成把握整个中国哲学中关于精神境界的基本范畴。不仅先秦所谓"儒道互补"可以从这两个范畴来理解,隋唐以后的"儒释之辨"也可以由这两个范畴去理解,而以道为主的新道家(玄学)和以儒为主的新儒家(道学)也可以说都是以不同的方式来求得两者的某种调合或结合。甚至在儒家内部也是如此,我们只要看程颢的《定性书》就可明白,张载表现的是有我之境,而程颢主张的是无我之境。如果我们进而知道王国维阐述有无之境时所用的"以我观物""以物观物"本来出自以安乐逍遥境界著称的道学家邵雍,以有我之境与无我之境来把握文化的境界取向就更是题中应有之义了。

当然,这样一来,这两个范畴在不同的特殊领域中被运用的意义可能有所差别,如"有我"的"我"可以是个体的小我,也可以指人类的大我。但这种范畴的多义性、意义的可增生性及由此而来的阐释的多种可能性,正足以促使这两个范畴在文化研究上产生更生动的活力。应当说明,在本书及以下讨论的宋明儒学的"有我之境"是指"天地之塞吾其体,天地之帅吾其性"的大"吾"之境,而"无我之境"即自上章以来我们已反复强调的"情顺万物而无情"的无滞之境。

在这个意义下,整个宋明理学发展的一个基本主题就是:如何在儒家有我之境的立场上消化吸收佛教(也包括道家文化)的无我之境。全部宋明理学的心性论与工夫论,大半讨论的无非就是这个问题,只是具体表现各异而已。不能了解这一点,就根本不可能理解宋明理学的内在的讨论,甚至无法看懂一部《明儒学案》。而宋明理学发展的这种方向至少在中唐已开始并日趋明显。

柳宗元曾把当时知识分子的这种心态表白得很清楚:

> 儒者韩退之与余善,尝病余嗜浮图言,訾余与浮图游。近陇西李生础自东都来,退之又寓书罪余,且曰"见送元生序,不斥浮图"。浮图诚有不可斥者,往往与《易》《论语》合,诚乐之,其于性情爽然,不与孔子之道异。(《送僧浩初序》,引自《中国佛教思想资料选编》二之四,第354页)

柳宗元所说佛教中"虽圣人复生不可得而斥"的内容主要就是指佛教的修养境界,他说:"且凡为其道者,不爱官、不争能,乐山水而嗜闲安者为多,吾病世之逐逐然唯嗜利为务以相轧也,则舍是其焉从?"所以说"诚乐之,其于性情爽然"。他感到自己具有一种强烈的心灵的需要,这种需要只有佛教才能满足,佛教可以提高精神境界,超然于他所厌恶的世俗斗争。柳宗元等人对佛教的兴趣完全不在其形上学的基本假设和对于社会义务所持的否定态度,更不是僧侣的寺院生活,而是"闲其情""安其性","唯山水之乐","泊焉而无求"的心灵境界。

韩愈晚年亦复如此。他与僧大颠交往历来儒者议论甚多。朱子说:"退之晚来觉没顿身己处,如招聚许多人博塞为戏,所与交如灵师惠师之徒皆欲饮酒无赖,及至海上见大颠,壁立万仞,自是心服,'其言实能外形骸,以理自胜,不为事物所乱',此是退之死欤。"(《语类》百三十七,第3275页)韩愈晚年倾心大颠,是因为他敬佩大颠等人能超越俗世的自我,在各种外物的冲击、诱惑下保持心境的平静。阳明对此说得更清楚:"退之与孟尚书云:'潮州有一老僧号大颠,颇聪明,认道理,与之语,虽不尽解,要自胸中无滞碍,因与往来,及祭神于海上。遂造其庐,来袁州留衣服为别。乃人情之常,非宗信其法,求福田利益',退之之交大颠,其大意不过如此。"(《书韩昌黎与大颠坐叙》,《全书》二十八,第394页)近几十年来,国内学者因站在唯心唯物两分的一元哲学史观立场上,对中唐几位思想家(韩、柳、刘)与佛教的交往常常感到迷惑不解,从而有"摇摆于唯物唯心之间"一类说法。事实上,这些儒者与僧人的交往并不以放弃儒家的生活态度和宇宙观为条件,他们对佛教本无(空)的形上学并不感兴趣,正如阳明所说,佛教所吸引他们的,乃是那种"无滞碍"的精神境界,这与是否摇摆于唯物唯心之间,是不相干的。

李翱之《复性书》常为后儒所诟病,但是李翱真正的意旨并不是在禁欲主义的立场上提倡"灭情",他的"灭情"实即禅宗之"无念"或宋儒之"无情",都是指对情感情绪的无执著。特别是他力图在儒家思想传统中寻找无情说的根据,很值得注意,如"由也非好勇而无惧也,其心寂然不动故也","轲曰我四十不动心";又以"《易》曰天下何思何虑"为无情说,主张儒者本来也有此种境界;他认为《中庸》的根本思想是"动静皆离,寂然不动者是至诚也";解释《大学》致知为"视听昭昭而不起于见闻者斯可矣,明辨焉而不应于物者是致知也"。他把儒家经典中的"人生而静"(《礼记》)、"诚"(《中庸》)、"不动心"(《孟子》)、"寂然不动"(《系辞》)诠释为可以吸收佛教精神境界的基础观念,对后来儒者颇有影响。李翱以"不动心"为道统与韩愈以"博爱之谓仁"

为道统,正好互补地提示了新儒家(道家)有无合一的发展方向。

如果说中唐儒者对"无"的境界的向往多出于满足自己在坎坷的人生旅途中安心立命的心灵需要,那么,宋儒则是力图从根本上把佛教的这种境界及实现此种境界的工夫扬弃到儒家内部中来。北宋时,周濂溪、张横渠在本体论上为儒家之"有"进行了新的论证,着力多在宇宙论。然横渠不仅以气一元论的实体论证宇宙社会之实有,又从大"吾"建立了《西铭》的"有我"之境。二程兄弟则既从心性论上阐发"有"之根据,即善与理的内在性,又开始吸收禅宗的精神境界,这在大程子尤为明显。大程答张载论《定性书》将儒者的"无我之境"阐发得极明白:

> 所谓定者,动亦定,静亦定,无将迎,无内外。
>
> 夫天地之常,以其心普万物而无心,圣人之常,以其情顺万物而无情。故君子之学,莫若廓然而大公,物来而顺应。
>
> 圣人之喜以物之当喜,圣人之怒以物之当怒。是圣人之喜怒,不系于心而系于物也。(《二程集》,第461页)

张横渠以外物为累,未能摆脱有小我之境,程颢认为,"定"的意义是指内心的稳定和平静,而不是指拒绝与外物的接触或不产生任何思虑情感。因而"定"的实现不是依靠消灭一切情感,而是让情感顺应物理之当然,不杂有任何个人的执著,这就叫做"情顺万物而无情","廓然而大公,物来而顺应"。后来儒者多用"廓然大公"描述心之本体即由此而来。但程颢当时只论境界,未谈本体。"情顺万物而无情"即《金刚经》"应无所住而生其心"之意。《二程遗书》卷一记载侯与圣所录:"明道先生与某讲《孟子》,至'勿正心勿忘勿助长'处云,……因举禅语为况云'事则不无,拟心则差',某当时言下有省。"拟心即执著和预先计较,这也是物来顺应的意思。大程子一方面强调"识仁",提出"仁者以天地万物为一体,莫非己也","此道与物无对,大不足以名之,天地之用皆我之用",提升了仁学的"有我之境";另一方面又强调"以物待物不以己待物,则无我也"(《遗书》十一)的无我之境。他的精神境界与气象表明他真正实践了他自己的思想,达到了"有无一"。史载二程兄弟饮酒观妓舞,小程低头目不敢视,大程则谈笑自若,他日乃云某眼中有妓,心中无妓,正叔眼中无妓,心中有妓,这正是程颢"物来顺应""情顺万物而无情"的具体体现。小程则不悟此,故张载尝言"小程可如颜子,然恐未如颜子之无我"(《经学理窟》,《张载集》,第 280 页)。小程庄整齐肃,然晚年亦有和乐处,《外书》记其语云:"风竹便是感应无心,如人怒我,勿留胸中,须如风动竹。"(《外书》七,《二程集》,第 393 页)这可以说是发大程《定性书》之"人之情易发而难制者惟怒为甚,第能于怒时遽忘其怒而观理之是非"之余蕴。伊川晚年过江与一老父论"无心",似乎显示出他的境界渐入化境(见《外书》十二)。谢上蔡语录载:"二十年前往见伊川,伊川曰:近日事如何?某对曰:天下何思何虑。伊川曰:是则是有此理,贤却发得太早在。"(同上)然而伊川终不及明道之气象从容。

事实上,对佛老境界加以吸收的努力,如果仅表现为实践方面,则二程前的周濂溪、邵康节之学亦早发其端。两人皆受道家思想影响较大,亦兼有佛家影响。《太极图说》《通书》虽未论及此点,但濂溪的境界在当时已被称为"胸中洒落,如光风霁月",这正是超然自由的境界。他教二程寻孔颜乐处,这个"乐"的境界显然是有无合一之境。邵雍《观物内外篇》力辨"以我观物"与"以物观物",康节所说的"观"显然不是认识论之观,而是世界观之观,其意义是指对宇宙人生的觉悟和理解。邵雍算是达到了儒者所谓"胸中无事"的境界,伊川也说"尧夫只是一个不动心,释氏平生只学这个事,将这个做一件大事"(《宋元学案·百源学案》)。

相比周敦颐、邵雍、程颢向往的人格境界,程颐、朱子代表的是一种偏于严肃主义的境界。"主敬"宗旨的提出可以看做是与周、邵、程的浪漫主义境界的一种补充和限制。儒家的境界本来是包含有不同的向度或不同层面的,孔子既提倡"克己复礼"的严肃修养,又赞赏"吾与点也"的活泼境界。孟子思想中既有"恻隐之心"的悲悯情怀与救世意愿,又有"不动心"与"善养吾浩然之气"的超然态度。就是荀子,虽然偏重于"以道制欲"(《荀子·乐论》)的檃括烝矫,亦未尝不提到"治气、养心之术"，提出"怒不过夺，喜不过予"（《荀子·修身》）。也是荀子最先引证《书经》"无有作好""无有作恶"之说，启示了儒学精神性的开展。从宏观上看儒家，受佛道影响较大的周邵的"洒落"境界与近于康德主义的"敬畏"境界的程朱派构成了一种互补的平衡。

这个线索可以追溯到汉以后文化的发展。《大学》一方面提出了"君子必慎其独"，要求君子不欺暗室以诚其意，去不善以著其善；另一方面也充分注意到情感心理和谐的重要意义，如"自慊"代表一种充实、稳定、安宁的心理状态。更有意味的是，《大学》的"正心"并不是指正其不善之心以归于善，而是明白指出"身有所忿懥则不得其正，有所恐惧则不得其正，有所好乐则不得其正，有所忧患则不得其正，心不在焉，视而不见，听而不闻，食而不知其味"，这显然超越了伦理意义上的正心。同样，《中庸》不仅提出"莫见乎隐，莫显乎微，故君子慎其独也"，更拈出"喜怒哀乐未发谓之中，发而皆中节谓之和"，其未发正是《大学》正心章所说的心体，即忿懥、恐惧、好乐、忧患的情绪主体，它着眼的不是意识的善恶，而是情感与心理的平静和谐，前者是伦理意义的，后者是存在意义的。

魏晋时代无情有情的辩论则是在道家文化脉络中这一问题的表现。何晏认为"圣人无喜怒哀乐"，钟会述其说。而王弼则认为"圣人茂于人者神明也，同于人者五情也，神明茂故能体冲和以通无，五情同故不能无喜怒哀乐以应物，然则圣人之情应物而无累于物者也"（《三国志·魏书》二十八钟会传注）。圣人超越常人之处一方面在于圣人具有常人无可企及的理性智慧，另一方面在于圣人具有极高的精神境界，这种精神境界表现为自由自在的情感生活，圣人的感情与情绪既是对外物的自然反应，又不被外物所拘系。很明显，"应物而无累于物"即佛家之"应无所住而生其心"，亦即程明道"情顺万物而无情"。所谓禅宗的中国化，在一个意义上实即道家化。这也说明，"无累""无滞"是中国文化中各家各教所共同推崇的精神境界。后来郭象说"圣人常游外以冥内，无心以顺有，故虽终日挥形而神气无变，俯仰万机而淡然自若"（《庄子注·大宗师》），与佛家"终日吃饭不曾咬著一粒米"，和儒家"必有事焉而心勿正"及"良知不离于见闻亦不滞于见闻"完全一致,只是各家都是用自己的语言来揭示这同一境界罢了。

所以,魏晋玄学所谓"体无"、所谓"体冲和以通无"都不是指对本体的"无"的认识而是指达到"无我""无心"的境界,这个境界并不要脱离社会事物,也不排斥情感生活。就王弼或其他玄学家来说,是积极地发展了所受的道家的影响。在另一方面,王弼对《周易》也非常重视,《周易注》"正其情""性其情"的说法显然也是染着儒家的色彩的。如皇侃义疏所说,性其情是主张情之正,这与主张情之无累毕竟是有所不同的两条路子。这两条路子在王弼究竟如何统一起来,似乎并未得到解决。这是因为,站在道家为主的立场上是无法强调道德性的。

回到儒家本身来看,汉以后经唐至宋,特别是宋儒已在实践上对"无"的境界加以吸收,但理论上并未解决。而汉宋儒学发展中的主流毕竟只是"正其谊不谋其利,明其道不计其功"的道德境界。宋儒中不少人忌谈无心,如伊川早年,"有人说无心,伊川曰无心便不是,只当云无私心"(《外书》十二),陆九渊亦认为"狎海上之鸥,游吕梁之水,可以谓之无心,不可以谓之道心"(《陆九渊集》二十九,第341页),把道心与无心对立起来。而佛老对儒家的挑战,从根本上说,不在于如何对待伦理关系,而在于面对人的生存情境及深度感受方面的问题提供给人以安心立命的答案。① 而这就给北宋以来的新儒家带来一个两难,如果不深入到人的生存结构就无法真正回应佛道的挑战,而回应这一挑战必然要对佛老有所吸收,以致冒着被攻击为佛教化的危险。有与无的这种紧张直到阳明学才得到了从理论到实践的完全化解。

二 无我为本

1. 自得与无我

"无我"在道家与佛家中是一个常用的词汇。孔子主张"克己"即

---

① 僧肇曾论此理甚明,肇公年轻时遍读经史庄老,尝读老子,叹曰"美则美矣,然栖神冥累之方,犹未尽善",故出家学佛。栖神即安心立命,冥累即超脱烦恼,皆指儒家与老子未能满足此种生存的需要。

克除私欲,又提倡"毋我"即反对固执。阳明的"无我"观念包含了这两个方面的意义,但更偏于"无执""无著"的一面。

阳明说:"圣人之学以无我为本。"(《别方叔贤序》,《全书》七,第124页)又说:"诸君要常体此,人心本是天然之理,精精明明,无纤介染著,只是一个无我而已。胸中切不可有,有即傲也,古先圣人许多好处也只是无我而已。"(《传习录》下,《全书》三,第86页)照这个说法,无我也是心之本体,心之本体本来无我,本来"无纤介染著",从上章我们可知,这也就是四句教所说的心体无善无恶之意。从境界上说,无我是一个无的境界,所以"胸中切不可有",才能达到那个理想的境界。根据这一立场,他赞成这样的说法:"此学如立在空中,四面皆无依靠,万事不容染着,色色信他本来,不容一毫增减,若涉些安排,着些意思,便不是合一功夫。"(《与杨仕鸣》,《全书》五,第107页)这里显然有着陈白沙的影响。不涉安排即不拟于心,不容染着即不著意思,都是指无我境界。既然心之本体是良知,良知本来是无执无著的,故说:"晓得良知是头脑方无执著。"(《传习录》下,《全书》三,第77页)

无我既是本体,也是境界,又是工夫。通过无我的工夫,达到无我的境界,以恢复心之无我的本然状态。阳明说:"功夫不是透得这个真机,如何得他充实光辉?若能透得时,不由你聪明知解得来,须胸中渣滓俱化,不使有毫发沾滞始得。"(同上书,第77页)工夫的无我就是要化去心中一切滞碍,实现来去自由、无滞无碍的境界。这样的工夫不是认知意义的"知解",而是一种精神的锻炼,故阳明有时又强调这种工夫的特征不是"增"而是"减"。

这个"无纤介染著"的境界也叫做"自得",自得表示精神由充实、平和而有的自我满足感。人能做到无我,就可以"无入而不自得",即任何情况下都能保持内心的充实满足。阳明指出:"尝以为君子素其位而不愿乎其外,素富贵则行乎富贵,素贫贱则行乎贫贱,素患难则行乎患难,故无入而不自得。"(《与王纯甫》,《全书》四,第96页)"素而不愿"见于《中庸》十四章:"素富贵行乎富贵,素贫贱行乎贫贱,素夷狄行乎夷狄,素患难行乎患难,君子无入而不自得焉。"大意是指君子应顺其自然,处于富贵之中,则无骄吝爱恋之心,行所当为;遭遇贫贱困境,也不怨天尤人,自寻烦恼,该怎样做仍怎样做。这就是顺其自然,随遇而安。程颢说物来顺应,情顺万物而无情,也就是这个意思。

从这点来看,"无入而不自得"比起"无所住而生其心"更突出了无我之境的自我满足的心理特征。阳明说:"所谓洒落者,非旷荡放逸纵情肆意之谓也,乃其心不累于欲,无入而不自得之谓耳。"(《答舒国用》,《全书》五,第108页)他认为,自得从工夫上说是无我的结果,是主体性通过某种消极的丧失而得到的积极的发扬,而这乃是精神锻炼的一种结果,他以李白为例指出:"李太白狂士也,其谪夜郎,放情诗酒,不戚戚于困穷,盖其性本自豪放,非若有道之士真能无入而不自得也。"(《书李白骑鲸》,《全书》二十八,第394页)他在答南元善书中也强调,需要借助于投情诗酒山水或沉溺某种嗜好技艺来转移对功名富贵的欣戚只是一种"有待于物"的暂时的方法,任何感性的满足和适意都不能代替真正的自得境界,只有有了这个自得境界,人才能在任何条件下"捐富贵、轻利害、弃爵禄,快然终身无入而不自得"。

2. 敬畏与洒落

周濂溪的光风霁月、邵康节的逍遥安乐、程明道的吟风弄月,正如黄庭坚评价濂溪时用的一个词汇,都属于"洒落"的境界。后来朱子的老师李侗也用过这个词汇,成为宋儒浪漫主义境界的一个基本特征。同时,由程颐到朱熹,更多地提倡庄整齐肃的"主敬"修养,动容貌、修辞气,培养一种"敬畏"的境界。这两种境界在儒学中一直有一种紧张,过度的洒落,会游离了道德的规范性与淡化了社会的责任感;过度的敬畏,使心灵不能摆脱束缚感而以自由活泼的心境发挥主体的潜能。这个紧张也就是有心与无心的紧张的一种表现。如朱子一生最不喜欢人说"吾与点也",其弟子一日求安乐法,朱子回答"圣门无此法"(《语类》百十三,第2743页),朱子认为"闲散只是虚乐,不是实乐",朱子显然是以敬畏排斥洒落。

阳明曾作《见斋说》:"夫有而未尝有,是真有也。无而未尝无,是真无也。见而未尝见是真见也。……然则吾何所用心乎？曰：沦于无者，无所用其心者也，荡而无归。滞于有者，用其心于无用者也，劳而无归。夫有无之间，见不见之妙，非可以言求也。"（《全书》七，第135页）《见斋说》的本意是回答刘观时提出的道是否可见的问题，但阳明所批评的"沦无滞有"，和他所赞成的"有而未尝有""无而未尝无"，从后来整个思想发展来看，也可以说有着更为广泛的意义。他曾详细讨论过"敬畏"与"洒落"的对立统一：

> 夫谓"敬畏日增，不能不为洒落之累"，又谓"敬畏为有心，如何可以无心而出于自然，不疑其所行"，凡此皆吾所谓欲速助长之病也。夫君子之所谓敬畏者，非"有所恐惧忧患"之谓也，乃"戒慎不睹恐惧不闻"之谓耳。君子之所谓洒落者，非旷荡放逸、纵情肆意之谓也，乃其心体不累于欲，无入而不自得之谓耳。夫心之本体即天理也，天理之昭明灵觉，所谓良知也，君子之戒慎恐惧，惟恐其昭明灵觉者或有所昏昧放逸、流于非僻邪妄而失其本体之正耳。戒慎恐惧之功无时或间，则天理常存，而其昭明灵觉之本体无所亏蔽、无所牵扰、无所恐惧忧患、无所好乐忿懥、无所意必固我、无所歉馁愧怍。和融莹彻，充塞流行，动容周旋而中礼，从心所欲而不踰，斯乃真所谓洒落矣。是洒落生于天理之常存，天理常存生于戒慎恐惧之无间，孰谓敬畏之增反为洒落之累耶？惟夫不知洒落为吾心之体，敬畏为洒落之功，岐为二物而分其用心，是以互相牴牾，动多拂戾。（《答舒国用》，《全书》五，第108页）

阳明认为，儒学传统中被肯定的"敬畏"境界并不是《大学》正心条目中所说的破坏了心体本然之正的恐惧愤怒的情绪，这种"敬畏"不是对于某一特定对象的畏惧，它实际上是指《中庸》所说的"戒慎恐惧"，是一种自觉的防检和提撕，因而从经验主体的感受来说，戒慎恐惧并不给心灵带来任何动荡与不安，这也就是二程说的忧患中自有宁静。同样，儒学传统中被肯定的"洒落"不是指肆意放荡，无所顾忌，而是指心灵自由的一种特征,是摆脱了一切对声色货利的占有欲和以自我为中心的意识,而达到的超越限制、牵扰、束缚的解放的境界。

这个境界也就是周敦颐教二程去寻的"孔颜乐处"。这个"乐"与常人所说的感性快乐或与特定对象相关的审美愉悦不同,是一种真正的精神恬适。阳明指出,这种乐是"真乐","虽不同于七情之乐,而亦不外于七情之乐"(《答陆元静》,《全书》二,第 63 页)。这是说孔颜之"乐"与常人七情之乐不同,达到这种真乐并不需要排除七情,它是在七情顺其自然的无滞流行中得以实现的。真乐与七情之乐的区别,严格地说,并不是理性与感性的区别,也与理性与感性的相互对立与排斥无关。另一方面,真乐也决不能被混同于七情之乐,真乐作为理想精神境界的特征与七情之乐的关系是由"不离不滞"的特殊模式建立起来的。

正如曾点的"快活"需要"克念"加以限制,狂者胸次还不就是终极境界,因而"洒落"需要"敬畏"来限制和补充。阳明并不像宋代理学那样用敬畏否定洒落,或以洒落代替敬畏,而是给两者以适当的诠释,使两者互相肯定、互相补充。在阳明看来,敬畏与洒落并不是各自独立的,洒落产生于常存天理,天理常存则来自不断地戒慎恐惧。因此,根本工夫仍是戒慎恐惧。戒慎恐惧的工夫愈详密,愈有助于洒落境界的实现。从这个立场看,把敬畏当成洒落的障碍,只是表明工夫还未进入正确的轨道而已。

心的本然之体,按阳明的了解,本来是无所亏蔽、无所牵扰、无所恐惧忧患、无所好乐忿懥、无所意必固我、无所歉馁愧怍。学问工夫所要达到的理想境界本质上是回到心的本来面目和状态。这六个"无所"也就是四句教"无善无恶心之体"的具体内涵,标志着人的存在的本真结构和情态。在儒家哲学中所肯认的洒落境界,不仅没有牵扰、恐惧、忿懥、歉馁、愧怍、紧张、压抑等各种心理纠纷与动荡,而且是从心所欲不逾矩,道德境界与本真情态合而为一。因为天理是心之本体的内容,六个"无所"是心之本体的存在形式,它们是本然的统一。

因此,"洒落为吾心之体,敬畏为洒落之功",虽然与四句教相对应,其直接意义是指以六"无所"为标志的洒落境界即是人心本然之体,而敬畏的戒慎恐惧是实现和获得洒落境界的工夫与手段。但这不是说心之体只是洒落,或者敬畏只是作为实现洒落的手段才被承认其意义,这一点我们在狂者需要克念成圣这一思想上将看得很清楚。因而,天理与洒落都是心之本体,是本心的一体两面。如果一定要分开来说,在某一意义上,正如本书四句教章中提出的,也可以说天理是性体,洒落是心体。人的存在结构有本质与情态(海德格尔)两个要素。天理是意识的伦理本质和内在根源,洒落则是人的生存的先验的情绪状态。

作为戒慎恐惧的敬畏是致良知的根本工夫,这个工夫既可朗现先验的道德主体,又可以使心回到本真情态。阳明强调,必须摆脱那种形式的观察,正如戒慎恐惧虽然是心念之发,但却属"定""静"而不是"动",同样,戒慎恐惧虽然是敬畏,但并不是出于狭隘自我的一种忧惧,所以不是《大学》说的"有所恐惧""有所忧患"。戒慎敬畏与一般的恐惧忧患的区别,正如"动亦定,静亦定"与一般的动静的区别,是理解理学境界观及工夫论的重要之点。

3. 不动与无累

阳明曾与王纯甫书指出:"变化气质,居常无所见,惟当利害、经变故、遭屈辱,平时愤怒者到此能不愤怒、忧惶失措者到此能不忧惶失措,始是能有得力处。"(《与王纯甫》,《全书》四,第96页)人在遭受巨大的人生波折、失败、困苦、屈辱的时候,精神和心理状态能够不为环境的变异或个人的得失所影响,这不仅是一个意志是否坚强的问题,而是一个整体的世界观问题,也是一个人精神锻炼、修养程度的检验。普通人的烦恼、沮丧、压抑、不快、怨恨等,在阳明看来,都是精神锻炼不够造成的"动心"。而君子在任何情况下能"无入而不自得",就是要能够做到在这些情况之下"不动心"。这绝不是一个容易达到的境界,尽管人的心理的先天素质与定力不同,"不动心"的境界作为主体性的成熟和内在力量的表现,是需要修养锻炼而后才能达到的境界。正如李翱所说,自孟子以来,儒家并没有忽视对这一种境界的追求。① 阳明与王纯甫书虽在正德七年,事实上这也是他后来经宁藩之变与张许之难"得力"之处所在。

站在这个立场上,人生的变故正是考验和锻炼这种境界的机会,"外面是非毁誉,亦好资之以为警切砥砺之地,却不得以此稍动其心,便将流于日劳心拙而不自知矣"(《答刘内重》,《全书》五,第 110 页)。阳明还说:"毁誉荣辱之来,非独不以动其心,且资之以为切磋砥砺之地,故君子无入而不自得,正以其无入而非学也。若夫闻誉则喜,闻毁则戚,则将惶惶于外,惟日之不足矣,其何以为君子! 往年驾在留都,左右交谗,某于武庙当时祸且不测,僚属咸危惧,谓君疑若此,宜图所以自解者。某曰君子不求天下之信己也,自信而已,吾方求以自信之不暇,而暇求人之信己乎?"(《答友人》,《全书》六,第 115 页)阳明曾说,良知之说"从百死千难中得来,非是容易",以上所引几封答人书皆作于居越以后,是阳明自己"当利害,经变故,遭屈辱"的经验之谈。只有真正了解阳明正德末年经历的巨大人生困境,和面对的严峻的生存考验,我们才能了解"良知"的学说对阳明自己早已超出了纯粹伦理的意义,而涵有生存意义上的智慧与力量。擒濠之后的阳明,他的盖世之功非但未得任何肯定与奖励,反而遭到内官在君前的恶毒诋毁,在"暗结宸濠""目无君上""必反"等被罗织的六大罪名之下,阳明处于"君疑"的处境,随时有杀身灭门之祸,这可以说是封建时代士大夫所遭遇到的最险恶的人生处境。面对如此危如累卵的艰险处境,阳明所以能处变不惊,历险而夷,是和他作为一个哲学家的精神性的成熟稳定不可分的。

王畿曾指出:"先师自谓良知二字自吾从万死一生中体悟出来,多少积累在,但恐学者见太容易,不肯实致其良知,反把黄金作顽铁用耳。先师在留都时,曾有人传谤书,见之不觉心动,移时始化,因谓终是名根

---

① 二程亦云:"君子莫大于正其气,欲正其气,莫若正其志。其志既正,则虽热不烦,虽寒不栗,无所怒,无所喜,无所取,去就犹是,死生犹是,夫是之谓不动心。"(《遗书》二十五,《二程集》,第 321 页)这是对孟子、庄子皆有所继承。

消煞未尽。譬之浊水澄清，终有浊在。余尝请问平藩事，先师云，在当时只合如此作，觉来尚有微动于气所在，使今日处之更自不同。"(《龙溪先生全集》卷二)①王畿这个记述所以值得注意，就在于他明确指明良知说的生存意义，即良知作为不动于心、不动于气的本然状态的意义。阳明正是在那样险恶的情境下"平时愤怒者到此能不愤怒，忧惶失措者到此能不忧惶失措"，"毁誉荣辱之来不以稍动其心"，由于他以高度稳定、平静、沉着的态度泰然处之，即处危不动、处急不惊、处变不乱，最终摆脱了危机，经受住了严峻的考验。只有从这里才能理解良知说从"百死千难""万死一生"中体悟得来的说法。② 在经历了江西之变以后，他终于确信，良知说不仅可以使人达到道德的至善，而且依赖它，人可以真正达到他向往已久的"不动心"的境界。

后来他在答黄绾论良知书中也说："彼此但见微有动气处，即须提起致良知话头，互相规切。凡人言语正到快意时便截然能忍默得，意气正到发扬时便翕然收敛得，愤怒嗜欲正沸腾时便廓然能消化得，此非天下之大勇者不能也。然见得良知亲切时，其工夫自不难。缘此数病良知之所本无，只因良知昏昧蔽塞而后有，若良知一提醒时，即如白日一出而魍魉自消矣。"(《与黄宗贤》，《全书》六，第 119 页)这也是说，致良知的一个重要意义就在于能使人在"动气"时断然地控制感情、情绪的平衡，使人在任何时候任何环境下都能保持"平常心"，这种控制感

---

① 按王畿此说前后皆为江西而发，因疑"留都"当作"洪都"，乃言江西时事，非南京时也。

② 王龙溪尝记阳明述江西之变："师曰：致知在格物，正是对境应感实用力处。平时执持怠缓无从考查，及其军旅酬酢，呼吸存亡，宗社安危所系，全体精神只从一念入微处自照自察，一些着不得防检，一毫容不得放纵，勿欺勿忘，触机神应，乃是良知妙用，以顺万物之自然，而我无与焉。夫人心本神，本自变动周流，本能开务成务，所以蔽累之者，只是利害毁誉两端。世人利害，不过一家得丧而已，毁誉不过一身荣辱而已。今之利害毁誉两端，乃是灭三族，助逆谋反，系天下安危。只如人疑我与宁王同谋，机少不密，若有一毫激作之心，此身已成齑粉，何待今日！动少不慎，若有一毫假借之心，万事已成瓦裂，何有今日！此等苦心，只好自知，譬之真金之遇烈焰，愈锻炼愈发光辉。此处致得，方得真知。此处格得，方是真物。非见解意识所能及也。自经此大利害大毁誉过来，一切得失荣辱，真如飘风之过耳，岂足以动吾一念！今日虽成此事功，亦不过一时良知之应迹，过眼便已为浮云，已忘之矣。"(《读先师再报海日翁吉安起兵书序》，《龙溪先生全集》卷十三)

情情绪以保障最佳心理素质与心理状态的能力,不是靠平平常常的方式可以获得的,实现这种境界的难度大大超越一般的勇气甚至面对死亡的勇敢。从心性本体来说,此种境界所以可能的根据是由于"此数病良知之本无",这也就是四句教心体本无喜怒哀乐的思想,从这里也可以看出,致良知与四句教有极为密切的关联。

《传习录》载:"问有所忿懥一条,先生曰:忿懥几件人心怎能无得,只是不可有耳。① 凡人忿懥著了一分意思,便怒得过当,非廓然大公之体了。故有所忿懥便不得其正也。如今于凡忿懥等件只是个物来顺应,不要著一分意思,便心体廓然大公得其本体之正了。且如出外,见人相斗,其不是者,我心亦怒,然虽怒却此心廓然不曾动些子气,如今怒亦只得如此方才是正。"(《全书》三,第76页)由此可见,阳明所说的不动心代表的境界并不是心如枯槁,百情不生,而是"物来顺应""不要着一分意思",这也就是程颢所说"情顺万物而无情"。七情是意识主体的活动必然具有的,其本身并不是不合理的,问题在于要使七情的发生"不曾动些子气",即不使感情与情绪破坏、伤害心境的平衡与稳定。这种不动心的境界,用前章讨论的语言,即"无累""无滞"的精神境界。如阳明对薛侃说:"悔悟是去病之药,然以改之为贵,若留滞于中,则又因药发病。"(《传习录》上,《全书》一,第48页)他对黄直也说:"文字思索亦无害,但作了常记在怀,则为文字所累,心中有一物矣。"(《传习录》下,《全书》三,第76页)在阳明看来,超然境界不仅是排除一切紧张、压抑、烦躁等否定性情绪,对于任何意念都如此,人不应使任何意念情绪留滞于心,留滞就是有累,即受到感情情绪的牵扰,无法保持自由活泼的心境。正是在这个意义上,他充分肯定了佛道的生存智慧。有见于儒者多为名利所缚,他感叹道"人生动多牵滞,反不若他流外道之脱然也"(《与黄宗贤》,《全书》四,第96页)。"方今山林枯槁之士亦未可多得,去之奔走声利之场者则远矣"(《寄希渊》,《全书》四,第97页)。他进而认为佛老与儒家的终极的精神境界是一致的:"仙佛到极

---

① 此处当缺一"著"字,作"只是不可有著耳"。

处与儒者略同,但有上一截,遗了下一截,终不似圣人之全,然其上截同者不可诬也。"(《传习录》上,《全书》一,第 43 页)正德十二年至十五年,阳明在江西平乱时取得多次重大的军事胜利,后来他的学生问他用兵之术,他说:"用兵何术,但学问纯笃,养得此心不动,乃术尔,凡人智能相去不甚远,胜负之决,不待卜诸临阵,只在此心动与不动之间。"(《征宸濠反间遗事》钱德洪按语,《全书》三十八,第 540 页)对于王阳明的显赫事功,人们常常会问:这与其学术思想是否有关? 事实上,如果说阳明的学术与他的军事胜利有什么关系的话,那么可以说,主要是他的"不动心"的境界使他得以自如地应付复杂的局面。早在正德十一年阳明受命巡抚南赣时,他的朋友即预言"阳明此行必立事功",人问何以知之,他说"吾触之不动矣"(《年谱》,《全书》三十二,第 449 页)。至于阳明在江西平叛时指挥若定的实例更是不胜枚举。[1]

人的生存意义上的这种境界,就其终极关怀状态而言,其标志是突破生死关。阳明说:"学问功夫于一切声利嗜好俱能脱落殆尽,尚有一种生死念头,毫发挂滞,便于全体有未融释处。人于生死念头本从生身命根上带来,故不易去,若于此处见得破透得过,此心全体方是流行无碍。"(《传习录》下,《全书》三,第 79 页)这说明,阳明理解的超越境界,就其一般意义而言,要求超脱"一切声利嗜好",包括感性的欲求和一切对功名的强烈欲念。就其终极意义而言,则必须超脱生死的分别。阳明自己谪居龙场时曾经历过这种经验,他当时"于一切得失荣辱皆能超脱,惟生死一念尚不能遣于心"(《行状》,《全书》三十七,第 516 页),"惟生死一念尚觉未化"(《年谱》,《全书》三十二,第 446 页)。要彻底达到心之全体流行无碍的境界,就要勘破生死,从根本上使人的一切好恶脱落殆尽,以实现完全自由自在的精神境界。在这一意义上,这种境界作为一种生死解脱的智慧具有宗教性或与宗教境界相通。

---

[1]　可参看钱德洪:《征宸濠反间遗事跋》,《全书》三十八,第 540 页。

三 狂者胸次

佛家喜欢用境界一语,儒家则多用"胸次",亦指精神境界。在宋明儒学传统中,我们常可见到"胸次悠然"一类提法,提示着那种从陶渊明到周濂溪的精神境界。

"良知"的信念与实践使阳明在百死千难的危机中从容应对,终于化解危机,经受住了人生严峻的考验,这使阳明更加坚定了对于良知学说的自信。后来他回到山阴,与门人回顾江西平藩之后那一段险恶处境时,曾说:

> 诸君之言,信皆有之,但吾一段自知处,诸君俱未道及耳。我在南都以前,尚有些乡愿的意思在,我今信得良知真是真非,信手行去,更不著些覆藏,我今才做得个狂者的胸次,使天下之人都说我行不掩言也罢。(《传习录》下,《全书》三,第82页)①

阳明认为,他在南京以前(即46岁以前)还有些"乡愿"的意思,而到平藩之后,他才达到了"狂者"的境界。照这里所说,所谓狂者胸次指"知得良知真是真非,信手行去,更不著些覆藏",这也即是王龙溪所说"时时知是知非、时时无是无非"的熟化之境。

"狂"的讨论见于《论语》的《子路篇》:"子曰:不得中行而与之,必也狂狷乎! 狂者进取,狷者有所不为也。"孔子说,如果中道之人难于遇到,则宁可和狂狷之人同游,因为狂者有很高的志向,狷者也不随波逐流。对此《孟子》中有进一步的讨论:"万章问曰:'孔子在陈曰:盍归乎来! 吾党之士狂简进取,不忘其初。孔子在陈,向思鲁之狂士?'孟子曰:'孔子"不得中道而与之,必也狂狷乎? 狂者进取,狷者有所不为也",孔子岂不欲中道哉? 不可必得,故思其次也。''敢问何如斯可谓

---

① 《年谱》以此事在嘉靖二年癸未。

狂矣?'曰:'如琴张、曾皙、牧皮者,孔子之所谓狂矣。''何以谓之狂也?'曰:'其志嘐嘐然,曰古之人,古之人,夷考其行而不掩焉者也。'"(《孟子·尽心下》)孟子对狂者的定义是志向远大而行不掩言,即言与行不相符,行为不能达到言语表示要达到的程度。宋儒中二程对"狂"的讨论最有影响:"曾皙言志,而夫子与之,盖与圣人之志同,便是尧舜气象也,特行有不掩焉耳,此所谓狂也"(引自朱子《四书集注·孟子集注十四》)。

二程把曾点言志作为"狂者"的代表,这是指《论语·先进》中的一段著名故事。孔子问子路、曾皙(名点)等四个弟子各自志向如何,子路等三人都表示希望从政治民,实现儒家的社会理想,只有曾点不慌不忙地鼓瑟而乐,然后说,我与他们的志向不同,我向往的是"暮春者春服既成,冠者五、六人,童子六、七人,浴乎沂,风乎舞雩,咏而归"那种悠然自得的生活。"夫子喟然叹曰:吾与点也!"表示赞赏曾点的志向。在孔子的仁学中,博施济众的社会关怀占有重要地位,但在这一段著名谈话中,孔子却给注重个人精神自适的曾点投了一票,这是耐人寻味的。这无疑表示,在孔子理解的整个理想人格或理想境界中,精神生活的自在、自得、适意、无累,甚至逍遥是一个十分重要的方面。从而,"与点"的传统在宋明儒学中受到特别注意。朱子在《论语集注》中把这种境界表述为"胸次悠然,直与天地万物上下同流"。这样,在理学中,狂者胸次的问题与孟子时代不同,成为一个精神境界的问题。二程说"曾点,狂者也",朱子说"曾点之志,如凤凰翔于千仞之上"(《语类》四十,第 1026 页),都把曾点气象当作狂者胸次的集中体现。

与孔学的社会关怀、文化忧患、道德本位等方面不同,"曾点气象"突出的"志向",从本书的立场来看,正是超越功名事业的超然自得的无我境界。对此,理学内部的态度略有差别。如朱子对于曾点采取了两种相互联系又有所矛盾的态度。他一方面从"天理"的积极意义上解释曾点气象,如《四书集注》中说"曾点之学,盖有以见夫人欲尽处,天理流行,随处充满,无少欠阙,故其动静之际,从容如此,而其言志,则又不过即其所居之位,乐其日用之常,初无舍己为人之意。而其胸次悠然,直与天地万物上下同流"(《论语集注》卷六)。曾点本来未提到任何关于天理人欲的问题,朱子尽量把曾点乐处解释为"人欲尽处,天理流行"的道德境界。尽管如此,朱子也不得不肯定其超然自得的一面。

然而,朱子更经常持的是另一种态度,即对曾点有所批评,如说"曾点意思与庄周相似"(《语类》四十,第 1027 页),"只怕曾点有庄老意思"(同上书,第 1028 页)。特别是宋代受陆学影响较大的江西学者津津乐道于"曾点气象"而鄙薄主敬的严肃律己工夫,使朱子十分不满。他说:"某尝说曾晳不可学,他是偶然见得如此,夫子也是一时被他说得恁地也快活人,故与之。今人若要学他,便会狂妄了"(同上书,第 1032 页)。朱子还说"某平生便是不爱人说此话(指与点)"(《语类》百十七,第 2820 页),"公那江西人,只是要理会那漆雕开与曾点,而今且莫要理会!"(《语类》百十六,第 2788 页)晚年与高弟陈淳、廖德明语亦力辩此:"单单说个风乎舞雩、咏而归,只做个四时景致,《论语》何用说许多事?前日江西朋友来问,要寻个乐处,某说只是自去寻,寻到那极苦涩处便是好消息","却无不做工夫自然乐底道理"(《语类》百十七,第 2830 页)。

在理学中,与曾点浴沂咏归并提的是《论语》的另一则答问:"子使漆雕开仕,对曰:吾斯之未能信。子说"(《论语·公冶长》)。"斯"之何指,先儒诸说不同,说同悦。二程曾说:"曾点、漆雕开已见大意。"(《遗书》六,《二程集》,第 87 页)把漆雕开与曾点相提并论,也是指漆雕开不汲汲于功名而笃于自修的境界。孔子对这两个人的赞许,是儒学精神传统中值得注意的资源。

在前面引述的阳明与门人论狂者胸次的谈话之后,阳明再次详细说明了他所理解的狂者境界:

> 请问乡愿狂者之辨。曰:"乡愿以忠信廉洁见取于君子,以同流合污无忤于小人,故非之无举,刺之无刺。然究其心力,乃知忠信廉洁所以媚君子也,同流合污所以媚小人也,其心已破坏矣,故不可与入尧舜之道。狂者志存古人,一切纷嚣俗染不足以累其心,

真有凤凰千仞之意，一克念即圣人矣。惟不克念，故洞略事情，而行常不掩。惟行不掩，故心尚未坏而庶可与裁。"[1]

照这个说法，阳明并不认为"狂者"是理想人格的最高标准，狂者毕竟还不是圣人，但是狂者能够"一切纷嚣俗染不足以累其心，真有凤凰千仞之意"，远远超出了常人的境界，距圣人境界已经不远，所以说狂者"一克念即圣矣"，再加克念之功就可达到圣人境界。乡愿的本质是"媚"，为了博取他人的赞许，隐瞒自己的主张，顺从他人的意见或只讲他人不反对的话。阳明认为南京以前他未能免于乡愿意思，可能指他为了不引起别人的非议，顺从流行的意见，而未能像狂者一样"信手行去，更不著些覆藏"。他认为在平濠之后他才达到了"一切纷嚣俗染不足以累其心"的狂者胸次。阳明对此有何具体所指，无从考知。但有一点很清楚，在对儒释之辨的问题上，南都以前，他与湛若水几度讨论，都以"舍己从人"告终，实未免于乡愿意思，而江西之后，他对仙佛的肯定，确实怎么想怎么说，更无覆藏。王畿曾说："先师自云：'吾居夷以前称之者十九；鸿胪以前称之者十五，议之者十五；鸿胪以后议之者十之九矣'，学愈真切则人愈见其有过，前之称者，乃其已藏掩饰，人故不得而见也。"（《龙溪先生全集》卷三）

阳明居越以后，常与学者论曾点狂者气象，《年谱》记录了甲申年中秋之夜阳明与弟子的谈话：

中秋白月如昼，先生命侍者设席于碧霞池上，门人在侍者百余人。酒半酣，歌声渐动，久之，或投壶聚算，或击鼓，或泛舟，先生见诸生兴剧，退而作诗，有"铿然舍瑟春风里，点也虽狂得我情"之句。明日诸生入谢，先生曰："昔者孔子在陈，思鲁之狂士，世之学者没溺于富贵声利之场，如拘如囚，而莫之省脱。及闻孔子之教，

---

① 此录不见于《传习录》，引自陈荣捷先生所辑《传习录拾遗》第4条，载其《王阳明传习录详注集评》，学生书局1983年版，第391页。

始知一切俗缘皆非性体,乃豁然脱落。但见得此意,不加实践,以入于精微,则渐有轻灭世故、阔略伦物之病,虽比世之庸庸琐琐者不同,其为未得于道,一也。故孔子在陈思归以裁之,使入于道耳。诸君讲学,但患未得此意。今幸见此意,正好精诣力造,以求至于道,无以一见自足而终止于狂也。"(《全书》三十四,第469页)①

"点也虽狂得我情"是说曾点代表的人格境界虽然被孟子说成是狂者,却合乎我的向往和意愿。阳明已不再能忍受那种乡愿态度的折磨,一切世俗的顾虑、计较、追求他皆已置之度外,率性而行、勇往直前、义无反顾。他认为,这种狂者实际上是最接近于圣人之境的。狂者敢于突破平庸,超脱俗染,其本质在于狂者了解"一切俗缘皆非性体",这里的性体即是心体,亦即四句教无善无恶心之体之意。超越世俗性的牵累,在阳明看来,是为学的关键。对狂者胸次的推崇,在《传习录》上已开其端:"问:孔门言志,由、求任政事,公西赤任礼乐,多少实用!及曾晳说来,似要的事,圣人却许他,是意如何? 曰:三子是有意必,有意必便偏著一边,能此未必能彼。曾点这意思却无意必,便是素其位而行不愿乎外,素夷狄行乎夷狄,素患难行乎患难,无入而不自得矣。"(《传习录》上,《全书》一,第41页)"意必""偏著"都是有执著,在阳明的理解中,"狂者胸次"也就是无累无滞、"无入而不自得"的境界。阳明说:"予自鸿胪以前,学者用功尚多拘局,自吾揭示良知头脑,渐觉见得此意者多,可与裁矣。"(《文录叙说》,《全书》卷首,第6页)的确,阳明门下这种浴沂舞雩的气象,在理学家中是极为罕见的。阳明认为,认得"狂者胸次"这个"意思",是成学过程中的一个关键。

然而,"狂者"毕竟还不是"圣人"。狂者尽管能够超脱庸俗,但如果不努力律己以修,就会走向另一极端,走向对生活的否定和对社会的否定,其结果不仅不足以完成一个道德的境界,适足以变为出世主义或感性放任。所以理想的境界终究还是"圣",人必须由狂入圣,而不能

① 德洪文录叙说亦录甲申中秋事,然未如《年谱》所载之详。

"自足而终止于狂也"。

从这个观点来看,"无善无恶心之体"只是指出狂者境界的内在根据,而"为善去恶"才能最终实现圣人的境界。为善去恶就是"裁",就是"克念"。因此,阳明终极的理想境界是为善去恶与无善无恶的统一,最终并没有脱离儒家固有的立场。

四　与物同体

据湛若水《阳明先生墓志铭》,正德元年(丙寅)阳明与甘泉会于京师,"遂相与定交,讲学一宗程氏仁者浑然与天地万物同体之旨"(《全书》三十七,第514页),后来在书王嘉秀卷中阳明也强调仁者以天地万物为一体。晚年居越,更通过对《大学》首章"亲民"的解释阐发与物同体的思想。这表明,"与物同体"一直是阳明思想的一个重要方面。

在中国哲学史上,"万物一体"的观念发生甚早,但有不同的类型。如《庄子·齐物论》提出"天地与我并生,万物与我为一",这种万物一体是在相对主义哲学基础上抹杀事物的差别性的结果。宋代以后,大多数儒者"同体"的思想直接来自程颢的两段话,其一是"仁者以天地万物为一体,莫非己也,认得为己,何所不至?若不有诸己,自不与己相干,如手足不仁,气已不贯,皆不属己,故博施济众乃圣之功用"(《遗书》二上,《二程集》,第15页)。其二是"仁者浑然与物同体。义礼智信皆仁也。识得此理,以诚敬存之而已,不须防检,不须穷索。此道与物无对,大不足以名之,天地之用皆我之用"(同上书,第16页)。不过,这两段话表达的是两种不同的万物一体的思想。第一段话实际上把"仁者与万物为一体"作为"博施济众"的人道主义关怀的内在基础,它是要落实到社会关怀和忧患之上。第二段则是儒学精神性(Spirituality)的一个表达,要人培养和追求一种精神境界,它是要落实到内心生活中来。程颢指出,就这两方面而言,《孟子》和《西铭》对与物同体思想的贡献也不可忽视。

从"仁者以天地万物为一体"下面的一句"莫非己也"来看,把宇宙万物特别是人类社会每一成员都看成是和自己息息相通的、不可分离的部分,这个思想也肇于张载的《大心篇》及《西铭》。《大心篇》说"大其心则能体天下之物",即大程子以天地万物为一体,张载又说"视天下无一物非我",这也就是大程所说"莫非己也",都是强调从小我的感受性出发,达到大我的有我之境。至于《西铭》,更是以"吾"为轴心,以天地万物为一体。无怪乎大程子在《识仁篇》中推崇《西铭》为"得仁之体",还说"颢得此意",声明他深受张载的影响。从更远的古代说,惠施也有"泛爱万物、天地一体"的思想,只是惠子的命题过于简约,无法具体了解。甚至墨子的"兼爱"思想也未尝不可以作为"仁者与天地万物为一体"的一个来源。事实上,在宋明理学中,兼爱精神与差等原则的对立已几乎不再存在。

1. 仁者以天地万物为一体

据《年谱》,阳明晚年居越讲学,环座而听者常三百人,而阳明"只发《大学》万物同体之旨,使人各求本性、致极良知"(《全书》三十四,第 469 页),这说明"万物同体"直至阳明晚年仍是其讲学的基本宗旨之一。《大学》本文并没有谈到万物一体或万物同体的思想,而阳明用万物同体的思想诠释《大学》"亲民"的纲领,所以说"发大学万物同体之旨"。由此也可见,阳明万物同体思想的重点是在"博施济众""仁民爱物"的亲民一面。

由于阳明把"仁者与天地万物为一体"与《大学》三纲领之一的"亲民"联成一体,比起孔子的博施济众和孟子的仁民爱物,更加凸显出儒学诚爱恻怛的悲悯情怀和对于社会的责任感与使命感。对于一个儒家知识分子来说,如果他出任行政职务,万物一体主要落实到"政";如果不仕,则主要落实到"道"与"学"。比起朱子来,阳明受命担任过大量行政职务,这可能是他更强调亲民的一个原因。无论如何,阳明有关以天地万物为一体的几个大段文字,不仅是一气贯通,如大江之流一泻千里,而且是阳明全部著作中最富感情色彩的文字,这说明以天地万物为一体的思想是他全部学问与精神生活的一个重要部分。为了使读者直接感受这一点,并便于回答阳明哲学中"有"的境界在"博爱"方面的表现,我要请读者原谅在本节对阳明表述的大量征引,这将与本章前数节及上章关于四句教对于"无"的境界的充分讨论,成为一种补充,使我们可以更全面地了解阳明哲学的境界。

钱德洪曾指出:"平生冒天下之非诋推诮,万死一生,遑遑然不忘讲学,惟恐吾人不闻斯道,流于功利机智,以日坠于夷狄禽兽,而不觉其一体同物之心,譊譊终身至于毙而后已,此孔孟以来贤圣苦心,虽门人子弟未足以慰其情也。是情也,莫详于答聂文蔚之第一书。"(《传习录》中弁语,《全书》二,第53页)阳明痛悼末学支离,深忧世风败乱,力陈万物一体之旨,固然在嘉靖五年的答聂文蔚书中得到充分表现,事实上,在嘉靖三年的《拔本塞源论》①中也抒发得淋漓尽致:

> 夫圣人之心以天地万物为一体,其视天下之人无外内远近,凡有血气,皆其昆弟赤子之亲,莫不欲安全而教养之,以遂其万物一体之念。天下之人心,其始亦非有异于圣人也,特其间于有我之私,隔于物欲之蔽,大者以小,通者以塞,人各有心,至有视其父子兄弟如仇仇者。圣人忧之,是以推其天地万物一体之仁,以教天下,使之皆有以克其私去其蔽,以复其心体之同然。(《全书》二,第58页)

《拔本塞源论》的主题是辨别本末,区分复心体之同然的心学与追逐名物知识的支离之学。阳明认为,人的一切罪恶都源于人不能以万物为一体,而所以不能以万物为一体是由于功利霸术和记诵训诂之学阻碍了人恢复自己的心体。在阳明看来,就心的本来面目而言,每个人与圣人一样,都是以天地万物为一体的,这种一体主要表现为相互之间的诚爱无私,"其精神流贯,志气通达而无有乎人己之分、物我之间","其元气充周、血脉条畅。是以痒痾呼吸、感触神应,有不言而喻之妙"(同上)。程颢开创了以人身的血气流通譬仁,他在《识仁篇》提出,万物一

---

① 《拔本塞源论》即《答顾东桥书》之末节。

体的境界是把万物看成息息相通的一个整体,这个整体就是大"己",把宇宙每一部分都看做与自己有直接联系,甚至就是自己的一部分,这样的境界就是仁。程颢认为,这可以用古典中医理论把手足麻痹称为"不仁"来类比地理解,在肢体麻痹的情况下,人就不会感到麻痹的肢体是整个身体的一部分。阳明显然继承了这一思想。《拔本塞源论》写得痛快淋漓,一气直下,说明它体现了阳明真实的思想与感情。文章最后说"其闻吾拔本塞源之论,必有恻然而悲、戚然而痛、愤然而起、沛然若决江河而有所不可御者矣,非夫豪杰之士而所待兴起者,吾谁与望乎!"(同上)我确信,阳明自己在写这些文字的时候,一定充满了恻然、戚然的强烈感情。①

两年之后他在答聂文蔚书中表达了同样的思想:

> 夫人者天地之心,天地万物本吾一体者也。生民之困苦荼毒、孰非疾痛之切于吾身者乎?不知吾身之疾痛,无是非之心者也。是非之心,不虑而知、不学而能,所谓良知也。良知在人心无间于圣愚,天下古今之所同也。世之君子惟务致其良知,则自然公是非、同好恶,视人犹己,视国犹家,而以天地万物为一体,求天下无治不可得矣。古之人所以能见善不啻若己出,见恶不啻若己入,视民之饥溺犹己之饥溺,而一夫不获若己推而纳诸沟中者。……仆诚赖天之灵,偶有见于良知之学,以为必由是而后天下可得而治,是以每念斯民之陷溺,则为之戚然痛心,忘其身之不肖而思以此救之,亦不自知其量者。天下之人见其若是,遂相与非笑而诋斥之,以为是病狂丧心之人耳。呜呼!是奚足恤哉?吾方疾痛之切肤,而暇计人之非笑乎?(《答聂文蔚一》,《全书》二,第68页)

阳明还把他对生民苦难的悲悯情怀和由此引发的大声疾呼,比喻为一

---

① 同年他在《亲民堂记》中也详细阐发了"大人者以天地万物为一体也""是故亲吾父以及人之父""亲吾之兄以及人之兄"的同体亲民思想,见《全书》卷七,第131页。

个人见到父子兄弟坠于深渊而"呼号匍匐、裸跣颠顿、狂奔尽气"，这些突出地表现了他对世人的痛楚、苦难、不幸的恻隐爱心，和急切的拯救的心情。他说：

> 盖其天地万物一体之仁，疾痛迫切，虽欲已之而自有所不容已，故其言曰"吾非斯人之徒而谁与！"欲洁其身而乱大伦，果哉末之难矣。呜呼！此非诚以天地万物为一体者孰能以知夫子之心乎？若其遁世无闷、乐天知命者，则固无入而不自得，道并行而不相悖矣，仆之不肖，何敢以夫子之道为己任，顾其心亦稍知疾痛之在身，是以彷徨四顾，将求其有助于我者相与讲去其病耳。（同上）

阳明的上述思想涉及所谓"拯救与逍遥"的紧张。我们通过前两章已经知道，阳明在儒学的精神性中是肯定了无入而不自得的境界。但是，阳明在这里指出，尽管"无"的境界与圣人之道并行不悖而自有其价值，作为一个儒者，他的以天地万物为一体的本心之仁，使得他必须像孔子那样选择"在世"，他的终极境界必须是以此一体之仁为基础的"拯救"。也就是说，如果一个儒者必须在"拯救"与"逍遥"间做出存在的抉择，正如孔子"吾非斯人之徒与而谁与"的选择一样，他必须选择拯救，而不管逍遥的精神生活对于他有多大的诱引力。"有"对于"无"仍有优先性。

由此我们可以得到两点了解。第一，答顾东桥、聂文蔚书显示出，在阳明看来，"万物一体之仁"是人心的本来状态。人的本心如果不受各种私欲的污蔽与外诱的侵扰，是自然地"视人犹己"的。视人犹己包括精神与物质两方面，一个真正的儒者既对人类物质生活境遇的苦难痛切忧患，又对人类的精神坠落痛心疾首。面对阳明的恻隐之痛、戚然之悲和"呼号颠顿而下拯之"，我们怎么可以说儒家把人的苦难和不幸给忽略了呢？[①] 当我们理解到阳明哲学和伦理学的基础是万物一体的

---

① 参见刘小枫：《拯救与逍遥》，上海人民出版社 1988 年版，第 132—134 页。

本体论与视人如己的金律时,我们又怎么可以说儒家的伦理哲学与解除人间苦难没有联系呢?[1] 指责儒学"把伦常看得比无辜的鲜血和眼泪更重要,把尧舜事业看得比人的死亡更重要,"[2]显然没有深入到儒家的内部逻辑,因为在儒家的立场上,正是恢复人心之所同然及由此而来的道德秩序,人类才可能根本免于苦难和眼泪,道德秩序本身并不是终极的目的。指责"孔子看到了人间的苦难,他怎么竟敢把自己的最高人生理想设定为悠哉乐哉的逍遥自适的吾与点也呢"[3],又怎么解释孔子"吾非斯人之徒与而谁与",伊尹、孟子"一夫不被其泽、若己推而纳诸沟中"的宏愿,以及阳明在"疾痛迫切"的忧患与"乐天自得"的适意之间所做的存在的选择呢?诚然,儒家并不给予救赎之爱,但基督之爱并非解救和消除人类苦难眼泪的唯一方式。如果爱更多地是一种安慰,那最多还只是对苦难的补偿,离开了诉诸种种社会手段(包括道德)去铲除苦难,基督的救赎难道不仅仅是一种遥远的许诺?即使就解消心灵的痛苦而言,难道对于苦难的感受只有通过外在的救赎性安慰才能缓解,而不可能通过内在的活动加以超越吗?神圣的圣爱(A-gape)固然与恕道之仁不同,但这种用全部心、情、智去拯救世人的爱是神所独有的境界,而儒家的万物一体之仁则是人心之所同然。圣爱固然在受苦受难的众生精神上发生安慰的功能,但真正消除实际的苦难还要通过人类自己的相互之爱。在这个意义上,儒家人道主义的"万物一体"和"视人如己"不仅有着直接现实的性格,事实上,就伦理的意义而言,与基督的箴言"爱人如己"在精神上也是相通的。

第二,当基督教本位的学者把屈原当成儒家文化的代表时,确实有些令人莫名其妙。刘小枫认为,儒家文化赋予屈原的存在有限性,使他们陷入失败、不幸、残酷、荒谬的境地时注定要遭到思无所依的折磨,感受到无处排遣的苦恼,[4]无法超越绝望,因而是儒家信念把屈原逼上

---

①②③　参见刘小枫:《拯救与逍遥》,上海人民出版社 1988 年版,第 132—134 页。
④　同上书,第 131 页。

绝境，①灵魂的放逐中找不到心灵重新得以依靠的新信念，自杀便成了唯一的归宿。② 然而，既然刘小枫认为"乐感"代表的自适与充盈是儒家文化心理的终极性意向③，那么，以屈原为代表而把儒家的境界归结为自杀，显然自相抵牾而不能自圆其说。事实上，儒家学者除了在亡国之痛面前为了义务而以身殉国而外，因放逐或政治活动失败而自杀者几乎绝无仅有。正如本书前两章所集中讨论的，儒学中本有的"无"的境界，作为"有"的境界的补充，特别在宋明儒学中得到充分发展，是使儒学超越绝望的深渊，或者说在根本上避免绝望与精神分裂的内在保障，这在王阳明其人其学上表现得尤为明显。刘小枫给中国文化设定了一个两难：儒家具有强烈的价值关怀，但无法超越绝望与苦恼；而道家通过逍遥对绝望与苦恼的超越又是以价值关怀的否定为代价。他的意图十分明显，即只有基督宗教的圣爱才能同时支撑价值关怀和超越绝望的深渊。然而，正如本节以上讨论所揭示的，价值关怀与超越苦恼，作为"有"与"无"的表现形式，是儒家精神境界的一体两面。揭示这一点，正是本书在文化意义上的主题。

2. 有我之境

如果说在四句教章及本章前数节的讨论是努力彰显儒学及阳明学中"无"的性格，则本节的意义则在于了解阳明如何在强调"七情顺其自然之流行而不著意思"的同时又极为突出地通过"与物同体"宣示出宏大的仁爱与痛切的忧患。

正如《年谱》所说，阳明晚年对《大学》的讲授特别强调了"与物同体"的思想。在《大学问》中用了大量的篇幅围绕着何为大人之学全面阐发了阳明关于仁者以天地万物为一体的思想。其中的要点是：

第一，"以天地万物为一体"是一种精神境界，具体表现为"视天下

---

① 参见刘小枫：《拯救与逍遥》，上海人民出版社1988年版，第139页。
② 同上书，第100页。
③ 同上书，第176页。

犹一家、中国犹一人"，也就是视人犹己。因此，如果"大学"是大人之学，那么"大人者，以天地万物为一体者也，其视天下犹一家、中国犹一人焉，若夫间形骸、分尔我者，小人矣"（《大学问》，《全书》二十六，第373页）。就是说，真正达到了万物一体境界的人（大人），把整个世界看成自己的家庭，这也就是张载在《西铭》中所说的乾称父，坤称母，民吾同胞，物吾与也，"凡天下疲癃残疾、惸独鳏寡，皆吾兄弟之颠连而无告者也"。如果说张载强调把宇宙看成一家，那么程颢则更强调把万物看成一人。程颢说："若夫至仁，则天地为一身，而天地之间、品物万形，为四肢百体。夫人岂有视四肢百体而不爱者哉！……医书有以手足风顽谓之四体不仁者，为其疾痛不以累其心故也。夫手足在我，而疾痛不与知焉，非不仁而何？"（《遗书》二上）既然万物都是我这同一身躯的肢体，如果把自己的肢体看成不属于"我"的"尔"，或看成他人的形体，这就是不仁。因此只有以天地万物为一体（身）才是"至仁"的境界。在这样一种哲学的境界中，人与万物、我与他人都是"共在"，他人对于我不仅不是地狱（萨特），作为同一家庭的成员对于我有亲切感，而我对之承担着各种义务与责任。"仁者与天地万物为一体"的意义在于，在这个"一体"的关系中，"我—他""我—它"转化为"我—吾"，或者说转化为马丁·布伯所说的"我—你"。① 在这个关系中，他人及生灵万物，不再是与我相分离、相对立的异在者，正如布伯所说的，我与你之间伫立的是爱，作为第二境界的"我与你"正是要引导到爱（帮助、抚养、拯救）一切人，万物一体也是要引导到仁爱。

　　第二，以万物为一体诚然是人的至仁境界，但就本质上来说，一方面心之本体原本是以万物一体的，另一方面，在存有论上，万物本来就处于"一气流通"的一体联系之中，正与布伯强调"我与你"比"我""我与它"具有本源性一样，阳明也是强调一体的本源性。人的现实的、经验的心不能以天地万物为一体，是由于他的本心受到了污蔽和垢染，人经过修养所实现的万物一体的大我之境，既是精神经过提升所达到的

---

① 马丁·布伯：《我与你》，三联书店1987年版，这里指第二境界。

至仁之境，又是回复到心的本来之体。故阳明说："大人者能以天地万物一体也，非意之也，其心之仁本若是。其与天地万物而为一也，岂惟大人，虽小人之心亦莫不然。彼顾自小之耳，是故见孺子入井而必有怵惕恻隐之心焉，是其仁之与孺子而为一体也。孺子犹同类者也，见鸟兽之哀鸣觳觫而必有不忍之心焉，是其仁之与鸟兽而为一体也。鸟兽犹有知觉者也，见草木之摧折而必有悯恤之心焉，是其仁之与草木而为一体也。草木犹有生意者也，见瓦石之毁坏而必有顾惜之心焉，是其仁之与瓦石而为一体也。是其一体之仁也，虽小人之心亦必有之，……故夫为大人之学者，亦惟去其私欲之蔽，以自明其明德，复其天地万物一体之本然而已耳。"（《全书》二十六，第373页）对生灵万物和他人的仁爱冲动是人的本性，人对于他们的爱是出于把他们视如自己身体的一部分。这种"一体"不仅在境界上应然如此，在心体上本然如此，在存有的状态说是实然如此："天地万物与人原是一体，其发窍之最精处是人心一点灵明，风雨露雷日月星辰禽兽草木山川土石与人原是一体，……只为同此一气，故能相通耳"（《传习录》下，《全书》三，第79页）。从张载到王阳明，宋明儒者都没有放弃过"气"的观念。在心学传统中，存有论的气的概念服从于人生论的需要，气的这种哲学的意义与西方哲学显然有极为不同的意义。照阳明与弟子另一段关于"人心与物同体"的答问，所谓"如此便是一气流通的，如何与他间隔得"（同上，第85页），其中的"一气流通"不仅具有物质实体的意义，也同时包含着把宇宙看成一个有机系统的意义，无论哪一方面，都是强调万物与"我"的息息相关的不可分割性。

第三，以天地万物为一体既是境界，又是本体，实现此种境界的工夫则是"明明德"与"亲民"交互为用。明明德必须落实在亲民的实践层次上，才是真正实现了万物一体的境界。"亲吾之父以及人之父、以及天下人之父，而后吾之仁实与吾之父、人之父、天下人之父而为一体矣。实与之为一体，而后孝之明德始明矣。……君臣也、夫妇也、朋友也，以至于山川草木鬼神鸟兽也，莫不实有以亲之，以达吾一体之仁，然后吾之明德始无不明，而真能以天地万物为一体矣"（《大学问》，《全书》二十六，第 373 页）。虽然，"明明德，体也；亲民，用也"（《书朱子礼卷》，《全书》八，第 143 页），"明明德者立其天地万物一体之体也，亲民者达其天地万物一体之用也"，逻辑上明德与亲民是体用的关系，但实践上，"明明德必在亲民，而亲民乃所以明明德也"，亲民是明明德的具体方式和手段，离开了亲民明明德就无法实现。《大学问》与《亲民堂记》很接近，二者都指出，脱离了亲民的社会实践去明明德是不可能的。明明德与亲民，正如知与行一样，是合一的，"亲民在明明德""明明德在亲民""亲民明明德一也"，两者事实上是互为体用的。

由于"以天地万物为一体"的境界指向社会责任与现实忧患，从而使它与佛老的纯粹逍遥之境区分开来。阳明指出："禅之学与圣人之学皆求尽其心也，亦相去毫厘耳。圣人求尽其心，以天地万物为一体也。吾父子亲矣，而天下有未亲者焉，吾心未尽也。吾之君臣义矣，而天下有未义者焉，吾心未尽也。吾之夫妇别矣，长幼序矣，朋友信矣，而天下有未别未序未信者焉，吾心未尽也。吾之一家饱暖逸乐矣，而天下有未饱暖逸乐者焉，其能以亲乎义乎别序信乎？吾心未尽也。"（《重修山阴县学记》，《全书》七，第 133 页）固然，作为一个儒者，阳明最为痛心疾首的是社会中精神的坠落、道德的沦丧和正常秩序的失调，但这决不等于说儒者对人的现实苦难熟视无睹，或仅仅关心自己的精神生活。"老吾老及人之老，幼吾幼及人之幼"是基于，一方面一切受苦受难的民众都是"吾同胞兄弟"，他们的疾痛苦难被我实实在在地感觉为自己的苦难；另一方面，只有使一切民众都免于苦难而得到解放，我才真正实现了自我。自我与万物是一体的，只要天下还有苦难的民众未得解放，儒者就会觉得他自己的责任还未尽到，他自己也不能真正得以实现。

既然人者天地之心，人的意识就不仅是他个人的自我意识，他的意识也就是宇宙的自我意识，就是说他所意识到的"自我"不应再是一个小我之"身"，而是整个宇宙这样一个"大体"，这才是"吾其体"。他必须意识到，或者说使他的境界提升到这样的认识，即他的一身即整个宇宙万物，他的意识是这个大体的自我意识。在这样一个"以天地万物为一体"的至仁境界中,他就会视万物"无一物非我","莫非己也",这种境界中的"我"或"己",就不再是一个小我,而是一个大我。"无一物非我","莫非己也",表明这个境界还不是完全否定"我",仍然以"我"的某种感受性为基础,但这已经是由小我上升到大我的"有我之境",是最高的"有"的境界。

3. 仁与爱

万物一体的大我之境的本质是"仁"或"爱",这里涉及古典儒家提出的差等原则的问题。孔子曾用"爱人"指示"仁"的境界的具体内涵,墨子更提倡"兼相爱"。表面上看,墨学的兼爱要比孔子来得广泛,但兼相爱与交相利联成一体,博爱原则掺入了功利原则,爱别人是为了使别人爱自己,这使得墨子的境界就比孔子、孟子低了一级。儒墨对爱的实践及原则曾进行过激烈争论,这些问题也在各个时代引发出相关的讨论。

孟子继承了孔子的思想,也提出"仁者爱人"(《孟子·离娄下》),孟子对梁惠王说"老吾老及人之老,幼吾幼及人之幼",又说"推恩足以保四海",要求把人人本有的"不忍人之心"推之于天下(《孟子·梁惠王》上),这些思想显然对《西铭》的万物一体观有很大的影响。孟子又认为"仁民"和"爱物","仁""爱"和"亲"还是有差别的。尽管亲、爱、仁都有爱的意思,但"爱"是对物而言,这种爱不包含"仁"。"仁"是对民而言,但这种仁不包含"亲",从统一的角度来说,三者都是爱,从差别来说,三者因对象血缘远近亲疏以及人物贵贱的差别而有所不同,这就是爱有差等。

爱有差等的原则究竟有什么意义?似乎还没有一种道德哲学教人要对谁爱得更多一点。弗兰克纳指出,多数道德问题都是在"义务冲突"的情况下提出来的,[1]如"忠孝不能两全"是中国古代道德理论中典型的义务冲突,在这里,要决定哪一原则在整个体系中的地位更高。从

---

① 弗兰克纳:《伦理学》,三联书店 1987 年版,第 4 页。

这个角度来看,爱有差等与忠孝不能两全一样,其意义是消极的,即只是指出在义务冲突情况下原则之间的差等。如当一个人只剩下一块面包,他究竟应把它给他的母亲,还是给一个陌生人,或者给一只狗,以使其中一个免于饿死的绝境?爱有差等的原则只是在这个范围内才有意义。另外值得注意的是,在这个差等原则下,被仁的"民"、被爱的"物"都是指个体,而不是指全体。忠之高于孝的基本原因是,对全体人民的爱高于对个人亲属的爱,而不管这个忠有时是否采取忠君、忠国的形式。在这里,对亲的爱就须让位于对民的爱了。当然,这两种爱可能是不同的,对亲人的爱是发自内心的深厚感情,而后者更多地含有义务的色彩,这也许是儒家区分对亲、民、物不同情感性质的理由所在。

在墨子的兼爱论中,主张"视人之国若视其国,视人之家若视其家,视人之身若视其身"(《墨子·兼爱中》),阳明说大人者视天下犹一家,视中国犹一人,与墨子在精神上有相通之处。墨子还认为"爱人若爱其身""视父母与君若其身""视弟子与臣若其身",张载、程颢的"视天下无一物非我""认得物莫非己"的万物一体思想与之也有一致之处。这样看来,儒墨对于仁爱的立场似乎没有孟子时代那么尖锐了。

不过,从程朱派的立场,儒家是从"理一分殊"来谈仁爱的。统一的普遍仁爱原理根据人对不同对象所处的相对地位而体现为不同的具体规范,这是一种客观性原则的立场。心学则从主观性原则出发来论证,如阳明答人问:

> 问:大人与物同体,如何《大学》又说个厚薄?先生曰:惟是道理自有厚薄。比如身是一体,把手足捍头目,岂是偏要薄手足?其道理合如此。禽兽与草木同是爱的,把草木去养禽兽又忍得。人与禽兽同是爱的,宰禽兽以养亲与供祭祀燕宾客,心又忍得。至亲与路人同是爱的,如箪食豆羹得则生,不得则死,不能两全,宁救至亲不救路人,心又忍得,这是道理合该如此,及至吾身与至亲更不得分别彼此厚薄,盖以仁民爱物皆从此出,此处可忍更无所不忍矣。《大学》所谓厚薄是良知上自然的条理,不可逾越。(《传习

录》下,《全书》三,第 79 页)

以大学为大人之学,见于朱子《大学章句》,阳明则以为"大人者以天地万物为一体",把大学规定为与物同体之学,并通过《大学》"亲民"阐述万物同体的境界。《大学》的"亲民",朱子作"新民",不管朱子与阳明二人在亲民或新民上有何文献训诂的根据,主张"新民"的朱子更多是作为教化众生的导师,而主张"亲民"的阳明则是作为管理民众的行政负责人及饱含忧患意识的知识分子出现的。从本节讨论的忧患与逍遥的层面,我们才能认识到阳明改"新"为"亲",不是一个训诂的文献问题,而是有其深刻意义的。

在阳明与弟子的这一段对话里,问者所说的大学厚薄之说,当指《大学》首章末句"其所厚者薄,而其所薄者厚,未之有也"(据朱注,所厚指"家")。问者的问题是,既然大人者与物同体,就应一视同仁,何以还有厚薄之分。其实《大学》本文的厚薄本来不是指实践主体对于对象态度上的亲疏远近,但对于阳明来说,正如程颐答杨时论《西铭》一样,既然新儒家视人如己的境界与墨家相通,他们必须面对这个问题,即儒家的一体之仁与被孟子强烈批判的墨家兼爱究竟区别何在。在宋儒的理一分殊立场看来,仁爱是一个普遍性原理,但这一普遍性原理在不同实践领域表现为有所不同的规范。这种不同或差异不仅是指仁爱在各种不同领域的表现方式有差异,而且指感情表现的程度有差异,这些差异的根源是客观法则固有的一般与特殊间的差异。阳明则认为,对人的爱高于草木瓦石的爱,这种等级上的差别根源于伦理实践主体对于对象的不同的现实感受性。李泽厚论孔子之仁时曾提出"心理原则",认为礼所代表的规范体系,其终极根据在于人类的内在的心理需要(如三年之丧)。但这种心理不是纯粹生理意义上的心理,而是社会的、历史的、文化的。根据阳明这一看法,人不必对各种规范及其差别性寻求其他的理论根据,只需要诉诸内心的情感,这些厚薄差等是良知的自然条理,即良知的诚爱恻怛对于不同对象自然呈现为不同程度的差异。这的确是一个简易直截的原理。当然,对于这个问题,阳明也没有完全放弃客观性的解答,如《传习录》上有一段论万物一体与墨子兼爱的区别,阳明就是用"造化生生不息之理流行有渐"来回答的,这是因为良知学说在当时尚未提出的缘故,在那段对话中,阳明把亲亲比之发芽,把仁民、爱物比之发干、生枝,通过一种新的解释把亲、仁、爱的差等变成了实现过程的先后。从而亲亲之对于仁民爱物的优先性,不是价值的、感情的,而是方法的、程序的了。

程颐在答杨时论《西铭》书中曾指出,儒家所以不赞成墨家兼爱而引入差等原则,是因为墨家缺少"义"的原则,这是十分深刻的。如果仁爱是唯一原则,如何对待敌人或社会不良分子就是一个问题。仁爱的境界对于这些人表现为悲悯,但不是无原则的迁就姑息,儒家"义"的原则是对"仁"及其应用的一个限制和补充。在正义的观念下,有另一组规范用来指导我们对待非正义的对象。由此来看,正如程颐所指出的,像爱有差等这一类命题实质上是为了使"仁"与"义"取得一种平衡和调和,因为爱有差等对于万物一体来说,其本质意义不在于血缘类属的远近,而在于差等序列的终端是敌人或罪恶,对"万物一体"必须有另一个原则来限制和补充。故阳明说:"爱之本体固可谓之仁,但亦有爱得是与不是者。须爱得是方是爱的本体,方可谓之仁,若只知博爱而不论是与不是,亦便有差处,吾尝谓博字不若公字为尽。"(《与黄勉之》,《全书》五,第110页)

事实上,人并不需要真正把草木瓦石与父母妻子一视同爱才能完成道德人格,甚至一个人也并不需要用与爱父母妻子完全相同程度的爱去爱别人的父母妻子,因而儒家的万物一体观常采取另一种表述,即不是我去孝敬一切父亲,而是使每个儿子都去尽孝于自己的父母。爱有差等并不是儒学一定要为实践对象规定这种差别,以减杀一视同仁的崇高性,它既是对义务冲突境遇的一种分疏,又是仁与义的协调,同时也体现了理想主义的儒家内在地具有的现实主义性格。承认良知自然具有的条理造成的差别的现实性,是对其理想性的一个补充,事实上,基督教"爱你的敌人"也不过是取法乎上的法门,在实践上从来没有实行过。这一条说得太高,超出了人类达到正常和谐的需要。作为一个实践的原则看,与物同体也有说得过高处,这也是朱子何以始终不赞成此说的缘故。但由于阳明思想同时肯定了"厚薄条理",使得儒家伦理不会走到"太高"的极端。

论者常以为,基督教有"爱人如己"的金律,而儒家只有"己所不欲,勿施于人"的银律,前者为积极的,后者为消极的。事实上,如程颢所显示的,宋儒更强调"己欲立而立人,己欲达而达人"的积极仁学。上述讨论表明,"仁者以天地万物为一体"正是儒家固有的金律,至少在宋明儒学中是一个重要的传统。了解从程明道到王阳明这一传统的发展,不仅使我们对理学的境界有更深入的了解,也使我们对儒家伦理有更为周全的把握。

冯友兰先生曾说"康德与禅宗是相通的",不管他这话的原意是指什么,很明显,经过本书以上的讨论可知,康德伦理学的"敬畏"境界与禅宗的"洒落"精神在阳明哲学和他个人的精神境界中合为一体。

当然,"有"的境界不限于敬畏,事实上涵盖了众所周知的儒学的优秀精神:民胞物与的仁心、社会苦难的忧患、文化嬗延的关怀、对道德律令的敬畏,以及对历史、价值自觉承当的使命感与责任感,这一切在张载著名的"为天地立心,为生民立道,为往圣继绝学,为万世开太平!"中得到了简明的概括和充分的体现。[①]

另一方面,通过王阳明我们了解到,儒学的境界也有"无"的一面。儒学的"无著"境界,其基本意义是消解内外刺激造成的紧张、烦躁、压抑等心理张力,以达到心境的充实、稳定、平衡、安宁。这样的境界既不需要否定世界与社会关系的实在,也不需要悬置外物或抹杀情感生活。尽管从颜回的"不改其乐"到曾点"乐"处都使此种境界在某一意义上具有自得之"乐"的特征,我们不采取美学家们(从李泽厚到刘小枫)的"乐感文化"的说法,因为这一种高级的精神境界与感性愉悦完全是不

---

① 忧患与安宁并不矛盾,如二程曾说:"圣人于忧劳中,其心则安静,安静中却是至忧。"(《遗书》六,《二程集》,第91页)此乃体道之言,又可见"乐感"等说于此等处说不去。

同层次的情态,而这在"乐感"中不容易得到明确分疏。从程明道到王阳明,他们自己反复使用的"无",给了我充分的理由选择这个具有深刻哲理与生存意义的范畴。

刘小枫曾指出,道家要求人摆脱外在名誉、利害、物欲的束缚,达到无累之境,但同时也否定了价值实在的存在,否弃了价值关怀的意向,返回到非价值的本然状态,最后变为价值虚无,在清虚无碍的意象心态中享受无我的自由。他还认为,无累的实现必然是一个由"热心"到"凉心"的过程即价值感情彻底丧失的过程。① 这如果仅就道家而言,应当是没有问题的。而在宋明理学中,有与无互相限制、互相补充,使得在肯定价值实在和强化价值关怀而不丧失价值感情的同时最大限度地吸纳了"无累""无滞""无著"的精神境界。这个"合",使"正""反"都在自身中得到肯定,这比起简单地否定儒道而归依外在的超越(基督教)可能更为合理。

那么,"有"的境界与"无"的境界在阳明哲学中的结合方式是怎样的?二者是完全平等的,或者其中之一具有优先性?这的确是一个很难回答的问题。克尔凯郭尔明确地把人生境界分为由低到高的三种:感性愉悦的审美阶段、道德义务的伦理阶段、超越理性的宗教阶段。他认为审美的存在本质是享受,伦理的存在本质是斗争,宗教的存在本质是痛苦。② 马丁·布伯也区分了三种境界:"我—它",即与自然相关联的人生;"我—你",即与人相关联的人生;③"我—永恒之汝",即与精神实体相关联的人生。这些都是明确地把人生境界划分为高低不同的阶段。当代中国哲学家冯友兰、唐君毅及傅伟勋也分别提出四种境界、心灵九境、生命活动十大层面的主张④,在这些主张中也与西方哲学家一样,认为在道德境界之上还有一个超道德的境界,这个超道德的境界或

---

① 参看刘小枫:《拯救与逍遥》,第 212、218、223、259 页。

② 参见汝信:《克尔凯郭尔》,《西方著名哲学家评传》第八册,山东人民出版社 1985 年版。

③ 马丁·布伯:《我与你》,三联书店 1987 年版,第 20 页。

④ 见冯友兰:《新原人》、唐君毅:《生命存在与心灵境界》、傅伟勋:《生命十大层面及其价值取向》。

是宗教境界(如终极关怀与实在),或是宗教性的境界(天地境界)。中国传统思想中道家与禅宗也是如此。但对古典儒家而言,问题就不那么简单。从宋明理学特别是王阳明所发展的哲学形态来看,其境界是"以有为体,以无为用"。其中"有"的境界也不仅仅是道德境界,也包含天地境界(仁者以天地万物为一体),"无"虽具有超道德性,但不是宗教式的外在超越,毋宁是面对人的生存的基本情态提出的超然自由之境。"以有为体"表明价值关怀仍有其优先性。[①] 正如本书讨论心体性体时指出的,在这个境界的结构中,有无的体用联结在一定程度上可以看做是内容(有)与形式(无)、本质与情态的统一。这个"有无合一之境"才是儒学从孔子到王阳明的终极境界。

为了实现理想的境界,阳明工夫论的基本主题也是旨在说明如何在儒家立场上吸收佛老,以有摄无。阳明决不要做生活中自我安慰的弱者,相反,他要做一个勇往直前的强者,这从他的狂者精神看得很清楚,也是我们理解阳明学及其境界的一个重要之点。

---

① 江西时阳明闻父病,上疏乞归不得,欲弃职逃归,后报父病稍平,乃止,一日问诸生曰:"吾欲逃回,何无一人赞行?"门人周仲曰:"先生思归一念,似亦著相。"先生良久曰:"此相安能不著。"(见《年谱》正德十五年八月条)并以答聂文蔚书对疾痛忧患的存在选择参之,儒学是在价值关怀优先之下容纳无我之境,应无问题。

第十章

工 夫

工夫之内外本末

工夫之有无动静

一 工夫之内外本末

阳明的工夫论就是通过适当的实践和精神修养的方法或形式,来达到理想的境界。在阳明关于实践工夫的全部理论中,基本的线索有两条,一条是通过"主意"与"工夫"之辨,以"内"统"外",完成道德境界;一条是运用儒家的传统资源,以宋明理学特有的方式和语言解决"动"与"静""有"与"无"的关系,以"有"合"无",实现有无合一的境界。这两个问题我们分别在本节及下节加以讨论。

1. 为己与克己

根据阳明哲学,人心本然之体是以天地万物为一体的,但现实的人心因受物欲之蔽,产生了私我的意识,把自我与他人及万物分隔开来。因此,恢复心之本体、实现万物一体的至仁之境的根本途径是去除私欲,故他说"夫为大人之学者,亦惟去其私欲之蔽以自明其明德,复其天地万物一体之本然而已耳"(《大学问》,《全书》二十六,第373页)。阳明认为私是指"有我之私",欲是指"物欲之蔽",本然的明德是"未动于欲,未蔽于私"。如果间于私、隔于蔽,明德就丧失了本然之明,所以圣人之学的基本原则就是"推其天地万物一体之仁以教天下,使之皆有以克其私去其蔽,以复心体之同然"(《拔本塞源论》,《全书》二,第58页)。

在这个意义上,德性修养的根本原则是"克己"。我们知道,阳明把儒者成圣之学归结为"为己之学",这里的己指人的真正自我;克己的己则是指私己之我,阳明认为"为己"必须"克己",克己才是为己。他说:"仁者以天地万物为一体,莫非己也。……君子之学,为己之学也。为己故必克己,克己则无己。"(《书王嘉秀请益卷》,《全书》八,第139页)又说:"圣贤只是为己之学,重功夫不重效验,仁者以万物为体,不能一体,只是己私未忘。"(《传习录》下,《全书》三,第80页)私己把世界分成"物"与"我"的对立,导致我与他人和万物的疏离,所以"须是克去己私,真能以天地万物为一体"(《与黄宗贤》,《全书》六,第119页),人才能实现他真正的自我。

孔子早就说过"古之学者为己,今之学者为人",认为人之为学不应服务于某一功利目的,而应当为了自我的完善与发展。为了强调"为己"作为圣学工夫的基本特征,阳明区分了"真吾"与"私吾",他说:"所谓真吾者,良知之谓也。父而慈焉、子而孝焉,吾良知所好也,不慈不孝焉,斯恶之矣。言而忠信焉,行而笃敬焉,亦良知所好也,不忠信焉、不笃敬焉,斯恶之矣。故夫名利物欲之好,私吾之好也,天下所恶也,良知之好,真吾之好也,天下之同好也。"(《从吾道人记》,《全书》七,第130页)为己要实现的自我就是"真我",是本我。真吾代表的人格是道德原则的内在根源。阳明的立场与弗洛伊德相反,在阳明看来,弗洛伊德所谓"超我"或"自我"(家庭道德准则的内化及社会训练造就的人格),实际上并不是得自后天的经验,而是人的先验的本我的必然规定。情欲之私并不属于原始本我,反倒是得自后天的一种对本我的污染。因而良知作为真我表示本真、本然的自我,私吾则是没有内在根据的异体之物。

《传习录》上记载阳明与弟子之间关于"真己"的答问:"肖惠问:己私难克,奈何? 先生曰:将汝己私来,替汝克。人须有为己之心方能克己,能克己方能成己。……这心之本体原只是个天理,原非无礼,这个便是汝之真己,是躯壳之主宰。若无真己便无躯壳,真是有之即生、无之即死。汝若真为那个躯壳的己,必须用着这个真己,便须常常保守着这个真己的本体。"(《全书》一,第50页)阳明认为,要分真己与躯壳的己。真己是躯壳之己的主宰,只有这个真己才是人的本质的己,它也是决定"己"的一切其他方面的关键。因而方便地说,既使人若真正为了躯壳的己,也必须从保守真己本体入手。因此,克己去私是要去除私我,而为己成己是为了实现真我,但是这不意味着否定人的一切以躯壳之己为基础的感性欲望。照阳明的说法,克己所要达到的"为己",不仅是为那道德自我,实际上也是真正为躯体之我。所谓从躯壳上起念的"私己"并不是泛指一切感性欲望,只是指一切企图脱离真己主宰的感性欲望。良知既然作为真己"不滞于见闻而不离于见闻","不同于七情之乐亦不外于七情之乐",只要认清真己是主宰,则"真己何曾离着躯壳",只是使感性欲望遵从良知本我的统率。另一方面,阳明所说的人欲也指一切执著的意向,这些意向虽然并不就是情欲,但也是以私己为中心产生的心理意向,去除了这种人欲,人才有可能达到"乐莫大焉"的境界。

2. 心学与心法①

由于阳明的"为己之学"预设了"己"作为本然明德的全体,因此,为己之学必然要求"向里寻求",把一切学问修养归结为使本心的全体

① "心法"一词宋明儒者多用,指存心之方,伊川、朱子皆称《中庸》为孔门传授心法"。湛甘泉亦用此意。陈荣捷先生以"心法"为"要法",亦可参之,见其所著《朱子新探索》,学生书局1988年版,第336页。

大用朗现无遗,具有明显的内向性。正是由于这个原因,阳明把圣人之学和君子之学又直接称之为"心学"。

阳明说:"以学为圣贤,圣贤之学,心学也","求之于心而无假于雕饰,其功不亦简乎?"(《应天府重修儒学记》,《全书》二十三,第 347页)这表明"心学"的基本意旨就是求之于心。他又说:"圣人之学心学也。尧舜禹之相授受,曰人心惟危、道心惟微,惟精惟一,允执厥中,此心学之源也。中也者道心之谓也,道心精一之谓,仁所谓中也,孔孟之学惟务求仁,盖精一之传也。"(《象山文集序》,《全书》七,第 129 页)为了论证心学把一切修养实践归于求心,阳明提出,《尚书》的十六字诀是心学的理论根据和来源。因为允执厥中的"中"就是道心惟微的"道心",而道心也就是惟精惟一的精一,于是道心便是贯穿十六字诀的轴心。道心惟微是指本体(心体),惟精惟一,允执厥中是指工夫,工夫就是集中一切努力来保有道心。阳明还认为,孔孟讲的"仁"也就是"中",孔孟讲的"求仁"就是惟精惟一,这样他就把孔孟的仁学整个作了一个心学的解释。

心学的路线是与"外求"相对立的。阳明认为,在孔子时代"当时之弊已有外求之者,故子贡致疑于多学而识,而以博施济众为仁,夫子告之以一贯而教以能近取譬,盖使之求诸其心也。迨于孟氏之时,墨氏之言仁至于摩顶放踵,而告子之徒又有仁内义外之说,心学大坏。孟子辟义外之说,而曰'仁人心也,''学问之道无他,求其放心而已矣'"(同上)。阳明认为心学的衰落在孔孟时代已经开始,正是面对这一局面,孟子以仁规定心体,以学问之道为返归本然的仁义之心,从本体到工夫为心学进一步指明了方向。

"心学"的提法在南赣以前就已形成,正德十年所作《谨斋说》中说"君子之学,心学也。心,性也。性,天也。圣人之心纯乎天理,故无事于学。下是心有不存而泊其性、丧其天矣。故必学以存其心。学以存其心者,何求哉! 求诸其心而已矣"(《全书》七,第 145 页)。本体是工夫的内在依据,工夫是本体的实现方式。从本体说,心、性、理是合一的。从工夫上说,求心、存心代表了整个修养方法。

在孟子哲学中,提供了一系列有关"心"的工夫观念,如存心(养性)、求(放)心,以及尽心(知性)、养心(寡欲)等,这里的心都是指本心而不是指习心。存是相对于放而言,要求人时时保守善良的本心,不要使它放佚或受染。尽心比存心更为积极,指人在日常实践中努力扩充时常发见的原始本然的善良之心,以至求得完全实现。因而尽心的观念是与致良知相通的。两者的不同在于,尽心的心在孟子指四端,"端"表示人的现实意识虽然尚非全体大用,但昭明不昧的明德常常有所表现,由此扩而充之,就是尽心。良知虽然可以包括道德意识与道德情感,但更是一个凌驾于一切具体意识及情感活动之上的评价者,故阳明认为"言良知则使人尤为易晓"。当然,广义地说,孟子心学中还有一个不动心的部分,自李翱以后也成为儒家的一个传统,是孟学精神性的重要组成部分,这个问题在《境界》一章中已经有所讨论,而在有无工夫一节中我们再做更进一步研究。

前面指出,阳明用"道心"把早期儒家思想传统贯穿起来,进行了一个心学的诠释,以论证"须从自己心上体认,不假外求"的立场,阳明不仅用道心统率、贯穿十六字诀及孔孟仁学,也用来诠释《中庸》。他反复强调"道心者率性之谓也,人心则伪矣"(《万松书院记》,《全书》七,第 132 页)。《中庸》说"率性之谓道",阳明认为这是指道心而言,道心是天命之性的自然发现,这就是率性,只要道心成为意识的绝对主宰,未发自然无不中,发而自然无不和,阳明认为道心就是"至诚"境界的根源。于是《中庸》的"天命""率性""中和""至诚"也都因道心而贯穿为一个"一于道心"(《重修山阴县学记》,《全书》七,第 133 页)的体系。

3. 德性与问学

内与外的紧张事实上存在于每一宗教精神传统中。因此仅仅指出心学的内向性特质还未能具体展示出其内涵。在宋明理学中,内外之辩的典型表现就是"尊德性"与"道问学"之争。南宋时代朱子与陆九渊辩论学术异同时,朱子说"子静所说专是尊德性事,而熹平日所论却是道问学上多了"，陆九渊则说"既不知尊德性，焉有所谓道问学"。尊德性指道德意识与价值感情的培养；道问学特指经典的学习，广义上也包括其他知识性活动。儒家作为崇尚"价值理性"的文化，其中任何一派都不可能否认尊德性的优先性，但在实践上容纳知识学习的程度各派所主不同。对于朱子而言，他是希望尽量消解尊德性与道问学之间的紧张，最大限度地容纳道问学的内容。这对于仅仅强调伦理立场的心学是难以接受的。

《传习录》下记载阳明与弟子答问："以方问尊德性一条，先生曰：道问学即所以尊德性也。晦翁言'子静以尊德性教人，某教人岂不是道问学多了些子'，是分尊德性与道问学为两件。且如今讲习讨论下许多功夫，无非只是存此心，不失其德性而已，岂有尊德性只空空去尊，更不去问学？问学只是空空去问学，更与德性无关涉？"（《全书》三，第84页）照阳明来看，人的精神发展不应是多元的，而是一元的，学问只有一种。因而从"价值优先"的立场，德性的培育不仅优于知识学习，也必须统率知识学习。离开德性培养的独立的知识学习是不被承认的，价值优先的立场是心学关于学问一体化的主导原则。在这个立场上，德育与智育的分离或分化是不能允许的，知识的学习没有独立的价值和地位，这样，就使得精神发展的"学问"和"为学"强烈地伦理化，凸显出价值中心或价值本位的立场，并具有某种"反智主义"的色彩。[1]

在中国古典文化中，"为道"与"为学"并不总是纽杂不分的，如老子说"为学日益，为道日损"，为道表示精神境界的培养，为学表示外在知识的积累。这两种不同的领域往往要求不同的方法，不能相混。知识的学习需要不断地增长累积，精神境界的提高则须不断排遣、摒除私欲的烦扰纠结。但是在宋明理学，一般认为，"为学之方"是兼指古人所谓"道"和"学"两方面的，因而一般儒者对"为学"的了解是一体化、一元化的。

但是，这样一来，"为学"作为整个精神发展的手段，本来是不限于

---

[1] 反智识主义问题请参看余英时：《历史与思想》有关章节，联经出版事业公司1976年版。

伦理方面的,而价值优先的一体化原则实际上把整个为学伦理化了,这在心学更为严重。仅就精神境界的提高而言,老子的"为道日损",象山的"只是减担",阳明的"学问用功只求日减",都在其各自意义之下有合理性。而超出精神境界的范围之外,如人对历史、自然的知识学习,"减损"的原则显然是不适用的。如果不能承认认知、审美及其他精神活动各自独立的合法性,必然导致对于科学、艺术发展的限制。朱子学在理论上也承认价值优先的原则,朱子学的格物与独立的自然科学研究的态度也不相同,但朱学在整体上显示出明显的知识取向,从而在实际上较多地容纳了知识学习的内容,用陆象山王阳明的话来说,至少部分地承认了道问学的独立价值和意义,从而使得朱学的某些精神资源可以与近代科学、文化发展相衔接,发生积极的转化。朱学的问题则是,由于朱学了解的"为学"仍未真正分化、忽略了纯粹的道问学在提高人的精神境界(特别是道德境界)方面并不能发生直接作用,这是朱学在伦理学上被批评为"支离"的原由。

心学的基本病弊,就以上所说来看,一方面以"为道"涵盖了全部精神发展的方式,另一方面又把为学的原则规定为一切具体的精神活动必须体现、服务于价值目的,价值原则成为贯穿一切精神活动和教育活动的统率之"纲"。由此,一切精神活动和教育活动成了实现价值目标与培养德性的具体方式,只在作为达到价值目的(主意)的手段(工夫)的意义上才被承认其地位,这使精神的多样发展不能不受到阻碍。

4. 博文与约礼

尊德性与道问学之辩的另一表现形式就是博文与约礼。因为,站在比较极端的心学立场,不仅强调一切精神活动必须由价值目标来统率,而且强调把全部工夫归结为"求诸其心而已矣"。这样势必在相当程度上排斥外在的多样的精神活动方式,加剧内与外、博与约之间的紧张。

《传习录》下载:"黄以方问:'博学于文'为随事存此天理,然则谓'行有余力则以学文',其说似不相合。先生曰:诗书六艺皆是天理之发见,文字都包在其中。考之诗书六艺皆所以存此天理也,不特发见于事为者为文耳。'余力学文'亦只'博学于文'中事。或问'学而不思'二句,曰:此亦有为而言,其实思即学也,学有所疑便须思之。思而不学盖有此等人,只悬空去想,要想出一个道理,却不在身心上实用其力以学存此天理。"(《全书》三,第83页)儒家文化作为文士文化一直含有一个持久的博学传统,心学要把全部学问变为求心之学,就必须对于儒学传统中大量的有关博学的思想资料进行解释。如"博学于文"与"约之以礼"在孔子分明是两件事,前者指典籍与历史的学习,后者指礼仪与道德的实践,阳明则认为"学"不是指没有目的的学,学是指学存天理,这样一来,学就是道德实践的一个方式而已。学生认为,既然孔子讲行有余力学文,毕竟承认有独立于道德实践(行)的"学文",这与把学文仅仅解释为存心的一种方式是难以相合的。阳明坚持认为,学文即学习经典,而经典只是天理的表现,因此学文的意义只是到经典上去学天理,亦即学存此天理。对于古典儒家其他有关"学"的古训阳明也采取同样的办法。如《论语》"学而时习之",朱子训学为效,谓后觉效先觉之所为,已经在相当程度上限制了学的意义,阳明进而认为,"学是学去人欲,存天理。从事于去人欲存天理,则自正诸先觉考诸古训,自下许多问辩思索存省克治工夫,然不过欲去此心之人欲,存吾心之天理耳。若曰效先觉之所为,则只说得学中一件事,亦似乎专求诸外了"(《传习录》上,《全书》一,第48页)。这样一来,问题就不在于要"博"还是要"约",而是要使一切活动都变为学存天理的活动。活动的方式可以多样而博,但所有活动的内容则都是以特定方式学存天理,这种博实际上与约并没有根本差别。

5. 惟精与惟一

《尚书》之《大禹谟》的十六字诀中,"惟精惟一"据朱子的解释,"精"指精察得道心人心分明,"一"指守本心而不失。但精字亦有精细、精密之意,于是阳明认为,惟一与惟精与约礼和博学一样,也反映了主意与工夫间的关系。他说:"惟一是惟精主意,惟精是惟一工夫,非惟精之外复有惟一也。精字从米,姑以米譬之。要得此米纯然洁白,便是惟一意。然非加春簸筛拣惟精之功,则不能纯然洁白也。春簸筛拣是惟精之功,然亦不过要此米到纯然洁白而已。博学审问慎思明辨笃行者皆所以为惟精而求惟一也。"(《传习录》上,《全书》一,第41页)

照阳明的看法,精代表细密精详的工夫,这里显然是指"学问思辨"。他认为,惟一是一于本心。以惟一为目的的惟精是求圣之功,而离开了惟一的惟精就是"支离破碎"。因而,一方面,作为"精"的博学审问慎思明辨必须贯穿"求至善"的目的在其中,另一方面,求至善是一个抽象的原则,它的实现必须通过由它贯穿的具体精密工夫,这个关系也就是"主意"与"工夫"的关系。因此,根据这种表述,不在于要不要博学审问慎思明辨,而在于要什么样的学、问、思、辨。以追求外在对象的知识为目的的纯粹学问思辨不可取,而至善的真正实现又必须通过适当的学问思辨来实现。由"头脑"主宰统率的学问思辨不仅不是可有可无,而且是成圣之功的必要途径。

如何在学问思辨中贯穿存天理的"大头脑"呢? 是否意味着学问思辨的对象只是伦理—价值的领域? 一般说来,心学思想家并不在理论上明确排斥一切非伦理领域的精神活动,如文学艺术等。但心学思想家总会程度不同地贬低这些非伦理范围的精神活动的意义,比较极端的场合会斥责这些活动为丧志的"玩物"或"外好"。阳明答罗钦顺书曾表白:"凡某之所谓格物,其于朱子九条之说皆包罗统括其中,但为之有要,作用不同。"(《全书》二,第68页)由此看来,阳明并未否认人类的各种知识活动和实践活动,但他总是强调把每一种社会的或个人的实践作为道德的实践,大大减削了这些实践活动自己的独立意义。

6. 吾心与六经

在理学中,程朱与陆王争论的核心问题是如何处理经典的学习研究与德性的培壅涵养的关系。无论朱子强调的格物或道问学,很大程度上都是为了肯定经典讲论在儒学中的地位。心学强调在心上求理,没有给经典学习一个确定的位置,这使朱子等正统派深感不安。因为,五经、四书为代表的经典体系是中国人精神权威之源,凝结了对于社会至关重要的价值系统,动摇了经典学习的地位势必导致价值的权威的失落。

但是在心学的立场上,就道德的形而上学而言,经典本身并非价值的终极根源。他们认为,人的良知本心才是价值的唯一可靠的真正根源。既然道德主体自己决定道德法则,经典的学习在逻辑上就不是绝对必要的。如果经典的内容是正确的,在道德形上学的意义上也不过只是本心的一种对象化,表明圣人先得我心而已。因此,自我修养的主要方法不是读经,而是明心,因为经典既不能启发主动性,又不可能制定出一套准则体系以适应每一具体境遇。按照心学的内在逻辑,价值的权威根源于作为道德主体的良知,从而经典的权威必然在一定程度上被减低和削弱,个体的理性必然在一定程度上凌驾于经典与历史传统之上。

阳明指出:"世之学者不知求六经之实于吾心,而徒考索于影响之间,牵制于文义之末,硁硁然以为是六经矣,是犹富家之子孙不务守视享用其产业库藏之实积,日遗忘散失至于窭人匄夫,而犹嚣嚣然指其纪籍曰,斯吾产业库藏之积也,何以异于是!"(《稽山书院尊经阁记》,《全书》七,第133页)在阳明看来,六经只是记录吾心所有宝藏的登记簿而已。六经载著的基本价值我们并不能仅由阅读它而拥有这些价值,正如我们阅读仓库的清单并不意味着真正拥有了仓库的宝藏。既然经典不过是吾心的一个账目而不是宝藏本身,要真正拥有这些宝藏就只有发明本心,即从内心发掘这些宝藏。虽然,这些宝藏对每个人来说都是"本有"的,但"本有"不等于"实有",即现实地自觉地有。人必须根据经典的提示,努力在自己心上使这些宝藏呈现出来。在这个意义上,"六经,吾心之记籍也。而六经之实则具于吾心,犹之产业库藏之实积,种种色色具存于其家,其记录者特名状数目而已"(同上)。不在主体性中发掘道德的原理,仅到书册经典中去考索讨究,阳明称为"抛却自家无尽藏,沿门托钵效贫儿"。基于这种立场,他明白表示:"影响尚疑朱仲晦,支离羞作郑康成",对古代的解经大师提出了根本的挑战。

经典除了"吾心之记籍"的意义而外,还为我们提出了存心的具体方法，"圣贤垂训莫非教人去人欲存天理之方。若五经四书是已，吾惟欲去吾之人欲存吾之天理而不得其方，是以求之于此"（《示弟立志说》，《全书》七，第134页）。在这个意义下，才承认经典学习的地位。

总之，经典的全部意义在于经典记载了人心固有的价值，指示了实现、挖掘固有价值的方法，同时学习经典的过程本身提供了求至善的具体形式即存天理去人欲借以实现的具体过程。根据上述立场，心学强烈反对经典学，特别是其中的训诂章句、名物考索，强调简易而非烦琐的"理解"方法。阳明说："人心天理浑然，圣贤笔之书，如写真传神，不过示人以形状大略，使人因此讨求其真耳，其精神意气言笑动止固有所不能传也。后世著述是又将圣人所画摹仿誊写，而妄自分析加增以逞其技，其失真愈远矣。"（《传习录》上，《全书》一，第41页）这是认为，对经典的诠释和理解，应当是体验其基本意向，而不应当是"刻画太精"。正如顾恺之所说"四体妍媸无关妙处"，如果不能把握经典中的"神"以通之，反而追逐经典中的"四体妍媸"，这就是舍本逐末。

由于从心学的立场出发，判断是非真理的终极权威和标准是作为道德理性的良心，从而使主体性的地位高于外在的客体性的权威。阳明指出："君子论学要在得之于心，众皆以为是，苟求之心而未合焉，未敢以为是也；众皆以为非，苟求之心而有契焉，未敢以为非也。"（《答徐成之二》，《全书》二十一，第324页）因而，"求尽吾心"的君子之学，不仅指人的自我修养要反求诸己，而且包含着最大限度地发挥吾心的判断能力。所以，阳明主张"学也者求尽吾心也，不得于心而惟外信于人以为学，乌在其为学也！"（同上）这一立场确实包含着某种个人主义。后来他在答罗钦顺书中进一步提出："夫学贵得之于心，求之于心而非也，虽其言出于孔子，不敢以为是也，而况未及孔子者乎？求之于心而是也，虽其言之出于庸常，不敢以为非也，而况其出于孔子乎？"（《答罗整庵少宰》，《全书》二，第66页）这表示，在心学的立场上，公众的普遍意见不能作为是非的标准和根据，圣人的箴言教训也不是是非的终极标准和根据。是与非的判断原则和根据只是个体的"心"，每个人应当坚持用自己的理性和良心独立地判断事物。

7. 成色与分两

成圣是古典时代儒者的终极关怀。圣字本义为聪明之士,春秋以还,圣作为德性与智慧的最高代表,成了诸家学说不能忽视的观念。儒家则始终把对圣人的向往置于重要地位。在整个哲学发展的历史中,圣人作为理想人格,其内涵显然涵盖了人类精神活动相当广阔的范围。

传统的圣人观中,作为理想人格的圣人主要具有两个方面的特质,孟子说"仁且智,夫子既圣矣"(《孟子·公孙丑上》),仁代表的是一种完满的道德境界。狭义地说,仁指博爱、仁慈、同情、悲悯、乐善、和平,广义地指道德境界的圆成,故孟子说圣人是"盛德之至"。智一方面表示智慧,另一方面也表示拥有知识的程度。因而在一般人意识中,圣人是无所不知的。

从本章前面所说来看,理学中程朱派是比较注重圣的"智"的性格的,因而比较强调成圣之学中的知识取向(当然这种知识主要是历史人文知识,而不是自然科学知识)。心学只强调"仁"的性格,突出成圣之学的德性原则。心学对仁与智的这种处理典型地表现了他们对整个圣学工夫的立场。

阳明认为,人首先要有为圣人之志,然后必须明确"圣人之所以为圣人者安在"。他认为:"圣人之所以为圣人,惟以其心之纯乎天理而无人欲。则我之欲为圣人,亦惟在此心之纯乎天理而无人欲耳。"(《示弟立志说》,《全书》七,第 134 页)在这种了解中,圣人的基本性格是一元的(仁),而不是二元的(仁且智),圣人完全变为一个道德人格的标准。

《传习录》上阳明答蔡希渊一段详细讨论了德性与知识在成圣之学中的地位:"希渊问:圣人可学而至,然伯夷伊尹与孔子才力终不同,其同谓之圣者安在? 先生曰:圣人之所以为圣,只是其心纯乎天理而无人欲之杂,犹精金之所以为精,但以其成色足而无铜铅之杂也。"阳明指出:"圣人之才力亦有大小不同,如金之分两有轻重","才力不同而纯乎天理则同,皆可谓之圣人,犹分两虽不同而足色皆同,皆可谓之精金","盖所以为精金者在足色而不在分两,所以为圣者在纯乎天理而不在才力也。"(《全书》一,第46页)阳明这个回答是相当机智的。精金的成色是一个品质纯杂的问题,阳明用以比喻圣人人格的本质,与他强调道德境界为圣人所以为圣人者正好一致。精金之足色在于成色而不在于分两,圣人的"成色"只是"此心纯乎天理",德性的完满是圣人人格的唯一要素。

在这个意义下阳明对"人皆可以为尧舜"做了一个明确的诠释:"故凡人而肯为学使此心纯乎天理则亦可为圣人,犹一两之金比之万镒,分两虽悬绝,而其到足色处可以无愧,故曰人皆可以为尧舜。"(同上)这就是说,一个人是否为圣人,与其社会地位、职业、学识、教育程度甚至性别无关。一个人要成为圣人,并不需要像尧舜一样创造帝王的业绩,也不需要像孔子一样作万世师表、开千秋学统,只要心中纯是天理,那么不管他是农民还是小贩,他都无愧地是圣人,他的平凡并不遮掩他的伟大,尽管在其他地方他与尧舜或孔子可能具有一两与万镒的差距。这样一来,在阳明的圣人观中,正像禅宗或德国宗教改革家们一样,把圣人变成平民,又把平民变成圣人;把人从先前的圣人的不可企及的神圣性下解放出来,又在每个人的内心世界里建立起完满的道德性。把道德性作为理想人格的唯一本质,使理想人格成为百姓日用中可以实现的思想飞跃,从而使有限的生命与无限的追求、平凡的事业与伟大的品格跨越了从前被认为是不可逾越的鸿沟,而实现了统一。这样一个"圣人"的观念,不再是传统文士的"圣人",而变为摆脱了知性色彩的纯粹德性人格和理想,才能成为深入亿万民众心灵并发生作用的力量。它对中国社会的影响十分深远,特别在道德社会学方面值得认真研究。

理想人格的彻底道德化,虽然有其必然性(如果我们要求圣人只有一个品格,那么除了德性之外,没有别的选择),但这样一来,成圣之学的知性发展的一面就变得完全无关紧要了。而圣人又是古代中国社会承认的唯一理想人格,这必然在相当程度上限制了在道德领域之外人的精神发展。阳明论述道:"后世不知作圣之本是纯乎天理,却专去知识才能上求圣人,以为圣人无所不知无所不能,我须将圣人许多知识才能逐一理会始得,故不务去天理上着工夫,徒弊精竭力,从册子上钻研、名物上考索、形迹上比拟,知识愈广而人欲愈滋,才力愈多而天理愈蔽。正如见人有万镒精金,不务锻炼成色、求无愧于彼之精纯,而乃妄希分两务同彼之万镒。锡铅铜铁杂然而投,分两愈增而成色愈下,既其梢末无复有精金矣。"(同上,第47页)阳明的论述很雄辩。然而,知识的学习固然不是提高道德境界的必要手段,但也不必是锡铅铜铁一类的杂质,而只是分两而已。阳明把经典与名物的研究当作破坏成色的杂质,自觉或不自觉地把德性与知性的发展极大地对立起来了。

不过,阳明在另一个地方承认圣人的知识学习不应完全否定。他说:"圣人无所不知,只是知个天理;无所不明,只是明个天理。圣人本体明白,故事事知个天理所在,便去尽个天理,不是本体明后却于天下事物都便知得、做得来也。天下事物如名物度数草木鸟兽之类,不胜其烦,圣人本体明白了亦何缘能尽知得?但不必知的圣人自不消求知,其所当知的圣人自能问人。"(《传习录》下,《全书》三,第75页)既然圣人之所以为圣人的本质在德性的完满,这就表示圣人道德境界的完成并不意味着同时拥有了一切对于自然、社会、意识的知识,这些知识的获得需要学习。这样看来,阳明并不认为应当拒绝知识的学习,而只是说,知识学习对于成圣来说并不是一个本质的条件,"礼乐名物之类无关乎作圣之功"(《答顾东桥书》,《全书》二,第58页),但社会生活的各种领域的实践需要知识,人可以根据需要进行学习。

就道德境界的提高而言,知识的学习并不是必要的条件,在这一点上心学的伦理学是有其道理的。但心学的伦理中心主义立场毕竟太强烈了,以致常常把德性原则与知性原则对立起来,使知性追求丧失了应有的合理的地位,使儒家传统的圣人人格的丰富性不能不因此受到损害。

8. 主意与工夫

徐爱在《传习录》旧刻跋语中说:

> 爱因旧说汩没,始闻先生之教,实是骇愕不定,无入头处,其后闻之既久,渐知反身实践,然后始信先生之学为孔子嫡传,舍是皆

傍蹊小径、断港绝河矣。如说"格物是诚意的工夫,明善是诚身的工夫,穷理是尽性的工夫,道问学是尊德性的工夫,博文是约礼的工夫,惟精是惟一的工夫",诸如此类,始皆落落难合,其后思之既久,不觉手舞足蹈。(《传习录》上,《全书》一,第40页)

徐爱所引阳明的话散见于《传习录》徐爱所录,而并不是完整的一段表述,后来薛侃刻行《传习录》时所收入的陆澄记录的一段与之相近:"惟一是惟精主意,惟精是惟一工夫,……他如博文者即约礼之功,格物致知者即诚意之功,道问学即尊德性之功,明善即诚身之功,无二说也。"(《传习录》上,《全书》一,第41页)在整个阳明思想材料中类似的说法还有"格物是止至善之功","精是一之功,博是约之功","博文为约礼之功","博文即是惟精,约礼即是惟一"(同上书,第38—39页),"道问学即所以尊德性也,……尽精微即所以致广大也,道中庸即所以极高明也"(《传习录》下,《全书》三,第84页),阳明晚年致良知宗旨提出后,也常说"格物是致知工夫"(《启周道通》,《全书》二,第60页)。

根据以上所述,我们可以有下表:

乙即甲之工(功)

乙(工夫)	甲(主意)	
惟 精	惟 一	(《书经》)
博 文	约 礼	(《论孟》)
明 善	诚 身	(《中庸》)
道问学	尊德性	(《中庸》)
尽精微	致广大	(《中庸》)
道中庸	极高明	(《中庸》)
格 致	诚 意	(《大学》)
格 物	致 知	(《大学》)
穷 理	尽 性	(《易传》)

乙即所以甲也

比照"惟一是惟精主意,惟精是惟一功夫",我们可以把甲列称为主意列,乙列称为工夫列。主意表示统率、目的,工夫则表示途径、手段和方式。通过这样一种"甲是乙的主意,乙是甲的工夫","乙是甲之功""乙即所以甲也"的模式,阳明把《书经》《论语》《孟子》《大学》《中庸》《易传》中的工夫条目连接为一个以主意统率工夫的一元化工夫体系。在这个体系中,阳明对于这些条目有他确定的了解,如"明"表示穷理,"精"即指精微,惟一的"一"即尊德性的"德性",致广大的"广大"即先立乎其大之大等等。

主意代表的是"内",工夫代表的是"外",主意与工夫的关系也是"头脑"与"条目"的关系,二者是本与末的关系。如"温清定省之类有许多节目,不亦须讲求否? 先生曰:如何不讲求? 只是有个头脑"(《传习录》上,《全书》一,第 37 页),"文公格物之说,只是少头脑,如所谓察之念虑之微,此一句不该与'求之文字之中、验之事为之著、索之讲论之际'混作一例看也,是无轻重也"(《传习录》下,《全书》三,第 76页)。又说:"诵习经史,本亦学问之事,不可废也,而忘本逐末,明道尚有玩物丧志之戒"(《与黄勉之》,《全书》五,第 109 页)。学问工夫首要的是确定主意与头脑,即价值方向是学问的第一原则。"工夫"是"主意"的手段,必须服从于价值方向,主意是第一性的,工夫是第二性的,前者为重后者为轻,前者为本后者为末,这个关系是不能被混淆的。

阳明晚年把全部"主意"列条目集中为"致良知",有了良知作为统帅这一前提,学问见闻不仅不应排斥,而且是致良知必须借助的活动方式。这里和宋明儒者在其他领域惯用的体用模式一样,良知为体,见闻为用。因而阳明说:"大抵学问功夫只要主意头脑是当。若主意头脑专以致良知为事,则凡多闻多见,莫非致良知之功。盖日用之间见闻酬酢,虽千头万绪,莫非良知之发用流行,除却见闻酬酢,亦无良知可致矣。"(《答欧阳崇一》,《全书》二,第 64 页)把甲乙两列的关系作为体用的关系,比本末的关系更为直接地使工夫伦理化。在本末的关系里,工夫虽然为主意所规定所制约,多少还保留一点自己的本性,而在体用的模式里,工夫的意义只是致良知借以运作的具体形式而已。

在阳明编织的这个工夫体系里,基本取向是强调"内"对于"外","德性"对于"问学"的优先性,强调仁对于智的优先性,内求吾心对外穷物理的优先性,认为两者不是平等的,德性培养是统帅、是灵魂,在此前提下也不主张无条件地牺牲或摒弃知识问学的努力。

毫无疑问,这一切都可以归结到"价值优先"这一原则,然而在人生层面与心灵境界的意义上确认德性优于知性是一回事,把知识活动的独立意义取消,而使之变为德性实现借以活动的具体方式则是另一回事。因为在前者那里,知识的境界虽然低于道德境界,但知性活动的独立意义并未被取消,更不意味着每一知性活动都必须成为德性修养的体现。这个分疏无论在学术上还是在历史与现实的文化反思方面,都仍然有其意义。①

二　工夫之有无动静

本节所讨论的是宋明理学关于精神修养的实践的一些特殊课题,这些问题都是围绕着如何吸收佛道二教的静坐、无念的方法与对心灵宁静的追求。事实上,这些问题是明代理学中占主要地位的讨论。

1. 事上磨炼与静坐

禅定是佛家的基本修习方式。道家中的心斋、坐忘的修养也是古已有之,只是未能如佛家那样把静坐与冥想程序化、规范化为一种易于操作的修持。坐禅不但与中国固有的气功相通,它对身心调养的益处对于有过实践经验的人来说是十分明显的。因而"静坐"本身并没有什么"佛"或"道"的属性,任何精神传统中都可以容纳静坐(sitting meditation)为一种修养方法。

---

① 列文森认为"文革"及"文革"前的红与专的讨论都与儒家这一传统有关,对此杜维明做了更进一步的反思,见杜著:《人性与自我修养》,中国和平出版社1988年版,第十五章。

宋代儒家的修养方法中,静坐已是一个重要的问题。周敦颐曾提出"定之以仁义中正而主静",但他说的主静没有明确涉及静坐。二程则不然,见人静坐便叹其善学。程颢在扶沟时也曾教上蔡静坐。伊川亦有时教人静坐。罗从彦与李侗也是"终日静坐"。陆象山教弟子詹阜民静坐,其弟子多做"澄默内观"的工夫。就是朱子,也未尝不肯定静坐,如说"盖精神不定,则道理无凑泊处,须是静坐方能收敛"(《语类》十二)。又说"始学工夫须是静坐,静坐则本原定。虽不免逐物,及收归来也有个安顿处"(同上)。但朱子多次指出,专主静坐则"有些子偏",有坐禅入定之弊,在他看来,静坐只是为了使主体获得一种清明的状态,以便识理接物。他还认为,"静"的真正意义不是静坐,而是心定理明。

阳明弘治中筑室阳明洞修习静坐,在静坐方面有相当丰富的体验。正德五年在常德辰州也教人静坐,"与诸生静坐僧寺,使自悟性体,顾恍恍若有可即者"(《年谱》正德五年),这是把静坐作为为学入门之功,使学者通过静坐自悟性体。"自悟性体,恍恍若有可即者"指静坐后达到的一种对内心状态的体验,也就是陈白沙说的"此心之体隐然呈露,常若有物"。但离开辰州之后他曾写信给辰州学者,说明静坐方法在为学之道中的局限。他指出静坐本身不是目的,也不是要坐禅入定,只是针对常人心念走作,容易受到外界事物的干扰,而"欲以此补小学收放心一段功夫耳"。

正德八年阳明在滁阳时也曾教人静坐,后来滁阳的孟源有书问"静中思虑纷杂,不能强禁绝",阳明回答说:"纷杂思虑亦强禁绝不得,只就思虑萌动处省察克治,到天理精明后,有个物各付物的意思,自然精专无纷杂之念。"(《全书》二十六,第378页)这个回答明确指出,静坐的目的并不是扫除一切思虑,这个讨论与程颢答张载《定性书》如出一辙。程颢当时指出,"定性"并不是在思想中排除外物,而应当物来顺应,物来顺应的境界就是安定宁静的心境,阳明所说的物各付物也就是物来顺应之意。阳明进一步指出,"物各付物"本身应当是"天理精明"的一个自然结果,只有把物各付物建立在天理精明的基础上,而不是像佛老一样以追求物各付物本身为目的,才算是圣人之学。我们将看到,这一立场贯穿在阳明整个工夫论中,即对佛教的境界与工夫的肯定必须以儒家的基本原则为基础,是在"有"的基础之上,在使"无"成为"有"的一个自然结果的方式下,来吸纳"无"的工夫和境界。对于阳明来说,这并不是一个一厢情愿的规定,它有着亲身体验实践的基础。

阳明后来曾回顾并比较静处体悟与致良知:"一友静坐有见,驰问先生。先生答曰:吾昔居滁时,见诸生多务知解,口耳异同,无益于得,姑教之静坐,一时窥见光景,颇收近效。久之渐有喜静厌动、流入枯槁之病,或务为玄解妙觉,动人听闻。故迩来只说致良知,良知明白,随你静处体悟也好,随你去事上磨炼也好,良知本体元是无动无静的,此便是学问头脑。"(《传习录》下,《全书》三,第78页)阳明自金陵时已意识到静坐收敛常会养成"喜静厌动"之病,这使得他经常警省门人要"无间于动静"。《传习录》上载:"问静坐时亦觉意思好,才遇事便不同,如何? 先生曰:是徒知静养而不用克己工夫也。如此临事便要倾倒。人须在事上磨炼,方立得住,方能静亦定,动亦定。"(《全书》一,第40页)陈九川向阳明叙述静坐体会:"静坐用功颇觉此心收敛,遇事又断了。旋起个念头去事上省察,事过又寻旧功,还觉有内外,打不成一片。"阳明答曰:"此格物之说未透,心何尝有内外,即如惟濬今在此讲论,又岂有一心在内照管? 这听讲说时专敬即是那静坐时心。功夫一贯,何须更起念头,人须在事上磨炼作功夫乃有益。若只好静,遇事便乱,终无长进。"(《全书》三,第73页)陈九川的经验与阳明在滁阳教诸生时遇到的一样,也是在静坐实践中逐渐增长了喜静厌动的意向,这对于必须承担社会责任和强调社会实践的儒家来说显然是有害的。如果一个人的静坐不能或不是促进或改善了他应付复杂实践的心理力量,反而减弱了他对外部事务的心理承受能力,那就与阳明的愿望背道而驰了。因为阳明并不想做生活中自我安慰的弱者,相反,他要做一个刚健强毅的实践家。

所以,当他的学生刘君亮要到山中静坐时他警告说:"汝若以厌外物之心去求静,是反养成一个骄惰之气了。汝若不厌外物,复于静处涵养却好。"(《传习录》下,《全书》三,第78页)他还为此写信给刘元道:

"来喻'欲入穷出、绝世故、屏思虑,养吾灵明,必自验至于通昼夜而不息,然后以无情应世故',且云'于静求之似为径直,但易流于空寂而已',观此足见任道之刚毅、立志之不凡,且前后所论皆不为无见者矣。……专欲绝世故,屏思虑,偏于虚静,则恐既已养成空寂之性,虽欲勿流于空寂不可得矣。"(《与刘元道》,《全书》五,第109页)[1]刘元道想通过到山中静坐的精神锻炼,最后达到动静皆定的境界,以便"以无情应世故"。无情即无执著之情,亦即"情顺万事而无情"。阳明认为追求这种境界是对的,但企图仅靠静坐达到这种境界是不对的,因为静中的修养并不能保证"动亦定",即不能保证在实践中保持稳定充实的心境。应当通过"在事上磨炼",在具体、复杂的行动、实践中锻炼自己的心理应付能力。所以阳明的整个工夫论总是更强调动的、行的方面,儒家对于改造社会实践的关怀是儒家与出世主义宗教的根本区别之一。

最后,关于静坐中的神秘体验(mystical experience)问题,阳明在弘治中于阳明洞静坐时曾有包括前知在内的种种神秘体验,后来在龙场静默悟道更有神秘经验的经历。其门人的"静坐有见""窥见光景"及"恍若有可即者"都是神秘体验。金陵以后,阳明渐觉此弊,往往对门人有所警省。但这个问题始终未受特别重视,在嘉靖以后的王学中更为发展,成为明代儒学精神性的一个重要特点。[2]

2. 戒慎恐惧与何思何虑

佛教中禅定修习要求息念,禅宗也主张以"不思善不思恶"的纯粹意识状态去体认作为自性的"本来面目",故工夫常多在静的一边。一般也认为,佛教及道家超然境界主要是通过静修方式,断绝外物的引诱,抑止情欲念虑的滋生来实现或获得的。尽管佛教内部也常常提醒"不断百思想"以防止枯静之偏,但"静默"作为原始禅的宗旨依然使人

---

① 按陈荣捷先生以刘元道即刘君亮,见《王阳明传习录详注集评》,学生书局1983年版,第320页。

② 参见附录《心学传统中的神秘主义问题》。

从静或无的方面去了解它。

理学从来不接受视世界为虚幻的无的本体论,但并不因此也排斥佛教超越自我的无的境界论。从程明道到王阳明,都认为佛老代表的人生境界虽属一偏,但确有其合理性,并强烈感受到它的吸引力。从而,排除作为感应外物的念虑,作为提高精神境界的方法,在理学一开始就不断地被提出来,如张载及司马光表现的对克服外物的烦扰。

佛教影响的日益扩大,使得儒家经典获得了一个新的诠释的视野。如《中庸》说"戒慎乎其所不睹,恐惧乎其所不闻",原意是指君子的道德修养须常常省察自己,特别在不接外物、无所见闻的时候更应在内心警觉辨察人欲的干扰。但在佛教思想的刺激下,"不睹不闻"可以与"不思善恶"的静默相联系,从而成为另一种问题的基础:如果戒慎恐惧代表"动",不睹不闻代表"静",二者关系如何?他们在境界的修养中是否具有同等重要的意义?

照朱子的解释:"所不闻所不见,不是合眼掩耳,只是喜怒哀乐未发时,凡万事皆未萌芽,自家便先恁地戒慎恐惧,常要提起此心。"(《语类》六十二,第1499页)"戒慎乎其所不睹,恐惧乎其所不闻,是未有事时"(同上书,第1503页),就是说戒慎恐惧的直接意义是指人在与外物未发生接触、也未产生意念活动的状态下的修养方法。朱子强调说,并不是只有不睹不闻时需要戒慎恐惧,戒慎恐惧实际上应是贯通动静的修养方法,举出不睹不闻是强调即使在没有明显意念活动的状态也要戒慎恐惧。由于戒慎恐惧是"未发"时工夫,并不要求有所思虑,所以它的方法意义是"只不要昏了他""只是耸然提起在这里"(同上书,第1499页)。朱子还区分了戒慎恐惧与慎独,认为不睹不闻是指"己之所不睹不闻",而"独"是指"人之所不睹不闻",就是说戒慎是对自己的心之未发而言,而"独"不是指自己心之未发,恰恰是自己的心有所发,但他人不知,惟自己独知之。所以,"慎独既专就已发上说,则此段(戒慎)正是未发时工夫"(同上书,第1505页)。

儒家另一经典《周易》指出,"易,无思也,无为也,寂然不动,感而遂通天下之故"(《系辞传》),"天下何思何虑"(同上),如前所指出的,在新的诠释立场上也会提出"无思无为""何思何虑"是否为儒家所肯定的静修方式的问题，理学史上程伊川答谢上蔡关于"何思何虑"的讨论还肯定了"何思何虑"作为一种高级的精神境界的意义。

王阳明不太赞成朱子用未发已发、无事有事区分戒慎与慎独。的确，朱子学中也有一些理论上不清楚的地方。如果朱子也认为戒慎恐惧不只是未发工夫，而贯通动静、已发未发，那么在已发时的戒慎与慎独就重合了。阳明早年即提出："自戒慎而约之，以至于至静之中；自谨独而精之，以至于应物之处者，亦若过于剖析，而后之读者遂以分为两节，而疑其别有寂然不动静而存养之时，不知常存戒慎恐惧之心，则其工夫未始有一息之间，非必自其不睹不闻而存养也。吾兄且于动处加工，勿使间断。动无不和即静无不中，而所谓寂然不动之体者当自知之矣。"(《答汪石潭内翰》，《全书》卷四，第93页)这表示他完全不赞成朱子划戒慎为未发、谨独为已发的"过于剖析"的方法，他认为这正是导致后来学者把工夫分成动静两节的原由，使人的修养生活处于分裂和不统一的状态。他主张要使戒慎恐惧成为一以贯之的方法，特别应注意动的工夫。在《传习录》上也有类似讨论："正之问：戒慎是己所不知时工夫，慎独是己所独知时工夫，此说如何？先生曰：只是一个工夫，无事时固是独知，有事时亦是独知，人若不知于此独知之地用功，只在人所共知处用功，便是作伪。……今若又分戒惧为己所不知，即工夫便支离，亦有间断。既戒惧即是知，己若不知是谁戒惧？如此见解便要流入断灭禅定。曰：无论善念恶念更无虚假，则独知之地更无无念时耶？曰：戒惧亦是念，戒惧之念无时可息。苟戒惧之心稍有不存，不是昏聩，便已流入恶念。自朝至暮、自少至老，若要无念，即是己不知，此除是昏睡、除是槁木死灰。"(《全书》一，第49页)朱子虽然也同意"戒惧是统体做功夫"(《语类》六十二，第1502页)，"是从见闻处至不睹不闻处皆戒惧了，又就其中于独处更加慎也"(同上)，但又认为不睹不闻状态下的戒慎不是思虑，不是知觉，不是已发，这就使得未发的戒慎功夫很难把握捉摸，所以，阳明干脆肯定戒慎亦是知，亦是念。因而阳明否认人除昏睡之外有无思无虑无念的状态,①这个立场很接近朱子早年以心为已发、性为未发的思想,也是他强调已发(动)工夫的缘由。

然而,在朱子学说中关于有念无念、已发未发的讨论并未涉及张载与程明道提出的定性(亦即定心)问题,用阳明哲学的语言,就是未涉及"宁静"境界的问题。事实上,关于未发、无念、求中,按其本来逻辑是指向宁静境界即定心的问题,只是朱子强烈的理性主义压倒了精神生活的其他向度。

《传习录》中有阳明答陆澄书,对这个问题做了详细讨论,陆澄问于阳明:"佛氏于不思善不思恶时认本来面目,于吾儒随物而格之功不同。吾若于不思善不思恶时用致知之功,则已涉于思善矣。欲善恶不思而心之良知清静自在,惟有寐而方醒之时耳。斯正孟子夜气之说,但于斯光景不能久,倏忽之际思虑已生。不知用功久者,其常寐初醒而思之未起时否乎? 今澄欲求宁静愈不宁静,欲念无生则念欲生,如之何而能使此心前念易灭、后念不生,良知独显而与造物者游乎?"(见《答陆原静二》,《全书》二,第 62 页)陆澄把禅宗的"不思善不思恶"看做不睹不闻、无思无虑状态的功夫,认为经过在这种状态下的体认和修养能够实现宁静自在的境界。他受佛教和道家的影响是很明显的,对此阳明回答说:

> 不思善不思恶时认本来面目,此佛氏为未识本来面目者设此方便,本来面目即吾圣门所谓良知。今即认得良知明白,即已不消如此说矣。随物而格是致知之功,即佛氏之常惺惺,亦是常存他本来面目耳。体段工夫大略相似,但佛氏有个自私自利之心,所以便有不同耳。今欲善恶不思而心之良知清静自在,此便有个自私自利将迎意必之心。所以有"不思善不思恶时用致知之功则已涉于思虑"之患。欲求宁静、欲念无生,此正是自私自利将迎意必之

---

① 阳明答陈九川问云"戒慎恐惧即是念,戒惧之念是活泼泼地,此是天机不息处,一息便是死"(《传习录》下,《全书》三,第 73 页)。

病,是以念虑愈生而愈不宁静。良知只是一个良知,而善恶自辨,更何善何恶可思?良知之体本自宁静,今却又添一个求宁静;本自生生,今却又添一个欲无生;非独圣门致知之功不如此,虽佛氏之学亦未如此将迎意必也。只是一念良知,彻头彻尾,无始无终,即是前念不灭后念不生,今却欲前念易灭而后念不生,是佛氏所谓断灭种性入于槁木死灰之谓矣。(同上)

阳明认为,即使是佛教也只把静默息念当作见其本性的方便法门,并非作为根本原则。儒家也只是承认不睹不闻是体认良知的入门之功,并不是终极原则。对于已经体认到良知的人来说,应主要注意不间断地存养良知。在宁静的问题上,阳明认为,把清静自在的宁静境界作为终极目的,只注重追求个人心灵的恬适,这个立场归根到底还是自私的,因而就不能真正避免"将迎""意必"。将迎出于《庄子》,意必出于《论语》,都是指人执著某种对象的意向。有执著的结果非但不能使杂念消除,反而使心灵更不宁静。实际上念虑的消灭是不可能的,儒家所主张的是念念致良知。阳明思想蕴涵着另一结论,即念念致良知自然会同时实现心境的宁静,而追求宁静反倒无法宁静。阳明还进一步从"本体"上论证这些"工夫"的根据,他指出,良知本体要求不断地发为念虑,因而"无念"与本体是相排斥的。良知的本真情态是宁静的,只要致极良知,就可以得到本然的宁静。这里的"良知本体本自宁静"与"无善无恶心之体"的思想是一致的。

　　站在致良知的立场,正确的修养工夫不是去念,而是正念。阳明晚年曾与学生讨论《系辞》"何思何虑"的问题。周道通曾问于阳明:"上蔡尝问天下何思何虑,伊川云有此理,只是发得太早。在学者工夫固是必有事焉而勿忘,然亦须识得何思何虑气象,一并看为是。若不识得这气象,便有正与助长之病。若认得何思何虑而忘必有事焉工夫,恐又堕于无也。须是不滞于有、不堕于无,然乎否也?"(见《启周道通书》,《全书》二,第59页)照这里的有无的说法来看,周道通是把何思何虑当作"无善无恶"的境界,而以"必有事焉"为"为善去恶"的工夫,他提出工夫境界应"不滞于有,不坠于无",可以说体现了阳明哲学的精神。① 但他把有无"一并看",抹杀了其间的主次体用,而且把何思何虑当作无思无虑,这是阳明不赞成的,阳明说:

> 所论相去不远矣,只是契悟未尽。上蔡之问、伊川之答亦只是上蔡伊川之意,与孔子《系辞》原旨稍有不同。《系》之何思何虑,是言所思所虑只是一个天理、更无别思别虑耳,非谓无思无虑也。心之本体即是天理,天理只是一个,更有何可思虑得? 天理原自寂然不动,原自感而遂通,学者用功虽千思万虑,只是要复他本来体用而已,不是以私意安排思索出来,故明道云"夫君子之学莫若廓然而大公,物来而顺应。"若以私意去安排思索,便是用智自私矣,何思何虑正是工夫,在圣人分上便是自然的,在学者分上便是勉然的,伊川却把作效验看了。(同上)

阳明认为,何思何虑并不是指一切都不思虑,只是说除了天理之外别无思虑,换言之,是指思虑一于天理,即念念致良知,念念存天理,而这正是"工夫"。伊川把何思何虑理解为不勉而中、不思而得的境界,意思亦好,但不是《系辞》的本意,因为那样一来,何思何虑只是长期修养所得的"效验",而失去了"工夫"的意义。

阳明晚年与欧阳德也讨论了这个问题。《传习录》中载阳明《答欧阳崇一》书:"来书云:'师云《系》言何思何虑是言所思所虑只是天理,更无别思虑耳,非谓无思无虑也。'……心之官则思,思则得之,思其可少乎? 沉空守寂与安排思索,正是自私用智,其为丧失良知一也。良知是天理之昭明灵觉处,故良知即是天理,思是良知之发用。若是良知发用之思,则所思莫非天理矣。良知发用之思自然明白简易,良知亦自能知得。若是私意安排之思,自是纷纭劳扰,良知亦自会分别。"(《答欧阳崇一》,《全书》二,第64页)一方面,修养的工夫不是消灭思虑,而是

---

① 函海本《大学古本旁释》释正心曰:"正心之功既不可滞于有,亦不可堕于无。"

使思虑成为良知的自然发用;另一方面,就思虑与宁静的关系来说,良知发用的思虑自然无纷扰,而如果是私意安排之思,心的纷扰烦乱和不宁静就不可避免了。

一方面要使所思所虑完全合乎天理,另一方面又要避免将迎意必执著。在阳明看来,这两个要求可以在同一个致良知过程中实现。他的学生曾问他,孔子远虑周公夜以继日,是否也是将迎意必,他回答说:"远虑不是茫茫荡荡去思虑,只是要存这天理。……天理即是良知,千思万虑只是要致良知,良知愈思愈精明,若不精思,漫然随事应去,良知便粗了。若只著在事上,茫茫荡荡去思,教做远虑,便不免有毁誉得丧,人欲搀入其中,就是将迎了。周公终夜以思,只是戒慎不睹恐惧不闻的工夫,见得时其气象与将迎自别。"(《传习录》下,《全书》三,第80页)在阳明看来,人要实现的无将迎的定心之境并不是指无所思虑的绝对宁静的意识状态,而是一种顺应无滞的精神境界。在不滞的状态中,尽管心之念虑生生不已,但心境仍然平静安详,这就是程颢说的静亦定、动亦定。与不滞相对的意向和境界佛家叫做执著,道家叫做将迎,儒家叫做意必,都是指出于私我的追逐计较某种对象的意向。阳明在这里面对的问题是:如果儒家也赞成一种无将迎无意必不执著的境界,是否意味着儒家就应放弃价值的关怀与社会的忧患?周公、孔子的关怀与忧患是不是一种执著、意必或将迎?阳明对此的回答是,不能把一切思虑和关怀都看成将迎意必,从心理体验的结果来看,只有那种引起毁誉得丧、烦恼纷乱的焦虑与关切才是意必将迎,其根源在于终究不能摆脱小我之私。而以良知天理为内容的反复思虑,尽管"夜以继日",却不会造成对心灵的"烦乱劳扰",不会造成紧张、不适与压抑感,因而与所谓将迎是不同的,正如二程所说"圣人于忧劳中,其心则安静,安静中却是至忧"(《遗书》卷六)。

因此,在了解儒学的精神性方面,很重要的一点就是搞清什么是儒家讲的"定"或"静"。阳明在回答陆澄关于存天理既然是已发之动为什么又称为静定的时候指出:"常知常存常主于理,即不睹不闻无思无为也。不睹不闻无思无为非槁木死灰之谓也,睹闻思为一于理,而未尝有所睹闻思为,即是动而未尝动也。"(《答陆元静》,《全书》二,第61页)阳明阐发了"动亦定、静亦定"的思想,指出定静不是心无所思,只是表征心境的稳定与平和,从而,心的"定"并不排斥思虑常主于理的"动",常主于理的思维念虑因为并不影响心之静定,用周敦颐的话说,就是动而未尝动。

最后,需要指出,关于戒慎恐惧与不睹不闻的关系中,"不睹不闻"有时阳明用来指心体,故说"不睹不闻是良知本体,戒慎恐惧是致良知的工夫"(《传习录》下,《全书》三,第85页)。表示戒惧是彰显和实现心体的方法。他有时甚至说,如果真正理解了心体与性体,"便谓戒慎恐惧是本体,不睹不闻是功夫亦得"(同上书,第78页),这是指人达到较高的境界后,不勉而中,工夫与本体已合而为一,戒慎恐惧已亦为从容自得,而从容自得无非从容乎天理。戒慎恐惧是"有"的工夫、"动"的工夫,无思无虑是"无"的工夫、"静"的工夫,而在修养的高级阶段上,二者合而为一。

3. 必有事焉与勿忘勿助

与"戒惧恐惧""何思何虑"的问题相类似,"心有事焉"与"勿忘勿助"也是在宋明理学工夫论中常常讨论的问题。孟子论养气时说:"必有事焉而勿正,心勿忘,勿助长"(《孟子·公孙丑上》)。朱子解释说,必有事焉指"有所事也",勿忘勿助指"不当忘其有所事,而不可作为以助其长"。

据二程语录,侯世与曾问"必有事焉而勿正心",当时程颢举禅语为说"事则不无,拟心则差",侯于言下有省(《二程遗书》卷一)。照这个记载,明道认为,必有事焉是指心应当不断地有所思虑,勿正勿助勿忘则指心不要有执著将迎的意向。由于这个解说有佛教的意味,所以朱子不肯把这一段编入《论孟精义》,朱子还说:"必有事焉,只消此一句,这事都了。下面'而勿正心勿忘勿助长',恰似剩语。"(《语类》五十二,第1268页)正、助都是指"期之必得""强作之使成",是著意、著力的意思,因而勿忘勿助勿正可以解释为不著意、不著力。朱子唯恐流入禅学，故说："若是集义，便过用些力亦不妨，却如何不著力得？"（同上）所以朱子认为这两句话是孟子"不得不恁地说"，本来是不必要的。

从上面的诠释来看，必有事焉是与无思无虑相对立的，它要求心保持在有所事事的状态，这个有所事事不一定指意识支配的身体从事外部活动，也不是泛指无意义的意识活动，是指"集义"或"戒惧"之事。它作为"动"的工夫，也是对作为"静"的不睹不闻的一种限制。阳明指出："学者以明善诚身，只兀兀守此昏昧杂扰之心，却是坐禅入定，非所谓必有事焉矣。"（《与王纯甫三》，《全书》四，第 97 页）他还说："先儒所谓志道恳切固是诚意，然急迫求之反为私己，不可不察也。日用间何莫非天理流行，但此心常存而不放则义理自熟，孟子所谓勿忘勿助深造自得者矣。学问之功何可缓，但恐著意把持振作，纵复有得，居之恐不能安耳。"（《答徐成之》，《全书》四，第 93 页）阳明既以必有事焉批评无思无虑静默守心，又以勿忘勿助提醒学者不要"著意把持"。必有事焉是"有"，勿忘勿助是"无"。[①]

朱子的修养方法以未发时的戒慎恐惧为敬，意思指稍稍提起此心，使心处在一个有所警觉但又没有意念思考活动的临界状态。朱子也曾把这个方法比于佛家的"常惺惺"。在朱子这个说法的意义下，未发的戒慎恐惧就不能算做必有事焉，因为必有事焉是指已发。阳明因破除了未发已发的界限，故说"戒慎克治即是常提不放之功，即是必有事焉，岂有两事"（《答陆原静二》，《全书》二，第 63 页），认为必有事焉就是戒慎恐惧、省察克治，就是致良知。

钱德洪曾说"揭必有事焉即致良知功夫，莫详于答聂文蔚之第二书"，在这封信里，阳明着重讨论了必有事焉与勿忘勿助的关系：

> 近岁来山中讲学者往往多说勿忘勿助工夫甚难，问之，则云"才著意便是助，才不著意便是忘，所以甚难"。……区区因与之

[①] 阳明在《传习录》上论种树一条中曾说："我此论学是无中生有的工夫，但勿助勿忘，只管培植将去。"（《全书》一，第 48 页）

说：我此间讲学却只说个必有事焉，不说勿忘勿助。必有事焉，只是时时去集义。若时时去用必有事焉的工夫而或有时间断，此便是"忘"了，即须"勿忘"。时时去用必有事之功夫，而或有时欲速求效，此便是"助"了，即须"勿助"。其功夫全在必有事焉上用，勿忘勿助只是就其间提撕警觉而已。……近日一种专在勿忘勿助上用工者，其病正在如此，终日悬空去做个勿忘，又悬空去做个勿助，漭漭荡荡全无实落下手处，究竟工夫只作得个沉空守寂，学成一个痴呆汉，才遇些子事来即便牵滞纷扰，不复能经纶宰制。(《答聂文蔚二》，《全书》二，第68页)

看来"勿忘勿助"是阳明晚年十分关注的问题。照上节所说的"不睹不闻是本体，戒慎恐惧是功夫"，则必有事焉是工夫，勿忘勿助不能是工夫。从阳明早年的立场看(如答徐成之书)，必有事焉与勿忘勿助两者之间平衡兼顾并不容易，如才著意便是助，才不著意便是忘。江右以后，阳明单提致良知，认为致良知自然可以勿忘勿助，所以不把勿忘与不著意作为独立工夫来看待。阳明晚年只强调必有事焉，表面上与朱子相近，但朱子所说的工夫完全没有理会不著意境界，而阳明不仅不否认不著意境界，而且认为良知与致良知本身包含着不著意的方面。阳明认为，如果专以追求勿忘勿助为目的，不仅不能把握著意与不著意之间的平衡，而且只能回到沉空守寂的纯粹静默中去。其最终结果是，在生活实践中仍然"牵滞纷扰"，人的应付环境的实践力量无任何改善反而被大大减弱。致良知虽然并不以勿忘勿助为目的，但真正的致知却可以同时实现勿忘勿助。因而，他不仅明确反对专在勿忘勿助上用工夫，而且强调工夫"只在必有事焉上用"。勿忘勿助是从属于必有事焉，甚至包含在必有事焉之中的。所以他说："近时有谓致良知之功必须兼搭一个勿忘勿助而后明者，则是致良知之功尚未了彻也。致良知之功尚未了彻，适足以为勿忘勿助之累而已矣。……良知之发见流行，光明圆莹，更无窒碍遮隔处，此所谓大知，才有执著意必，其知便小矣。"(同上)有与无的境界都为阳明所肯定，但动与静的工夫并不是平行的，阳明并不赞成工夫论的二元论，他特别强调在有的立场上，在动的工夫中同时实现无的、定的境界，这样才能使人在提高精神境界与改善实践能力方面达到统一。只要良知得以真诚恻怛地发用，自然光明圆莹无所滞碍，自然没有意必执著。勿忘勿助不能带来良知的真诚恻怛，而致良知之真诚恻怛可以包容无执著意必，因而必有事焉的致良知是彻上彻下的修养工夫。

4. 集义与不动心

在孟子答公孙丑著名的问答中，显示出儒学精神性的不同侧面，其中最重要的观念之一是集义。孟子提出，"不动心"的精神境界他在40岁已做到了，他还指出，告子甚至在他之先也达到了不动心的境界。然而孟子又指出，孟子代表的精神境界与告子代表的精神境界，尽管在形式上都有"不动心"的特点，但两者有重要区别。这种区别不仅在其内容，也表现在获得不动心境界的方法。孟子说，他的不动心主要是通过"集义"来"养气"而达到的。

"集义"按朱子解释"犹言积善，盖欲事事皆合于义也"，"无所愧怍，而此气自然发生于中"。所谓"动心"则是指"有所恐惧疑惑而动其心"（《孟子集注》卷三），就是说，"动心"不是指心有思虑，而是指心灵受到某些情绪情感的牵动而表现出的一种不宁静的感受状态，即指人的"现身情态"而言。不动心是一种较高的精神境界。面对强暴的无所畏惧在一个较低的意义上也可以算做不动心，但可能出于一时的血气之勇，而中国古典精神传统中的不动心之境则是指人无论处在何种情势下，身患何种遭遇、何种挫折，始终能保持心理状态的稳定、安宁、平和。正如二程所说："虽热不烦，虽寒不栗，无所怒，无所喜，无所取，去就犹是，死生犹是，夫是之谓不动心。"（《遗书》二十五）

严格说来，浩然之气并不是"平常心"，而是一种特别的生理心理体验。当人为一种崇高的正义感所激励、支配、充满时，会有一种强烈的内在充实的感受。平常语所谓"理直气壮"正是描述的这种感受机制。即当个体自觉到"理直"时，同时会感受到体内充满支持与推动行为的力量(气)。与"气壮"相反的状态即"心虚气馁",心虚不仅包含对"理亏"的自我意识,同时也会产生一种生理上的缺乏感(气馁)、空洞感及紧张感。这些感受,事实上,不仅在明显的理不直的情况下出现,也在日常生活中直与不直之间的一个广泛领域中存在,换言之,在一个广泛的和"有我"相关的领域中存在。佛教及道家倡导的"无我",在此意义上正是面对这种动心带来的烦扰而提供给人一个超越动心的境界。

在儒家的立场上,从曾子的"守约"到孟子的"集义"都是以道德意识的培养来统摄不动心之境,正如朱子所说,是强调在理上做工夫,而不是在气上做工夫。守约还是守气,是区分儒家与其他各家修养论的一个重要之点。阳明也指出:

> 孟子不动心与告子不动心所异只在毫厘间,告子只在不动心上著功,孟子便直从心源发动处分晓。心之本体原是不动的,只为所行有不合义便动了。孟子不论心之动与不动,只是集义,所行无不是义,此心自然无可动处。告子只要此心不动,便是把捉此心,将他生生不息之心反阻挠了。此非徒无益而又害之。孟子集义功夫自是养得充满,并无馁歉,自是纵横自在,活泼泼地,此便是浩然之气。(《传习录》下,《全书》三,第79页)

在阳明看来,告子的问题一方面在于仅仅追求一种超道德的不动心之境,另一方面在于告子是用强制、限制意识活动的方法去求不动心。而在儒家看来,这种方法既不自然,也不自在,[1]而且完全不了解动心的真正根源是意识与行为的"不合义"。因此,从孟子到王阳明,"集义"不是为了追求不动心或养浩然之气设立的手段,毋宁是以集义为"头

---

[1] 二程亦指出:"不动心有二,有造道而不动者,有以义制心而不动者。此义也,此不义也,义吾所当取,不义吾所当舍,此以义制心者也。义在我,由而行之,从容自中,非有所制也。此不动之异。"(《遗书》二十一下)

脑"，要求在道德境界培养的前提下来容纳和引出不动心之境。

在宋明理学中，不少精神修习多只具有形式的意义，即它并没有具体的道德规定，只表征意识或心灵的意向、状态的某种形式特征。如宋儒所谓"主一"，伊川、朱子皆以主一即无适，亦即专一，却并未规定专一的对象，从而使主一只有明显的心理学意义。所以阳明批评这种无规定的说法："好色则一心在好色上，好货则一心在好货上，可以为主一乎？"（《传习录》上，《全书》一，第40页）如果主一仅仅用于认识论意义上的主体修养，则有意注意的培养是有明确意义的，但整个说来，理学的主一工夫显然不仅是认识意义的。因而主一代表的"集中"（concentration）如果不是指静坐的修习，它在意识活动中就只有形式的意义，即没有确定的伦理规定、适于一切心理活动的形式。

不动心在一个意义上也是如此。从儒家的立场看，一个江洋大盗出生入死、历险临危而不动心，或者一个政客百死千难，经复杂事变和坎坷而不动心，这种不动心并无任何价值意义，尽管做到这一点并不容易。因此，必须以"集义"作为引导和规范不动心的"头脑"。这样的不动心才真正有意义。

因而，不仅从价值的观点看，道德境界有优先性；就方法或工夫来说，道德境界与不动心境界也不需要两种各自独立的方法。阳明说："信此良知忍耐去做，不管人非笑，不管人毁谤，不管人荣辱，任他功夫有进有退，我只是这致良知的主宰不息，久久自然有得力处，一切外事亦自能不动。"（《传习录》下，《全书》三，第77页）从儒家的出发点来说，正像孟子一样，集义的目的就是实现道德境界，并没有动心与否的考虑在内。然而，彻底的集义和致良知不仅满足了道德境界提高的要求，同时也会自然而然地具有"毫无馁歉""纵横自在""活泼泼地"不动心之境。

5. 动与静

一般认为，作为修养方法的工夫，动是指实践、行动、思考、察识；静指静默、无念、去思、屏物。但是，宋明儒者始终强调，在理学体系中被正面肯定的"静"并不是指无思无虑、不接事物,而是一种"定"的境界。宋明时代重要的思想家无不对"静"做出自己的解释,周敦颐提出"定之以仁义中正而主静",程颢则提出"动亦定,静亦定",把定与静相区别。① 尽管如此,大程教人静坐,小程见人静坐亦叹其善学,说明理学并未否定静修的方法,道南一派至李侗,更加强调静坐观未发气象。因而朱子对李侗也有所批评,说只有像李侗这样不出来做事的人才能做这样的工夫。但朱子也未否定静坐,"半日读书,半日静坐"的说法虽然朱子自己也加以批评,但朱子确实赞成由静坐安定心神以认识道理。朱子的问题在于他始终以为工夫有动静,有未发已发两截,并始终从认识主体的修养方面看待静坐。

阳明早年既讲立志,又倡静坐,动静两分。而擒濠之后,经张许之难,立良知宗旨,将一切工夫统统收摄到致良知中来,使他的工夫论更为一贯,这在工夫动静的问题上更为明显。

正德十六年阳明答人书中说:

> 心无动静者也。其静也者以言其体也,其动也者以言其用也,故君子之学无间于动静。其静也,常觉而未尝无也,故常应。其动也,常定而未尝有也,故常寂。常应常寂,动静皆有事焉,是之谓集义。集义故能无祇悔,所谓"动亦定、静亦定"者也。心一而已,静其体也,而复求静根焉,是挠其体也。动其用也,而惧其易动焉,是废其用也。故求静之心即动也,恶动之心非静也,是谓动亦动,静亦动,将迎起伏,相寻于无穷矣。故循理之谓静,从欲之谓动。欲也者,非必声色货利外诱也,有心之私皆欲也。故循理焉,虽酬酢万变皆静也,濂溪所谓无静无动之谓也,是集义者也。从欲焉,虽心斋坐忘亦动也。(《答伦彦式》,《全书》五,第106页)

---

① 陈九川问王阳明:"周子何以言定之以中正仁义而主静?"阳明答曰:"无欲故静,是静亦定,动亦定之定字。"(《传习录》下,《全书》三,第73页)

"无间于动静"是指为学工夫须贯通动静,而且不应把动静工夫分为两种不同的工夫。"其静也,常觉而未尝无也,故常应",这里的静指人未接物和意识处于相对静止的时候和状态,强调即使在这样的状态下意识也不是空无,也保持戒慎恐惧的警觉。"其动也,常定而未尝有也,故常寂",动这里指应接事物和思维积极活动的状态。心虽然在积极活动,但它是稳定安宁的,这就是定;它不是执著的,所以是"未尝有也"。因而这样的意识状态虽是动,但其境界是寂(定),因此,静、定、寂,作为肯定的价值,不是指思维的特定的不活跃状态,而是指意识心理内在的安定与平静。用这个内在的安定与平静来衡量,一个人即使在静坐不见得可以称得上"静",而一个人应接万变不一定就不是"静"。因而思维状态的动静只有相对的意义,内在的安宁与稳定才有真正的意义。获得内在的"静"的根本方法是必有事焉,这个有所事不是别的事,就是集义。

如何把集义贯穿到思维的动静状态?阳明提出"循理"。集义就是使意识的一切活动循乎"天理",天理这里即道德法则。只要所思所行一循于理,心境就不会有烦扰,因而无论从事实践活动还是思虑运作,都不是"动"。与循理相对的是"从欲",即屈从人欲,如果以"有心之私"为目的,即使心斋坐忘也不是"静"。因而,凡事循理,"动亦定,静亦定";凡事从欲,"动亦动,静亦动"。

在《传习录》中阳明与陆澄的答问也阐发了这个思想。陆澄问阳明,所谓动静是指是否从事外部活动(有事无事),还是指思维是否运作活动(寂然感通),或者指循理从欲与否?陆澄认为,这三种不同的动静规定都不能同时与周敦颐关于动静的几种说法相协调。对此阳明回答说:

> 未发之中即良知也,无前后无内外而浑然一体者也。有事无事可以言动静,良知无分于有事无事也。寂然感通可以言动静,而良知无分于寂然感通也。动静者,所遇之时也,心之本体固无分于动静也,理无动静者也。动即为欲,循理则虽酬酢万变而未尝动也。从欲则虽槁心一念而未尝静也。"动中有静、静中有动",又

何疑乎?(《答陆原静一》,《全书》二,第 61 页)

阳明指出,以"有事无事"或"寂然感应"分动静虽在一定范围内各有意义,良知相对于这两种动静的关系也都可以用周敦颐的"动而无动、静而无静"来描述,但就圣人之学的主静意旨而言,这两种动静只是心之"所遇之时",只是思维状态的区别。而圣学倡导的"静"是一种精神境界的表征,它不是指念虑的有或无,而是指心境的定或动。这种"静"的境界并不是通过静修的方法(静坐或无思无虑)能够达到的,根本上是意识活动能否遵循道德法则的一个结果。既然心之本体是良知,不能循理,良知必不自安,则心不能不动。如果像陆澄在另一则疑问中表示的"常存常主于理明是动也,已发也,何以谓之静",那就永远无法达到动静皆定的境界。所以阳明指出"睹闻思为一于理,而未尝有所睹闻思为,即是动而未尝动也","一于理"即是循理,"未尝有所睹闻思为"是无"有心之私"、没有"将迎意必"。这就叫"动中有静","动而无动",用阳明的话来说,也叫"动静合一"。

关于动静合一,《传习录》下载:"问:儒者到三更时分,扫荡胸中思虑空空静静,与释氏之静只一般,两下皆不用,此时何所分别? 先生曰:动静只是一个,那三更时分空空静静的,只是存天理,即是如今应事接物的心。如今应事接物的心亦是循天理,便是那三更时分空空静静的心。故动静只是一个,分别不得。知得动静合一,释氏毫厘差处亦自莫掩矣。"(《全书》三,第 76 页)问者的问题是:如果一个儒者静坐至中夜,心中空静,这与一个佛门信徒中夜坐禅,在心上有什么不同? 阳明认为,对于儒者来说,静时的心并非空无所有,仍不离天理,这与接物时循理的心同属循理之心,对儒家的致良知工夫来说,动静都是循理,并无不同。所以儒家的循理工夫不分动静,这与佛家是不同的。

6. 存心与定气

以循理为静,固然可在儒家道德境界优先与一元化工夫论立场上诠释其意义。但是,从根本上否认心斋坐忘或其他静坐修养也可以达到某种定静的境界，从而把佛老清静无为的无我之境也说成"动"，过于绝对。另一方面，一切道德境界自身是否自然地也可以带来不动心，也不是不需要进一步分疏。

正德六年阳明在《别张常甫序》中一方面否定了"工文词""辨名物""整容色"三种为学之道，即注重辞章的华丽、考辨的详密、举止气象的严肃。他认为这三种都不足以为学。然后他问道："去是三者，而恬淡其心、专一其气，廓然而虚、湛然而定，以为静也，可以为学乎？"（《全书》七，第124页）这里所说的便是道家的定气方法。"恬淡其心"就是清心寡欲，调伏各种感情和情绪、屏除杂念欲望；"专一其气"是集中神意，调节气息，使意念集中在呼吸上；"廓然而虚、湛然而定"是指这种修持达到的心境，指人会感受心变得广大无碍，以及清明和宁静。然而阳明认为，这种"定气"工夫并不就是圣人之学。

在良知宗旨提出之后，阳明明确用良知统摄神、气。他说："夫良知一也，以其妙用而言谓之神，以其流行而言谓之气，以其凝聚而言谓之精，安可以形象方所求哉。"（《答陆原静二》，《全书》二，第61页）这里所说的精、气、神，正如阳明在这封信的开始所说，"为原静爱养精神而发"，并不是存有论的问题，而是讨论精神生活与养生之间的关系问题。照阳明的看法，作为身心修养的精、气、神，都是良知的作用，他们既可以说是由良知统摄的，也可以说是由良知意念所决定的。因而养生的问题不是独立的，应当由致良知的方法来解决，只要良知致得精精明明，精、气、神自然各得其养。

陆澄是当时王门中对儒学的精神性问题最感兴趣的学者，《传习录》中阳明与陆澄的对话和书札最集中地反映出阳明对三教的精神修养的理解。正德中阳明曾与陆澄讨论存心与定气的关系：

> 问：宁静存心时可为未发之中否？先生曰：今人存心只定得气。当其宁静时亦只是气宁静，不可以为未发之中。曰：未便是中，莫是求中功夫否？曰：只要去人欲存天理方是工夫。静时念念去人欲存天理，动时念念去人欲存天理，不管宁静不宁静。若靠那

> 宁静,不惟渐有喜静厌动之弊,中间许多病痛只是潜伏在,终不能绝去,遇事依旧滋长。以循理为主,何尝不宁静,以宁静为主,未必能循理。(《传习录》上,《全书》一,第41页)

这表示,阳明承认"定得气"也是一种"宁静",但是阳明否认气定的宁静就是《中庸》所说的未发之中。因为,"中"不仅具有本真情态的意义,道德性也是其主要特征。而气之宁静主要是生理意义的,它并不能保证内在的道德性。因而一个人可以"定得气",但未必能"存得理"。所以阳明在另一个地方告诫陆澄,切不可"认气定时作中"(同上书,第45页)。由此阳明主张,最根本的工夫还是"念念存天理去人欲",也就是动静皆戒慎恐惧,皆必有事焉,因为从道德性的角度来说,如果养得气定,而恶邪之念的根子仍在心中潜伏,未发时便不是中,遇事必然表现出来。

所谓"不管宁静不宁静",正如阳明论孟子指出的,孟子"不论心动与不动,只是集义,此心自然无可动处",阳明在这里也不是否定宁静的意义。一方面,宁静并不能保证道德性,另一方面,阳明担心把追求宁静作为宗旨会导致喜静厌动的心态,以致减弱了人应付外部挑战的能力,无法适应社会实践的需要,这是一种极为深刻的体验与观察。宁静是有意义的,但必须在实现道德性和保障实践能力的前提下把它容纳到儒学的精神生活中来,正如他后来进而发展并反复强调的"循理则酬酢万变皆静也",就是说,应使宁静成为循理自身的一个结果。

"以循理为主,何尝不宁静。以宁静为主,未必能循理",这个结论精辟地阐明了儒者阳明如何处理有无、动静两种境界和工夫。因此,尽管阳明有时也把"气定"说成是"动",他实际上并不否认在某一程度上,纯粹的静默无我工夫也能引导到某种宁静无我之境,只是认为,定气不可能导致真正的静,因为如果气定并不能去除"有我之私"的根子,终归还有将迎意必的基础,无法彻底达到动亦定、静亦定,同时,它在保证道德性的增进方面无所作为。阳明强调,如果以儒家的方式来处理,以遵循道德法则的方式,则不但可以促进道德性的充分实现,而且可以同时自然地带来内心的宁静,因此应当以有合无,动中求静,以循理统率定气，这才是圣学工夫。因此，问题不在于气定心斋是不是静，而在于通过何种方式可以同时实现道德性与超然性的境界。①

戒慎恐惧、集义、必有事焉、存天理去人欲、省察克治，这些道德修养的德目在阳明晚年统统归之为"致良知"。从而，致良知也成了阳明用以统合有无动静工夫的中心原则，孔子曾说"无适也、无莫也，义之与比"（《论语·里仁》），阳明指出，作为无将迎无执著的"无适无莫"固然是应当努力追求的境界，但这必须从属于致良知。他认为事事都应无适无莫，但"须是识得个头脑乃可，义即是良知，晓得良知是个头脑方无执著"（《传习录》下，《全书》三，第77页），就是说，"义之与比"的"义"即良知，抓住良知这个"头脑"就能做到无执著。所以他又说"时时用致良知的功夫才活泼泼地"，"认得良知头脑是当去朴实用功，自会透彻，到此便是内外两忘"（同上），在致良知上用功，人心就能像"逝者如斯"一样去来自在、"活泼泼地"。

以上所说所有工夫，如果从"无善无恶心之体"的角度说，用《天泉证道记》的说法，都是"从有以归于无"的路向，阳明并没有在他的工夫论中讨论"从无处立根基"的工夫，因为，正如阳明指出的，那种顿悟之学即使是颜子明道也"不敢承担"，自然也就不必深论了。

不过，按照"天泉证道"的说法，戒慎循理的工夫虽然在相当程度上可以保证自慊与宁静，但尚不能自然实现彻底的无我之境，只有同时自觉地悟得"无善无恶心之体"，才能在"时时知是知非"的同时做到"时时无是无非"。所以阳明要求偏重戒慎循理的钱德洪"须透汝中本体""须识汝中本体""太虚无形，一过而化，亦何费纤毫气力，德洪功夫须要如此，便是合得本体功夫"，就是说，循理还不能自然地充分实现宁静，只有与透识本体原无一物联系在一起的循理，才是符合本体而能复还本体的工夫，才能真正达到有无合一的境界。

---

① 养心与养气亦是理学一基本问题，宋代理学如谢上蔡曾行五元化气之法，即朱子亦曾作《调息箴》以事养生，而明代理学家更重养气之法，白沙、阳明、龙溪、念庵皆重此种实践，即朱学者如胡敬斋亦肯定养气之法，但此处不拟详论耳。

第十一章

结　语

早年历程

中岁教法

晚年化境

身后流变

经过全书以上具体的叙述和讨论,我们可以对阳明一生的思想发展做一总体性的探讨。

在阳明门人所作《年谱》及其他叙述中对阳明思想的演变与发展曾给出一些线索,如所谓青年时代的"五溺",以及"学之三变""教之三变"等,其年代与线索,较之朱子研究而言,似乎是明晰得多了。尤其是所谓前三变、后三变的说法,流行甚广,影响亦大。

然而,严格地说,前后三变等说法并不准确,其中有些问题值得研究。事实上钱德洪与王畿的说法就不同,钱以江右时提出"致良知"为阳明晚年学说的最后发展阶段,而王则以为居越以后是与江右致良知思想有所不同的另一阶段。

虽然,为了整体和动态地了解阳明的思想,历史的研究和叙述是必要的,但这里不拟对阳明生平历史多加讨论,这一方面是因为已经有了像邓艾民先生所写的《王守仁的一生》①这样的专论,另一方面也是由于这样一种研究不可能是纯粹历史性的。如在确定阳明居越以后的思想性格方面,历史的叙述与刻画反须以哲学的分析为前提。这也是我之所以在"四句教"的哲学讨论之后再来总论阳明思想发展,而不是在本书开始即给出结论的基本原因。

一 早年历程

"五溺"之说出于湛甘泉为阳明所作墓铭,中称:"初溺于任侠之习,再溺于骑射之习,三溺于辞章之习,四溺于神仙之习,五溺于佛氏之习,正德丙寅始归于圣贤之学,②会甘泉子于京师,语人曰'守仁从宦二十年未见此人',甘泉子语人亦曰'若水泛观于四方,未见此人',遂相与定交,讲学一宗程氏仁者浑然与物同体之指。"(《全书》三十七,第514页)甘泉此铭乃据黄绾所作行状,突出了阳明归本正学之前曾泛滥无归的经历。"前三变"之说出于钱德洪:"先生之学凡三变,其为教也亦三变。少之时驰骋于辞章;已而出入于二氏;继乃居夷处困、豁然有得于圣人之旨,是三变而至于道也。"(《刻文录序说》,《全书》卷首第5页)德洪把"五溺"简化为辞章与二氏,是有一定理由的。因为任侠骑射并不是学术,在学术上阻碍阳明归本正学的主要是辞章之学与二氏之学。甘泉的五溺说与德洪的三变说的另一不同是,甘泉认为阳明是在五溺之后于丙寅(1506)"一变至道",而德洪则认为阳明直至居夷处困,在龙场大悟(1508),才"经三变而至道"。

"五溺"与前"三变"的提法对于了解阳明早年广泛涉猎异学的经历也许可以造成比较明晰的印象,但如果把"五溺"或"三变"当作阳明

---

① 邓先生文载《朱熹王守仁哲学研究》,华东师范大学出版社1989年版,第74—115页。按邓先生此文为难得之佳作,使人有"眼前有景道不得"之叹,此来之所以不著生平一段也。唯邓文以阳明洞在四明山,未辨前人之误。

② 按阳明《年谱》载与甘泉定交在乙丑(1505),然甘泉每言定交于丙寅(1506),当依甘泉之说。

为学的实际次第,则尚有问题,要准确地刻画和描述阳明早年思想发展的过程和线索,需要进一步厘清其间的曲折。

就甘泉所说的"五溺"而言,在青年阳明时代都是事实,但青年阳明思想的具体开展并不是依照任侠→骑射→辞章→神仙→佛氏→圣学(孔孟)的次序。一方面,正如秦家懿已指出的,五溺作为阳明归本正学前的多种嗜好并非先后发生的事件,而常是同时持有的兴趣①,另一方面,更重要的是,在沉溺辞章之学与泛滥佛老之学这两个阶段之间,曾经有一个"为宋儒格物之学"的重要环节。事实上,没有这一经历,就不会有龙场关于格物致知的证悟。如果说龙场以后的阳明思想主要致力于在儒家的立场上融合仙佛,那么,龙场之前阳明思想的主要课题就是如何扬弃宋儒格物之学以重建心学。终阳明一生,他的思想的主要课题始终是批判宋学的支离与吸收佛道的智慧两者,而他对宋学的不满正是基于他自己青年时代"为宋儒格物之学"的实践。

阳明早在青少年时代,"侍龙山公于京师,遍求考亭遗书读之",并曾在官署中就亭前之竹为格物之验,这表明朱子学对青年阳明也曾发生过很大吸引力。宋元以来,朱子哲学居于正统,一般士人皆以朱子学为成圣成贤之学。《年谱》说阳明少年时曾对塾师表示"登第恐未为第一等事,当读书学圣贤耳",如果这个记载属实的话,在当时的学术气氛之下,阳明选择朱子学是理所当然的。18岁那一年,阳明迎娶诸氏自江西返浙,途中曾谒访当时著名学者娄谅(一斋),娄谅与"语宋儒格物之学,谓圣人必学可至,遂深契之"。一斋之学出于吴康斋,最为康斋所许,他反对"举子学",倡导"身心学",议论虽宗主程朱居敬之旨,但也倾心濂溪明道之学,如说"以收放心为居敬之门,以何思何虑、勿忘勿助为居敬要旨",为同门胡敬斋所訾,以为近于陈白沙的浪漫主义。不过,阳明见一斋时仅18岁,一斋与阳明必不能于此深论,故仅以读书穷理告阳明。阳明对通过格物学至圣人的思想十分倾心,《年谱》也说"是年先生始慕圣学"。19岁以后二年中,他随父居丧,与从弟妹

① 秦家懿:《王阳明》,东大图书公司1987年版,第38页。

婿等同为举子业,而"夜则搜取诸经子史读之,多至夜分",表明江西迎亲之后的几年中他确实下了很大功夫实践娄谅指示他的格物之学。

阳明 22 岁时会试不第,此后泛滥于辞章、兵法、养生,这可能与下第的心情难以排遣有关。然而,在这一期间阳明并未根本放弃"圣学",《年谱》说他 27 岁时"心持惶惑,一日读晦翁上宋光宗疏,有曰'居敬持志为读书之本,循序致精为读书之法',乃悔前日探讨虽博,而未尝循序以致精,宜无所得。又循其序,思得渐渍洽浃,然物理吾心终若判而为二也。沈郁既久,旧疾复作,益委圣贤有分"(《全书》三十二,第444 页)。青年时代的阳明很少在一个时期专注于一种学问,他左顾右盼,同时尝试着各种"道术"。但也不可否认,在他的家庭及他所浸染其中的社会文化环境中,"圣人之学"始终是他仰慕向往的一个主要目标。从癸丑下第到己未登第的几年中,在泛滥辞章二氏的同时,他仍按朱子循序致精的方法谋求通过读书来达到"物理"与"吾心"的合一,但始终不得受用。这也说明,阳明并不是仅从亭前格竹的失败便否定朱子格物之学的。

一方面,宋儒循序格物之学未能使阳明获得精神的提升,另一方面,对二氏的潜心和沉溺不仅使他对仙佛有了内在的同情了解,而且使他对儒学的精神性的满足有了更强烈的渴望。27 岁时在京师闻道士谈养生,为之吸引;31 岁告病归阳明洞修习导引之术,显然也是受道教的影响。阳明体弱多病,因病而求养生之术,这是他与道教有密切关系的重要原因。三教中养身养心本不可分①,阳明由此深入于佛道的精神训练之中,并使他在相当程度上有所受用,也奠定了他对于佛道的基本看法。正是在这种情况下,阳明开始体会到,强调精神境界与内心生活的佛道都割裂了精神生活与社会伦理,而一般儒者流于章句训诂而丧失了精神生活的追求。要求佛道一改出世信条回到伦理的生活世界是不可能的,而改造儒学,发展儒学的精神性(spirituality)则是极高明

---

① 阳明后对陆澄说:"以多病之故从事养生,区区往年尝弊力于此矣,大抵养德养身只是一事。"(《与陆元静》,《全书》五,第107 页)

而道中庸的唯一方向。加上阳明在一个富裕的官宦家庭中生活的经历和由此培养出的对亲情的良知,以及知识阶层登第后履行社会责任的常规路径,这一切终于使他回归到完全认同儒学的立场。

正唯如此,他所归本的"儒学"一开始就以注重精神境界为特色而与朱学大异其趣,乙丑(1505)阳明在京师授徒讲学,他所倡导的正是与辞章记诵相对立的"身心之学"。虽然娄一斋等也强调身心学,但阳明此时的主张不是摹仿他人,而是从他自己的生存体验与心灵要求出发,这种身心之学是包含了扬弃佛道智慧与境界的"新心学"。正是由于这个缘故,他才与湛若水"自得"思想一拍即合。甘泉学出白沙,黄宗羲谓明代学术至白沙"始入精微",并不是指概念分析的细密,正是指白沙之学深入内在精神生活的体验,甘泉早年受白沙此种影响较大,以故时人皆目之为"禅",唯阳明与之十分投合。

阳明在历数青年时代思想发展时承认"予之资于甘泉者多矣,甘泉之学务求自得者也"。他说:"某幼不问学,陷溺于邪僻者二十年,而始究心于老释,赖天之灵因有所悟,始得沿周程之说求之,而若有得焉。顾一二同志之外莫与翼也,岌岌乎仆而后兴,晚得友于甘泉湛子,而后吾之志益坚毅若不可遏。"(《别湛甘泉序》,《全书》七,第 124 页)这清楚地表明,1506(丙寅)年湛若水与阳明一见定交,对阳明有较大影响,但这并不意味着阳明直到 1506 年才由五溺而一变至道。根据《年谱》,弘治十四年 30 岁时,九华山异人与王阳明"论最上乘,曰周濂溪、程明道是儒家两个好秀才",大概从那时起他开始回到儒家固有的精神资源中寻求安心立命之地与人生上乘境界,所以他说"赖天之灵因有觉悟,始乃沿周程之说求之,而若有得焉"。的确,终阳明一生,正是周濂溪程明道而不是陆象山代表的精神境界是他最为倾心向往的境界。弘治十五年 31 岁悟仙释之非,十八年 33 岁授徒讲身心之学,34岁与甘泉一见定交,可以说,30 至 34 岁是阳明思想由泛滥各家到归本圣学的转折期,我们不必如以往学者那样一定要把某一年作为决裂佛道归本儒学的关节点,而应把这一转变视为一个过程。甘泉的意义在于,他在这个过程中起到了强化、巩固、坚定了阳明自 30 岁以来的这一转变的作用。根据上述分析,湛甘泉一定向阳明介绍了白沙的自得之学①,这使得阳明"沿周程求之"的路线在白沙一派得到了印证,而甘泉的"自得"宗旨,也使阳明终于找到了一种确定的形式以理解和把握儒学精神性的特质。②

事实上,甘泉所谓五溺而一变至道与德洪三变而至道所说着眼点略异,甘泉的丙寅至道说是对泛滥异学而言,而德洪的龙场悟道说则是对宋学而言。钱德洪与王龙溪二人都把龙场之悟作为阳明入道的关键,却都不曾提起阳明见甘泉及此前后阳明归于正学这一点。为什么他们把"同质"之变看得重于"异质"之变?③ 就归本儒学而言,至少在丙寅(1506)已经完成了这一转变,然而,从整个阳明思想的历程来看,这个转变还不是最值得注意的,严格地说,他自己的思想尚未确立,他的全部困惑也并未最终解决,其中主要的障碍还是宋儒的"格物"问题,这一问题自青年时代以来一直困扰着他。"自得"的身心之学虽使他在濂洛传统中发现了新的精神资源,但格物问题只是暂时"悬置",他还没有找到自己的一套关于本体与工夫的理论并以此与朱子哲学抗衡。如果说朱子到了40岁学问大旨始定,在这个意义上,阳明只是到了谪居龙场时学问大旨始定,从此,阳明学术才真正有了自己的性格。

据上所述,我们应当把阳明龙场前的思想发展改述为:

---

① 按白沙初年由书册寻道,累年未得,谓"吾心与此理未有凑泊吻合处也",因舍繁就约,反之于身,静坐体心,言"道也者,自我得之",阳明初亦循序格物而"吾心物理终若判而为二",后学静于阳明洞,而有得,自此复归身心学,与白沙路径相近。

② 阳明正德七年所作《别湛甘泉序》中说:"老释于圣人之道异,然犹有自得也。""居今之时,而有学仁义求性命、外词章诵而不为者,虽其陷于杨墨老释之偏,吾犹且以为贤,彼其心犹求以自得也。"如果把这里对佛老求自得境界的赞赏与后来同湛若水几次关于"佛老是圣之枝叶"的讨论联系起来,明显地可以看出阳明乙丑之后对于仙释的一贯态度,正是在自得的意义上,他认为老佛虽偏犹以为贤。自得就是寻求精神生活的怡然、满足、淡泊、恬适、宁静、充实、自在,这种境界对阳明始终有极大吸引力,尽管他并不想以放弃刚健不息的社会活动为代价,事实上他总是想把二者结合起来,因此,弘治末年阳明的归本圣学并不意味着对佛老的彻底否定。

③ 蔡仁厚以前三变为异质之变,后三变为同质之变,此处借用其语,蔡说见其《王阳明哲学》,三民书局1971年版。

先生早岁举业,溺志词章;既而从事宋儒循序格物之学,顾物理吾心终判为二,若无所入;因求之老释,出入久之,恍若有会于心;后觉二氏之说终不可付之日用,于是归本于濂洛身心之学,尤契于甘泉所谓自得之旨;然终未能释疑于向物求理之说,谪居龙场,再经忧患、澄默之余,始大悟圣门格致之旨,学问大旨自此立矣。

故经五变而宗旨始立,揆之阳明及门人所述,庶几近之。

二　中岁教法

钱德洪认为阳明早年求道的历程经历了驰骋辞章、出入二氏及龙场大悟三个阶段。他认为龙场之后阳明教人宗旨亦有三变,这就是后三变:"居贵阳时首于学者为知行合一之说;自滁阳后多教学者静坐;江右以来始举致良知三字,直指本体,令学者言下有悟,是教亦三变也。"(《刻文录叙说》,《全书》卷首,第 5 页)德洪前后三变之说易于记诵,故明末以来,影响较大。但学之三变的提法造成一种印象,似乎直至龙场之悟阳明才解决了出入二氏的困惑。而教之三变之说,也颇多可研究之处,如知行合一之说固倡自贵阳书院时,但阳明与曰仁南舟论学,特发知行合一之旨,晚与顾东桥书更发挥知行合一思想,很难把知行合一只看做贵阳时期的思想。

从庐陵到巡抚南赣汀漳之间这一段时期,据德洪的说法(龙溪的说法略同),把阳明在此八年间的思想统归之于默坐收敛、涵养未发。的确,阳明庚午(1510)在辰州曾教人静坐,癸酉(1513)于滁阳亦"多就高明一路以救时弊",但德洪自己也明确说过,阳明"在金陵时(1514—1516)已心切忧焉,故居赣时(1517—1518)则教学者存天理去人欲,致省察克治实功"(《与滁阳诸生问答按语》,《全书》二十六,第 378 页),这就是说,江西平藩之前,甲戌(1514)在南京任鸿胪至戊寅(1518)平定江西暴动,阳明在教法上已由默坐澄心的未发工夫转而为克治省察的已发工夫。黄绾的《阳明先生行状》甚至说"甲戌升南京鸿胪寺卿，始专以良知之旨训学者"，黄绾此说失于过急，实际上德洪之说本于阳明自述。阳明在南都时曾说："吾年来欲惩末俗之卑污，引接学者多就高明一路以救时弊，今见学者渐有流入空虚为脱落新奇之论，吾已悔之矣，故南畿论学只教学者存天理去人欲，为省察克治实功。"(《年谱》甲戌)①由此可见"后三变"说中将贵阳之后、平藩之前统归之于静坐收敛，是不适当的。

钱德洪在另一处也承认，在辰州主静至江西良知之间确实也有另一种教法："始教学者从静入；恐其或病于枯也，揭明德亲民之旨使加诚意格物之功；至是(征藩以来)而特揭致良知三字，一语之下洞见本体。"(《阳明先生年谱序》，《全书》三十六，第 497 页)这是承认在静坐和致良知教之间有一个"诚意格物"的阶段。德洪还说过"至龙场，再经忧患，而始豁然大悟良知之旨，自是出与学者言，皆发诚意格物之教"(《年谱》，《全书》三十六，第 504 页)，他还说过"先生自南都以来，凡示学者皆令存天理去人欲以为本，今经变后始有良知之说"(同上书，第 464 页)，这都说明，把阳明贵州之后至平藩之前的教法归为静坐是不正确的，对于钱德洪来说也是自相矛盾的。根据本书研究，阳明自龙场之后，学问宗旨主要是"诚意格物"，在正德庚午(1508)至正德己卯(1519)近十年间，虽然他也根据具体对象及具体情况的差别对某一方面有所强调，如辰州、滁阳教人静坐，南都南赣教人存理去欲，其实都是诚意格物的准备阶段或具体方式。庚辰辛巳(1520—1521)致良知宗旨的提出，标志着阳明学问进入了一个新的境界，才真正构成了一个与"诚意格物"不同的阶段。

教人静坐实际上从来不具有教之一变的意义。阳明己巳庚午(1509—1510)之交道过辰州，在龙兴寺教学者增强静坐工夫，寻即自救其说："前在寺中所云静坐事，非欲坐禅入定，盖因吾辈平日为事物

---

① 此语见载《年谱》甲戌五月条，然实本于《书孟源卷》(《全书》八，原注正德十年)(1515)。又可见《与滁阳诸生并问答语》(《全书》二十六)。

纷拏，未知为己，欲以此补小学收放心一段功夫耳。"(《与辰中诸生》，《全书》四,第 93 页)明确指出静坐只是补小学的入门之功而已。癸酉冬至滁阳(1513)也曾提倡静坐："我昔居滁时,见学者往往口耳异同之辩,无益于得,且教之静坐,一时学者亦若有悟,但久之亦渐有喜静厌动之弊。"(《传习录》下,《全书》三,第 78 页)这个说法即钱德洪以静坐为一变的根据。实际上阳明在这里并不是详细叙述思想发展诸阶段,在《阳明全书》中有不少类似情况,即阳明在讨论某些问题时,因为并不准备历史地详细叙说整个过程,因而略去了其间许多环节和曲折。事实上,如前所述,至乙亥(1515)时阳明即"已悔之矣",便向孟源及滁阳诸生直陈静悟的流弊,静坐教法根本不构成一个阶段。

《传习录》上有陆澄所录一段,讨论为学工夫颇详："一日论为学工夫,先生曰:教人为学不可执一偏,初学时心猿意马,拴缚不定,其所思虑多是人欲一边,故且教之静坐息思虑。久之,俟其心意稍定,只悬空静守如枯木死灰亦无用,须教他省察克治。省察克治之功则无时而可间。"(《全书》一,第 42 页)这一条语录当录于甲戌乙亥(1514—1515)之间。① 这一条记录表明,在阳明思想中,静坐始终是初学者入门的一种工夫,阳明在辰州、滁阳的所谓教人静坐,都是为省察克治阶段所做的准备。静坐的直接目的是定心息念,省察克治即存天理去人欲,这是两个不同阶段的功夫,阳明从未把静坐当作主要的或终极的工夫。因此江西以前的教人静坐并不意味着静坐即学问之宗旨;居越以后以致良知教人也不等于否定了静坐作为入门工夫。如钱德洪乃居越后来学,他在王门入头处也是在光相寺僧房静坐(见《序说》)悟入。所以,在阳明的教法中并不存在先主静坐后主良知的改变,没有理由认为阳明在征藩以前在整体上以静坐为教法,更不能表明阳明自己的思想在这一时期以收敛为主。

---

① 按此条之前为孟源问,当录于甲戌,时孟源自滁阳来学;此条之后有陆澄"在鸿胪寺仓居"之录,在阳明任南京鸿胪时,即甲戌乙亥之间,故以序推之,此条亦在甲戌乙亥之间。

三　晚年化境

据钱德洪后三变的说法,阳明思想的最后发展形态是江西时形成的致良知思想,这与王门与钱并称高弟的王畿的说法有所不同。王畿所了解的阳明思想之发展是:

> 先生之学始泛滥辞章,继而遍读考亭之书,循序格物,顾物理吾心终判为二,无所得入,于是出入佛老者久之,及至居夷处困,动心忍性,因念圣人处此更有何道,忽悟格物致知之旨,圣人之道吾性自足,不假外求,其学凡三变而始得其门。

> 自此以后,尽去枝叶,一意本原,以默坐澄心为学的,有未发之中,始能有已发之和,视听言动大率以收敛为主,发散是不得已。江右以后,专提致良知三字,默不假坐,心不待澄,不习不虑,出之自有天则。盖良知即是未发之中,此知之前更无未发;良知即是中节之和,此知之后更无已发。此知自能收敛,不须更主于收敛;此知自能发散,不须更期于发散。收敛者感之体,静而动也;发散者寂之用,动而静也。知之真切笃实处即是行,行之明觉精察处即是知,无有二也。居越以后,所操益熟,所得益化,时时知是知非,时时无是无非,开口即得本心,更无假借凑泊,如赤日当空而万象毕照,是学成之后,又有此三变也。①

王畿的前三变后三变说与钱德洪有所不同,如他在前三变中指出了阳明为考亭格物之学的阶段,这一点优于德洪之说。在后三变中他强调阳明曾有涵养未发之中的阶段,但这一点根据不足(后来归寂派亦从

---

① 按龙溪原述见于《龙溪先生全集》卷之二《滁阳会语》,然其中颇多不相干处,此处所引乃黄宗羲《明儒学案》之《姚江学案》所述,然黄之所述全据《滁阳会语》,而简明过之,故引其文,其看法则属龙溪。

此出）。最重要的是，虽然王畿也认为龙场之后又有三变，但三变中的最后一变不是钱德洪说的江西致知，而是居越时的"知是知非、无是无非"。比较四句教，我们可以知道，"无是无非"即"无善无恶心之体"，"知是知非"即"知善知恶是良知"。把"时时知是知非，时时无是无非"作为阳明晚年学问的归结和化境，实质上是认为"四句教"思想才是阳明晚年思想的最后阶段，因此钱德洪、王畿的两种前后三变说并不是"无大不同"，[①]而是有相当大的距离。

在了解钱、王二人关于阳明学术最后一变的不同说法时，重要之点在于解决平藩时提出的致良知思想与居越后期提出的四句教究竟是否属于同一思想形态。如本书所述，四句教并没有否定江西时期的致良知思想，仍然可以以"良知"为形式，但对江西时的致良知思想的确有了新的发展。江西时的致良知思想还只是纯粹的道德理性主义，归根到底还是"有"的境界，四句教的提出，才实现了境界的有无合一。因此从江西末期到居越末期的发展固然也可以看做"致良知教"本身的发展，但确实可以看做两个不同的发展阶段。虽然，1520—1521 年良知说提出时阳明对良知的赞叹涵蕴着他的生存体验，但江西时对良知的表述并没有显示出良知的生存向度。

根据本书对于四句教的分析，王畿区分平藩与居越为二变的提法是应当被肯定的。实际上，钱德洪所以尽量贬低四句教在阳明思想中的地位和意义，并不在于他不了解阳明晚年思想的归宿，而在于《文录》及《年谱》成编时王门"以悟为则"的流蔽日益明显。德洪自己虽然思想几度变化，也曾努力在无善无恶上下功夫，但最终仍归于"四有"，这是他坚持以平藩时致良知说为阳明思想最后一变的缘由。

至于知行合一，在阳明思想的整个历程中并不构成一个特别阶段。一方面，龙场之后直至居越时期，阳明始终提倡知行合一（虽然不同时期的知行合一在内容上有所不同）；另一方面，相对于作为宗旨的三变的主导线索而言又有些游离。事实上，阳明思想作为一个多方面、多层

---

① 见秦家懿：《王阳明》，东大图书公司 1987 年版，第 44 页。

次的综合系统,其中许多方面,如心即理,与知行合一一样,都是系统中始终不变的要素。王畿并不把知行合一当作一个思想阶段,是有相当道理的。存天理去人欲也是同样,如北京吏曹之后,以正其心之不正释格物,理所当然地落实在存理去欲的道德实践上,而致良知也以为善去恶为内容,所以存天理去人欲也是阳明始终强调的思想,并不是南都至江西特有的教法。

现有材料显示的阳明龙场以后的学术动态如下:

正德四年己巳(1509),在贵阳揭知行合一之教。

正德五年庚午(1510),在辰州、常州教人静坐补小学工夫。

正德七年壬申(1512),据《大学》古本立诚意格物之教。

正德八年癸酉(1513),滁阳教人静坐入道。

正德九年甲戌(1514),南京教人存天理去人欲。

正德十二年丁丑(1517),南赣教学者存天理去人欲。

正德十五年庚辰(1520),经张许之难而有致良知说。

嘉靖六年丁亥(1527),天泉证道确定四句教法。

经上讨论,阳明龙场以后的学问及教法的发展应当改述为:

贵阳时首举知行合一之说,自北京吏曹之后皆发诚意格物之教,南都后更教学者致存天理去人欲实功,虽中间前后或以静坐补学者小学功夫,终未尝离克治省察大旨。经宁藩之变,乃有致良知之说,以为圣门正法眼藏。居越以后,其教益圆矣,天泉证道,虽未免急于指点向上一机,致出语不能无小偏处,然心体性体、本体工夫,有无动静、本末内外,打并合一,其为圣学,岂可疑乎。

四　身后流变

阳明死后,德洪、龙溪讣告同门,强调统一意识。但是任何一个学派,宗师死后的派别分化都是不可避免的,何况阳明哲学本身包含着向各种方向发展的可能性。就王学的情况而言,这种分化起于多方面的原因。首先,阳明在不同时期、针对不同倾向往往强调的侧面不同,这些曾被强调的不同侧面都可能被片面地加以发展。其次,阳明思想采取的理论形式往往并不严格,这就不能避免后来者扩张这些形式而容纳阳明自己并不主张的内容。再次,门人资性各异,不仅对致良知的理解各自不同,入道经历亦往往有别,所得受用也不一致。这决定了他们之间必然发生理论和实践上的分歧。复次,由于门人对当时思想界的弊病认识不同,从而他们为了对治这些弊病而各自强调的师门宗旨也不相同。从整个明中后期的社会思潮来说,由社会经济、政治、文化诸因素综合决定的一定历史时期的社会思潮运动必然要借助既有的思想系统和材料向前发展,而既有思想材料并不能决定这一思潮发展的方向。这些都决定了王学自阳明之后的分化与演变是不可避免的。

阳明学的分化一直延伸到明末,这里只能对一传中的变异做一些简要的分析。阳明门下的流派划分学者多不相同,如王门主要有哪些派别,代表人物是谁,如何界定这些派别的倾向等,学术界并无一致意见。黄宗羲作《明儒学案》时曾按地域把王门区分为浙中王门、江右王门,以及南中王门、楚中王门、北方王门、粤闽王门,这主要是为了叙述师承脉络方便。其中主要是浙中系五支与江右系九支。至于泰州系五支则另立学案,等于置之另册。这种以地域为基础的流派划分不可能充分显示出王门分化的基本条理。如同属浙中王门的钱德洪与王畿发展方向显然不同;而泰州虽然决裂,但心斋(王艮)毕竟亲炙阳明,不应摒于王门之外。

王畿生时曾在《滁阳会语》与《抚州拟岘台会语》中两次谈到当时良知说的分化。在《滁阳会语》中他指出在良知问题上有四种错误的意见:"有谓良知落空,必须闻见以助发之";"有谓良知不学而知,当下圆成无病,不须更用消欲功夫";"有谓良知主于虚寂";"有谓良知主于明觉"。在《抚州拟岘台会语》中他指出"良知宗说同门虽不敢有违,然未免各以其性之所近拟议揉和,纷成异见",并归纳了六种他认为是错误的良知说:"有谓良知非觉照,须本于归寂而始得";"有谓良知无现成,由于修证而始全";"有谓良知是从已发立教,非未发之本旨";"有谓良知本来无欲,直心以动,无不是道,不待复加销欲之功";"有谓学有主宰、有流行";"有谓学贵循序,求之有本末,得之无内外"。这两种说法有重合之处,其中,归寂说(即"主于虚寂")指聂双江,修证说指刘师泉,未发说指罗念庵,直心说(即"当下圆成")似指王心斋,是几种主要的良知"异见",但还没有包括王畿本人。阳明另一门人胡瀚说:"先师标致良知三字,……吾党慧者论证悟,深者研归寂,达者乐高旷,精者穷主宰流行,俱得其说之一偏。"(《明儒学案》上,第330页)认为阳明死后讲良知之学最有影响的是王畿主无善无恶的证悟派、聂双江的归寂派、王心斋的自然派、刘师泉的主宰流行派。

近世学者主张亦不相同。冈田武彦分王门为现成派(王龙溪)、修证派(钱德洪)、归寂派(聂双江)三大派,但把王龙溪与王心斋同归现成派,并不恰当。如龙溪明白反对以"良知当下圆成无病",故龙溪之"见在"与心斋之"现成"并不相同。牟宗三则分之为浙中派(王龙溪)、泰州派(王心斋)、江右派(邹乐廓),在江右中又分聂双江为另一支,实际是四派。此说之得在分龙溪、心斋为两派,此说之失在仍沿用地域名称,有所未当,如浙中学者尚多,钱德洪等各有宗旨,难以龙溪为"浙中派"。此外,也有学者将王门分成"现成"与"工夫"两大系统,以现成系统包括虚无派(龙溪)、日用派(泰州),工夫系统包括主静派(双江、念庵)、主敬派(东廓、彭山、师泉)、主事派(钱德洪),即共五派。①在上述不同分法中,对阳明身后王门代表人物的认识大体相同,差别主要根于在把握和规定这些代表人物的思想特点之上。

阳明死后王门分化,从总体上看,无非是左、中、右三种情况:一种是保守阳明正传,一种是向异端发展,在上述两种之间则是强调阳明思想某一方面又不越王学藩篱的思想家。正统派主要代表为邹东廓,以戒惧为宗旨,以自然为流行,"警惕而不用自然,其失也滞;自然而不警惕,其失也荡",有无合一,故黄宗羲说"阳明殁后,不失其传者,不得不以先生为宗子也",甘泉亦称"东廓为王门首科"。向异端发展的主要是王艮以后的泰州派,也可称为自然派,以自然为宗,以良知为当下圆

---

① 钱明:《王学流派的演变及其异同》,《孔子研究》1987年第四期。

成,不思不学,直心任意,率性而行,其流至于"非复名教之所能羁络矣"。在王门中最活跃并推动王学进一步发展的则主要是处于正统派和自然派之间的中间系统,这一系统包含四个主要派别,根据本书以"有""无""动""静"论阳明工夫论的立场,可把这四派界定为主有、主无、主动、主静四派,各自强调阳明学的一个方面。其中主无派以王龙溪为代表,坚持"四无",以悟为则,强调流行无碍。主有派以钱德洪为代表,坚持"四有"立场,以修为功,强调保任实功。主静派以聂双江为代表,提归寂为宗旨,以良知为未发,在体上用功。主动派以欧阳南野为代表,以独知为宗旨,以良知为已发,在用上着力。有无动静四派明显地是将阳明致良知教的不同方面加以发展形成的,这种分化与阳明学自身有着明显的逻辑联系。四派之间也有一种逻辑的关系,主无派以为得师门秘旨,于本体提揭过重,故主有派为克服空想本体之蔽,强调为善去恶;主静派则认为见在良知有所不明,依此而行必有差舛,故须静中养未发之体;主动派惧静之入于枯槁,故主张良知无时不发而无有未发之时,以独知为宗旨,在身心意知上格物。

就四派与阳明哲学本来的关系而言,主无派"从无上立根基",是阳明所谓"接上根人教法",主有派"在意念上实落为善去恶工夫",是阳明所谓"接中根以下人教法",主静派用阳明早年"以收敛为主"的思想解释"有未发之中始有已发之和"的思想,主动派则坚持阳明江右以后提倡的"知善知恶是良知,致此良知而行为致知"的思想。有无两派各执一边,此在天泉证道已有定论;主静派虽针对"情识承当"之弊,但归寂之说并非阳明究竟宗旨;主动派据阳明晚年之说,工夫不离大体,但于未发之中终少透悟。四派各自具有片面性。

良知本体人人具足,但现成地表现在意识活动的良知都是不完全的,所以才要"致"良知。个体良知的巨大差别性不能替代、反映道德法则的统一性。因而每个人不能仅仅依据尚未"致极"的良知决定行为准则,否则,道德判断的机制就是不完善的。另一方面,良知既然是不虑而知,它就有可能被混入其他一些同属不虑而知的情欲和本能,这也是王门后学中实际发展的一种倾向。王学中另一问题是四句教首句采取了非伦理化的形式,虽然阳明本人借此所要表达的思想与伦理学无关,但由于这一不恰当的形式,使得王门中有两种可能:一种是对之加以批判,另一种是接受下来有意向非道德主义发展。

从中晚明社会思潮发展来看,泰州派占有一个重要的位置。王艮之利用阳明学是个典型例子,他把良知当成"不犯作手,而乐夫天然率性之妙",取消了良知的规范意义;他以格物为安身,这个身不再是阳明修身之身,而是个体的感性的生命存在,以爱身为宗旨,已离开了阳明的格致说,引向个人主义的发展。① 其后罗近溪强调身心自然妥帖而忽视德性培壅,以"浑沌"讲良心,以"当下"即工夫,以赤子之心不虑不思为宗旨,一开李贽童心说之先河,使一切本能直觉都变成被肯定的良知良能。

在明中后期社会思潮的整体氛围中,阳明哲学中的神秘主义、主观主义等因素被特别地发展了。泰州学派等人夸大并发展了阳明哲学的这些倾向,把阳明的"身""己"变成了感情爱欲的自我,把良知转化为无任何规范意义的当下冲动,把阳明不滞不留的心体变成非伦理化的自然人性,把阳明的"狂者胸次"变为冲决一切罗网的异端和抗议。这些思想倾向的发展不仅表现在王学自身的分化,也表现在包括文学艺术在内的一个广泛的文化领域中,使得这一时期的重情主义、自然主义、个人主义、自由主义特别发展。晚明市民思潮的兴起其根源在于社会结构的变化与社会经济的发展,阳明哲学与这一思潮的关联在于,阳明学客观上为这一思潮的发展提供了若干可为利用的思想形式。这虽然不是阳明及多数王学学者的主观意愿,但这种理论上的关联是一个事实,这也是明清之际的学者严厉责备王学的基本原由。

晚明的市民意识虽然对个性解放起了积极的作用,但高扬感性自我的思潮并没有得到其他改革或变革的呼应与支持,甚至其基础也还不是走向工业资本主义的资产阶级,这决定了它在历史上的某种超前

---

① 狄百瑞对王门的个人主义发展有专门研究,其论文亦收入由他主编的 *Self and Society in Ming Thought*, New York, Columbia University Press, 1970。

性格,而无法成为整个近代化变革的一个部分。反而,在新的生产关系远未成熟的时期,过早地造成了旧体系的破坏因素,特别是价值系统的瓦解,从而理所当然地受到了包括明清之际代表了旧体系自我批判、自我完善的先进分子在内的广泛批判。

泰州派到李贽的发展显然脱离了儒学传统的正轨,发展为一支新的思想力量,在历史上享有自己的地位。它的发展当然是阳明哲学的一个未预期的结果,但深一层看,也对儒学传统提出了一些实质性问题。如果儒学保持自己作为价值理性(value rationality)文化的特质,在它的内部主体性的发展就不可能超出道德主体性的范围。从而,为了保障主体性的全面发展,它必须容忍在整个文化结构中与其他具有不同取向的文化要素多元并存、互相作用。而儒学的意义则在于,它始终强调,完全脱离了道德性的主体性的发展同样是不完善的、片面的和不合理的。

任何一个思想系统都无法完整提供主体性发展的多重可能,为此,价值的分化(differentiation of spheres of values)及文化的多元互动是保障社会发展与稳定的唯一合理方式,而这正是文化近代化的主要特征。儒学也只有在这种多元性中才能真正找到自己的位置,继续发挥积极的作用。①

---

① 本书对阳明学的强烈的伦理中心主义有所批评,但作者也反对那种非理性的全盘反儒学思潮。如何从多元文化及其互动中理解儒学及其现代意义,请参看我在 1988 年新加坡"儒学国际研讨会"的发言,载《天津社会科学》1989 年第 1 期,以及我的纪念"五四"七十周年的论文《化解传统与现代的紧张——五四文化思潮的反思》,收入《五四:多元的反思》一书,香港三联书店 1989 年 4 月版,第 151—185 页。

第十二章

附　考

《年谱》笺证

《续编》书札考

越城活动考

著述辨疑

一　《年谱》笺证

1. 成化二十二年丙午,阳明 15 岁

《年谱》谓"时畿内石英、王勇盗起,又闻秦中石和尚、刘千斤作乱,屡欲献书于朝,龙山公斥之为狂,乃止。"《行状》亦云:"畿内石英王勇、湖广石和尚之乱,为书将献于朝,请往征之,龙山公力止之。"(《全书》三十七,第 516 页)毛奇龄《王文成传本》:"按石和尚、刘千斤在成化二年作乱,越一年遂平,又越五年至八年而公始生,是作疏讨贼皆公前世事也","初不意门人黄绾作行状、钱德洪作年谱而诞罔无理至于如此"(《传本》卷上)。毛西河此说词气固失于严苛,然其说确是。《明通鉴》卷三十"成化元年三月,荆襄盗起,……至是有刘通者,少负膂力,县治前有石狮重

千斤,通手举之,因号刘千斤,纠起党石龙、刘长子及苗龙、苗虎等,聚众数万为乱,署将军元帅等号,伪称汉王。"又载:"成化二年三月乙卯朱永大破荆襄刘通于南漳,次月通奔寿阳,谋走陕西,朱永、白圭生擒通及其众三千五百余人,获贼子女万一千六百余人,械通至京师磔之。其党石龙、刘长子遁去,逸入四川。"(《明通鉴》卷三十)"六月巡按湖广御史王瀛奏,贼首石和尚即刘千斤之党石龙者,集众千余,劫四川巫山、大昌等县","冬十月丁未,朱永、白圭等诱执石和尚。贼响绝,乞降,圭使张英诱之,刘长子缚石和尚,受之,并诱执刘千斤妻连氏等六百余人,贼悉平。""十一月磔石龙、刘长子等三十七人于市,斩其家属五十二人"(同上)由此可知,石刘之乱,起自成化元年,至二年冬已平,京中必皆知之。而阳明生于成化八年,至二十二年始寓京师,断不应误闻至此,黄绾《行状》乃以想当然记之,《年谱》又不之察,遂成此误。

2. 弘治五年壬子,阳明 21 岁

《谱》云"五年壬子先生二十一岁在越",又下注云:"是年为宋儒格物之学。先生始侍龙山公于京师,遍求考亭遗书读之,一日思先儒谓众物必有表里精粗,一草一木皆涵至理,官署中多竹,即取竹格之,沈思其理不得,遂遇疾。先生自委圣贤有分,乃随世就辞章之学。"(《全书》三十二,第 444 页)此事本于《传习录》下所载:"先生曰:众人只说格物要依晦翁,何曾把他的说去用?我著实曾用来。初年与钱友同论作圣贤要格天下之物,如今安得这等大的力量,因指亭前竹子令去格看。钱子早夜去穷格竹子的道理,竭其心思,至于三日,便致劳神成疾。当初说他这是精力不足,某因自去穷格,早夜不得其理,到七日亦以劳思致疾,遂相与叹圣贤是做不得的,无他大力量去格物了。"(《全书》三,第 84 页)近世学者,遂据《年谱》此说,以阳明曾在弘治壬子(1492)随父寓京师时在官署内亭前格竹,如邓艾民先生亦云:"1492 年王守仁随父亲到北京,遍求考亭遗书读之,以父亲官署中竹子为对象,穷究竹子之理。"(《朱熹王守仁哲学研究》,第 84 页)

然细玩《年谱》中语"先生始侍龙山公于京师",此"始"字乃"当

初"之意,非指壬子21岁之时。盖阳明11岁至17岁皆随父寓京师,故"始侍"也者并非指本年而言,这从语言本身可以看得很清楚。因此,《年谱》虽肯定此年为宋儒之学,并未肯定格竹之事在此年也。

尤有进者,阳明之父王华(称海日翁)死后,杨一清为作墓铭云:"弘治改元,戊申(1488)与修宪庙实录,充经筵官,己酉(1489)满九载,以竹轩(阳明祖父)公忧去,癸丑(1493)服阕迁右春坊右谕德。"(《全书》三十七,第509页)又陆深所作《海日先生行状》亦云:"弘治改元,与修宪庙实录,充经筵官,己酉秩满九载当迁,闻竹轩公疾,即移病不出。……庚戌正月下旬,竹轩之讣始至,号恸屡绝,即日南奔。""癸丑服满,升右春坊右谕德充经筵讲官。"(同上书,第512页)由此可知,阳明祖父竹轩公卒于弘治庚戌初(1490),阳明父海日翁即归姚葬父庐居,直至癸丑(1493)服除,始回京师升任。竹轩葬于余姚,海日翁在余姚居丧,故阳明在1490—1493年只当在姚随父守丧,断不可能在1492年(壬子)"随父寓京师"而格官署之竹。且《年谱》既已明云"壬子二十一岁在越",则又岂能在京师官署中格竹?此可证明《年谱》所谓"先生始侍龙山公于京师",乃指壬子以前事也。

据上所考,亭前格竹一事,既出于阳明自述,当信其有。然《年谱》未言即在壬子,且亦不可能在壬子。以"始侍"之说参之,当在己酉(1489)阳明18岁以前。来向有疑,朱子格物之说出,数百年间更无一人误以"面竹沈思"践之,何英敏如阳明,反有此亭前之笑耶?今据上考,乃知此事发生于阳明青少年时,其方且溺于泛滥,宜不解朱子之说若此,更无可疑矣。

3. 弘治十三年庚申,阳明29岁

《谱》曰"授刑部云南清吏司主事",然未言何月。考阳明《乞养病疏》(小注:十五年八月时官刑部主事)中云:"弘治十三年六月除授前职"(《全书》九,第147页),则授刑部主事当在本年六月。但阳明正德间所作《给由疏》(小注:十二年二月二十五日)则称:"弘治十三年二月内除授刑部云南清吏司主事。"(同上书,第150页)则除刑部主事当在

二月,两说不同。《给由疏》作于正德十二年丁丑,已在除刑部主事后十七年,而《乞养病疏》作于弘治十五年,即授命之后二年,且时仍任刑部主事而未迁,故当以《乞养病疏》近是,以此本年当记"六月授刑部云南清吏司主事"。

4. 弘治十四年辛酉,阳明 30 岁

《谱》云"奉命审录江北",然未明何月。按《乞养病疏》(小注:弘治十五年八月时官刑部主事)云:"弘治十四年八月,奉命前往直隶、淮安等府,会同各该巡按御史审决重囚。"(《全书》九,第 147 页)据此,"奉命审录江北"前当补"八月"二字。又据《提牢厅壁题名记》《重修提牢厅司狱记》,阳明提督狱事在九十月间。

5. 弘治十五年壬戌,阳明 31 岁

按《年谱》上年辛酉云"先生录囚,多所平反,事竣遂游九华,作游九华赋、宿无相、化城诸寺。"而本年云:"十有五年壬戌,先生三十一岁,在京师,八月疏请告。是年先生渐悟仙释之非。先是,五月复命京中,旧游俱以才名相驰骋,学古诗文。先生叹曰:吾焉能以有限精神为无用之虚文也?遂告病归越。"据此可知,阳明辛酉八月赴江北录囚,次年壬戌五月返京复命,《年谱》只言事竣游九华,而未言在此间何时。

张立文《宋明理学研究》有云:"弘治十四年奉命审录江北囚狱,'多所平反',事后游九华山。……明年,王守仁在京师厌倦于'学古诗文',因而有'吾焉能以有限精神为无用之虚文'之感,遂告病归越。在归越途中,重游安徽青阳县的九华山、无相寺等地。"此乃谓阳明弘治十四、十五年两次游九华。按张氏此说乃有见于《年谱》以录囚事竣游九华列于辛酉叙之,而《文录》之《九华山赋》则有"壬戌"之注,故两可之,然此亦未深考之故也。

按阳明十四年八月赴江北,次年十五年五月返京,《年谱》虽言事竣游九华,但未言事竣在十四年。按事竣必在十五年春,否则阳明不可能在十四年事竣游九华后又滞留五月之久。

《全书》十九《九华山赋》小注：壬戌，即弘治十五年。赋中有"试明茗于春阳"，"鸟呼春于丛篁"之语，当作于春天。同卷《夜宿无相寺》云"春宵卧无相，月照五溪花"，《无相寺三首》之一云"朝闻春鸟啼，夜伴岩虎眠"，《书梅竹小画》云"寒倚春宵苍玉杖，九华峰顶独归来"，这都说明游九华诸诗作于春天。阳明十五年八月归越，故这些诗绝不可能是归越时作，所谓归越途中重游九华，误也。

据上考可知，阳明录囚事竣在十五年壬戌之春，遂游九华，所谓十四年游九华，十五年归越再游之说皆非是。弘治中只有一次游九华，并非两次，《九华山赋》等皆是江北竣命后往游时作。《年谱》以此事叙之辛酉，亦失于过简，当改正。当在本年载："春，录囚事竣，遂游九华，宿无相、化城诸寺。"

6. 弘治十七年甲子，阳明33岁

《谱》云："九月改兵部武选清吏司主事。"然《给由疏》（正德十二年二月二十五日）称"弘治十三年二月内除授刑部云南清吏司主司，弘治十五年八月内告回原籍养病。弘治十七年七月内病痊赴部，改授兵部武选清吏司主事"（《全书》九，第105页）。《年谱》于改除兵部主事前又有"秋主考山东乡试"一节，则七月赴部未即改，先赴山东主考，九月回京始授新命。《给由疏》叙事过简，当依《年谱》。

7. 正德元年丙寅，阳明35岁

《谱》云"二月上封事，下诏狱，谪龙场驿丞"，按阳明《给由疏》自述云"正德元年十二月内为宥言官去权奸以彰圣德事，荣恩降授贵州龙场驿驿丞"（《全书》九，第150页），则阳明遭谪命当在丙寅十二月。按刘蒉抗疏、戴铣等合疏皆在丙寅冬十月，阳明上疏下狱在冬十二月。《明通鉴》考异云"文成谪龙场驿丞，诸书多系之明年正月，证之《实录》，乃是十二月乙丑也。刘健、谢迁之罢在十月，刘蒉等论救即在其中，文成之得罪又因救刘蒉等，而《年谱》乃作'元年二月'，恐传写者误脱'十'字耳"（《明通鉴》第四册，第1566页）。又，谪命之下在十二月

乙丑无疑,然上疏必在其前,且拘戴铣之命在十月,阳明必不至两月之后始救之也。阳明上疏后,下诏狱,已而廷杖四十,始有谪命。阳明狱中诗"天寒岁云暮","兀坐终旬成木石",则入狱亦至少十数日也。《全书》十九《咎言》诗阳明自注"正德丙寅冬十一月守仁罪下锦衣狱",可知《年谱》当改为"十一月上疏,下诏狱,十二月谪龙场驿丞"。

8. 正德二年丁卯,阳明 36 岁

《谱》云:"夏赴钱塘。先生至钱塘,瑾遣人随侦,先生度不免,乃托言投江以脱之,因附商船游舟山,偶遇飓风大作,一日夜至闽界。……因取道由武夷而归。时龙山公官南京吏部尚书,从鄱阳往省,十二月返钱塘,赴龙场驿。"

《全书》卷十九赴谪诗五十五首,首为答汪抑之三首,其第二首中云"北风春尚号,浮云正南驰",当作于初春。其答甘泉八咏之八云"珍重美人意,深秋以为期",指与甘泉相约,秋中共会于衡山。其《卧病静慈写怀》云"卧病空山春复夏",净(静)慈寺在杭州南屏山,以此诗观之,阳明在净慈由春至夏而有月矣,故《年谱》谓"夏赴钱塘"似非。河住玄氏曾谓阳明春初出京,[①]证之汪抑之诗、净慈写怀,为近是。《移居胜果寺》云"半空虚阁有云住,六月深松无暑来",据此,夏中因避热,阳明复迁居胜果寺,亦在钱塘。盖阳明病肺,故居僧寺养之。

阳明托言投江潜入福建一事,毛西河不信,且谓"时径之龙场,而谱状乃尽情狂诞"(《传本》卷上),而余重耀《阳明先生传纂》则云:"按先生之赴龙场,年谱行状记程各异,本传及明史稿均不详。西河则谓径之龙场,其说甚异。然先生赴谪诗中既有武夷次壁间韵,而长沙岳麓及罗汨沅水诸驿一一见之于诗,则行状较可信也。"阳明既有《武夷次壁间韵》,则曾至闽北,当可信也,以此观之,西河谓自京中"径之龙场"之说为非是。唯黄久庵《行状》只云"托为投江,潜入武夷山中",未言如何而至武夷,阳明有《泛海》诗,则《年谱》谓"附商船游舟山"而至闽,

---

① 河住玄:《王阳明先生流谪事迹考》,《东洋文化》第 128—131 号。

似可信之。根据《行状》《年谱》，阳明在钱塘曾托言投江自杀以逃避刘瑾的迫害及隐藏在武夷山中，当皆可信。至于如何托言与如何至闽，《王阳明先生出身靖乱录》言之甚详，如二校胁迫阳明，令阳明投江，阳明在沈、殷二人的帮助之下，骗过二校，佯投江，尔后趁船至广信，等等。然《靖乱录》难以尽信，其所录绝命诗二首及绝命辞，真伪难辨。无论如何，阳明并非出京径之龙场。

阳明自武夷之后的路线今无可考，《年谱》谓自鄱阳赴南京省亲，又返钱塘，始赴龙场。然此说亦无据证，以赴谪诗次序观之，泛海诗下，次武夷、草萍、玉山、广信、分宜、宜春、萍乡、醴陵、长沙、罗泊驿、沅水驿、平溪、清平卫、兴隆卫诸诗，而至龙场，中间似无鄱阳、南京、钱塘之返，盖由武夷出即至玉山，西行经广信、宜春、醴陵而至湖南矣。

《谱》称阳明十二月返钱塘，寻赴谪，次年正德三年春至龙场。考《玉山东岳庙遇旧识严星士》诗"春夜绝怜灯节近，溪声最好月中闻"，当作于正德三年正月上旬。《广信元夕蒋太守舟中夜话》诗则作于正月十五，则阳明自武夷出山，已是正月。《夜泊石亭寺》诗"沙村远树凝春望"，"江州春树何青青"，《宜春台四绝》"宜春台上还春望"，"正是春风欲暮天"，《夜宿宣风馆》"正恐春愁入夜魂"，《萍乡道中谒濂溪祠诗》"春祠荐渚苹"，《涉湘寄言二首》"春阳熙百物"，这说明阳明赴谪自广信至湖南皆在正德三年春。至龙场后又有谪居绝粮诗"山荒聊可田，钱镈还易办，夷俗多火耕，傲习亦颇便，及兹春未深，数亩尤足佃"，说明至龙场时春尚未深，故《年谱》三年春至龙场一条不误。从赴谪途中所作诗来看，合于黄绾《行状》中所说"遂由武夷至广信，沿彭蠡，历沅湘，至龙场"，并无旁出鄱阳至南京省亲之迹。

按《武夷次壁间韵》诗尾两句"归去高堂慰白发，细探更拟在春分"，《年谱》谓阳明二年十二月往南都省父，或本于此句，然《行状》并无此说。又，若阳明曾道出鄱阳至南京，必有诗文留于途中，然文集无一诗记此，而赴谪诸诗自武夷至清平卫序次历然，并无旁出再返之迹。若阳明在武夷已在十二月，则下玉山，走鄱阳，赴南京，返钱塘，再还广信，绝不可能在灯节，故疑省父之说不确，当依黄绾《行状》为说。

按黄绾为阳明最亲密友人,他说阳明时欲遁入武夷匿迹不出,当可信。盖刘瑾为人狠戾,先是,司礼中官王岳因附刘健、谢迁议,被谪,刘瑾遣人追杀于途,阳明遁山之计当是鉴此。据黄绾所说,阳明在武夷遇一道士,道士言若就此隐匿,有人伪冒阳明举事作乱,即有灭族之祸。阳明悟其言,乃出广信历江湖赴龙场,黄说必据阳明自述,较可信也。

9. 正德五年庚午,阳明 39 岁

《谱》云"十有二月升南京刑部四川清吏司主司",而《给由疏》(十二年二月二十五)谓本年十月,未知孰是,亦未知《年谱》何据。

10. 正德七年壬申,阳明 41 岁

《谱》云"按《同志考》,是年穆孔晖、顾应祥及黄绾、应良、徐爱同受业"。按黄绾正德中与阳明为讲友,至嘉靖壬午春始执贽称门人,故《谱》云绾是年受业,非是。当去黄绾之名。

11. 正德九年甲戌,阳明 43 岁

按正德八年十月阳明至滁州督马政,九年四月升南京鸿胪寺卿,在滁六月余。甘泉尝言出使北还时与阳明会于滁阳:"明年甘泉子使安南(壬申),后二年阳明迁南太仆,聚徒讲学有声。甘泉子还,相会于滁阳之间,夜论儒释之道。又明年(乙亥)甘泉子丁忧扶柩南归"(《阳明先生墓志铭》,《全书》三十七,第 514 页),以此推之,甘泉与阳明会于滁阳当在九年春。此事《年谱》未录,当补入。盖与甘泉往来乃阳明平生中之大事也。

12. 正德十年乙亥,阳明 44 岁

《谱》云"正月疏自陈不允,是年当两京考察,例上疏",《全书》卷九《自劾乞休疏》原注"十年时官鸿胪寺卿",然无月日。同卷《辞新任乞以旧职致仕疏》乃十一年十月升南赣佥都御史时作,其疏云"臣原任南京鸿胪寺卿,去年四月尝以不职自劾求退,后至八月又以旧疾交作复

乞天恩赦回调理,皆未蒙准允。"故知《自劾乞休疏》作于四月,《谱》云正月非是。当改为"四月疏以不职自劾乞休,不报"。

又《谱》云是年"在京师",按阳明自九年任南京鸿胪寺卿,至十一年除南赣巡抚,皆在南京,故"京师"二字当改为南都或南京。

13. 正德十二年丁丑,阳明 46 岁

《谱》云"二月平漳寇""是月奏捷"。按正德十一年九月阳明升都察院左金都御史巡抚南赣汀漳,正德十二年正月十六日至赣州,即起程进屯长汀、上杭,往征闽西与赣粤交界处暴动,"三月之内遂克歼取渠魁"(见《闽广捷音疏》,《全书》九,第 152 页),四月班师,四月三十日还赣州(见书示四侄)。《闽广捷音疏》原注十二年五月初八日,故《谱》当改云"正月往征闽西","四月班师","五月奏捷"。

《年谱》:"二月平漳寇。初先生道闻漳寇方炽,兼程至赣,即移文三省兵备,克期起兵。自正月十六日莅任,才旬日即议进兵。兵次长富村遇贼,大战,斩获颇多。贼奔象湖山拒守。……于是亲率诸道锐卒,进屯上杭,密敕群哨,佯言犒众退师,俟秋再举。密遣义官曾崇秀觇贼虚实,乘其懈,选兵分三路,俱于二月十九日乘晦夜衔枚并进,直捣象湖,夺其隘口,诸贼失险,复据上层峻壁,四面滚木礌石,以死拒战,我兵奋勇鏖战,自辰至午呼声振地,三省奇兵从间鼓噪突登,乃惊溃奔走,遂乘胜追剿。已而福建兵攻破长富村等巢三十余所,广东兵攻破水竹、大重坑等巢一十三所,斩首从贼詹师富、温火烧等七千有奇、俘获贼属辎重无算,而诸洞荡灭。是役仅三月,漳南数十年寇悉平。"据此,阳明正德十二年春率闽、广、赣三省之兵于长富村、象湖山剿平漳南暴动詹师富部。

然《明史》王守仁本传云,正德十一年八月升右金都御史,时南中盗贼蜂起,"福建大帽山詹师富等又起",故"先讨大帽山贼"。本传述云"明年(十二年)正月,督副使杨璋等破贼长富村,逼之象湖山,指挥覃桓、县丞纪镛战死。守仁率锐卒屯上杭,佯退师,出不意捣之,连破四十余寨,俘斩七千有余,指挥王铠等擒师富"(《明史》一百九十五,列传

八十三）。《明史》以詹师富为福建大帽山寇，与《年谱》不合。

《明通鉴》正德十一年八月戊辰"擢王守仁为右佥都御史"条下《考异》称："明史王守仁传系之是年八月，证之实录，则是月戊辰也。年谱系之九月，时文成在南京，据其奉旨之日。"则擢命之下在八月，而阳明闻命在九月。《明通鉴》正德十二年正月条下载："是月，王守仁行抵赣州，开府郡中"，"于是檄福建广东会兵，先讨大帽山之贼"。同年五月条下载："是月巡抚南赣王守仁讨大帽山贼，平之。时贼首詹师富等据长富村为巢，守仁督副使胡琏等破之，逼之象湖山"，"守仁亲率锐卒屯上杭，佯退师，出不意捣之，连破四十余寨，俘斩七千有奇，遂禽师富，散其胁从者四千余人"。此说与本传同，亦以詹师富为大帽山寇，惟列于五月。其《考异》云："事见明史王守仁本传，然系之是年正月，似误也。文成以正月至赣州，调兵团练，一切部署，必无是月遽平贼。故宪章录、纪事本末皆系之五月，而证之实录，六月丙辰始以捷闻，则五月破大帽山贼可证也。若其年谱谓'是年二月平漳寇，四月班师，驻军上杭'，则正与明史本传合。盖平漳寇后移师上杭，故讨詹师富等即在此时，本传正字，疑系五字之误也。"此说以阳明平漳寇之后于五月又平詹师富部，分平漳寇与平詹师富为二事，殊不知二事本为一事也。

按《考异》以阳明正月中至赣，必不能于本月破贼，其说是，破敌始末详见阳明《闽广捷音疏》，《年谱》亦多据之。实录以闻捷在六月丙辰，然《闽广捷音疏》原注五月八日，则阳明奏捷在五月，是无可疑。阳明四月班师，非五月始平。《考异》以平漳与讨詹为二事，是大误矣。《考异》于正德十三年十月庚寅条下又称"文成平大帽山贼在去年（十二年）五月，年谱但以'平漳寇'三字了之，其实大帽山虽界连广东、福建，亦非漳寇也。"按大帽山在赣之最南，漳州并无大帽山，故为考异者以为平漳与平詹为二事，盖本传以詹为大帽山寇也。《考异》谓先平漳寇，后平大帽山，又谓《年谱》只叙平漳，略去平大帽，此皆略于查考之故。

詹师富部是否聚众于赣南大帽山？正德春夏间阳明是否有平漳与平大帽两役？皆需略为考证之。考阳明《闽广捷音疏》，阳明正月三日在南昌决定方略，令各官协同施行，十六日抵赣州开府，即日起程，进屯上杭,督令火速进剿,十八日进兵长富村,又追至象湖山,因广东大伞敌出,受阻,因佯退兵。二月十九日捣象湖山,又经日攻战,生擒詹师富。三月二十一日攻黄腊溪、赤石岩、陈吕等,漳南遂平。同时广东兵亦自正月二十四至三月二十,攻破闽广交界的大伞、箭灌,生擒温火烧等。由此可知,詹师富部据长富村、象湖山一带暴动,而象湖山、长富村俱属当时漳州,位于漳郡西南,与广东饶平相邻。阳明平定象湖之后,请立县治,朝廷从其议,即立平和县。下面是由《平和县志》描下的方位图:

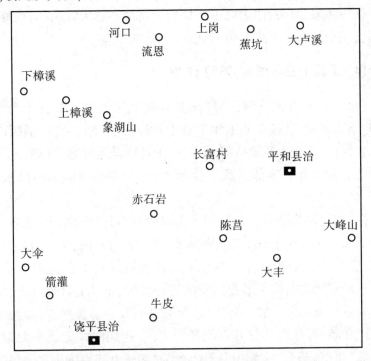

《平和县志》载:"漳郡旧辖六邑,平和乃其新设之疆。……明正德间象湖、箭灌等处作乱,提督南赣军门王守仁发三省兵剿平之。……乃奏请于朝,即河头、大洋陂地方建设新县,""按汀漳山寇凭险为乱,河头、大洋陂乃其中军巢穴也,王文成既破敌于长富村,进至象湖,遂分兵据险以逼之"(《平和县志》卷之一《疆域》)。

据阳明《闽广捷音疏》及《平和县志》《饶平县志》,詹师富部据漳郡河头象湖山,并非赣南大帽山暴动部,《明史》本传及《明通鉴》皆误。阳明巡抚南赣汀漳,于正月进兵,四月班师,平定福建象湖山詹师富部与广东大伞温火烧部,使闽广交界十余年之乱一举平定。据阳明《时雨堂记》,阳明进军时曾驻上杭,"四月戊午班师",再驻上杭(《全书》二十三,第 348 页),而赣州《书示四姪》乃云四月三十日归赣州(《全书》二十六,第 379 页),五月八日上疏奏捷,此期间更无平赣南大帽山事,《明通鉴·考异》谓《年谱》遗略,误也。

据平和志,河头有"大峰山",疑詹师富部亦称大峰山部,而峰误写为帽,《明史》等又不细考,故有此误。

14. 正德十三年戊寅,阳明 47 岁

《谱》云"正月征三浰,二月奏移小溪驿,三月疏乞致仕不允,袭平大帽、浰头诸寇"。按阳明上年丁丑十月破横水(谢志珊)、桶冈(钟明贵)、左溪(兰天凤)等暴动部,十三年正月诱杀池仲容,遂破上、中、下三浰的池仲容部。池部活跃于赣南粤北,与谢志珊同为南赣最大暴动部。

据阳明《浰头捷音疏》,阳明平南赣的方略是先攻横水,次攻桶冈,后图浰头。十二年十月十二日破横水,十一月破桶冈,十二月望日兵回南康,二十日还赣州,闰十二月二十三日池仲容至赣受招安,十三年正月初三以设犒为名诱杀已受招安的池仲容等,正月七日攻破上、中、下三浰大巢。池部余兵散入九连山,至三月八日全部荡平。四月二十四日上捷音疏,六月六日进升右副都御史,在此期间并无袭平大帽山一事。故《年谱》当去"大帽山"三字,改为"袭平九连山浰头之余部"。

关于阳明本年辞免乞休事,《明通鉴》正德十三年十月庚寅条"副都御史王守仁辞升秩,且请致仕,不允"条后附《考异》云:"文成年谱言'是年三月疏乞致仕,不允,遂平大帽浰头诸寇',证之实录,文成三月并无致仕之请,而其平上中下三浰事在正月。余贼奔窜,亦必经数月之久始克荡平,故其奏捷至京师在七月,其平贼当在四、五月间。而据本传,平三浰之后,追及九连山,禽斩无遗,安得有复平大帽山之事?"又

云："文成进右副都御史，据《实录》即在是月（十月），故并其请辞升秩及致仕汇记之。年谱系之六月，以为旌横水桶冈之功，不知平贼之奏以七月至。盖是时三浰之贼尽平，若如年谱所载，则升秩在前、奏捷在后，此亦误后"（《明通鉴》卷四十七）。

按《考异》谓本年无袭平大帽山事，此说是。然谓阳明三月并无致仕之请，又谓阳明辞免升秩不在六月，此二条皆非是。按阳明《浰头捷音疏》作于四月二十日，三月八日已平九连，而《考异》于阳明之文曾不查考，疑平贼在四五月间，故其说不能无误，又阳明辞免升秩疏原注六月十八日，疏中明言"臣于六月初六日准兵部咨，为捷音事该臣题该本部复题节该奉圣旨王守仁升右副都御史，荫子一人……"（《全书》十一，第81页）。可知《年谱》以进职辞免记之六月，原无误也，而《考异》以进职在十月，以辞免亦在十月后，皆非是。若《实录》以升右副都御史之命在十月，则《实录》有误。

为《考异》者过信《实录》，是多差误。又如《年谱》中三月乞致仕一事，《考异》不之信，然阳明六月十八日辞免升荫疏中云"况臣驱逐之余，疾病交作，手足麻痹，渐成废人，前在贼巢已尝具本请罪告病乞休，日夜伏候允报，庶几生还畎亩，乃今求退而获进"（同上），以此可知，《年谱》自不误也。阳明乞休致疏原注"十三年三月初四日"，其中言"去岁二月往征闽寇，前后一年有余，今赖陛下威德，上犹、南康之贼既已扫荡，而浰寇残党亦复不多，旬日之间度可底定"（《全书》十一，第172页）。可证其疏确在三月，《考异》谓《实录》无三月致仕之请，是皆不曾细考之误也。

又据《升荫谢恩疏》及《乞放归田里疏》（二疏皆作于十四年正月），十三年十二月二十九日圣旨"升官荫子宜勉遵成命，不许休致"，是《明通鉴》以不允记于十月亦少分疏。《乞放归田里疏》中云"正德十三年十月初二日准吏部咨该臣奏为久病待罪，乞恩休致事，奉圣旨'王守仁帅师讨贼贤劳懋著，偶有微疾，著善调理，以副委任，所辞不允，该部知道，钦此'。"此指三月乞休事。故《年谱》"三月疏乞致仕"下当补"十月有旨不允"。仿此，"六月升都察院右副都御史，荫子锦衣卫，世袭百户,辞免不允",当改为"同月上疏辞免,十二月有旨不允"。

《谱》又云"(戊寅)八月门人薛侃刻《传习录》,是年徐爱卒,先生哭之恸"。今考徐爱并非卒于正德十三年戊寅。《甘泉文集》之《寄王阳明都宪》书云:"曰仁处奠愧迟,奠文已具,早晚当付梁进士转达也。"其书在丁丑十一月。又甘泉《祭徐郎中曰仁文》云"维正德十二年岁在丁丑十一月友人翰林院编修养病增城湛若水敬寓香币致祭",曰仁即徐爱字,湛甘泉祭徐爱文亦在丁丑十一月,故知《年谱》以徐爱卒于十三年戊寅为误。《明儒学案》云徐爱卒于正德十二年丁丑五月十七日,最为可信。故《年谱》"是年爱卒"当改为"去年爱卒"。

15. 正德十四年己卯,阳明 48 岁

据《年谱》,正德十四年正月疏乞致仕,不允。六月疏乞便道省葬,不允;八月再乞便道省葬,不允;次年十五年三月三疏省葬不允,闰八月四疏省葬仍不允。《年谱》庚辰闰八月下记:"初先生在赣,闻祖母岑太夫人之讣及海日翁病,欲上疏乞归,会有福州之命。比中途遭变,疏请。命将讨贼,因乞省葬,朝廷许以贼平之日来说,至是凡四请。"今考《全书》,一请疏载在卷十二第 187 页,原注十四年六月二十一日;二请疏载在同卷第 190 页,原注十四年八月二十五日;三请疏则不载于《全书》;四请疏在卷十三第 204 页,原注十五年闰八月二十日。四疏中前半部录三疏之文,且云三月二十五日差人奏去,是三疏作于十五年三月二十日左右也,则《年谱》以三疏在庚辰三月不误,然三疏不载于《全书》,甚不可晓。

16. 正德十五年庚辰,阳明 49 岁

据《年谱》,八月疏谏亲征,再乞便道省葬,九月献俘钱塘,以病留。奉敕兼巡抚江西,十一月返江西。然据《二乞便道省葬疏》中"奉圣旨王守仁奉命巡视福建,行至丰城,一闻宸濠反叛,忠愤激烈,即起义集兵,合谋剿杀,气节可嘉,已有旨著督兵讨贼,兼巡抚江西地方,所奏省

亲事情,待贼平之日来说"(《全书》十二,第195页)。按二乞疏作于己卯八月,时已有兼巡抚之命,故兼巡抚江西一条不当列于十一月,当列于七月条下出之。

17. 正德十六年辛巳,阳明50岁

《年谱》"正月居南昌,录陆象山子孙"。按《象山文集序》原注庚辰,因抚州太守李茂元重刻《象山文集》之请而作。《全书》十七《褒崇陆氏子孙》原注正德十五年正月,《年谱》则以此事为十六年正月,二者必有一误。按阳明十五年正月赴召次芜湖,张许拒之,已而入九华,时遭张许之难,在百死千难之间,褒崇陆氏子孙必非此时,应是武宗驾还以后事,故当从《年谱》。邓艾民、张立文亦皆以庚辰说为非是。

18. 嘉靖七年戊子,阳明57岁

《谱》云:"十一月乙卯先生卒于南安。是月二十五日逾梅岭,至南安府登舟,时南安推官门人周积来见,先生起坐,咳喘不已,徐言曰:近来进学如何?积以政对。遂问道体无恙,先生曰:病势危亟,所未死者元气耳。积退而迎医诊药,廿八日晚泊,问何地,待者曰青龙铺。明日先生召积人,久之开目视曰:吾去矣。积泣下,问何遗言,先生微哂曰:此心光明,亦复何言。顷之,瞑目而逝,二十九日辰时也。"然黄绾《阳明先生行状》所记与之异:"二十九日至南康县,将属纩,家童问何所嘱,公曰:他无所念,平生学问方才见得分数,未能与吾党共成之,为可恨耳',遂逝。"(《全书》三十七,第523页)湛甘泉曾说"久庵公为之状,六年而后就,慎重也",以此观之,黄绾所作《行状》似当可信。又钱德洪《遇丧于贵溪书哀感》云:"十一月己亥,疾亟,乃疏请骸骨,二十一日逾大庾岭,方伯王君大用密遣人备棺后载,二十九日疾将革,问侍者曰:'至南康几何?'对曰'距三郎'。曰:'恐不及矣。'侍者曰'王方伯以寿木随,弗敢告。'夫子时尚衣冠,倚童子危坐,乃张目曰:'渠能是念邪?'须臾气息,次南安之青田,实十一月二十九日丁卯午时也。"(《全书》三十七,第529页)此记亦与《年谱》《行状》不同。

《哀感》又云"是日赣州兵备张君思聪、太守王君世芳、节推陆君府奔自赣,节推周君积奔自南安,皆弗及诀哭之恸"(同上)。据此,周积也是二十九日自南安奔来,且不及诀别而阳明已逝。若如此说,则《年谱》"此心光明,更复何言"之语何自来乎?《哀感》作于阳明死后一月,《行状》作于阳明死后六年,《年谱》成于阳明死后三十五年。钱德洪为《哀感》作者,又主持《年谱》之纂,不论周积问遗言一段何人草成,《哀感》与之相异而两存之,岂察之未细之故耶,抑《哀感》作时未见周积而以后乃有闻于积之语耶? 今俱录此,以俟后之辨者云。

二 《续编》书札考

阳明与人论学书,除《传习录》中卷而外,见于《文录》者凡三卷(《全书》四—六),见于《外集》者一卷(《全书》二十一),见于《续编》者一卷(《全书》二十七)。此外有家书十数通,载于《续编》之一(《全书》二十六)。按阳明之书札,《文录》《外集》所收者皆已注明年代,当为纂集者所注,其间容有少差,而大体近是。唯《续编》之书全无年月,故依此卷原序,为之略考,庶几便于利用。

《与郭善甫》("朱生至")

　　书云"适禫事方毕,亲友纷至,未暇细答,然致知格物之说善甫已得其端绪",按善甫甲戌从学,此书当在阳明居父丧时,阳明壬午春丁父忧,禫事毕当在两年之后,以此推之,此书当在甲申夏。

《寄杨仕德》("临别数语")

　　书云:"病疏至今未得报,此间相聚日众,最可喜,但如仕德、谦之既远去,而惟乾复多病,又以接济乏人为苦尔。尚谦度未能遽出仕。"按惟乾乃冀元亨字,己卯平濠后即为内官所逮下狱,后死狱中,故此书在己卯前。尚谦即薛侃,丁丑进士,此言度未能遽出仕,则是及第之后,故此书在丁丑后。又据《文录》丁丑阳明与杨仕德薛尚谦书("即日已抵龙南")等,丁丑冬至戊寅夏仕德、尚谦皆在南赣。而此书既云仕德已去，当在戊寅夏后，又戊寅三月上疏乞休养病，十月始有旨，以此推之，此书在戊寅夏秋间为近。又《全书》卷四与薛尚谦书一云"尚谦既去、仕德又往，独留惟乾在此，精神亦不足，苦于接济乏人，乞休本至今未回"，其书与答仕德此书意同，其书原注戊寅，亦可明此书在戊寅也。

又以阳明答陆元静二书参之，薛尚谦丁丑十二月至虔，八阅月而后归，仕德亦在薛归后数日离去。观阳明此书之语，时仕德尚未到家，疑留于西樵也。

《与顾惟贤》一（"闻有枉顾之意"）

书云"此间上游南康诸贼幸已扫荡，渠魁悉已授首，回军且半月，以湖广之故，留兵守隘而已，奏捷需湖广略有次第然后举"。此当指平横水、桶冈、左溪之役，盖此数处皆在南康附近而与湖广之桂东桂阳相邻。阳明进屯南康，与湖广之兵夹攻，丁丑冬破此三处。《横水桶冈捷音疏》云"十二月初三日贼始尽，然以湖广二省之兵方合，虽近境之贼悉已扫荡，而四远奔突之虞难保必无，乃留兵二千余分屯茶寮横水等隘，而以是月初九日回军近县以休息疲劳"，按此疏原注丁丑闰十二月初二上，故阳明此书当作于丁丑十二月下旬。

《与顾惟贤》二（"闽广之役"）

书云"闽广之役，偶幸了事，……但闽寇虽平，而虔南之寇乃数倍于闽，善后之图尚未知所出"。按平漳寇在丁丑春，《闽广捷音疏》丁丑五月八日上，至丁丑秋始讨南赣诸部，故此书当在丁丑四五月间。又此书言薛、陆进士、曰仁买田，亦见于丁丑与黄诚甫二、与希颜台仲明德尚谦原静书（《全书》卷四）。

《与顾惟贤》三（"承喻讨有罪者"）

书云"承喻讨有罪者，执渠魁而散胁从，此古之政也，不亦善乎。顾浰贼皆长恶怙终，其间胁从者无几"，此论平浰头事。又言"数日前已还军赣州"，"今其大事幸亦底定"，则是浰头已平，《年谱》谓戊寅四月讨平浰头班师，则此书当在戊寅四月。

《与顾惟贤》四（"承喻用兵之难"）

　　书论龙川之盗，又言"夏间尝具一疏，颇上其事，以湖广奉有成命，遂付空言"。此指丁丑五月《攻治盗贼二策疏》。书又言"必待三省齐发，复恐老师费财，欲视其缓急以次渐举"，按龙川与浰头相连，惟贤时任广东金事，阳明此书与论平南赣之计，盖初湖广巡抚陈金题请三省夹攻，阳明以其议不利，故定先破桶冈之计，此书论不必等三省齐发，即指此，故此书在平南赣之前，当在丁丑秋冬间。

《与顾惟贤》五（"来谕谓得书之后"）

　　书云"今屯兵浰头且半月矣，浰头贼首池大鬓等二十余人悉已授首"，据《年谱》及《捷音疏》，擒杀池仲容在戊寅正月初三，七日即进兵三浰，此书当在正月下旬。

《与顾惟贤》六（"近得甘泉叔贤书"）

　　书云："近得甘泉叔贤书，知二君议论既合，自此吾党之学廓然同途，无复疑异"，此指湛甘泉、方献夫皆信用《大学》古本。《文录》答甘泉（"旬日前杨仕德人来"）、答方叔贤（"近得手教"）二书即复二君论此。二书原注己卯，当误。考答甘泉书中云"乞休疏三上而未遂"，"须冬尽春初乃可遂也"，与此《答顾惟贤》六书"乞休疏已四上，此番倘得请，亦须冬尽春初矣"相同。又与甘泉书中言"感刻祖母益耄，思一见"，据阳明《寄希渊第三》书，阳明己卯正月二日始得祖母恶信，故与甘泉书不可能在己卯。阳明丁丑提督南赣，戊寅数请乞休，故此书当在戊寅秋冬。又，与甘泉、西樵书皆云杨仕德去，亦指杨仕德戊寅秋离虔归潮往西樵之事。

《与顾惟贤》七（"近得省城及南都诸公书报"）

　　书云"近得省城及南都诸公书报，云即月初十日圣驾北还"，此指武宗南征回驾，据本纪是庚辰秋事，惟本纪谓七月，通鉴谓八月，未知孰是，阳明时在虔州，此书作于庚辰秋。

《与顾惟贤》八（"近得江西策问"）

　　书云"近得江西策问，深用警惕，自反而缩……"，《年谱》嘉靖二年癸未"南京策士以心学为问,阴以辟先生",疑此书所说亦同时前后之事。又此书中言"易曰知至至之,知至者知也,至之者致知也,此知行所以合一也,若后世致知之说,且说得一知字,不曾说得致字,此知行所以二也。"考《全书》五嘉靖元年壬午阳明《与陆元静书》云"易谓知至至之,知至者知也,至之者致知也,此知行之所以一也。近世格物之说,只一知字尚未有下落,若致字工夫全不曾道著,此知行所以二也",与此书之语尤相近,故此书当作于壬午癸未间。

《与顾惟贤》八("北行不及一面")

　　书云"北行不及一面",此当指惟贤北行,按顾惟贤于阳明平南赣时任广东佥事,己卯入贺万寿至京,宁王反,擢江西副使,驰还南昌,阳明此书当指惟贤己卯入贺时事,故此书在己卯(顾惟贤事迹可参见徐中行所作《箬溪顾公应祥行状》,载《国朝献征录》四十八卷)。

《与当道书》("江省之变")

　　书云:"江省之变,大略具奏内,此人逆谋已非一日,……近闻生将赴闽,必经其他,已视生为几上肉矣。"此指宁王朱宸濠之变。阳明己卯六月奉敕往勘福建叛军,十五日行至丰城闻濠反,六月十九日疏上变,遣人虚张声势,致宸濠十余日不敢发兵东下,此书中云欲遣疲弱之卒张布声势,以阻宸濠东下南都,故知此书当在六月十九日驰疏后几日也。

《与汪节夫》("足下数及吾门")

《寄张世文》("执缣枉问之意甚盛")

　　二书无可考,观与汪书云数及吾门,而未有一语道及致知,疑二书皆在南赣时或其前。

《与王晋溪司马》一("伏惟明公")

　　书云"已于正月十六日抵赣,扶疾莅任",此指赴巡抚南赣汀漳之任,《年谱》亦云正月十六日至赣开府,故此书在丁丑正月,盖南赣之命亦王琼所荐也。

《与王晋溪司马》二("守仁近因辇贼")

　　书云"今各巢奔溃之贼皆聚横水桶冈之间,与郴桂诸贼接境,生恐其势穷,或并力复出,且天气炎毒,兵难深入远攻,乃分留重卒于金坑营前","候秋气渐凉",故知此书作于平横水桶冈之前,按平横水桶冈在丁丑十至十一月,此书云炎毒,则在丁丑盛夏时也。

《与王晋溪司马》三("前月奏捷人去")

　　书云"前月奏捷人去,曾渍短启,计已达门下",当指上书。阳明丁丑五月上《闽广捷音疏》,并附与王晋溪第二书。此书则在六月为近。书中论江西盐税,且云"今特具奏闻",《疏通盐法疏》作于六月十五日,亦可明此书在丁丑六月也。

《与王晋溪司马》四("生于前月")

　　书云"生于前月二十日地方偶获微功,已于是月初二日具本闻奏",此当指横水桶冈报捷,《横水桶冈捷音疏》原注十二年闰十二月初二日,故知此书在丁丑冬闰十二月。

《与王晋溪司马》五("即日伏惟")

　　书云:"负荷祇命以来,推寻酿寇之由率由姑息之弊,所敢陈请,实恃知己,乃蒙天听,并赐允从",此当指因阳明疏请,改巡抚为提督,并给旗牌,得便宜行事,改授提督在丁丑九月,疑此书作于此时。

《与王晋溪司马》六("生惟君子")

　　书云:"昨日乞休疏入,尝恃爱控其恳切之情,日夜瞻望允报,伏惟明公终始曲成,使得稍慰老父衰病之怀,而百岁祖母亦获一见为诀。"按阳明己卯正月初二日得祖母讣信,故此书在己卯前。又此书云"迩者龙川之役亦幸了事",指平浰头九连,按阳明戊寅三月平浰头九连,同月乞致仕,此书所言乞休疏即指此,故此书当作于戊寅三月。

《与王晋溪司马》七("近领部咨")

　　书云"乞休疏待报已三月",当承上书,在戊寅六月。

《与王晋溪司马》八("辄有私梗")

书云："议于横水大寨请建县治,为久安之图",此指平横水后疏奏请设崇义县,事在丁丑闰十二月,见《全书》十《立崇义县治疏》),此书在丁丑戊寅之交。

《与王晋溪司马》九("守仁不肖")

　　书云："南赣数十年桀骜难攻之贼二月之内扫荡无遗",又云"因奏捷人去先布下悃",此似指平三浰九连后奏捷,《浰头捷音疏》在戊寅四月,此书当与同时。

《与王晋溪司马》十("迩者")

　　书云"迩者南赣盗贼遂获底定",又云"升官则已过甚,又加之荫子,若之何其能当之","拜命之余不胜惭惧,辄具本辞免"。《年谱》戊寅六月"升都察院右副都御史,荫子锦衣卫,世袭百户,辞免,不允。"故此书当在戊寅六月。

《与王晋溪司马》十一("忧危之际")

　　书云"忧危之际不敢数奉起居","事穷势极,臣子至此惟有痛苦流泣而已",此当指己卯夏宁王之变时,又云"去秋已蒙贼平来说之旨,冬底复请,至今未奉允报",亦指戊寅乞休未允事,故此书在己卯夏。

《与王晋溪司马》十二("屡奉启")

十三("比兵部差官")

　　十二书云"屡奉启,皆中途被沮,无由上达,幸其间乃无一私语可以质诸鬼神,自是遂不敢复具"。此当指己庚之间处张许之难时,盖阳明平南赣、擒宸濠,皆归功晋溪,诸嬖不满,又欲娼功,乃竞为蜚语,诬阳明通宸濠,言阳明必反。阳明当此之时处之甚谨,故此书有被沮不敢等语。十二书在庚辰为近。十三书未详,疑在庚辰后。

《与陆清伯书》("屡得书")

　　书尾云："冀惟乾事,善类所共冤,望为委曲周旋之。"按平濠之后,张许发难,不得逞,遂逮阳明门人冀元亨(惟乾),百受考掠,至辛巳世宗继位诏释,出狱五日卒,此书当在元亨出狱之前,又论良知,当在辛巳春为近,盖庚辛时陆澄在京为刑部主事,故阳明嘱以周旋之。

《与许台仲书》一("荣擢谏垣")
　　　　　　　二("吾子累然忧服之中")

　　一书贺台仲任言官,二书台仲居丧,许台仲即许相卿。据《礼科给事中许公相卿行状》:"正德十六年给事兵科,明年嘉靖元年壬午谏议,抗疏论政令不当者数事,……明年秋八月自免归,又明年居孺人封谏议相继卒,……王文成湛甘泉各贻书慰谕"(《国朝献征录》八十卷)。故知一书在嘉靖元年台仲除谏议时,二书则在嘉靖三年居丧时。

《与林见素》("执事孝友之行")

　　书云"圣天子维新政化,复起执事寄之肱股,诚以慰天下之望",按武宗死,世宗继位,辛巳五月起林俊为工部尚书(见《明通鉴》四十九),故此书在世宗即位之后。又书云"区区一时侥幸之功、连年屈辱之志,乃蒙为之申理",世宗继位后,辛巳十一月录平濠功,封阳明新建伯,而林见素助力颇多,故谢之也。阳明又自叙"归省老亲,冗病交集",阳明辛巳八月归越,明年二月丁父忧,故此书当在辛巳冬。

《与杨邃庵》("某之缪辱知爱")

　　书云"迩者先君不幸大故",海日翁卒于壬午二月,阳明此书请铭于杨一清。据杨一清《海日先生墓志铭》,"明年(癸未)秋八月某日葬公郡东天柱峰之南之原,具书戒使者诣镇江请予铭公墓",故知阳明此书当在嘉靖二年癸未秋。

《与肖子雍》("缪妄迁疏")

　　书云"缪妄迁疏,多招物议",当在己卯后,又曰"哀痛稍苏,时与希渊一二友喘息于荒榛丛草间",则服除之后也,按阳明壬午丧父,甲申服除,疑此书在甲申。

《与德洪》("大学或问")

　　书云:"大学或问数条,非不愿共学之士尽闻斯义,顾恐借寇兵而赍盗粮,是以未欲轻出。……此意尝与谦之面论,当能相悉也。江广两途,须至杭城始决,若从西道,又得与谦之话于金焦之间。"按此书之语明是与邹谦之书,并非与钱德洪书。大学或问指《大学问》,丁亥征思田前口授门人录为成书。阳明作此书时尚未起程,故云江广两途未定,需至杭州始决,邹谦之时在江西,故云若走江西则可望与谦之一见于金焦之间。以此可知是书作于丁亥秋。又按钱德洪《大学问》跋语云:"丁亥八月师起征思田,将发,门人复请,师许之,录既就,以书贻德洪曰:'大学或问数条,非不愿共学之士尽闻斯义,顾恐借寇兵而赍盗粮,是以未欲轻出。'"(《全书》二十六,第375页)《大学问》乃德洪手录,又天泉证道之后,德洪与王汝中送阳明直至严滩,如何有贻书之说?且德洪既自越中偕行至严滩,阳明至杭州之前自不必通书,凡事悉可面论,故疑行至江西后与德洪另有一书,与此书语同,而此书则为与邹谦之书无疑。

三　越城活动考

阳明本浙江余姚县人,以其曾筑室阳明洞讲学,故自号"阳明子",学者咸称"阳明先生",此史传志谱之通说也。然"阳明洞"究在何处,阳明是否曾讲学洞中,有清以来,似成疑问。清人毛奇龄大可,浙之肖山县人,曾为史官。旧例史官入馆先须搜集本乡大臣事绩,写具草本,供同官作传依据,故毛氏曾作《王文成传本》,叙述王阳明一生行止,且于旧说多所辨析,号称徵信,其于阳明洞一说,特加意焉:

> 公晚爱公稽山阳明洞,因号阳明子。按会稽山即苗山,并无洞壑。凡禹井、禹穴、阳明洞类,只是石罅,并无托足处。旧诬以道人授书洞中,固大妄。今作传者且曰"讲学阳明洞",则妄极矣。(《王文成传本》卷上)

依毛氏按语,阳明洞为会稽山一石罅之名,非有洞穴,以此断定传谱所说守仁讲学于阳明洞,全为虚妄。毛之家乡肖山距会稽山不过数十里,毛氏或曾亲至会稽访察,其言当有可信者在。然毛氏之前,明人所作《王阳明先生出身靖乱录》于阳明洞另有一说:

> 弘治十五年……遂告病归余姚,筑室于四明山之阳明洞。洞在四明山之阳,故曰阳明。山高一万八千丈,周二百一十里。①

据《靖乱录》此说,阳明洞不在会稽山,乃在余姚之四明山,认定"阳明"之名取意四明之阳。四明、会稽两山相距两百余里,故二说不能皆是。近世学者所取不同,以会稽为说者有之,依四明之说者亦有之,然皆未尝详考。日本学者中不特早年高濑武次郎之《王阳明详传》依《靖乱录》为说,近年一些阳明学著作仍依四明说。《阳明学大系》之阳明传虽录毛奇龄语,然于此未置一断语。近人怀疑会稽说的根据是,阳明家居余姚,四明在余姚境内,而会稽远在余姚以东两百里许(中间尚隔一上虞县),阳明自当在其家乡附近结庐。这个推论在逻辑上是十分有力的。但是,如果如本文以下所考证的,阳明青年时即已迁离余姚,则四明之说即难成立。

由此可见,阳明洞问题尚未完全解决,其中涉及阳明洞究竟在何处?阳明洞的"阳明"一名由来如何?阳明是否始终居余姚,其在浙之学术活动主要在什么地方?本节即欲略事考察,以梳明之。

1

其实,这些问题,阳明门人钱德洪等所纂《阳明年谱》本来说得很清楚:

> 先生讳守仁,字伯安,姓王氏。其先出于晋光禄大夫览之裔,

---

① 《王阳明先生出身靖乱录》上,明墨憨斋新编,弘毅馆雕本,第12页。

本琅珏人，至曾孙右将军羲之徙居山阴。又二十三世迪功郎寿自达溪徙余姚，今遂为余姚人。……(先生)父讳华，字德辉，别号实庵，晚称海日翁，尝读书龙泉山中，又称龙山公。成化辛丑赐进士及第第一人，仕至南京吏部尚书，进封新建伯。龙山公常思山阴山水佳丽，又为先世故居，复自余姚徙越城之光相坊居之。先生尝筑室阳明洞，洞距越城东南二十里，学者咸称阳明先生。(《全书》三十二，第443页)

据《年谱》，阳明之父王华因爱山阴山水，生时已迁家至山阴(越城)。按"越城"一名在当时广义上应指包括山阴县城、会稽县城在内的绍兴府城。山阴、会稽为邻县，两县县城在同一大城之中，即古山阴大城，隋唐时为越州，南宋时始改绍兴之名。绍兴府城的东西两部分分别为会稽县城和山阴县城。所以实际上绍兴府署、山阴县署、会稽县署当时都在同一大城之中，统称越城(即今浙江绍兴)。但越城之名浙省以外人士多所不知，加以年代久远，致今之学者多视"越城"二字于不见，而岐说生焉。钱德洪为阳明门下高弟，阳明平濠归越，来学者甚众，阳明皆令先从钱德洪与王龙溪学，后阳明征思田，亦将家事以书院托付钱王，故其说当无可疑。

《阳明年谱》乙酉条："十月立阳明书院于越城。书院在越城西郭门内光相桥之东。"(《阳明全书》三十四，第472页)据《山阴志》，西郭门乃绍兴府城西门(亦即山阴城之西门)，光相桥在山阴治西三里，即在阳明所居之光相坊前，[1]王阳明自作《稽山书院尊经阁记》中云："越城旧有稽山书院，在卧龙西冈，荒废已久，郡守南大吉既敷政于民，则慨然悼末学之支离，将进之以圣贤之道，于是使山阴令吴君瀛拓书院而一新之。"(《全书》七，第132页)南大吉嘉靖初为绍兴守，从阳明问学，《山阴志》："卧龙山在县治后，旧名种山。"(《嘉庆山阴县志》卷三)卧龙山乃山阴城内一小山，在山阴县署后，稽山书院在其西侧，《山阴志》

---

① 见《嘉庆山阴志》卷五。

有附图。此皆可见阳明及其弟子所说的越城即指山阴城(亦即绍兴府城)。盖山阴乃古越之地,后越州府城又在此,故有此称。

据《康熙绍兴府志》:"山阴县附府城,府治在县境内。"(《康熙绍兴府志》卷之一)"会稽县亦附府城,去府百有三步。"(同上)"府城内四隅,西二隅隶山阴,东二隅隶会稽。"(《康熙绍兴府志》卷之一)《嘉庆山阴志》:"县附廓东至会稽县治二里(小注:运河中分为界)。"(卷二)《康熙会稽县志》亦云:"府城即古山阴大城,范蠡所筑,唐末分运河为界,以东之城属会稽。"(卷二)由此可知,古越山阴大城,自唐末一分为二,以城中运河为界,西为山阴县城,东为会稽县城,而后来的绍兴府行政单位都在山阴城中。城南二十里即阳明常游的天柱、南镇、会稽诸山,[①]这就是何以阳明会结庐会稽山中讲学的缘故。

2

《年谱》云王华迁居至越城之"光相坊",查余姚、会稽志皆无光相坊,唯《康熙山阴志》谓山阴县城内西北隅有"西光相坊""东光相坊"(卷一)。关于阳明一家迁居山阴,《嘉庆山阴志》载:

> 守仁本山阴人,迁居余姚,后仍还本籍,其故居在山阴东光坊谢公桥之后,祠亦在焉。(卷首·皇言)
> 王守仁字伯安,本籍山阴,迁居余姚,后复还山阴。吏部尚书王华之子,尝筑室会稽县南阳明洞,故自号阳明。(卷十四)
> 世皆知文成公为余姚人,越中人士则知公已迁居山阴。读马方伯如龙碑记,又知公世居山阴,后徙姚江。然公之不忘山阴,即营邱反葬之谊。碑记又云其里居旧有专祠,太守李君修之,是今之东光坊即公旧第。(卷二十一)

由上可知,山阴城内西北部的"东光相坊"即阳明旧居,阳明祠在东西

---

① 见《雍正山阴县志》卷一。

光相坊之间,乃康熙初绍兴守李某所重修。正如山阴志所说,世皆知阳明为余姚人,但正嘉时人皆知阳明已迁居山阴。阳明生时最亲密的朋友黄绾当时在《明军功以励忠勤疏》中曾明确说到,当宸濠之乱时,"守仁家于浙之山阴"(《全书》三十八,第536页)。所以嘉靖元年王华死,次年葬于天柱峰,距越城二十里。嘉靖七年冬阳明卒,次年葬于山阴之洪溪。《年谱》谓"洪溪去越城三十里,入兰亭五里,先生所亲择也"(同上书卷三十四,第483页)。黄绾《阳明先生行状》谓葬于洪溪之高村[1],程辉《丧纪》亦言葬于越城南三十里之高村[2],以此观之,世皆以姚江称守仁,亦不全面。

3

既然王华已将家迁至山阴,守仁不在余姚之四明山而在越城之会稽山结庐讲学就是十分自然的了。据《年谱》,阳明洞"距越城东南二十里"。据《余姚志》,四明山在余姚城南一百一十里,高一万八千丈,周围二百一十里。[3] 四明山中未有以"阳明"名洞者。余姚境内其他山峰亦无阳明洞。而且,若以阳明洞为在四明,至少与《年谱》"城南二十里"之说相悖。而《山阴志》明载:"会稽山在县东南十三里。"与《年谱》之说相合。

《康熙会稽县志》载:

> 〔阳明洞〕洞是一巨石,中有罅,在会稽山龙瑞宫旁。旧经三十六洞天之第十一洞天也。龟山白玉经:会稽山周回三百五十里,名阳明洞天,仙圣人都会之所,据此,阳明洞天不止龙瑞宫之一石矣。……其后王文成为刑部主事时以告归结庐洞侧,默坐三年,了悟心性,今故址犹存。其谪居龙场也,尝名其洞为小阳明洞天,以

---

① 见《全书》三十七,第524页。
② 同上书,第533页。
③ 见《乾隆余姚县志》卷三。

寄思云。（卷四）

《康熙绍兴府志》：

> 会稽阳明洞，在宛委山，洞是一巨石，中有罅，……名飞来石，上有唐宋名贤题名，洞或称禹穴。（卷之六）

据此可知，会稽山确有所谓"阳明洞"，如毛奇龄所说，阳明洞并非一大洞穴，乃是一有罅巨石。唯一说在会稽山，一说在宛委山，但据《康熙会稽志》〔南镇会稽山〕下所注："山与宛委相接，宛委山即禹穴，号阳明洞天。"（卷三）会稽山为诸山通称，宛委是其中一座，故其间不辨亦可。"阳明洞天"之名出自道经，自唐代已有（元稹有咏阳明洞天五十韵），本指会稽山一带。"阳明洞"之说疑里人多不解"洞天"之意，径呼为"阳明洞"，或径以"阳明洞"称禹穴。此二名皆在守仁之前即有之。又据《会稽志》，会稽山一名茅山，一名苗山，一名涂山（毛奇龄亦谓即苗山），在县东南一十二里，宛委山在县东南一十五里。传说大禹至会稽死，因葬于此，上有孔穴，故称禹穴。

《嘉庆山阴志》：

> 会稽山在县东南一十三里。……山下有禹庙。……山上有禹冢。山东有石硊，去庙七里，深不见底，谓之禹井，东游者多探其穴。一名苗山，一名涂山，其支山为云门山，其东接宛委、秦望、天柱诸山。（卷三）

禹穴亦王阳明游学之处，见于《传习录》所载。禹穴自唐时人已异说纷纭，里人以阳明洞为禹穴，[1]无论如何，在会稽山无疑。会稽山又称南镇，阳明观花即在此。镇者，岳也。禹定九州，大会诸侯，封其高山为州

---

① 见《康熙会稽志》卷三。

之镇。扬州之会稽山为南镇。唐时封四镇山为公,南镇为永兴公。阳明所游即在永兴公祠附近。

据上所说,明人用"阳明洞"一语约有三义:一径指会稽山(越城东南十五华里左右,在会稽县境)一巨石,上有长镵,《会稽志》所说"结庐洞侧"即此意,非谓在一洞穴之中。二以"阳明洞"为"阳明洞天"之简称,此在里人尤为自然。故王门弟子述阳明"讲学阳明洞"乃谓其讲学于阳明洞附近,或讲学于阳明洞天之中,非谓筑室洞穴中也。盖会稽山一带皆为"阳明洞天",在道家经典中列为十一洞天。三亦有人直称会稽山为阳明山,如阳明友人顾璘(东桥)曾有《游阳明山诗》:

> 洞道横遮松柏林,紫泥遥护洞天深。
> 香炉绝顶应须到,石伞遗铭尚可寻。
> 禹穴久疑神圣迹,秦碑堪痛霸王心。
> 往来身外无穷事,不及当歌酒满斟。
>
> (《息园存稿》诗十二)

洞天自指阳明洞,香炉、石伞为会稽山两峰,秦碑指宛委峰李斯碑,可见他是把会稽山称做阳明山的,故由此亦可证王守仁讲学阳明山中。以上所说三义,皆指阳明门人弟子及同时友人,阳明晚年居山阴,弟子来学成百计,阳明山近在咫尺,隔日必往游之,若洞中之不可入,皆必知之。后人之传讹虽或有之,然不应如毛氏以"妄极"指斥钱德洪辈,观书不可泥古人语,故"讲学阳明洞"之说未即为非也。

4

阳明迁居山阴,方志载附近有阳明洞,现在我们要以王阳明自己的材料证明此阳明洞确系阳明结庐之处。

《阳明年谱》弘治十五年壬戌条:

> 告病归越,筑室阳明洞中,行导引之术,久之遂先知。一日坐

洞中,友人王思舆等四人来访,方出五云门,先生即命仆迎之,且历语其来迹。遇诸途,与语,合众惊异,以为得道。(《全书》三十二,第 445 页)

王思舆山阴人。考《绍兴府志》,府城之正东门即"五云门",《山阴志》《会稽志》亦云然,可知此处归越之"越"实即越城,阳明结庐其侧的确是五云门外二十里的会稽山阳明洞。

王阳明正德壬申(41 岁)答王纯甫书云:

> 甘泉近有书来,已卜居肖山之湘湖,去阳明洞方数十里耳。(《全书》四,第 96 页)

湘湖在肖山县治西二里(见《康熙肖山县志》卷五),而山阴与肖山为邻县,山阴城西去肖山城仅五十余里(见《乾隆山阴志》卷二)。此亦可证明会稽之阳明洞即王阳明涵泳讲学之所无疑。

既然阳明洞在会稽,"阳明"即非取自四明之阳无可疑矣。王守仁以"阳明"为号当取自"阳明洞天"。钱德洪《阳明先生年谱序》云:"吾师阳明先生出,少有志于圣人之学,求之宋儒不得,穷思物理,卒遇危疾,乃筑室阳明洞天,为养生之术。"(《全书》三十六,第 497 页)《年谱》为钱德洪所作,可知《年谱》所谓讲学筑室阳明洞(中)非真谓在洞穴之中,盖德洪于《年谱序》已明言结庐阳明洞天矣。"洞天"之名,阳明本人自是熟知,《阳明全书》十九龙场诗有"始得东洞,遂为阳明小洞天三首",卷二十九"夏日邀阳明小洞天,喜诸生偕集"诗,后在江西亦有阳明别洞诗五首,皆其证明。嘉靖元年阳明之父王华死,王华门人陆深为作《行状》有云:

> 正德壬申秋,以使事之余,迂道拜先生(王华)于龙山里第。扁舟载酒,相与游南镇诸山,乃休于阳明洞天之下,执手命之曰:此吾儿(指王守仁)之志也。(《全书》三十七,第 514 页)

这不但说明正德时王华已居山阴，且王华明言守仁"阳明"之号取自"阳明洞天"，点明王阳明的志向始终在结庐山间，与学徒讲明此学。阳明读易诗亦云："箪瓢有余乐，此意良非矫，幽哉阳明麓，可以忘吾老"（《全书》十九，第 288 页）。其送叔父归诗"何时却返阳明洞，梦月松风扫石眠"，祭徐爱文中他也说，其志"早归阳明之麓与二三子讲明斯道以诚身淑后"（《全书》二十五，第 368 页）。

5

阳明何时迁居山阴，筑室阳明洞天，他在山阴前后讲学活动如何，须进一步加以说明。

《年谱》所录在山阴活动最早者为弘治十五年壬戌"告病归越，筑室阳明洞"（《全书》三十二，第 445 页），时 31 岁。山阴、会稽志亦以为守仁任刑部主事时（弘治十三年除刑部主事，十七年改兵部）结庐阳明洞侧。弘治十六年癸亥阳明从佟太守所请，在南镇祈雨①。故可断定至少在阳明 31 岁时已迁至山阴，《阳明全书》的其他材料也支持这一点，如阳明《罗履素诗集序》作于弘治十五年壬戌，文中即自称"阳明子"②，所以毛奇龄说阳明"晚爱会稽山阳明洞，因号阳明子"是不正确的。

阳明一家是否可能在弘治壬戌以前迁至山阴呢？没有直接的材料可以证明这一点。据《年谱》，阳明成化八年生于余姚县瑞云楼，钱德洪《瑞云楼记》："瑞云楼者，吾师阳明先生降辰之地，楼居余姚龙山之北麓。……弘治丙辰某亦生于此楼。"（《乾隆余姚志》卷五）丙辰阳明 25 岁，湛若水亦曾有瑞云楼记文（见《万历余姚志》），言阳明之父王华未第时尝居是楼。成化十七年阳明 10 岁时王华举进士，次年阳明随祖父至京师居住，故 11 岁以前阳明居余姚自无可疑。《年谱》又云阳明

---

① 见《全书》二十一《与佟太守书》，及二十五《南镇祈雨文》，分别见第 321、366 页。

② 《全书》二十二，第 335 页。

17 岁时自京至江西娶亲,次年冬返余姚,再次年阳明祖父死,王华归余姚守丧,这期间王华不可能迁居。至服除弘治癸丑,阳明已 22 岁。弘治九年丙辰阳明会试不第,"归余姚结诗社",时 25 岁。此后我们就没有材料证明阳明仍居余姚了。而正是丙辰这一年钱德洪生于王家原居的瑞云楼,何以如此,是否此年王家迁越,无由得知。按照《年谱》,弘治十年至十五年(阳明 26 至 30 岁)阳明皆寓京师,但这不排除王华可能在此期间将家迁至山阴,《年谱》于此五年间所录甚略,使人不能无疑。有材料表明,阳明此数年间并非皆寓于京师,阳明晚年与董萝石宿云门僧舍诗序云:"嘉靖甲申冬二十一日再登秦望,自弘治戊午登后,二十七年矣。"(《全书》二十,第 318 页)据此阳明曾于弘治戊午 27 岁时登秦望山,秦望山在宛委山南,亦在会稽境内,这似乎表明,阳明 27 岁时其家即已迁至山阴城。

从弘治壬戌养病阳明洞以后,阳明大部分时间都在外任为官,但至少有四次归越。第一次是赴谪龙场之前即 36 岁时,《年谱》只言此年在越,未言是否居山阴,诗文亦无可考。然阳明本意是赴谪途中省亲,王华虽时在南京,祖母岑氏在越,必无不省之理。第二次 42 岁时因升南京太仆寺少卿由京师便道归省至越。《年谱》载:"二月至越,先生初计至家即与徐爱同游台荡,宗族亲友绊弗能行。五月终与爱数友期候黄绾不至,乃从上虞入四明,观白水寻龙溪之源,登杖锡至雪窦,上千丈岩以望天姥华顶,欲从奉化取道赤城,适久旱山田尽龟坼,惨然不乐,遂自宁波还余姚。"(《全书》三十二,第 448 页)这后一句"自宁波还余姚"并不是指阳明此时家仍在余姚。因为据引文,阳明还家后等候黄绾来同游天台、雁荡,但等了三个月黄绾仍未来,于是从上虞入四明山。四明山在余姚境内,在城之南,若阳明家居余姚,则完全无须走上虞。若经西邻的上虞,正是南辕而北辙。上虞在山阴、余姚之间。正因为阳明家居山阴,从山阴走四明,必经上虞,此所以有"从上虞入四明"之说也。所谓还余姚者,一来自宁波归山阴必先经余姚,二来阳明家族人多在余姚,正好便道省视。第三次归越是 45 岁时因升都察院左佥都御史巡抚南赣汀漳时归省,《年谱》此年录:"王思舆语季本曰:阳明此行必立事功。"(《全书》三十二,第449页)王思舆山阴人,即曾出五云门访阳明者,故阳明此次归省亦必曾还山阴。唯时间颇短。

第四次是正德十六年辛巳,平宸濠之乱后,八月归省至越,时年50岁。此后直至56岁起征思、田,阳明一直在越。《传习录》下载:

> 先生归越时,朋友踪迹尚寥落,既后四方来游者日进。癸未年后,环先生而居者比屋,如天妃、光相诸刹,每当一室常合食者数十人。夜无卧处,更相就席,歌声彻昏旦。南镇、禹穴、阳明洞诸山,远近寺刹,徙足所到,无非同志游寓所在。(同书三,第83页)

《年谱》亦云:

> 先是师在越,四方同门来游日众,能仁、光相、至大、天妃各寺院居不能容。同门王艮、何秦等乃谋建楼居斋舍于至大寺左,以居来学。(同书三十五,第486页)

癸未乃嘉靖二年,阳明归越之次年,时52岁。据《山阴志》,天妃庙在光相桥西,光相寺在山阴城内之西北隅,大能仁寺在县南二里,小能仁寺在县西北三里,至大教寺在县北五里①。所说诸寺皆在越城中或附近。南镇、禹穴、阳明洞诸山皆在会稽境,距城约二十里。阳明晚年居越时主要活动皆在越城一带。如《传习录》下多为居越时录:

> 先生一日出游禹穴,顾田间禾,曰:能几何时又如此长了……
> 先生游南镇,一友指岩中花树问:天下无心外之物,如此花树在深山中自开自落,于我心亦何相关?
> 癸未春,邹谦之来越问学,先生送别于浮峰,是夕与希渊诸友移舟宿延寿寺。(《全书》三,第82页)

---

① 皆见《康熙山阴县志》卷十五。

《山阴志》载:"牛头山在县西六十五里,⋯⋯王守仁改名浮峰。"延寿寺亦在县西(《嘉靖山阴县志》卷三)。王阳明《从吾道人记》:

> 嘉靖甲申春,萝石来游会稽,⋯⋯入而强纳拜焉。阳明子因辞不获,则许之以师友之间,与之探禹穴、登炉峰、陟秦望、寻兰亭之遗迹,徜徉于云门若耶鉴湖剡曲。(《全书》七,第 130 页)

若耶溪在会稽县城东南三十里,镜湖在县西南二里①,所说诸处皆山阴、会稽胜景,嘉靖甲申阳明 53 岁。

阳明死后,门人魏良器有祭文,中云:

> 壬癸甲乙之岁,坐春风于会稽,先生携某于阳明之麓,放舟于若耶之溪,徘徊晨夕,以砭其愚,而指其迷己而已,而今不可得而复矣,呜呼。(《全书》三十七,第 526 页)

这更明确说明,嘉靖元年至四年(即壬午癸未甲申乙酉)阳明居山阴,讲学于会稽山中。阳明平濠归越后,除辛巳九月、乙酉九月两次归余姚省祖墓外,家居及讲学都在越城,已无可疑。嘉靖丁亥阳明起征思田,戊子冬临终前不久与学徒书亦云:"诸友皆不必相候于道路,果有山阴之兴,即须早鼓钱塘之舵",又说已上养病疏,"纵未曾遂归田之愿,亦必得一还阳明洞"(《全书》三十四,第 482 页)。亦指明晚年居于山阴。

总而言之,《靖乱录》一书,其说虽多本于《年谱》,然生枝蔓叶,未免小说习气。如其书以徐爱与徐曰仁为二人,以阳明祖父竹轩公卒于京师,谓阳明赴谪途中见娄一斋,皆臆言耳。其阳明洞在四明之说,更为大误。至于毛奇龄责钱德洪辈为妄极,亦为非是,其对阳明是否结庐

---

① 见《康熙会稽志》卷四。

会稽山中讲学未加肯定,亦可怪也。今据上考,山阴、会稽为阳明在浙的主要讲学活动所在,会稽山之阳明洞即阳明结庐其侧所在,皆已无可疑。

四　著述辨疑

1.《传习录》

初阳明弟子徐爱录阳明平日讲学语,题为《传习录》,然爱早死,故正德末薛侃将自录与陆澄录合并爱录刊行,亦名《传习录》,是为今《传习录》上。嘉靖初南大吉复取阳明论学书刊之,名《续刻传习录》,即今《传习录》中。阳明死后,钱德洪等纂集余录,名《传习续录》,即今《传习录》下。

《传习录》上刻于正德戊寅(1518),至嘉靖丙辰(1556)上、中、下三卷全部刊成,历四十年,而隆庆壬申(1572)谢氏刻《阳明全书》,迨至清初,《传习录》之版本已不下十数种。若将同时朝鲜、日本所刊本计在内,其数更多。近年陈荣捷先生所著《王阳明传习录详注辑评》,于诸本考察拾遗,最为精详,乃治阳明学者所必备。然《传习录》自谢氏《全书》时,已有不可晓处,流传之中,更增疑谬。今不揣浅陋,举其可疑者数端,且为之略考,亦就教于方家。

《全书》本《传习录》最不可晓处为下卷记录者不清,所注姓名亦不合例。按宋明儒者的所谓“语录”,为弟子平时所记师教,师没之后,纂集成编。其通例是记录者自称名,称师为先生,于同门学友则皆称字(或全姓名),未有录者自称字者。一般于每弟子所录条下皆注明其名或姓名,亦未有注其字者。唯《二程遗书》为朱子编定,故特于每篇之首标明所录弟子之姓字(如游定夫),间亦有以姓名及字称者(如刘绚质夫),盖因朱子乃程氏四传,而程门诸弟皆朱子前辈,此是特例,与一般及门所编语录不同。此在《朱子语类》尤可见之。如朱子高弟陈淳所录,皆自称“淳”,他所记录的语录之下亦皆注明“淳”。

《传习录》录者姓名之注甚混乱,如卷上为徐爱、陆澄、薛侃所录,

《全书》本在徐爱所录的最后一条注曰"右曰仁所录",而于陆澄、薛侃所录,皆未注明。卷下收陈九川、黄直、黄省曾、黄修易等录,前21条皆为陈九川所录,而无所注明,却于黄直所录第一条后注"以下门人黄直录",于黄省曾所录第一条下注"以下门人黄省曾录",于黄修易所录第一条下注"以下门人黄修易录"。何以九川所录不注明而三黄所录悉注明之?何以三黄所录注明时皆以名称,而与上卷以字称徐爱之例不一?又卷下最后一部分注曰"此后黄以方录",此注不独与卷上"右曰仁所录"之例不甚合,亦与同卷"以下门人黄直录"之例不合,何以同卷之中而有此不一呢?再者,如果"以后黄以方录"的黄以方即是黄直(直字以方),何以将一人所录分割为二,且一以注名一以注字而徒增其乱呢?

不仅录者姓名之注淆乱不一,即所录文中所用姓名亦有违例者。如卷上徐爱、陆澄、薛侃所录,文中皆自称"爱""澄""侃",及"爱问""澄问""侃问"等,吾人一见即知此为徐爱、陆澄、薛侃所录,不待注明。卷下陈九川所录亦皆自称"九川",此亦不待注明而知为九川所录,是皆遵常例也。而卷下222条"黄以方问……",后小注"以下门人黄直录",黄直字以方,若此条果为黄直所录,断不能自称黄以方,且与前面四人所录之例亦不合。若此条原录即为"黄以方问……",则必非黄直所录,而为同门所录。然而,此条以下数条,中多"直因闻先生之说"等语,证明确实为黄直所录,故荣捷先生谓此处称字乃为钱德洪编此卷时改称之而引起。然德洪何不改上卷独改此卷?何不改九川而独改三黄?何只在此条改称,而于黄直其他所录不改?皆无由说明。

不独黄直,修易,省曾所录亦然。第237条"黄勉叔问……",条下注"以下门人黄修易录",黄修易字勉叔,此条若属修易录,不当自称勉叔。第248条"黄勉之问……",条下注"以下门人黄省曾录",黄省曾字勉之,此条若为省曾录,不当自称勉之。

以上所举,皆是录者之注违例不通之处。然各人所录,尚易辨明。而自卷下黄省曾录以下,明明有非黄省曾所录而认作黄省曾录者,尤不可不辨。如据《全书》本,卷下自248条至315条《天泉证道记》皆属黄省曾录,但 260 条"何廷仁、黄正之、李侯璧、汝中、德洪侍坐……",显为钱德洪(字洪甫)录,260 条以下凡出"德洪"字者必皆德洪所录,特别是 315 条天泉证道一段,明是德洪所录,如何以为黄省曾所录?尤令人不解者,谢氏编《阳明全书》时,德洪尚在,且为其中《传习录》补《朱子晚年定论》,因何钱录不标明而混入黄录之中?

据钱德洪《传习录》后《跋》称:"嘉靖戊子冬,德洪与王汝中奔师丧,至广信讣告同门,约三年收集遗言,继后同门各以所记见遗。洪择其切于问者,合所私录,得若干条,……去年同门曾子才汉得洪手抄,复傍为采辑,名曰《遗言》,以刻于荆州。洪读之,觉当时采录未精,乃为删其重复,削去芜蔓,存其三之一,名曰《传习续录》。今年夏洪来游蕲,……乃复取逸稿,采其语之不背者得一卷。"(《全书》三,第 86 页)根据德洪"合所私录"的说法,今《传习录》卷下之中必定有德洪所录,而《全书》本却无注明之文,实甚不可晓。且由此推之,自 260 条之下除了德洪所录外,是否还有其他学者所录,而像钱录一样被混入黄省曾录中,也是不无疑问的。

自 316 条至卷终,注"此后黄以方录",学者一向以为亦属黄直所录,其实亦不然。如 337 条严滩问答,及 338、342 数条,分明为钱德洪录。又据 222—236 条黄直所录,及陈荣捷先生《传习录拾遗》第 14、19、21、23、24、26、27、32 条,凡黄直录皆有"直问"之语,而 316 条以后被称为"此后黄以方录"中却几次出现"以方问",与黄直所录不合,似乎是另一人名以方者所录。易言之,316 条以下之黄以方或另一学者之名,而非黄直之字。此等事亦非不可能,如阳明弟子有黄绾字宗贤者,又有黄宗贤字诚甫者。以此推之,有黄直字以方者,又有黄以方为名者,逻辑上亦属可能。除非这几处"以方问"亦是后来编者所改。但这仍须解释,编者何必把黄直所录分割为二,且在 222—236 条黄直录中却不将"直问"改为"以方问"呢? 更推广之,编者为何不将一切卷下所录自称名者皆改为字呢?

以上所疑皆指谢氏《全书》所收《传习录》上、中、下三卷而言,其他传本有所不同。北京大学图书馆藏嘉靖刻本《传习录》,其卷上不仅有

"右门人徐爱曰仁录",于陆、薛之录亦注明"右门人陆澄录""右门人薛侃录",此不独可补《全书》本卷上之失,亦可与卷下"门人×××录"相协。至于对徐爱独称"曰仁",是因徐爱早死,薛侃编卷上时特用徐爱"传习录"为题,故特以字称之,示敬之也。北大嘉靖本于陈九川所录首条之前注"门人陈九川录",于三黄则各于首条之后注曰"已下黄以方录""已下黄勉叔录""已下黄勉之录",此亦胜于《全书》本有三黄之注而无九川之注之疏。又北大嘉靖本于260条"何廷仁……"前注"门人钱德洪、王畿录",亦与前述分析相同,而无混钱录于黄录中之病也。按北大此本名"明嘉靖三年南大吉序重刊本",然此本虽为重刊,但并非全据南本,盖南本本有书札,而此本无之,而南本无《传习续录》,此本则有之。但无论如何,此本视《全书》本为合理多矣。明末清初诸本多与之近,如陈龙正本亦以260条以下为钱德洪录。张问达本中"黄以方问……"作"直问","黄勉之问"作"省曾问","黄勉叔问"作"修易问",更为合理,唯不知所据何本,抑或以己意衡定而径改正之。就《传习录》下而言,《全书》刊行之前有《遗言》《传习续录》《传习录》三卷三个本子,后二本为德洪所订,应据此二本以正《全书》本之误。

《传习续录》唯存于北大嘉靖本。按北大本分《传习录》与《传习续录》两部分,《传习录》部分首为南大吉《刻传习录序》,所收为徐、陆、薛所录,内容与今本《传习录》上同,但次序略有差异,如"孟源有自是好名之病"北大本列为最后。《传习续录》首为钱德洪《续刻传习录序》,其序曰:"古人立教皆为未悟者设法,故其言简夷明白人人可以与知,……洪在吴时为先师裒刻文录,传习录所载下卷皆先师书也,既以次入文录书类矣,乃摘录中问答语,仍书南元善所录,以补下卷。复采陈惟濬诸同志所录,得二卷焉,附为续录,以合成书,……相与捐俸刻诸水西精舍,使学者各得所入、庶不疑其所行云,时嘉靖甲寅夏六月门人钱德洪序。"此序不见于今存各本《传习录》,弥足珍贵,据此序及北大此本版式、纸张、字体,确为嘉靖本无疑,故北京大学此本当为水西精舍嘉靖三十三年原刻《传习续录》，《全书》本当据此本校正错误。①

北大本《传习续录》与今本《传习录》下的另一不同是北大本没有
"此后黄以方录"二十七条。通过这一点，根据上引钱德洪《续刻传习
录序》及今本《传习录》卷终的钱德洪跋语，我们对今本《传习录》卷下
的形成有了更进一步的了解，这就是：德洪编成文录之后，因考虑到原
南本《续传习录》收的书信已收进文录，故只保留了《续传习录》里问答
的部分作为《传习录》中，仍署"右南大吉录"，这就是所谓"乃摘录中问
答语，仍书南元善所录"，"并易中卷为问答语"。又取陈九川等人所
录，题为《传习续录》，作为《传习录》的卷下，刻于水西精舍。两年之
后，嘉靖三十五年丙辰钱德洪在阳明语录的逸稿中又选取了若干条订
为一卷，附于蕲州所刻的《传习录》，这就是今本《传习录》称为"此后黄
以方录"的那一部分。北大本为嘉靖三十三年的水西精舍本，故无所
谓黄以方录二十七条。这也是何以今本最后二十七条与陈九川四人所
录不相协调的缘故。此外，既然德洪说明最后二十七条选自逸稿，显
然，把这二十七条全部作为黄以方录是不正确的，最多只能注明"此后
门人黄以方等录"。至于卷下注陈九川名而将三黄之姓字作为小注出
之，此种体例之不一只能归于德洪察之不精了。

《传习录》上、下皆为语录，唯卷中为阳明晚年论学书。今存各种
版本《传习录》卷中所收书札皆同，为钱德洪编成三卷《传习录》时所改
定，但并非南元善首刊续刻《传习录》时的原貌。南本原收论学书之
数，尚有疑问。

钱德洪订定三卷《传习录》时在卷中之首特志曰："昔南元善刻《传
习录》于越，凡二册，下册摘录先师手书凡八篇。"他列举了八篇之目
为：答徐成之两书，答顾东桥、周道通、陆澄、欧阳德、罗钦顺、聂文蔚各
一书，合之为八书之数。但实际上答陆澄共两书，故实共九书。

钱德洪申明，他在编定三卷《传习录》时，在卷中增加了答聂文蔚
第二书，但删去了答徐成之两书。这样只剩下七封书信，但因答陆澄共

---

① 北京大学本（以下简称北大本）黄勉之作王勉之，非是。

两书,故仍然可以计为八书。

然而佐藤一斋(1772—1859)看到的南本竟有十四篇。佐藤一斋说:"南本下册书札十篇,并上册所载书四篇,共十四篇。"此说与德洪说不同,据德洪说书札皆载在南本的下册,而据佐藤说,上册亦载有书札数篇。其具体分布为"愚往得南元善兄弟校传习录二册,系嘉靖二十三年德安府重刊本,上册分为四卷。第一徐曰仁录,第二陆原静录,第三薛尚谦录,第四则为:答欧阳崇一书一首,答聂文蔚书三首。① 下册亦分为四卷:第一答徐成之书二首、答储柴墟书二首、答何子元书一首、答罗整庵书一首。卷二答人论学书一首。第三答周道通书一首、答陆原静书二首。第四则为示弟立志说四则、训蒙大意六则"(《传习录栏外书》上帙)。根据南大吉《续刻传习录序》中"是录也,门弟子录阳明先生问答之辞、讨论之书而刻以示诸天下者也,吉也从游宫墙之下,于是录也,朝观而夕玩,……故命弟逢吉校续而重刻之,以传诸天下"的说法,佐藤认为南大吉重刻之前的《传习录》本来是包含有"讨论之书"的。他推测"上册所收讨论之书仍系门弟子旧录,下册四卷则出于元善兄弟,所云续而刻之是也"(同上)。也就是说上册四书为虔刻《传习录》本有,下册十书为南刻时所续。佐藤此说亦未是,如据其说,答聂文蔚三书皆为虔刻本有,此绝不可能,盖文蔚乃阳明居越后始通书,其第一书据《年谱》乃在嘉靖丙戌,如何可能收入正德十三年的虔刻《传习录》? 且《年谱》及德洪明谓虔刻仅爱、澄、侃所录三卷,未有谓虔刻中收书札者。故《年谱》嘉靖三年甲申条载:"十月门人南大吉续刻传习录,传习录薛侃首刻于虔,凡三卷,至是年大吉取先生论学书复增五卷,续刻于越。"依此说,《续刻传习录》八卷,前三卷语录为虔刻之旧,后五卷书札为南本所续。若八卷装为二册,则五卷书札中自然有一卷装入上册,佐藤所见当原于此。虽然如此,南刻原本究竟为八篇还是十四篇尚无进一步的材料可供考定。

---

① 佐藤一斋谓答聂文蔚书三首,今《传习录》仅二首,疑一斋以答聂文蔚第二书析为两书,故通计为三首。

佐藤一斋所见本并非南刻原本,乃南大吉刻行二十年后德安的重刊本,而"重刊本"者往往有增入者,如前所说北大藏《传习录》南刻重刊本即已增入《传习续录》。从逻辑上说,钱德洪作为阳明高弟和《传习录》编者,其八篇说较为可信。

《传习录》书札之另一问题为所收书之年月往往有与《传习录》刊行年月不合者。如其中最重要的《答顾东桥书》,《年谱》谓作于嘉靖四年乙酉,而《年谱》又谓南大吉《续刻传习录》在嘉靖三年甲申,今存南序亦明云"嘉靖三年冬十月十有八日赐进士出身中顺大夫绍兴府知府门人渭北南大吉谨序",若续刻在三年,如何能收入四年所作之书?

《答周道通书》,据陈荣捷先生云,有一异本《全书》注明此书作于甲申。据此书中云"若是未知格物则是致知工夫亦未尝知也。近有一书与友人论此颇详,今往一通",注家向谓此所谓与友人论格物致知书即与顾东桥书,是则启周道通书当作于与顾东桥书之后,今《年谱》云与顾书在四年,而异本云与周书在三年,是其间亦有牴牾之处。

据《年谱》,聂文蔚嘉靖五年(丙戌)始来学,故答文蔚第一书不得早于丙戌,南本既刊于三年甲申,何以又收与文蔚丙戌之书?答欧阳德一书,据《年谱》亦作于五年丙戌,凡此皆与三年续刻之说无可相合也。

按北大嘉靖本既名南氏重刊本,本应包括论学书,据德洪《续刻传习录序》来看,嘉靖三十三年续刻时也是将原传习录、书问、传习续录合并刊行的。但北大本现存仅四册,前二册为徐、陆、薛所录,后二册为水西刻《传习续录》。前二册冠有南大吉序,中多南逢吉之注,故《传习录》部分当为南本,惜无南本之论学书,亦无德洪摘录后保存的论学问答,故今《传习录》卷中南刻时的原貌仍有待查考。至于各书年月与南序年月的矛盾,疑南序先写于嘉靖三年十月,但刻为成书已在次年,故又收入若干四年所作之书,这种可能性我认为是存在的。

2.《大学古本旁释》

阳明死后,友人黄绾为作《行状》,中论及阳明著述时称:"所著有阳明集、居夷集、抚夷节略、五经臆说、大学古本旁注,及门人所记传习录、所纂则言,诵而习者可知其造诣矣"(《全书》三十七,第524页)。《阳明年谱》正德十三年戊寅条称:"七月刻古本大学。先生出入贼垒,未暇宁居,……至是回军休士,始得专意于朋友,与发明大学本旨,指示入道之方。先生在龙场时疑朱子大学章句非圣门本旨,手录古本,伏读精思,始信圣人之学本自简易明白,其书止为一篇,原无经传之分;格致本于诚意,原无缺传可补;以诚意为主而为致知格物之功,故不必增一敬字;以良知指示至善之本体,故不必假于见闻。至是录刻成书,傍为之释,而引以叙。"(《全书》三十二,第455页)这明确说明,阳明戊寅所刻《古本大学》,不仅恢复了《大学》旧本的文字及次序,其中还有阳明自己的释文。"引以叙"指《大学古本序》,今《全书》卷七载有《大学古本序》,下注戊寅,全文自"大学之要"至"悟致知焉尽矣"共328字。但据罗钦顺《困知记》三续,《全书》此序并非戊寅原序,乃收入《文录》时改定者。阳明尝赠戊寅原本与整庵,故《困知记》录戊寅原序,全文自"大学之要"至"罪我者其亦以是夫"共254字(二序文皆见本书第六章一节)。

《大学古本旁释》今存两本:一为函海本,一为百陵学山本。函海所收《大学古本旁释》之序与罗整庵所述相同,即用旧序。而百陵学山所收《大学古本旁注》之序同于《全书》,即用改序。函海本序尾云"守仁序",而百陵学山本序尾云"正德戊寅七月丙午余姚王守仁书",未知戊寅原序如何署尾,疑学山本序尾近之。至于二序之文,如罗整庵所说,旧序无一言及于致知,新序则始用致知立说,阳明自己亦明言,致知说提出后,此序尝三易其稿。《文录》初刻于嘉靖六年丁亥,故所收为新序;今《全书》收入者与之同。

今存函海本与学山本之间,颇有出入,往时亦有学者疑此两本为伪,如毛奇龄即断言凡有释文者皆伪作,近世学者亦有以函海本为不可信者。究竟二者真伪如何,尚需辨证。

百陵学山之《大学古本旁释》用改序,又于《旁释》前载《大学问》,且有王文禄跋:

> 文禄曰：……嘉靖丁亥秋，先康毅君率禄渡江，扣阳明洞天，闻王龙溪先生讲大学，得古本傍释，止前序。后增四问答，禄今重梓，增答格物问标眉。

据此可知，百陵学山本之《旁释》为王文禄与其父于嘉靖六年丁亥秋得之于越城阳明书院。丁亥九月阳明赴广西，故书院由龙溪、德洪任学事，文禄时来学，得《旁释》于龙溪，故此本当为真本。跋中所说"增格物问"即《大学问》，指王文禄重刻《旁释》时以《大学问》附于《大学古本》之版眉①。又据文禄之说，所得《旁释》本有前序，则此本当时即用改定的新序。

函海本之《大学古本旁注》有李调元序："大学古本一卷，献王后苍所传，在戴圣礼记之中。宋仁宗取以赐及第王拱辰，即此本也。然传者绝少。今所行者，朱子订本。此外诸家所传改本率多伪杂，无足取。而古本之完善者唯王文成公旁注尚存，朱竹垞经义考盛称之。今以锓版，亦复古者所有事也。绵州童山李调元赞庵序。"调元为清乾隆时人，依其说，函海本所用似取朱彝尊所用的《大学古本》，而此本用阳明旧序。这样看起来，用旧序的函海本当为戊寅初刻，而用新序的百陵学山本当为后来改本，但情况并不如此简单。

为明了二本同异，兹将两本旁释之文列出，小节号为著者所加，每节对应之经文则皆不列出。函海本释文共 16 节：

① 亲，爱也。明明德、亲民犹言修己安百姓。至善者心之本体，尽其心之本体谓之至善。

② 知至善惟在吾心，则求之有定向。

③ 致知，致吾心之良知也。格物，格，正；物，事也。心者身之主，意者心之发，知者意之体，物者意之用，如意用于事亲之孝而格之，必尽夫天理，则吾心事亲之良知无私欲之间，而得以致其知矣。知至则意无所欺而可诚矣，意诚则心无所放而正矣。

---

① 按阳明弟子邹谦之亦曾以《大学问》附刻于《大学古本旁注》，见德洪《大学问》跋。

④ 知修身为本,斯谓知本,斯谓知至,非实能修身,未可谓之修身。

⑤ 修身惟在于诚意,故特揭诚意以示人修身之要。诚意只是慎独,工夫只在格物上用,犹中庸之戒惧也。

⑥ 犹中庸之莫见莫显。

⑦ 诚意工夫实下手处只在格物,引诗言格物事。

⑧ 亲民之功至于如此亦不过自明其明德而已。

⑨ 自明不已即所以亲民。

⑩ 君子之明明德亲民岂有他哉,亦不过止于至善而已。

⑪ 止于至善岂有他哉,惟求之吾身而已。

⑫ 又即亲民中听讼一事要在其极亦本于明德,则信乎以修身为本矣。

⑬ 修身工夫只是诚意,就诚意中体当自己心体,令廓然大公,便是正心。正心之功既不可滞于有,亦不可坠于无,犹中庸未发之中。

⑭ 人之心体不能廓然大公,是以随其情之所向而辟,亲爱五者无辟,犹中庸已发之和也。

⑮ 只是修身,只是诚意。

⑯ 又说到修身上,工夫只是诚意。

以下为百陵学山本中旁释之文,凡与函海本同者,只注明同于函海某节:

1. 明明德、亲民犹修己安百姓。明德亲民无他,惟在止于至善。尽其心之本体谓之止至善,至善者心之本体,知至善惟在吾心,则求之有定向。

2. 明明德于天下犹尧典克明峻德以亲九族至协和万邦。

3. 心者身之主,意者心之发,知者意之体,物者意之用。如意用于事亲即事亲之事格之,必尽夫天理,则吾事亲之良知无私欲之间而得以致其极,知致则意无所欺而可诚矣。意诚则心无所放而可正矣。格物如格君心,格是正其不正以归于正。

4. 其本则在修身(以下同④节及⑤节之前部)。

5. (同于⑤节之后部)。

6. 君子小人之分只是能诚意与不能诚意。

7. （同于⑥节）。

8. 言此未足为严,以见独之严也。

9. （同于⑦节）此下言格致。

10. 惟以诚意为主而用格物之工,故不须添一敬字。

11. 犹中庸之道问学尊德性。

12. 犹中庸之齐明盛服。

13. 格致以诚其意,则明德止于至善,而亲民之功亦在其中矣,明德亲民只是一事。

14. （同于⑧节）,又说归身上。

15. （同于⑨节）。

16. 孟子告滕文公养民之政,引此诗云子力行之,亦以新子之国。

17. （同于⑩节）。

18. （同于⑪节）,又说归身上。

19. （同于⑫节）,又说归身上。

20. 略同于⑬节,唯⑬节末一句在此节作中间一句。

21. （同于⑭节之前两句）,此犹中节之和,能廓然大公而随物顺应者鲜矣。

22. 又说归身上,亲民只是诚意。

23. 又说归身上。

24. 又说归身上。

25. 只是诚意。

26. 宜家人兄弟与其仪不忒只是修身。

27. 又说归身上,亲民工夫只是诚意。

28. 只是诚意,亲民惟修一人之身,身修则能得众。

29. 又说归身上,修身为本。

30. 惟在此心之善否,善人只是全其心之本体者。

31. 此是能诚意者。

32. 是不能诚意者。

33. 仁是全其心之本体者。

34. 只是诚意。

35. 能明德者则能亲民,能明德则民亲。

两本相较,函海本释文基本上全部包括在学山本内,只有"亲,爱也""致知者,致吾心之良知也。格,正;物,事也"两句为学山本无。学山本则较函海本几乎多出一倍文字,所多文字又主要在《大学》论齐家以后的部分,其内容只是反复强调"说归身上"与"只是诚意"。函海本显然要来得更为精练和简明。

阳明死后,《大学问》的影响过于《古本旁释》,这不仅因为信用古本者渐多,亦因为《旁释》过于简略,义理发明远不系统连贯,而《大学问》一气呵成,首尾贯通,义理明白晓畅,一以晚年致良知说为宗,故阳明门下皆视之为"教典"。《大学问》后收入《全书》,士人尽知,《古本旁释》则单独刊行,流传渐少,至清初,《旁释》之真伪亦发生问题。如毛奇龄谓:"文成所示者是礼记原本,今行世有注释者,多门人伪入之,大不足据,后嘉靖间给事贺钦好学,弃官还辽东,出阳明古本大学教学者,但有章截,并无注释。"(《西河合集·王文成传本卷一》)毛氏以为阳明之《古本大学》并无注释,但阳明《古本序》明言"傍为之释",且其书本名《旁释》(或《旁注》),故毛氏之说乃无稽之谈,不足为据。

据《困知记》附录所载罗钦顺庚辰夏答王阳明书,罗曾批评《大学古本旁释》,并引用其中的释文:"从而为之训曰:'物者意之用也''格者正也,正其不正以归于正',其为训如此,要使之内而不外,以会归一处。亦尝就此训推之,如'意用于事亲即事亲之事而格之,正其事亲之事之不正者以归于正,而必尽夫天理',盖犹未及知字,已见其缴绕迂曲而难明矣。"罗所引述的《旁释》之文"物者意之用",函海、学山二本皆有之。"格者正也",函海本作"格,正。"学山本则无此训。而"正其不正以归于正",学山本作"格是正其不正以归于正",函海本则无此句。至于"意用于事亲即事亲之事而格之,正其事亲之事之不正者以归于正,而必尽夫天理"三句,二本皆作"意用于事亲即事亲之事而格之,必尽夫天理",皆无中间"正其事亲之事之不正者以归于正"一句。

顾东桥与阳明书说："其曰'知者意之体，物者意之用'，'格物如格君心之非之格'，语虽超迈独得，不蹈陈见，抑恐于道未相吻合。"顾氏所引两段，未明言出自《古本旁释》，但"知者意之体，物者意之用"见于函海、学山两本，而不见于阳明其他著述，故知引自《旁释》无疑。"格物如格君心之非之格"，《传习录》亦有类似之语，学山本作"格物如格君心之格"，函海本则无此语，顾氏所引出自何处尚不得而知，故此句可暂不论。

对照罗钦顺引述的《大学古本》原刻，可以认为，今存两本皆不伪，学山本第 10 节"以诚意为主而用格物之工，故不须添一敬字"，与《年谱》论《古本大学》之语相合，似提示德洪作《年谱》时亦据学山本。然二本又皆与罗引原刻有所不同，说明二本皆非原刻。如二本在"必尽夫天理"之后皆作"则吾事亲之良知无私欲之间而得以致其极（函海本极作知，似误）"都有良知思想出现。尤其是函海本明训"致知，致吾心之良知"，这肯定不是戊寅原刻，而是庚辰提出致良知宗旨后改定的。

根据本书前面所论，我们知道，戊寅以前阳明对《大学》的解释重在"诚意"，庚辰以后则改为"致良知"，从这个观点来看，学山本保留了大量的强调诚意之功的释文，较近于原刻。而删除了大部分强调诚意的释文，明确增加了"致吾心之良知"的函海本必然较学山本为晚出。为函海本有而为学山本无的"亲，爱也"之训，也与阳明居越后强调亲民的思想一致。又据阳明嘉靖三年甲申答黄勉之书："古本之释，不得已也，然不敢多为辞说，正恐葛藤缠绕则枝干反为蒙翳耳。短序亦尝三易其稿，石刻其最后者。"（《全书》五，第 109 页）亦可见从学山本到函海本，愈来愈简的趋势是符合阳明晚期思想的。

综上所述，学山本乃王文禄得之于阳明书院，当为可信之作，函海本参之罗钦顺书等，亦不为伪。但二本皆非戊寅原刻，同为改易过程中的不同改本。学山本较近于原刻，而函海本为后来定本。至于何以后出之函海本用旧序，当为印者之误。

《大学古本旁释》亦东传至日本。佐藤一斋云："文成公大学以旧本为正，旁有释，其本汉土久传之，而本邦人所未见。至文政甲申吴舶始载来,执斋谓其不传,以当时未见耳。"(《传习录栏外书》)这说明三轮执斋时尚未见《旁释》。据三岛复《王阳明哲学》,佐藤一斋得李调元本自吴商,见后半部释文大简,于是加以补注,又取朱彝尊《经义考》附后。佐藤又引毛奇龄之说而驳之,毛氏以阳明《古本大学》为白文,一斋云"盖文成自言旁释矣,岂可以白文为文成真本哉!"(同上)又据简野道明之《大学解义》所载《大学旁注》,凡一斋所补注者悉已注明,其旁注一同于函海李调元本,[①]以此可知江户时代的阳明学者亦不信毛西河说,皆认函海本为真本也。

---

① 《大学解义》之旁注有"致意之良知",李调元本原作"致心之良知",误以心为意,疑印者之误也。

附　录

心学传统中的神秘主义问题[*]

引言
明代心学的神秘体验
宋代心学的神秘体验
理学对于神秘主义的批评
结语

一　引　言

中国古典哲学中,道家和佛教常常被作为东方神秘主义的典型形态,对此加以讨论的学者也有很多,史华慈(Benjamin I. Schwartz)的近著《中国古代的思想世界》,在关于老子的一章中也还专辟一节加以讨论。但对儒家传统(特别是宋明理学)中的神秘主义问题,较少有人注意。

"神秘主义"在英文作 mysticism,此一概念的外延和内涵在西方学

---

　* 本文原题为《神秘主义与儒学传统》,写于 1987 年 2 月,后载《文化:中国与世界》第 5 辑,三联书店 1988 年版,第 28—57 页。此文是我当时在哈佛大学着手阳明哲学研究所做的准备工作之一,今附于此,改题为《心学传统中的神秘主义问题》,可以使读者更全面地了解明代心学及阳明思想的某些特质。因为已有此文,故本书正文部分对阳明思想中的神秘体验问题未加特别讨论。

者中常各异其说。一般而言,在中世纪基督教神学传统中,mystical 一词是指人所达到的一种宗教觉解的高级阶段。尔后,逐步由比较宗教学家、哲学家、人类学家应用到与基督教经验类似的其他宗教经验,甚至一些非宗教的文化现象上面,成为一个普遍的 phenomenological concept。按照比较宗教学的立场,mysticism 是和 mystical experience 即"神秘经验"或"神秘体验"联系在一起的。神秘经验或神秘体验是指宗教信徒经过特定的修养方法所获得的一种高级的内心体验。但是,一个西方的学术概念或范畴一经译为中文,即获得了一种相对独立性。如"唯物主义""唯心主义",都在中国逐步有了自己的解释传统。学术界中,"神秘主义"往往包含了各种民间迷信,因而与表示高级的内心体验的 mysticism 就不能完全相合,谢扶雅先生曾提出译为"神秘"不切,应为"神契",以示我与非我的契合。① 但在下面的叙述可以看到,"神契",只适用于某些神秘体验。若依我的意思,mystical experience 本可译为神悟的体验。但语言乃约定俗成,人创其说,徒增其乱,所以也就无须改译。本文所要考察的正是儒家传统中是否存在神秘体验(mystical experience)的问题,这一问题可以使我们从另一角度认识中国哲学的特点,帮助我们理解中国哲学的许多重要思想命题,也可以使我们进一步反省儒家的局限,认清当代儒学发展的方向。

比较宗教学家早就发现,在世界上的主要宗教传统中都存在着所谓"神秘体验"的现象,这种神秘体验的基本特征是通过一定的修持所获得的一种突发的、特别的心理感受。但在不同的宗教传统中,此种体验的内容与其解释以及伴随产生的情感形式有所不同。如基督教神秘体验的基本内容是"与神合一"(union with God),"体验"这里是指人之内心所获得的感受、感觉、心象的组合,人感到超越了自我与上帝的巨大差隔,与上帝合而为一。印度教的最高境界是体验到个体灵魂与宇宙最高实在婆罗门的"梵我同一"。佛教的体验则与前两者都不相同,佛教的最高体验既不引导到任何最高实在(supreme Being),也不承

---

① 谢扶雅:《宗教哲学》,香港图鸿印刷公司 1959 年版,第 141 页。

认有灵魂（soul or ātman）。所谓涅槃（nirvāna）乃是一种高级的内心体验境界，既否认自我与超越存在的融合，也否认灵魂对肉体的摆脱，而是一种对"空"的洞见与体验，是克服了任何有我的心灵状态。①

不管这些宗教体验有何差别，从比较宗教学的观点看，这些神秘体验具有一些共同的特征。威廉·詹姆士在他的《宗教经验种种》（*Varieties of Religious Experience*）一书中提出所有神秘经验的四个普遍特征：不可言喻的、直觉的、瞬间获得的、受动的。但这四点基本上是从形式上着眼，不涉及体验在内容及情感表现的共通性。W. T. Stace 对神秘体验进行了深入研究，他认为神秘经验的基本特征是言语道断的、悖反的、神圣感、实在感，而根本特征则是"合一性"（oneness）体验。他指出，虽然基督教体验的"合一"与印度教体验的"同一"有区别，前者是 union，后者是 identity，但可以认为他们都体验到一种无差别的、单纯的浑一。而佛教体验则排除了一切思维情感，其结果也还是一种单纯的浑一。Stace 进一步指出，根据这种"合一性"的不同表现，一切神秘经验大体可以归为两类，即外向的神秘体验（extrovertive）和内向的神秘体验（introvertive）。他比较了世界上各种神秘体验后提出，这两类神秘体验各自具有七个特点，其中有五个特点对两类体验是相同的，如神圣感、实在感、宁静、愉悦或兴奋、不可言喻，而两类体验的不同在于，外向体验是体验到宇宙万物的浑然一体（all things are one），而内向的神秘体验则是体验到一种纯粹意识（pure consciousness），这种无差别的纯粹意识感到自己即是整个实在，超越了一切时空的差别。② Ninian Smart 提出神秘经验的典型特征是达到了不可言喻的巨大快乐、对永恒的感受，以至于获得了一种全新的世界观。Ben-Ami Scharfstein 等则讨论过神秘经验的技术，认为达到神秘经验的重要而基本的方法是自我控

---

① S. T. Katz, *Mysticism and Philosophical Analysis*, New York：Oxford University Press, 1983, p. 29.

② W. T. Stace, *Mysticism and Philosophy*, London：Macmillan Press, 1961, p. 131.

制,具体地说是集中(concentration)、呼吸的调节和冥想(meditation)。①

　　根据比较宗教学的研究,可以这样说,神秘体验是指人通过一定的心理控制手段所达到的一种特殊的心灵感受状态,在这种状态中,外向体验者感受到万物浑然一体,内向体验者则感受到超越了时空的自我意识即整个实在,而所有神秘体验都感受到主客界限和一切差别的消失,同时伴随着巨大兴奋、愉悦和崇高感。宗教徒十分重视它,并以此作为教义的经验验证。心理学家(如 J. H. Leuba 的 *Psychology of Religious Mysticism*)则强调神秘经验乃受潜意识支配,是在特定条件下的心理反应或错觉。但比较文化和比较宗教的研究表明,无论如何,神秘经验是一种重要的意识现象,并普遍影响到各种文化的发展。

　　本文对儒学神秘体验的探讨,基本上是作为一种 phenomenological description of mystical experience。应当说明,我在本文虽以讨论神秘经验为主旨,确认古典儒学特别是宋明理学包含有神秘主义传统,但并不是说神秘主义是儒学的主导传统,相反,在我看来,理性主义一直是儒学的主导传统,应当批判地继承和发扬。

二　明代心学的神秘体验

　　为了论述的方便,本文采取倒叙的方法,即先讨论明代儒学的神秘体验,然后再溯至宋代以前,这是因为明代儒学的神秘体验发展得最充分,记述得也较详细。

　　黄梨洲尝言:"有明之学,至白沙始入精微,其吃紧工夫,全在涵养。"②陈白沙自述为学云:

　　　　仆才不逮人,年二十七,始发愤从吴聘君学,……如是者亦累

---

① 参见 Ninian Smart, *Reasons and Faiths*, London：Routledge & Kegan Paul, 1958, p. 55；Ben-Ami Scharfstein, *Mystical Experience*, Oxford：Blackwell, 1973, p. 99；R. M. Gimello, "Mysticism and Meditation", *Mysticism and Philosophical Analysis*, ed. S. T. Katz, New York：Oxford University Press, 1983。

② 《明儒学案》,中华书局 1985 年版,第 78 页。

年,而卒未得焉。所谓未得者,谓吾心与此理未有凑泊吻合处也。于是舍彼之繁,求吾之约,惟在静坐。久之,然后见吾此心之体,隐然呈露,常若有物,日用间种种应酬,随吾所欲,如马之御衔勒也。①

陈白沙这里所说的正是一种通过静坐(meditation)这种基本修养方式所获得的内心体验。这种静坐体验在儒学中具有典型意义,就上述体验而言,其特点是"心体呈露"。对于缺乏这种经验的人来说,要准确地解说何为"心体呈露"是有一定困难的,但是基本上可以断定这是近于"内在的神秘经验"所谓纯粹意识的呈现。因为"心体"指心的本然之体,即本来状态,宋明儒者以静坐屏除心中念虑,观未发之气象,都是在寻求这个"心体"的呈现。白沙为学主张"须从静中养出个端倪来",②就是要求学者通过 meditation 获得"心体呈露"的经验。不过,白沙还有过另外一种神秘经验,如他所说:

> 万化我出,天地我立,而宇宙在我矣。得此把柄入手,更有何事。往古今来,四方上下,都一齐穿纽,一齐收拾。③

此种境界即是自我与宇宙合一的神秘经验,所谓"往古今来,四方上下,都一齐穿纽,一齐收拾"当是指超越时间的感受。这种神秘经验的工夫就是白沙所谓的"把柄"。

阳明之学力主"知行合一"与"致良知",但其初下手处亦有得于神秘体验。阳明于弘治中在洞中静坐、修习导引之术;后在常德、辰州专教人静坐,自云:"兹来乃与诸生静坐僧寺,使自悟性体,顾恍恍若有可即者。"④《年谱》记其龙场悟道云:

---

① 《白沙子全集》卷二,《复赵提学》。
②③ 同上书,《与林郡博》。
④ 《阳明先生年谱》庚午条。

　　日夜端居默坐,以求静一。久之,胸中洒洒。……因念圣人处此更有何道。忽中夜大悟格物致知之旨,寤寐中若有人语之者,不觉呼跃、从者皆惊。始知圣人之道,吾性自足,向之求理于事物者误也。[1]

黄绾为阳明所作《行状》亦云:

　　公于一切得失荣辱皆能超脱,惟生死一念尚不能遣于心,乃为石廓,自誓曰:吾今惟俟死而已,他复何计! 日夜端居默坐,澄心精虑,以求诸静一之中。一夕忽大悟,踊跃若狂者。[2]

　　依《年谱》所说,阳明悟道似乎是参话头所得,但据《行状》,端居默坐,澄心精虑,求诸静一,还是以静坐的方法,去除内心一切思维欲念,使注意力完全集中在内心,这种"吾性自足"的体验还是白沙一路的性体呈露,他的"忽大悟"和"踊跃若狂"更是神秘体验的基本特征。阳明虽不以此种神秘体验为宗旨,但认为由此入手,也是圣贤工夫。
　　王龙溪曾述阳明在阳明洞天修习静坐而得神秘体验的经历:

　　究心于老佛之学,缘洞天精庐日夕勤精修,炼习伏藏,洞悉机要,其于彼家所谓见性抱一之旨,非惟通其义,盖已得其髓矣。自谓尝于静中内照形躯如水晶宫,忘己忘物、忘天忘地,与空虚同体,光耀神奇、恍惚变幻,似欲言而忘其所以言,乃真境象也。乃其居夷处困,动忍之余,恍然神悟,不离伦物感应,而是是非非,天则自见。(《龙溪先生全集》卷二)

　　此中"自谓"即指阳明自述其所得体验,龙溪此说得自阳明,必为可信,

---

① 《阳明先生年谱》,戊辰条。
② 《阳明全书》卷三十七。

由此可见阳明也曾有过天地万物为一体的神秘体验。

黄宗羲论有明朱学，谓不过此一述朱、彼一述朱；又引高攀龙语，谓薛敬瑄、吕泾野皆无透悟①。其实朱学本来反对此种"透悟"的体验。与之成为对照，为王学者却颇多言悟。阳明妹婿徐爱云：

> 吾始学于先生，惟循迹而行，久而大疑且骇，然不敢遽非，必反而思之，思之稍通，复验之身心。既乃恍若有见，已而大悟，不知手之舞、足之蹈，曰："此道体也，此心也，此学也。"②

徐爱对其如何"验之身"的工夫语而未详，但他"恍若有见，已而大悟"，见心体道体，而手舞足蹈，当也是一种神秘体验。

阳明弟子聂双江，在嘉靖时曾入诏狱。《明儒学案》载：

> 先生之学，狱中闲久静极，忽见此心真体，光明莹彻，万物皆备。乃喜曰："此未发之中也，守是不失，天下之理皆从此出矣。"及出，与来学主静坐法，使之归寂以通感，执体以应用。③

聂双江"忽见此心真体，光明莹彻，万物皆备"的体验典型地表达了儒学神秘体验的内容。由静坐达到体验，这一方法中国哲学称为"归寂以通感"。

同时罗念庵引双江为同调，双江之学以静为主，即同门亦有讥为禅悟者，认为他把未发之功全变成神秘体验；罗念庵却称"双江所言，真是霹雳手段"。盖罗念庵初时也从禅学入手，"辟石莲洞居之，默坐半榻间，不出户三年，事能前知"；"先生尝闻楞严，得返闻之旨，觉此身在太虚，视听寄世外。见者惊其神采，先生自省曰：误入禅定矣。"但他后

---

① 《高子遗书》卷五；《明儒学案·姚江学案》按语。
② 《明儒学案》卷十一，第 223 页。
③ 同上书，卷十七，第 372 页。

来仍依方以时"圣学者亦须从静中恍见端倪始得"的方法练习夜坐工夫,①可见他的工夫始终在静坐体验一途。方以时把白沙"静中养出端倪"改为"静中恍见端倪",以神秘体验为工夫更为明确了。罗念庵自己曾叙述所得:

> 当极静时,恍然若觉吾此心中虚无物,旁通无穷,有如长空云气流行,无有止极。有如大海鱼龙变化,往古来今,浑成一片。所谓无在而无不在,吾之一身乃其发窍,固非形质所能限也。②

与聂双江的"内向体验"不同,罗念庵详细叙述了他的"外向体验"。所谓内向或外向,并不是指体验者用心方向的不同,而是指体验的内容和结果有以宇宙为主和以自我意识为主的不同。陈白沙的体验虽然也是往古今来四方上下一齐收拾,但强调"天地我立,万物我出",毕竟以意识之我为主。而念庵所述,并没有任何作为纯粹意识的我,整个宇宙浑然一体,无内外、无动静、无间隔,超越了时间、空间及一切差别,体验到真正的无限感。这显然是一种神秘的心理体验。罗念庵的例子更可明显看出佛道两家的静坐及体验对宋明儒学发生的深刻影响。

阳明另一弟子王龙溪持四无之说,他主张以"无善无恶"为心之体,似有近于佛教对"空"的神秘体验为基础。在修养的方法上他主张"从静中收摄精神,心息相依,以渐而入",十分看重静坐调息,其目的大体也在由此悟入。他曾说:"师门尝有入悟三种教法:从知解而得者,谓之解悟,未离言诠;从静中而得者,谓之证悟,犹有待于境;从人事炼习而得者,忘言忘境,触处逢源,愈摇荡愈凝寂,始为彻悟。"③由此看来,龙溪虽不以"静中证悟"为最高境界,但也还承认王门中有此一悟法。

---

① 《明儒学案》,卷十八,第390页。
② 《念庵文集·与蒋道林》。
③ 《明儒学案》卷十二,第253页。

龙溪弟子万廷言(字思默),亦曾学于罗念庵。思默尝向龙溪自述其体验:

> 　　始学静坐,混混嘿嘿,不著寂,不守中,不数息,一味收摄此心。所苦者此念纷飞,变幻奔突,降伏不下,转转打叠。久之,忽觉此心推移不动,两三日内如痴一般,念忽停息,若有一物胸中隐隐呈露,渐发光明。自喜此处可是白沙所谓"静中养出端倪"? 此处作得主定,便是把握虚空,觉得光明在内,虚空在外,以内合外,似有区宇,四面虚空,都是含育这些子,一般所谓"以至德凝至道"似有印证。[①]

　　万思默静坐,一遵龙溪"收摄精神"的方法,初学时杂念纷扰反而多于平时,渐渐入静,忽然内心呈现出一种特别的状态,在这种状态中好像有什么东西呈露出来,同时伴随一种光明感。他确信,这是对陈白沙"心体呈露"体验的再经验。黄宗羲述万思默自序为学:

> 　　弱冠即知收拾此心,甚苦思,强难息,一意静坐,稍觉此中恰好有个自歇处。……幸得还山,益复杜门静摄,默识自心。久之,一种浮妄闹热习心忽尔销落,觉此中有个正思,惟隐隐寓吾形气,若思若无思,洞彻渊澄,廓然无际。[②]

　　万思默参究此学数十年,不为不久,他所体验的"洞彻渊澄,廓然无际"是指对"心体"的体验,比他初学静坐时隐露心体似又进了一步。

　　胡直(字正甫)亦从学罗念庵,念庵尝教其静坐。他说罗念庵不尽信阳明之学,专教学者主静无欲。后来胡直又学禅于邓钝峰(鲁),他在《困学记》中自述:

---

① 《明儒学案》卷十二,第254页。
② 同上书,卷二十一,第502页。

或踞床,或席地,常坐夜分,少就寝,鸡鸣复坐,其功以休心无杂念为主,其究在见性。予以奔驰之久,初坐至一二月,寤寐间见诸异相。钝峰曰:"是二至六月遂寂然。"一日,心思忽开悟,自无杂念,洞见天地万物,皆吾心体。喟然叹曰:予乃知天地万物非外也。①

胡直得此体验后告之邓钝峰,邓谓"子之性露矣"。胡直甚喜。但不久"因起念,遂失初悟",因是复极寻绎:

一日因诸君游九成台,坐地方欠身起,忽复悟天地万物果非在外。印诸子思"上下察"、孟子"万物皆备"、程明道"浑然万物同体"、陆子静"宇宙即是吾心",靡不合旨,视前所见,洒然彻矣。②

胡直的体验也很典型,基本进路也是由静坐入手,息除各种念虑,在极静中突发地获得一种悟境,他体验所得的"天地皆吾心体,万物非外"大体上类似灵魂与宇宙合一的经验。尤其是他一语道破儒学体验自思孟以来的传统,表明他对此种工夫确乎是深造有得。

蒋信号道林,曾学于阳明、甘泉,《学案》述其学:

先生初看论语与定性、西铭,领得"万物一体"是圣学立根处。三十二、三时病肺,至道林寺静坐。久之,并怕死与念母之心俱断。一日,忽觉洞然宇宙,浑属一身,乃信明道"廓然大公""无内外"是如此,"自身与万物平等矣"是如此。③

宋明儒者不少如蒋信,因体弱病患从佛老修习,初意不过只在卫生而

---

① ② 胡直:《困学记》。
③ 《明儒学案》卷二十八,第608页。

已。但佛之禅定、道之调息都很容易引发神秘经验，体验者习于所熟，自会印证于五经四书先儒语录，若有所合，即此信为证悟，立为教法。阳明另一弟子王心斋，见阳明前曾有一段经历：

> 先生虽不得专功于学，然默默参究，以经证悟，以悟证经，历有年所，人莫能窥其际也。一夕，梦天堕压身，万人奔号求救，先生举臂起之，视其日月星辰失次，复手整之，觉而汗溢如雨，心体洞彻。记曰正德六年间居仁三日半时二十九岁。①

《年谱》说他 27 岁始"默坐体道，有所未悟，则闭关静思，夜以继日，寒暑无间"，可知他 29 岁梦悟是他平日默坐静思的结果。心斋路径虽然也主默坐，但偏于参话头，无论如何，他的"心体洞彻"也是一种神秘体验，自无可疑。

王门之中也有不讲此种体验工夫的，如邹守益之学多得力于敬，他深知"夫流行之为性体，释氏亦能见之"，意谓释氏也是通过神秘体验证得性体，其《青原赠处》不录无善无恶之说，也包含了反对这种体验的意义。但其子颖泉之学，据黄宗羲说"入妙通玄，却有幻障"②。这所谓幻障，所谓入妙通玄，都是指以神秘体验为宗旨，失却戒慎恐惧的笃实工夫。颖泉之子邹德涵也曾刻苦自修，"反闭一室，攻苦至忘寝食，形躯减削。……久之，一旦雪然，忽若天牖，洞彻本真，象山所谓此理已显也"③。所以黄宗羲说他比其父的幻障更多一层。

明儒中记述自己体验最详的是高攀龙。他曾自述为学的四个主要阶段：25 岁时闻顾宪成讲学，始志于学。先服膺朱子《大学或问》入道莫如敬之说，"故专用力于肃恭收敛，持心方寸之间，但觉气郁身拘，大不自在，乃放下，又散漫如故，无可奈何"。他的下手处，正是认调息为主敬，差失处即气功家所谓失功了也。登第后，"冬至朝天宫习仪，僧

---

① 《王心斋先生全集》卷二。
②③ 《明儒学案》卷十六，第 335 页。

房静坐,自见本体。忽思'闲邪存诚'句,觉得当下无邪,浑然是诚,更不须觅诚,一时快然如脱缠"。这是他由静坐初得,体验到愉悦和解放感。他的自见本体是指本心。又数年,赴揭阳,过杭州六和塔,有省,于舟中设席,发愤下功夫,"严立规程,以半日静坐,半日读书"。静坐中不帖处,只将程朱所示法门,参求于几,"诚敬主静","观喜怒哀乐未发","默坐澄心、体认天理"等,一一行之。"立坐食息,念念不舍,夜不解衣,倦极而睡,睡觉复坐,于前诸法,反复更互,心气清澄时,便有塞乎天地气象,第不能常。"他将宋儒种种静中工夫都拿来一一试过,但所得气象仍属一般主静所得,算不上有真正体验。舟行两日,过汀州:

> 陆行至一旅舍,舍有小楼,前对山,后临涧,登楼甚乐。偶见明道先生曰:"百官万务、兵革百万之众,饮水曲肱,乐在其中。万变俱在人,其实无一事。"猛省曰:"原来如此,实无一事也。"一念缠绵,斩然断绝。忽如百斤担子,顿尔落地。又如电光一闪,透体通明,遂与大化融合无际,更无天人内外之隔。至此见六合皆心,腔子是其区宇,方寸亦其本位,神而明之,总无方所可言也。平日深鄙学者张皇说悟,此时只看作平常,自知从此方好下工夫耳。①

高攀龙的顿悟也是以静坐工夫为基础,其中也夹有多年参"心要在腔子里"这一话头的成分。他的心与大化融合无际,就是与宇宙合为一体;更无天人内外之隔,即泯除一切差别的体验。他的"电光一闪,通体透明"更显出这一彻悟的神秘性质。刘宗周说他半杂禅门即是指此。

三　宋代心学的神秘体验

明代儒学的神秘体验为我们了解宋代儒学提供了一些基本的线索和方向,正如明代儒学的神秘体验多出于王学一系,宋代儒学的体验也

---

① 《高子遗书》卷三,《困学记》。

较多见于陆学。

陆象山弟子杨简(号慈湖)"尝反观,觉天地万物通为一体,非吾心外事。陆象山至富阳,夜集双明阁,象山数提本心二字。先生问何谓本心,象山曰……。先生闻之忽觉此心澄然清明,亟问曰:止如斯邪。象山厉声答曰:更何也! 先生退,拱坐达旦。……观书有疑,终不能寐,瞳瞳欲晓,洒然如有物脱去,此心益明。"①杨慈湖静坐反观,体认得天地万物通为一体,后来他接受象山本心之说,并非在富阳听扇讼时当下即悟,也是复从"拱坐达旦"的静坐下手,方始有了对"此心"的证悟。所以对他来说,从学象山是使他的神秘体验从外向的万物一体进而转至内向的本心澄明。

从神秘体验的角度,慈湖的《己易》就不难理解。《己易》历来被认为张皇过甚,满纸大空之言,无可把握,如"易者,己也,非有他也。以易为书,不以易为己,不可也。以易为天地之变化,不以易为己之变化,不可也。天地我之天地,变化我之变化,非他物也。"②站在理性思维和一般哲学思辨的立场,我们除了感到一种自大狂妄,几乎无法探知这一系列命题提出的认识根据。实际上,这种把宇宙永恒无限的变易过程视为与自我合而为一,从杨简学术的基本取向上可以断定是基于神秘体验的描述。描述的内容并不是理性和逻辑思维的结果,而是一种特定的心理体验。杨简《绝四记》说:"一日觉之,此心无体,清明无际,本与天地同,范围无内外,发育无疆界。"这种"觉"也就是"悟"。同时陈淳(北溪)曾激烈批评陆学,说:"浙间年来象山学甚旺,由其门人有杨袁贵显,据要津唱之,不读书,不穷理,专做打坐工夫。"③北溪此言当有所据。盖叶水心已指出:"陆子静晚出,号径要直捷,或立语已感功悟入,为其学者澄坐内观。"④这"澄坐内观"正是心学体验的基本工夫。

---

① 《宋元学案·慈湖学案》及《慈湖先生遗书》卷十八《行状》。
② 《慈湖先生遗书》卷七。
③ 《北溪文集·答陈师夏》。
④ 《水心文集·胡崇礼墓志铭》。

慈湖门人叶祐之字元吉，以《绝四记》为工夫。《宋元学案》述其体验云：

> 得慈湖绝四记读之，知此心明白广大，异乎先儒缴绕回曲之说。自是读书行己，不敢起意。寐中闻更鼓声而觉，全身流汗，失声叹曰："此非鼓声，皆本体光明变化。"而目前常若有一物。慈湖至吴，先生抠衣求教，一闻慈湖言，其物泯然不见。慈湖之诗曰："元吉三更非鼓声，慈湖一夜听鹅鸣。是同是异难声说，何虑何思自混成。炉炭几番来煖热，天牕一点吐圆明。起来又睹无穷景，水槛澄光万里清。"①

禅家公案有太原孚上座静虑收心，闻鼓角声契悟的故事，叶祐之的闻声悟道与之非常相似。这"澄光万里清"正是慈湖以绝四教人的境界。

象山门下杨袁并称，袁燮字和叔，"初先生遇象山于都城，象山即指本心洞彻通贯，先生遂师事而研精覃思，有所未合，不敢自信。居一日，豁然大悟，因笔于书曰：'以心求道，万别千差。通体吾道，道不在他。'慈湖与先生同师，造道亦同"。② 所谓"通体吾道，道不在他"，乃是证得心道通为一体。此种豁然大悟，虽未说明是从静坐中来，要亦是一种神秘体验，故说与慈湖造道相同。象山门下傅梦泉，最为朱子所不喜，其早年为学，"一日读孟子公孙丑章，忽然心与相应，胸中豁然，……尝谓人曰，人生天地间，自有卓卓不可磨灭者在，果能如此涵养，于此扩充良心善端，交易横发，塞乎宇宙，贯乎古今"③。傅子渊后来失心而死，朱子认为与其下手处偏有关，指他是走火入魔而致精神失常。同时还有石宗昭，兼从陆朱吕问学，吕东莱死，他所作祭文中有"电光石火不足恃"之说，象山闻之颇为恼怒。"电光石火"当指陆学顿悟体验而言。

叶水心、陈北溪说陆学学者专做静坐内观的工夫，论其实，陆子静

---

① 《宋元学案》，卷七十四。
②③ 同上书，卷七十五。

未尝以此为宗旨,但他确曾教人静坐体验来。《语录》载詹阜民录:

> 某因思是,便收此心,然惟有照物而已。他日侍坐先生,无所问,先生谓:"学者能常闭目亦佳。"某因此无事则安坐瞑目,用力操存,夜以继日。如此者半月,一日下楼,忽觉此心已复澄莹中立,窃异之,遂见先生。先生目逆而视之,曰:"此理已显也。"某问先生何以知之,曰:"占之眸子而已。"因谓某:"道果在迩乎?"某曰:"然。"①

此事足以证明象山曾教学生"安坐瞑目"以体证道我合一和本心澄莹,所以后来明代邹德涵一旦"洞彻本真",立即悟道:"此即象山所谓此理已显也。"

不但陆学及门各弟子多有此种体验,其私淑者也是如此。赵彦肃(字子钦)死,杨慈湖为作《行状》云:

> 业成,又去习先儒诸书,自谓无不能者,逮从晦岩沈先生游,因论太极不契,愤闷忘寝食。遂焚平昔所业数箧,动静体察,工夫无食息间。一日舟行松江,闻鸡鸣,已而犬吠,通身汗浃,前日胸中窒碍,一时豁去。其后以语学者,且曰:"不知此一身汗自何而至。"省觉之初有诗曰:"循缘多熟境,溺法无要津,虚心屏百虑,犹是隔几尘。云边察飞翼,水底观跃鳞,闭杀鲁中叟,笑倒濠上人。"②

赵彦肃闻鸡鸣犬吠,通身大汗而悟,与叶祐之相近,其方法大体也是把注意力长时间集中在内心一点,借助某种机缘而达到高峰体验。另有陈葵字叔向,其学亦近小陆,朱子亦敬其人,叶水心志其墓曰:"君既与魏益之游,每恨老虑昏而无所明,记忆烦而不足赖。益之因教以尽弃所

---

① 《象山全集》卷三十五,《语录下》。
② 《宋元学案》卷五十八。

怀,独立于物之初。未久,忽大悟,洪纤大小,高下曲直,皆仿佛有见焉。"①这一种体验语焉未详,难于进一步了解。

小陆之学,以易简标榜,学问主张尊德性发明本心,也是实有所见。他说读《孟子》而自得之,亦不是虚言。但陆学门径往往有含混处,如究竟如何发明本心,学者常患没有下手处。体验一路,以教詹阜民静坐一事观之,象山本是认可这一种工夫。此盖由他自己初时也曾有得乎此,惟不以此为宗旨,与阳明略同。陆象山三四岁时即穷索天地何所穷际的问题,苦参多年不得其解,至 14 岁时大悟,象山《年谱》载:

> 先生自三四岁时思天地何所穷际不得,至于不食,宣教公呵之,遂姑置,而胸中之疑终在。后十余岁因读古书至宇宙二字,解者曰"四方上下曰宇,往古来今曰宙",忽大省,曰:"原来无穷,宇宙内事乃己分内事,己分内事乃宇宙内事。……"又曰:"宇宙便是吾心,吾心即是宇宙。"……又曰:"宇宙不曾限隔人,人自限隔宇宙。"②

从神秘体验的角度来看,象山所说的省悟,无非也是心与宇宙合而为一,并超越了时间、空间的证悟。治理学的人多从理性上了解象山"吾心便是宇宙"这些话,这些话并不是不能加以理性的解释,但我们从陆王心学的神秘体验传统来看,必须在理性的了解之外,加以神秘体验的说明,才更加顺理成章,亦庶几可以理解十几岁的象山何以会讲出这一番惊人的话来。后来象山与徐子宜同赴南宫之试,论天地之性人为贵,象山出云:"某欲说底都被子宜道尽,但某所以自得受用底,子宜却无。"③陆之"自得受用底"当指他确有体验证悟。而杨慈湖所谓"天地我之天地,变化我之变化",与小陆"宇宙便是吾心,吾心即是宇宙"也是一脉相承而来。

---

① 《宋元学案》卷六十一,及《水心文集·陈叔向墓志铭》。
② 《象山全集》卷三十六,《年谱》辛未条。
③ 同上书,《年谱》壬辰条。

关于两宋理学程朱一派的体验问题,对理解整个宋代理学也极为重要。朱子早年最重要的老师是李侗(延平),李侗学出罗从彦(豫章),罗从彦受业于二程高弟杨时(龟山)。龟山——豫章——延平——考亭这一师承传统称之为"道南学派"。然而,如果仅仅从师承着眼,就不能理解道南的特点及道南发展到朱子所出现的重大变化。

从杨时到李侗,道南一派极力推崇《中庸》的伦理哲学,尤其注重其中的"未发已发"之说。《中庸》说:"喜怒哀乐未发谓之中,发而皆中节谓之和。中也者,天下之大本也;和也者,天下之达道也。"杨时强调:"学者当于喜怒哀乐未发之际,以心体之,则中之义自见。"①这就把《中庸》"未发"的伦理哲学引向具体的体验实践,而"体验未发"也就成了龟山门下的基本宗旨。这在从罗从彦到李侗的发展中尤为明显。朱子说:"初龟山先生倡道东南,士人游其门者甚众,然语其潜思力行、任务诣极如罗公(从彦),盖一人而已。……(李侗)闻郡人罗仲素(从彦字)先生得河洛之学于龟山杨文靖公之门,遂往学焉。尽得其所传之奥。"②这表明自杨而罗而李代表了道南的正统传承。罗从彦与李侗一生用力处唯在"体验未发"。李侗曾与朱子书云:"某曩时从罗先生问学,终日相对静坐,只说文字,未尝一句杂语。先生极好静坐,某时未有知,退入堂中亦只静坐而已。先生令静中看喜怒哀乐未发之谓中,未发时作何气象。"③所以朱子也说:"先生(李侗)既从之学,讲诵之余,终日危坐,以验夫喜怒哀乐未发之前气象如何,而求所谓中者。若是者盖久之,而知天下之大本真有在乎是也。"④李侗向朱子传授的仍是这一点,朱子指出:"李先生教人,大抵令于静中体认大本未发时气象分明,即处事应物自然中节,此乃龟山门下相传指诀。"⑤

可见,"体验未发"确实是道南一派真传宗旨。罗李的工夫完全是

---

① 《龟山文集》卷四。
② 《朱子文集》卷九十七,《延平李公行状》。
③ 《延平答问》庚辰五月八日书。
④ 《朱子文集》卷九十七,《延平李公行状》。
⑤ 同上书,卷四十,《答何叔京二》。

静坐,持之以久,就会获得"天下之大本真有在乎是"的体验。因此,所谓体验未发,如前述种种神秘体验一样,都是要求体验者超越一切思维和情感,最大程度地平静思想和情绪,使个体的意识活动转而成为一种直觉状态,在这种高度沉静的修养中,把注意力集中在内心,去感受无思无情无欲无念的纯粹心灵状态,成功的体验者常常会突发地获得一种与外部世界融为一体的浑然感受,或者纯粹意识的光明呈现。因而,道南宗旨在本质上看是直觉主义的,并包含着神秘主义。这种神秘主义在儒学中的建立,显然是来自禅宗和道教的影响。理学家多从禅宗修习,从道教养生,自然注意到这种心理体验。但理学作为儒学,与二氏的不同在于,他们企图把这种内心体验作为提高人的品格境界和心性修养的手段。朱子早年曾从开善道谦禅师下工夫,对禅宗的"里面体认"非常熟悉,故受教延平寻求未发后,他立即指出:"原来此事与禅学十分相似,所争毫末耳,然此毫末却甚占地位。"①

罗从彦、李侗终日静坐体验,寻求"天下大本真有在于是"的感受,这一点当承自杨时。杨时不但倡导心体未发,其格物思想也渗入此种体验精神。他说:"物固不可胜穷也,反身而诚,则举天下之物在我矣。"②朱子后来总是批评杨时这一说法:"近世如龟山之论便是如此,以为反身而诚,则天下万物之理皆备于我。万物之理须你逐一去理会过方可,如何会反身而诚了,天下万物之理便自然备于我,成个什么!"③朱子总是站在理性主义立场上,因而未必意识到杨时说的反身而诚、万物皆备正是与他提倡的体验未发一样,是以神秘经验为基础的。

杨时这一种基于静中体验的万物皆备说又是来源于程颢。大程子说:

> 仁者浑然与物同体。……存久自明,安待穷索?此道与物无
> 对,大不足以明之。天地之用皆我之用,孟子言万物皆备于我,须

① 《朱子文集续集》卷五,《答罗参议六》。
② 《宋元学案·龟山学案》。
③ 《朱子语类》卷六十二。

反身而诚,乃为大乐。①

由此看来,大程子所谓"仁者以天地万物为一体""仁者浑然与物同体",不仅仅是一种理性境界,而包含有神秘体验在其中。既然在这种体验中个体与宇宙万物合而为一,自然"天地之用皆我之用,"而伴随产生的"大乐"也是此种体验的应有之义。这种体验的获得,当然不是朱子说的逐一格物。"存久自明,安待穷索?"程颢虽对"存"未及详细说明,要亦是以诚敬存心,更不用说他一向赞成静坐的工夫了。所以明代儒者有所证悟,总要拈出浑然同体的话来,黄宗羲谓高攀龙的体验近于杨时"反身而诚万物皆备"的一路,这一点对理学家本来不是秘密。《宋元学案》云:"明道喜龟山,伊川喜上蔡。"窃尝疑之,朱子为龟山三传,其学最近于伊川,故似应龟山传伊川之学于朱子,如何龟山反特为明道所喜?正是在追求未发的心理体验上表明杨时更继承了程颢,故杨时辞明道而归时,明道意味深长地说:"吾道南矣。"

　　朱子从学李侗时,李侗曾努力引导他向体验未发上发展。但是,正如朱子所说:"余蚤从延平李先生学,受中庸之书,求喜怒哀乐未发之旨,未达而先生没。"②"昔闻之师,以为当于未发之几默识而心契焉,……向虽闻此而莫测其所谓。""旧闻李先生论此最详,……当时既不领略,后来又不深思。"不管朱子根深蒂固的章句之好是否或在多大程度上妨碍他尽心于未发体验,明显的事实是,朱子始终不曾经历过那种体验,尽管在延平生前死后他都做了很大努力。正是由于未能找到那种可以受用的体验,才使他有丙戌、己丑两次中和之悟的反复穷索,也使他走上另一条道路,即不是从心理上,而是从哲学上探求未发已发,以致引发出他的整个心性情的理论体系;不是通过未发工夫获得神秘体验,而是使未发工夫作为收敛身心的主体修养。所谓涵养进学、主敬致知的为学大旨,实际上表明朱子离开了道南的本来方向而转到程

---

① 《二程遗书》卷二上。
② 《朱子文集·中和旧说序》。

伊川的理性主义轨道。

四　理学对于神秘主义的批评

由前所述可见,宋明理学中关于神秘体验的记述确乎不少,而以神秘体验为工夫的理学家多属心学一路。宋明时代的朱学则一直从理性主义和严肃笃实的律己修养方面批评心学的神秘主义倾向。

朱子因学过禅,对神秘体验有相当了解。他批评陆学近禅:"如禅家干屎橛等语,其上本无意义,又不得别思义理,将此心都遏定,久久忽自有明悟处。……今金溪学问真正是禅。"①又说:"如陆子静门人,初见他时常云有所悟,后所为却更颠倒错乱,看来所谓豁然顿悟者乃当时略有所见,觉得果是净洁快活,然稍稍则都渐渐淡去了,如何依靠得?"②朱子所否定的不是此种体验的实在性,而是它对道德提高的可靠性。他认为,如果一旦获得某种体验之后,便以为从此本心发明,一切思虑全是本心发见,这正是陆门弟子狂妄颠倒的根由。

被容肇祖先生称为"朱学后劲"的罗钦顺曾自述早年学佛经历:

> 昔官京师,逢一老僧,漫问何由成佛,渠亦漫举禅语为答:"佛在庭前柏树子。"意其必有所谓,为之精思达旦,揽衣将起,则恍然而悟,不觉通体流汗。既而得证道歌证之,若合符节。自以为至奇至妙,天下理莫或加焉。③

罗钦顺是由参话头下手,与静默内观略有不同,但所得神秘体验是一样的。后来他返归程朱,认识到向来所悟不过"出于灵觉之妙","执灵觉以为至道谓非禅学而何",由此批评陆象山杨慈湖"眩于光景之奇特,

---

① 《朱子语类》卷一百二十四。
② 同上书,卷一百一十四。
③ 《困知记》卷下。

而忽于义理之精微"，又批评陈白沙"今乃欲于静中养出端倪，既一味静坐，事物不交，善端何缘发见？遏伏之久，或者忽然有见，不过虚灵之光景耳"①。这是认为，神秘体验实际上不过是心（虚灵）的一种幻觉、幻相（光景）罢了，不可以执为大道。

罗钦顺现身说法，有很强的说服力。其实，无此种体验经历的朱学家也大都能辨明此点。如罗钦顺之前胡居仁（敬斋）曾指出："释氏是认精魂为性，专一守此，以此为超脱轮回，陈公甫说物有尽而我无尽，亦是此意。……朱子谓其只是'作弄精神'，此真见他所造只是如此模样。缘他当初只是去习静坐、屏思虑，静久了，精神光彩，其中了无一物，遂以为真空。"②胡居仁还指出，儒者若不穷理格物，只是略窥本原，便轻言"天地万物本吾一体"，其结果只是"与道为二"。可见他也深知此种体验不过是"作弄精神"而已。

吕泾野门人杨天游曾拈出"工夫即本体"，开刘蕺山、黄梨洲先河。他尝批评当时学者"不能实意致中和、戒惧乎不睹不闻，乃欲悬空去看一个未发气象。不能实意学孔颜之学，乃欲悬空去寻孔颜之乐处"。这是指责心学把"未发工夫"和"孔颜乐处"全变成神秘体验。他还特别指出："静坐者，或流于禅定；操存者，或流于调息；主敬者，或妄以为惺惺；格物穷理者，或自溺于圆觉；存心养性者，或陷于即心见性。"③明代王学正是全面引入了禅定、调息、明心见性的体验方法，第其目的为成儒家圣贤而已。王时槐（南塘）"尝究心禅学，故于弥近理而乱真之处，剖判得出"，其《语录》云："后儒误以情识为心体，于情识上安排布置，欲求其安定纯净而竟不能也。假使能之，亦不过守一意见，执一光景，强做主张，以为有所得矣，而终非此心本色。"④可知王门中亦有批评此种"玩弄光景"的人在。更如黄梨洲一部《明儒学案》，随处加以批

---

① 《困知记》卷下。
② 《明儒学案》卷二，第 42 页。
③ 同上书，卷八，第 157 页。
④ 同上书，卷二十，第 485 页。

评,如论浙中王门时云:"第其时同门诸君子单以流行为本体,玩弄光影。"①其述罗近溪之学时云:"学人不省,妄以澄然湛然为心之本体,沉滞胸膈,留恋景光。"②都是批评以神秘体验为本体。

杨时乔号止斋,梨洲论其学最近于罗整庵。杨时乔论神秘体验尤明白:

> 近有绝不闻道,只得禅宗,指人心血气虚处为善,灵处为知识。……敛目反观,血气凝聚,灵处生照,即识觉、即见地、即彻悟、即知至。③

> 数十年来,忽有为心学者,于佛氏尝即心而见其血气凝定、虚灵生慧、洞彻无际者,名之曰善知识,自称上乘,遂据之为孔门所语上,而蔑视下学之教为外求。④

> 乃佛氏即心而见其血气凝定,虚灵生慧,洞彻无际者,析言之,虚灵之谓知,生慧之谓觉,洞彻本真之谓悟;合言之,知觉悟者,乃敛耳目,聚精神,间所见腔子内一段莹然光景之名,其实一也。⑤

他把佛教和心学的体验概括为"敛目反观""血气凝聚""虚灵生慧(照)""洞彻本真(或无际)"。洞彻本真是内向的本心体验,洞彻无际是外向的宇宙浑一,而究其实都是"腔子内一段莹然光景",即生理心理的自然反应(光景即 mental imagination)而已。

五 结 语

心学的神秘体验可以追溯到孟子。孟子说:"万物皆备于我矣,反

---

① 《明儒学案》卷十三,第 272 页。
② 同上书,卷三十四,第 762 页。
③ 同上书,卷四十二,第 1028 页。
④ 同上书,第 1030 页。
⑤ 同上书,第 1032 页。

身而诚,乐莫大焉。"万物究竟何以可能皆备于我,不但在当代的学术界常常争论不休,即在宋明时期也是如此,程朱所以要把"万物"解为"万物之理"正是表明孟子这一命题带给理性主义哲学家的困惑。根据本文以上所述,从神秘经验的角度,孟子的话不仅是完全可以理解的,而且它作为一种源头,很大程度上规定了后来儒学体验的内容和解释。且不说陆象山、杨慈湖颇为张皇的叙述,陈白沙"天地我立,万化我出,而宇宙在我",聂双江"此心真体,光明莹澈,万物皆备",胡直"洞见天地万物皆吾心体",蒋信"洞然宇宙,浑属一身"等等,都是叙述的同一类型的体验。"反身而诚"虽语焉不详,但其为"内观"大体是不错的。孟子的"善养浩然之气"与调息有相通之处,当亦可肯定。而"乐莫大焉"正表明一切神秘体验通常具有的愉悦感。这样的解释从以上所了解的儒学神秘体验的一般特征来看,当不是牵强附会的。

儒学的神秘体验,其基本特征可以概述如下:(一)自我与万物为一体。(二)宇宙与心灵合一,或宇宙万物都在心中。(三)所谓"心体"(即纯粹意识)的呈现。(四)一切差别的消失,时间空间的超越。(五)突发的顿悟。(六)高度的兴奋、愉悦,以及强烈的心灵震撼与生理反应(通体汗流)。这些特征与比较宗教学家研究的各种宗教中的神秘体验基本一致。

把神秘经验分为内外两种,不始于 Stace,许多学者以不同的术语做过类似的区分。如 Rudolf Otto 把神秘主义分为 inward way 和 outward way; Evelyn Underhill 则以 introversion 和 extroversion 分别二者。两种神秘经验的差别也许并没有理论上分疏的那么清晰或确定,其基本的差异是,内向神秘体验的内容是本心,外向神秘体验的内容是宇宙。儒学的神秘体验大致上也可以分为两种,外向体验以"与天地万物为一体"为代表,而内向体验似可分为"宇宙即是吾心"和"心体呈露"两类。儒学实现神秘体验的基本方法是静坐,也就是"澄默而内观""归寂以通感"。

"心体呈露",对佛教禅宗并不陌生(可以参看铃木大拙的说明)。当人排除了一切思想、情感、欲望和对外部世界的感觉等等,剩下的还有什么？只能是纯粹的意识本身。这本身是一个悖反(paradox)，神秘体验是某种确实的经验，可是这个经验又没有确定的内容。它是意识，但是没有任何内容的意识。西方人叫它做纯粹意识(pure consciousness)或纯粹自我(pure ego)，中国古人叫它做"心体""此心真体""心之本体"。"纯粹"指它没有任何经验的内容，也不是黑格尔哲学作为思辨产物的单纯、无规定的统一。

"宇宙便是吾心，吾心便是宇宙"比"心体呈露"多一转手。在印度教体验中，人不仅体验到纯粹意识本身，而且感到超越主体与客体的界限，纯粹自我与"婆罗门"成为同一，也即个体小我与作为宇宙终极实在的宇宙大我(universal or cosmic self)成为同一。[①]

Stace曾强调无差别的单纯性是内向体验的本质，并认为所谓"空""无""纯粹意识"都是 One or Oneness 的不同说法。此说有见于同，未见其异。实际上，采取同样的静坐冥想的方法，会获得不同的体验，这在很大程度上决定于主体的潜意识，即体验者为体验所规定的目的。在同样或类似的修持下，基督徒体验的可能是与神同体，而理学家体验的则是与物同体；佛教徒体验的是"空"，心学家体验的则是"本心"。由此实现的境界也各不相同。因此，虽然在二氏的影响下，儒学自身容纳了一个神秘主义传统，但把陆学或王学称为"禅"却在根本上是错误的。因为无论从动机或结果来说，心学的神秘体验追求的并不是灵魂、空无或最高存在，而是一种精神境界。

冯友兰先生早曾提出程颢为宋明心学之开创者，但他的立论基本上是从是否区分"形而上"与"形而下"着眼，这一点是否成立也还值得研究。从本文所论来看，程颢的思想及修养方法确与后来心学的发展有关联。撇开此点不论，很明显，以孟学标榜的宋明心学的发展，容纳了一个神秘主义传统。神秘体验不但是这一派超凡入圣的基本进路或工夫之一，而且为这一派的哲学提供了一个心理经验的基础。但是，心理体验有极大的偶发性，它不能通过普遍的规范加以传授，必须经由个

---

① 参看 W. T. Stace, *Mysticism and Philosophy*, London: Macmillan Press, 1960, pp. 86-90。

体的独自体认,且须较长时间的修养锻炼。因而,与鹤翔庄气功的自发功不同,它不是一般人经由遵循简单规范的训练便可掌握。相反来看,这种体验并不能长久保持,有的持续很短,而一旦失去后又很难重新获得(如胡直)。这样,这种内心体验作为道德修养的一种方式,其普遍有效性和可靠性就成为疑问,尽管有些人能于此下手终身受用。特别是这种神秘体验主要是一种主观的心理现象,并不表明体验者把握到了真正的客观的实在。正如中世纪许多守贞女子想慕耶稣而有邂逅拥抱的经验,但这种经验却非事实。现代心理学家利用催眠术和服用药剂,也可以达到神秘体验之境。这都表明,在科学发展的今天,我们必须以完全清醒的理性来审视儒学的神秘体验。

毫无疑问,从孟子到陆、王,突出道德主体性、良心自觉,为儒学做出了巨大贡献。但他们具有形上意义的命题"万物皆备于我","仁者以天地万物为一体","宇宙便是吾心,吾心便是宇宙","心外无物"等等,都与神秘体验相联系。对于心学,我们可以问,致良知、知行合一、扩充四端、辨志、尽心,这些道德实践一定需要"万物皆备于我""吾心便是宇宙"作为基础吗? 一定需要"心体呈露""莹彻光明"的经验吗?换言之,没有诸种神秘体验,我们能不能建立儒家主张的道德主体性、能不能建立儒家的形而上学? 这对儒学古今的理性派来说,当然是肯定的。如果我们重建中国的"哲学",这是一个方向。而在近代心学中,熊十力哲学已经以一种完全不依赖神秘体验的全新方式建立了自己的本体论。

从哲学史上看,孟、陆、王一派的体验之学,提供了一种有别于西方哲学的特殊形态。它既不是所谓"主观唯心主义",也不是什么"唯我主义"。牟宗三先生曾提出过用"境界形上学"界说老子,[①]其说甚好。仿此,我们可以说心学是一种"体验的形上学"。体验或体悟本是人类思想活动的一种方式,神秘体验不过是人类体验中极端的一种,而张岱

---

① 牟宗三:《中国哲学十九讲》,学生书局 1983 年版。

年师亦早曾指出重了悟体证乃中国哲学的特色之一,①神秘体验则将这种特色表明至极。这种典范,正如中国美学一样,前代的哲人用文字记述和表达的常常是自己的体验所得,后来的学者不仅要通过这些文字而且要通过个人的实践来重复这种内在经验,以期达到一种精神境界。因而它并不是要"反映""客观世界",而是要"表现"自己的"主观世界"(参见李泽厚《中国美学史》第一卷),这是中国文化与中国哲学的一个特点,只是在此未能详论。中国美学当然不都是表现,正如中国哲学不都是体验,只是说这一体验的充分发展构成了这一文化的特色之一。

　　神秘经验的问题牵涉到许多问题,如与哲学上一般的直觉与体悟的关系,②与思想史上反智识主义的关系,③都可做更进一步的研究。而本文的主要任务已经完成,也就可以即此住笔了。

---

①　张岱年:《中国哲学大纲》,中国社会科学出版社 1982 年版。
②　参看杜维明有关论文,如"Human and Self-cultivation",p. 162。
③　参看余英时:《历史与思想》,联经出版事业公司 1976 年版,第 96 页。

阳明年表要略

1472 年,成化八年,壬辰,九月三十日阳明生于余姚。

1482 年,成化十八年,壬寅,祖父携阳明如京师,随父寓京。

1488 年,弘治元年,戊申,迎娶诸氏于江西洪都。

1492 年,弘治五年,壬子,举浙江乡试。

1493 年,弘治六年,癸丑,会试不第。

1499 年,弘治十二年,己未,举进士出身。

1500 年,弘治十三年,庚申,授刑部主事。

1501 年,弘治十四年,辛酉,秋奉命录囚江北,至次年夏复命还京。

1502 年,弘治十五年,壬戌,告病归越城,筑室阳明洞。

1504 年,弘治十七年,甲子,秋主考山东乡试。

1506 年,正德元年,丙寅,冬抗疏下诏狱,谪龙场驿丞。

1508 年,正德三年,戊辰,至龙场。

1510 年,正德五年,庚午,升庐陵知县,冬升南京刑部主事。

1511 年,正德六年,辛未,调吏部主事,冬升员外郎。

1512 年,正德七年,壬申,升郎中,冬又升南京太仆寺少卿。

1513 年,正德八年,癸酉,至滁州督马政。

1514 年,正德九年,甲戌,升南京鸿胪寺卿。

1516 年,正德十一年,丙子,升都察院左佥都御史。

1517 年,正德十二年,丁丑,春平漳南象湖山,冬平南赣横水、桶冈。

1518 年,正德十三年,戊寅,春平三浰,升都察院右副都御史。

1519 年,正德十四年,己卯,夏平朱宸濠,兼巡抚江西。

1520 年,正德十五年,庚辰,夏至赣州。

1521 年,正德十六年,辛巳,升南京兵部尚书,封新建伯。

1522 年,嘉靖元年,壬午,居越城。

1523 年,嘉靖二年,癸未,居越城。

1524 年,嘉靖三年,甲申,居越城。

1525 年,嘉靖四年,乙酉,居越城。

1526 年,嘉靖五年,丙戌,居越城,冬子正亿生。

1527 年,嘉靖六年,丁亥,五月命兼都察院左都御史征广西思恩田州,九月启行。

1528 年,嘉靖七年,戊子,二月思田平。

　　阳明卒于嘉靖七年十一月二十九日,为公元 1529 年 1 月 10 日。

征引书目

周敦颐：《周子全书》，万有文库本，商务印书馆，1937 年。

张　载：《张载集》，中华书局，1978 年。

程　颢、程颐：《二程集》，中华书局，1981 年。

朱　熹：《朱子语类》，中华书局，1986 年。

朱　熹：《朱文公文集》，台湾商务印书馆影印四部丛刊本。

朱　熹：《延平答问》（四库本）。

杨　时：《龟山文集》（四库本）。

陆九渊：《陆九渊集》，中华书局，1979 年。

杨　简：《慈湖先生遗书》（四明丛书本）。

叶　适：《叶适集》，中华书局，1984 年。

陈　淳：《北溪先生大全集》（明刻本）。

王守仁：《阳明全书》（四部备要本），中华书局。

王守仁：《大学古本旁释》，百陵学山本。

湛若水：《甘泉先生文集》（嘉靖本）。

罗钦顺：《困知记》（乾隆本）。

黄　绾：《明道编》，中华书局，1983 年。

王廷相：《王廷相集》，中华书局，1989 年。

王　畿：《王龙溪先生全集》（道光本）。

陈献章：《白沙子全集》（康熙本）。

王　艮：《明儒王心斋先生遗集》（清刻本）。

顾　麟：《息园存稿》（四库本）。

邹守益：《邹东廓先生文集》（隆庆本）。

聂　豹:《双江聂先生文集》(隆庆本)。

罗洪先:《念庵文集》(嘉靖本)。

欧阳德:《欧阳南野先生文集》(嘉靖本)。

胡　直:《衡庐精舍藏稿》(四库珍本)。

高攀龙:《高子遗书》(四库本)。

黄宗羲:《宋元学案》,中华书局,1985 年。

黄宗羲:《明儒学案》,中华书局,1986 年。

毛奇龄:《西河合集》,清刻本。

慧　能:《坛经》,《中国佛教思想资料选编》二卷四册,中华书局,1983 年。

冯梦龙:《王阳明先生出身靖乱录》,墨憨斋新编,弘毅馆雕本。

张伯端等:《悟真篇三家注》,华夏出版社,1989 年。

《康熙绍兴府志》

《康熙会稽志》

《康熙山阴县志》

《康熙萧山县志》

《雍正山阴志》

《乾隆余姚县志》

《嘉庆山阴志》

冯友兰:《中国哲学史》,中华书局,1984 年。

冯友兰:《新原人》,《三松堂全集》第四册,河南人民出版社,1986 年。

冯友兰:《中国哲学史新编》第四册,人民出版社,1986 年。

冯友兰:《中国哲学史新编》第五册,人民出版社,1988 年。

陈荣捷:《王阳明与禅》,学生书局,1984 年。

陈荣捷:《王阳明传习录详注集评》,学生书局,1983 年。

陈荣捷:《朱学论集》,学生书局,1982 年。

陈荣捷:《朱子新探索》,学生书局,1988 年。

张岱年:《中国哲学大纲》,中国社会科学出版社,1982 年。

岛田虔次:《朱子学与阳明学》,陕西师范大学出版社,1986 年。

柳田圣山:《禅与中国》,三联书店,1988 年。

铃木大拙:《禅学入门》,三联书店,1988 年。

释圣严:《禅》,台北东初出版社,1986 年。

久须本文雄:《王阳明的禅思想研究》,日进堂书店,1958 年。

高濑武次郎：《王阳明详传》，广文堂书店，1915 年。

佐藤一斋：《传习录栏外书》日本原刊本。

冈田武彦：《王阳明与明末儒学》，明德出版社，1970 年。

荒木见悟：《明代思想研究》，东京创文社，1972 年。

荒木见悟等编：《阳明学大系》十二卷，明德出版社，1971 年。

谢扶雅：《宗教哲学》，香港图鸿印刷公司，1959 年。

熊十力：《体用论》，龙门书局，1958 年。

容肇祖：《明代思想史》，上海开明书店，1941 年。

牟宗三：《才性与玄理》，学生书局，1985 年。

牟宗三：《中国哲学十九讲》，学生书局，1983 年。

余英时：《历史与思想》，联经出版事业公司，1976 年。

李泽厚：《中国古代思想史论》，人民出版社，1984 年。

蔡仁厚：《王阳明哲学》，台北三民书局，1974 年。

秦家懿：《王阳明》，东大图书公司，1987 年。

傅伟勋：《从西方哲学到禅佛教》，三联书店，1989 年。

侯外庐等主编：《宋明理学史》，人民出版社，1984 年。

邓艾民：《朱熹王守仁哲学研究》，华东师范大学出版社，1989 年。

康　德：《道德形而上学探本》，商务印书馆，1962 年。

康　德：《实践理性批判》，商务印书馆，1960 年。

萨　特：《存在与虚无》，三联书店，1987 年。

海德格尔：《存在与时间》，三联书店，1987 年。

马丁·布伯：《我与你》，三联书店，1987 年。

弗兰克纳：《伦理学》，三联书店，1987 年。

考夫曼：《存在主义》，商务印书馆，1987 年。

让·华尔：《存在哲学》，三联书店，1988 年。

黑格尔：《哲学史讲演录》第 4 卷，商务印书馆，1978 年。

施太格缪勒：《当代哲学主流》，商务印书馆，1986 年。

罗　素：《西方哲学史》下卷，商务印书馆，1981 年。

胡塞尔：《现象学的观念》，上海译文出版社，1987 年。

怀　特：《分析的时代》，商务印书馆，1987 年。

宾克莱：《理想的冲突》，商务印书馆，1984 年。

赖　尔：《心的概念》，上海译文出版社，1988 年。

约翰·希克:《宗教哲学》,三联书店,1988年。

弗洛姆:《为自己的人》,三联书店,1988年。

沙弗尔:《心的哲学》,三联书店,1989年。

黄建中编著:《比较伦理学》,正中书局,1964年。

劳思光:《存在主义哲学》,亚洲出版社,1959年。

项退结:《现代存在思想家》,东大图书公司,1986年。

李天命:《存在主义概论》,学生书局,1976年。

刘放桐等:《现代西方哲学》,人民出版社,1981年。

沈善洪、王凤贤:《王阳明哲学研究》,浙江人民出版社,1981年。

傅武光:《四书学考》,台湾师范大学国文研究所集刊第十八集。

杜维明:《人性与自我修养》,三联书店,1988年。

叶朗主编:《现代美学体系》,北京大学出版社,1988年。

陈　来:《朱熹哲学研究》,中国社会科学出版社,1988年。

刘小枫:《拯救与逍遥》,上海人民出版社,1988年。

林毓生等:《五四:多元的反思》,香港三联书店,1989年。

Wm Theodore de Bary, *Self and Society in Ming Thought*, New York, Columbia University Press, 1970.

Tu Wei-ming, *Neo-Confucian Thought in Action*, University of California Press(宗青图书出版公司印本,1978).

A. S. Cua, *The Unity of Knowledge and Action*, The University Press of Hawaii, 1982.

河住玄:《王阳明先生流谪事迹考》,《东洋文化》第128—131号。

吉田公平:《关于钱绪山传习续录的编纂》,《哲学年报》三十一辑,1972年。

贺　麟:《知行合一新论》,《中国现代哲学史资料汇编》第三集辽宁大学哲学系,1982年。

贺　麟:《知行问题的讨论与发挥》,《中国现代哲学史资料汇编》第五集辽宁大学哲学系,1982年。

王玖兴:《费希特》,《西方著名哲学家评传》第6册,山东人民出版社,1985年。

汝　信:《克尔凯郭尔》,《西方著名哲学家评传》第8册,山东人民出版社,1985年。

David Nivison, "Moral Decision in Wang Yang-ming: The Problem of Chinese 'Existentialism'," *Philosophy East and West*, Vol. 20, 1973.

Hwa Yol Jung(郑和烈), "Wang Yang-ming and Existential Phenomenology," *International Philosophical Quarterly*, 1965/5.

Julia Ching(秦家懿)，"What is Confucian Spirituality?" in *Confucianism*：*The Dynamic of Tradition*，Irene Eber ed，New York：Macmillan，1986.

李明辉：《儒家与自律道德》，载《鹅湖学志》第一期，文津出版社，1988 年。

李明辉：《再论孟子的自律伦理学》，载《哲学与文化》十五卷十期，台北，1988 年。

张　宪：《论胡塞尔现象学的本质科学》，载《现代外国哲学》第 4 辑。人民出版社，1983 年。

段小光：《存在主义情感认识论》，载《现代外国哲学》第 9 辑。人民出版社，1983 年。

袁义江等：《论无在海德格尔哲学中的地位》，载《现代外国哲学》第 9 辑。人民出版社，1986 年。

索 引

本体 11,65,66,68,72,75,77,88,93,169,
　179,188,195,198,199,216,279

本体论 4,5,13,161,205,221,244,
　276,383

本心 19,29,31,35,68,69,76,77,173,
　174,200,201,382

不动心 220,222,229,231,233,285

必有事焉 8,279

博文 116,129,130,133,135,262,270

不睹不闻 63,171,276—229,281—
　284,379

程颢（明道）5,9,58,73,218,221—223,
　226,232,239,241,242,246,250,253,
　273,276,278,281,282,288,298,368,
　376,377,382

程颐（伊川）9,62,170,222,226,251,
　252,277,278,387

存心 258—260,263,265,290,291,
　377,379

察识 62,287

禅学（禅宗）21,132,282,365,376,379

诚 70,119—121,220

诚意 44,68,110,115,117,119,148,
　150,357

程子 30,62,81,129,198,221

程朱 9,21,36,88,96,97,168,264,370,
　378,381

存养 61,63,125,277,279

陈白沙（白沙）9—11,20,225,273,293,
　296,298,299,362—364,366,367,
　379,381

成色 267—269

存在主义 9,13—16,55,216,217

超道德 17,196,200,254,255,286

动静 29,62—64,66,73,74,173,220,229,
　274—277,288—290,292,293,305,
　308,366

道学 10,13,172,218

道家 3,4,6,10,207,208,215,216,218,
　219,221—224,245,254,255,272,275,
　278,281,286,291,339,359

道德法则 11,12,19,23—25,29—31,33—
　37,44,68—70,77,84,99,149,161,163,
　173—177,265,289,290,292,308

道德主体 11,12,15,31—35,37,68,69,149,159,173,174,178,199,216,229,265,310,383

道问学 21,41,93,116,122,129,131,260—262,264,270

独知 158,159,165,166,200,276,277,308

大学 19,22,23,38,40,41,44,46,47,68,87,101,109—120,124—128,132—136,137,139,140,142,143,145—150,152,158,162—164,166,172,174,185,195,202,216,220,223,227,229,239,240,245,250,251,271,305,328,352,355,357

大学章句 22,109—112,118,162,251

大学问 48,109,110,115,120,138—141,143—145,157,158,162,166,211,245—248,257,332,333,352,353,356

大学古本 353,357

顿悟 184,188,293,370,372,378,381

定气 290—292

定理 22—24,40

德性之知 169,170

佛老 5,9,129,196,204—206,222,224,232,248,255,273,276,290,296,299,368

佛教(佛家) 4,7,60,61,64,75,83,127,152,153,160,171,180,192,193,200,202—204,207—215,217,219—224,272,274—276,278,279,281,282,283,286,290,359—361,366,380—382

分殊 80,103,250,251

分两 267—269

二程 61,62,72,79—82,88,111,152,161,198,221,222,227,228,230,235,236,273,281,282,285,286,375

格物 50,51,109,110,122,123,126,136,138,139,146,148,165,168,299

工夫论 4,17,41,47,62,66,131,139,172,173,219,229,255,256,274,275,282,285,288,290,293,308

感性 5,6,12,19,31—36,42,55,70—72,81,164,172—176,178,196,226,228,233,238,250,253,254,258,309

感应 56,133,156,157,222,276,290,364

感而遂通 192,276,280

格心 50,109,121—125,144,145

顾东桥 47,100,121,137,243,300,349,351,356

涵养 62,96,101,102,127,146,264,274,300,303,362,372,377

好善恶恶 118,120,121,141,146,147,151,155,195,196,202,211,213,214

见闻 112,169—171,220,223,258,271,277,352

见闻之知 14,169,170

敬 9,10,71,112—114,116—118,129,154,166,253,352,354,357,369,373

居敬 296,297

敬畏 8,9,223,226—228,253

即物 40,102,126,136,137,139,143,144,146,147,148

精神境界 3,5,6,8,16,17,72,207,218—221,223,228,232—235,239,245,253,254,261,262,276,277,281,285,290,

297,298,382,384

寂然不动 62,63,66,192,197,198,215,
　220,276,277,280

境界论 4,58,276

集义 76,134,164,283—289,292,293

戒慎恐惧 8,11,63,66,67,202,227—229,
　275—278,282—284,289,292,293,369

精神性 8,17,208,223,230,239,243,260,
　275,281,285,291,297,299

江右 44,121,173,284,294,300,303,
　306—308

静坐 9,73,199,272—275,287—290,
　299—302,305,363—368,370—372,
　374—377,379,381,382

狂者 218,228,229,234—239,255,
　309,364

康德 6,10—12,15,31—36,42,50,108,
　163,172—177,253

困知记 114,115,131,132,134,136,137,
　147,210,352,356,378,379,387

克己 6,9—11,34,144,175,222,224,
　256—258,274

克尔凯郭尔 5,13,14,36,37,254,390

乐 6,9,10,58,72,73,222,228,253

理气 14,18

理一分殊 103,250,251

理智 36,42,105,106

理性主义 8,9,13,14,16,37,74,81,278,
　304,362,376,378,381

理学 2,4,8,9,11—13,16,18—21,33,36,
　41,61,68,69,71—75,77—79,81,83,
　87,88,93,96,98,101,102,108,109,

133,161,169,170,173,179,198—202,
　207,208,212,219,228,229,235,236,
　240,253—256,260,261,264,267,272,
　276,252,287,288,293,314,359,375,
　376,378

流行 78,79

良知 76,84,103,143,155,161,168,174,
　179,192,207,230,234,304

良知本体 66,72,160,166,171,182,190—
　192,194,209—211,274,279,308

良心 12,155,157,174,177,266,309,383

陆学 19,21,68,160,161,236,371—374,
　378,382

陆九渊（象山）19,21,68,69,109,110,
　134,148,160,224,260

李侗（延平）226,273,288,375—377

力行 96,102,104,146,168

罗钦顺（整庵）8,47,114,115,131—133,
　135—137,146,147,156,160,162,210,
　264,266,349,352,356,357,378,379

立志 275,288

六经 21,86,121,264,265

灵明 47,56—58,70

龙场 2,20,21,86,112,122,149,150,172,
　233,275,295,296,299—301,304,305,
　315—318,342,251

浪漫主义 3,222,226,296

孟子 5,10,12,18,19,23,28,30,31,40,
　69,81—83,85,127,129,154,157,160,
　165,170,174,177,200,222,230,234,
　235,238,240,244,249,251,259,260,
　267,282,283,285—287,292,355,368,

377,380,381,383

明儒学案 9,16,102,185,187,190,200,
  219,303,306,307,324,362,365—369,
  379,388

明德 56,97,113,114,123,162,163,170,
  247,248,257,258,301,353—355

明觉 162,165

穷理 26,30,67,96,97,102,116—118,
  123,124,128,133—135,168,199,270,
  271,371,379

气 74,83,247

气质 74

气质之性 74,199

七情 44,66,201

气象 9,10,61,65—67,222,235—238,
  279,281,288,291,363,370,375,379

气一元论 221

钱德洪 85,115,139,140,145,149,150,
  172,180,181,185,186,187,188,190,
  211,213,233,241,283,293—295,299,
  300—304,306—308,311,325,326,
  332—335,339—341,344—350

人性 36,64,65,74,77,82,84,85,177,
  201,309

人心 19,21,26,27,30,39,52,56,57,65,
  67,72,74,78,97,123,125,162—164,
  181—183,190,191,193,194,200,215,
  225,228,232,241—244,256,259,260,
  263,266,293

人欲 24,25,36,44,64,66,105,141,143,
  173,187,235,236,258,263,265—267,
  269,276,281,289,291—293,300—

302,305

人生而静 81,220

人性论 201

儒家 4—6,8,17,25,26,41,72,73,75,
  119,157,159,174,176,180,190,193,
  201,204—206,208,209,211,212,214—
  216,218,220,221,221—224,230,232,234,
  235,239,240,243—245,250,252,253,
  256,261,267,274,275,277,279,281,
  286,287,290,292,298,360,383

仁义礼智 31,40,71,78—80,154,199,202

善恶 45,65,69,74,81,82,84,85,120,
  142,143,147,151,154,155,158,163,
  181,182,186,189—191,195,196,197,
  200,201,210—212,214,223,276,
  278,279

事物 20,22—25,28,30,38—42,48,50,
  55,57,92,102,124,126,134,136,145,
  193,214,216,220,239,266,287,289,
  301,379

宋明理学 4,18,41,69,75,93,108,109,
  198—201,207,219,240,254—256,260,
  261,272,282,287,359,362,378

神 266,198,291

圣人 2,5,14,20,22,26,87,102,111—
  114,121,122,152,155,159,160,166,
  169,177,182,192,196,199,204,206,
  207,208,209,210,219,221,223,225,
  233,235,236,237—241,243,248,251,
  259,266,268,269,280,281,290,291,
  295—297,303,340,351,364

宋元学案 371,372—374,377

四书 264,265

四端 31,40,44,66,79,82,83,154,163,174—177,201—202

四句教 16,46,47,66,85,144,145,163,179,180,184—191,194,195,197,201,202,207—209,211—215,225,228,232,238,241,295,304

四句理 46—48,150,156

生之谓性 81,83,85

洒落 8—11,215,222,223,226—229,253

邵雍(康节) 6,11,219,222

是非之心 103,119,120,154—158,163,165,170,175,242

生存论 15,200,201,216

宋儒 6,10,20,63,72,74,77,87,88,90,91,99,104,121,146,149,154,169,220,221,224,226,235,251,253,287,296,297,299,300,370

太虚 9,182,183,190—194,198,210,211,293

天命 161,260

天命之性 157,162,181,183,201,260

天人 56,370

天地 57,58,152,221,239,246,254,363,366,370,371,374,381

天理 24—26,28,36,41,63,—66,69,70,73,76,77,79,104,105,123,125—127,129,130,138,141,149,151,161,162,173—175,187,197,199,203,205,206,227—229,235,262,263,268,280,281,289,370

条理 28—30,38,32,115,130,250,252

物理 38—40,297

未发 60—67,79,165,171,174,190,192,198,200,202,215,223,260,276—278,283,288,289,308,363,375—377

唯心主义 58,59,360

无善无恶 3,4,69,83,181—183,185,186,189,193,196,200,201,206

为学 261,262

王国维 4—6,218

王畿 180,183,185—189,210,211,213,215,230,231,237,294,303—307,348

无我 6,7,224,286

万物一体 58,239,240,241,243,244,246,247,249,251,252,256,368

勿忘勿助 9,10,282—285,296

吾心 297

形而上 382

形而下 382

心学 1,2,13,259

心性 61,78

心性论 19,60,72,198,199,221

心即理 19,21,22,24—26,29—32,35—37,39,42,74,76,78,83,161

心外无理 8,18,25,27,28,30,31,33,34,37—39,41,43,51,102,108,134,135,149

心外无物 27,43,44,46,48—56,134,149,383

心体 29,31,36,68,70,179,198—202,215,217,303,307,381,382

心之体 78,201

心之本体 15,16,31,39,68,69,76—78,

173,195,198,199,215,382

性即理 76,77

性理 79,199

性善 66,81,84,154

修身 68,110,142

性体 179,198—202

性之本体 199,63,82,202

虚灵 45,47,57,156,162,379

西铭 221,239,240,246,249,252

玄学 218,224

新儒家 8, 13, 18, 75, 208, 218, 221,
224,225

徐爱 22—25, 27, 32, 38, 40, 46—48, 78,
87,91,96,111—113,116,125,135,137,
144,150,165,168,269,270,318,324,
341,342,344—347,365

省察 8,62,164,273,274,283,293,302

宇宙论 80,221

应物 5, 45, 138, 156, 157, 207, 223,
227,375

已发 44,60—67,77,79,157,165,174,
200,202,277,278,283,288,290,303,
306,308,375,377

易传 192,270,271

一念 120, 140—142, 145, 194, 231,
289,270

遗书 79,81,170,221,230,236,239,246,
253,281,285,286

义理 19,40,283,356,378,379

杨时（龟山）61, 118, 251, 252, 375—
377,380

杨简（慈湖）160,371

越城 1,180,213,311,333,335—338,340,
343,344,352,385,386

元亨利贞 154

有无之境 6,8,75,218

有我 3,4—7,133,219,221,286

意志 16,31—34,36,44,172—175,177

意念 31,32,45,48,50,69,73,92,98,101,
119, 120, 123, 124, 126, 134, 138, 141,
143,145—147,155—159,163,167,177,
178,181,186,188,195,232,291,308

意向性 49,54,134

约礼 116,129,133,135,262,263,270

余姚 1,121,313,333,334,336,337,341,
342,344,385

严肃主义 222

朱子（朱熹 晦翁）8—10,19—13,26,29,
39,40,44,45,62,63,67,70,77,78,81,
83,89,91—93,96,109—112,115,116,
118,119,121,122,124,128,132,135—
137,143,150,154,158,162—164,168,
170,173,198—200,202,220,222,226,
235, 236, 240, 251, 252, 258, 260, 261,
263,264,273,276—278,282—288,293,
294, 299, 313, 345, 353, 369, 372, 373,
375,376,377—379

朱学 8, 10, 19—21, 42, 76, 78, 99, 124,
126, 131, 148, 158, 176, 262, 298,
365,378

朱子哲学 8,13,19,20,24,39—41,44,46,
68,75—78

张载（横渠）5, 73, 218, 222, 240, 246,
247,250,253,273,276,278

周敦颐（濂溪）72，222，228，273，282，288—290

中庸 60，61，70，95，96，104，119，136，158，192，202，220，223，225，227，258，260，270，271，276，292，375

主敬 9，62，118，222，226，236，369，379

主静 273，288，290，301，308，370

中和 44，64，75，198，260，379

主宰 6，28，29，44，46，56，58，68—71，78—79，133，140，141，156，173，192，258，260，264，367

致知 28，46，48，102—104，109，110，113，114，115—117，119，140—148，150—152，157，158，164—173，185，208，220，231，284，352，353，355，357

知识 8，13，16，32，37，42，88，91—93，95—97，101，106—108，117，121，124，150，166，169，183，241，261，262，264，267，269，272，380

知觉 28—30，32，44，52，62，70，71，77，101，160—162，165，193，196，210，216，247，277

知行 87，88—93，95，97—98，101—105，108，127，130，168，169，328，329

知行本体 86，88，89，94，99，103，150，169

知行合一 12，14，86—88，90，91，93—105，107，108，141，149，150，167—169，300，304，305，363，383

真知 88，89，90，231

尊德性 21，41，93，116，129，130，260—262，270，271，354，375

正心 45，46，68，110，111，113，129，130，132—134，140，142，143，146，195，202，213，216，223，227，280，354

主一 119，287

周子 288

曾点 9—11，173，228，235—238，253

邹东廓 187，307

至善 3，22—28，32，33，37，38，40，41，68—70，73，84，114，117，149，189，196，200—202，231，264，352—355

致良知 14，38，41，102，103，113—115，117，137，147—153，163—165，167—172，176，188，206，207，211，229，231，232，260，271，272，274，279，281，283—285，287，288，291，293，294，300，301，305，306，357，363，383

自得 10，122，206，225，298，299

自由 6，34，42，172，173，254

自律 11，12，33—36，175，177

自慊 118，119，158，163，164，174，223，293

主意 8，25，154

主体性 8，13，36，37，39，58，159，207，226，265，266，310

主观性 13，36，37，49，55

湛若水（甘泉）10，21，50，87，112，122，124，125，127，132，146，152，172，176，203—205，237，239，298，299，324，341，387

正法眼藏 114，150，152，153，305

昭明灵觉 70，161，162，165，193，210，211，227，280

后　记

　　两三年前,有位哲学界的朋友问我,你认为你自己哪本书写得最好?我当时笑笑说,都不错啊。我这样说,是因为这个问题很难回答。难就难在"写得好"这个提法本身是不太清楚的,它可以指文字写得好,可以指思想体系表达得清晰,也可以指研究的成果达到很高水平。而且,由于书的性质不同,评价的标准不可能是单一的,每部书需要把它放在它所属的那类性质的书中来评价。我的学术专著,如《朱子哲学研究》和《朱子书信编年考证》等,在写作的时候,想象的读者是本行的专家,所以从来不把文字写得流畅优美作为追求,而是把做出本领域最好的研究作为自己的要求。我当作教材来写的书,如《宋明理学》,则把叙述简明,介绍准确,分析清楚,体系完整,表达规范作为目标,并不追求研究本身的细致和深度。而我表达自己思想文化观念的书,如《人文主义的视界》,则强调问题的澄清、批判的思考,力求在学术论辩中把自己的文化观念明确表达出来。有的书处理的历史时段长,比较容易大开大合地加以展开,叙述的理论性也比较突显,如《古代宗教与伦理——儒家思想的根源》;有的书则因研究对象语言的限制,力求体现文本解读的功力和哲学分析的严谨,从而不可能把论述的流畅作为追求,如《诠释与重建——王船山的哲学精神》。而总的来说,我确实认为我写的书在各自的领域都达到了预想的目的。

　　当然,以上的这些说法,也可以看做是一种敝帚自珍式的辩解。不过,这个问题如果换个方式来问:你最喜欢自己的哪部书? 那么我会说,虽然我在朱子学研究上下的功夫最久,对我自己的朱子学研究的成果也非常珍视,但《有无之境——王阳明哲学的精神》在我的诸多著作中,是我最喜欢的一本。

在这个新版《后记》里,我想用一种特别的方式来写作,即回顾本书初版以来的各个记序,以作为叙述的方便法门。

一

1990 年 5 月,我为本书的初版写了《后记》:

盖余留意于阳明之学,亦有年矣。往者朱子二书完成之后,即欲转写阳明,窃谓非如此不足与论理学之全体也。方略着手,而忽有美洲之行,乃喜曰:"彼之开平陈先生(荣捷)与西樵杜氏(维明)者,皆治阳明之专家,又当世大儒,此请益之良机也。"及往,所携书亦惟《明儒学案》《阳明全书》二帙耳。哈佛二年,西樵子相处甚款,余所得益非止于王学,于其传统之现代转化诸论,极深契之。中间谒开平先生,已而每承赐书论学,启示甚多,恨未能朝夕相处而亲炙之。惟时客居异乡,游历散漫,于史料故籍虽尝略事考察整顿之功,而终未能专心学问,著书尤未暇也。还家之后,始定纲例,着笔则自八八年秋。明年初,有五四纪念之风,索文颇急,用是中辍。至秋初始复写,而今春乃告成。今以是书付梓,其间疏遗未尽之病岂所敢辞,而于好学深思、有得于心者,妄意其庶几焉,得失利病,惟俟高明君子之玄览云尔。

人民出版社欣然接受此书,哲学编辑室于出版诸事多所帮助,责任编辑王粤同志为此书之编辑加工及出版,尤付心力,谨此一并致谢之。

陈来

1990 年 5 月于北京大学

此记杂用文言,按文言的文体很多,此记的文体近于宋明人的书札体,这是因为我以往颇用功于朱子书信的编年考证,受此影响较深。

1986 年春,我把研究朱熹的两本书交稿给出版社之后,开始准备研究王阳明,所以这年赴美访学的时候,只带了《明儒学案》和《阳明全书》。1987 年初春的时候,在哈佛的世界宗教研究中心写了论儒家神秘主义的论文,自觉有所收获;曾寄给傅伟勋教授,承他大力肯定。这年盛夏的时候,利用哈佛燕京图书馆的地方志,又写了阳明洞的考证论文;写好后先寄给陈荣捷先生,老先生回信亦颇加赞赏。这两篇论文都在 1988 年发表,是我做阳明哲学研究的基础。1988 年回国后,便正式开始写书。1989 年年底基本写完,又加了两月誊写之功,这便到了1990 年的 3 月。书稿写成后,即携带绪言和目录到人民出版社接洽。人民出版社对这一选题和书稿的接受,还是比较顺利的,在这个过程中,哲学编辑室的王粤女士起了重要作用,所以我一直对她心怀谢意。哲学编辑室主任田士章先生在审读意见中写了"印象颇佳"等好话,在他的支持下书出得很顺利,所以《后记》的原稿中也对他表示了感谢。但田先生自己把《后记》原稿中对他的感谢改成了对"哲学编辑室"的感谢,他的为人之谦和可敬,于此可见。本书在 1991 年 3 月出版,第二年获得了"中国图书奖"二等奖,对这一获奖,也应当感谢出版社和哲学编辑室。

本来我是请冯友兰先生为此书作序的,因为此书最后归结到精神境界上讲,而冯先生是最重视精神境界的。但冯先生 1990 年上半年总是住院,夏天平稳了一段的时候,我跟冯先生说了,老先生也答应了。当时我想先不忙,等清样来了,送老先生看两章以后再写。但老先生暑假过了又住进医院,直至冬初不起。1990 年秋冬间我到医院看他时,他还说:"也没法看你的书了。"这对本书和我自己不能不说是一个遗憾。

此书出版时,扉页题有"敬以此书献给:冯友兰先生、陈荣捷先生",这个献辞事先得到了两位老先生的允可。本书出版时冯先生已经在数月前去世,本书出版的三年之后陈荣捷先生亦在 1994 年去世,但在扉页上铭刻的对于他们的献辞,包含着我对他们的深切感念,直到今天对于我和本书仍有重要的纪念意义。

二

本书出版一年多后,1992 年 11 月我写了《台版后记》:

> 本书去春在北京出版后,反映颇佳。现在计划在台出版繁体字本,借机将此书未尽之意略为表出。
>
> 本书的研究是以《阳明全书》为基础,但全书之外尚有阳明文字未收入者。从前日本学者对此用力颇勤,杜维明教授亦曾将天理大学所藏阳明与周道通书整理发表。按照我原来的计划,在本书的最后应当有一阳明佚文的辑录。动手之初,曾就《明儒学案》辑出若干。1988 年春曾在哥伦比亚和普林斯顿的东亚图书馆略作检查,惟因回国在即,未能继续用力。归国之后,图书借阅条件颇多不便,原计划未能完成。去年春上在日本京都大学访问,有复旦大学吴震先生在彼攻读博士,告以发现嘉靖十二年黄绾序刊的《阳明文录》,其中比《全书》所收《阳明文录》多出十三封书信。欣喜之余,即促请其撰成论文介绍,后发表于《学人》集刊第一辑。今年又承日本友人吉田公平教授、难波征男教授影印日本东北大学所藏《阳明先生遗言录》和《稽山承语》相赠,其中若干《全书》所无的材料尤可注意。对中日学者在辑录阳明佚文方面已开展的有效工作,我是十分高兴的,而我自己在阳明思想和材料的研究亦可告一段落。这不是说今后我不再研究这些问题,而是说我确实可以把重要精力从几年前的阳明学研究转移到其他方面的研究上来。
>
> 关于《遗言录》和《稽山承语》中新发现的材料,与本书所论相关者试举一二:
>
> 《遗言录》下第四十九条:"先生曰:某十五、六时便有志圣人

之道,但于先儒格致之说若无所入,一向放下了。一日寓书斋对数篁竹,要去格他理之所以然,茫然无可得,遂深思数日,卒遇危疾,几至不起。乃疑圣人之道恐非吾分所及,且随时去学科举之业。既后心不自已,略要起思,旧病又发。于是又放情去学二氏,觉得二氏之学比之吾儒反觉径捷,遂欣然去究竟其说。后至龙场,又觉二氏之学未尽,履险处危,困心衡虑,又豁然见出这个头脑来,真是痛快,不知手舞足蹈。此学数千百年,想是天机到此也须发明出来了,此必非某之思虑所能及也。"本书尝谓弘治壬子阳明在越服丧,不可能在京师格竹,而断以为若在京师,必在其十七岁前。《遗言录》此条所载,与本书可互相发明。

《稽山承语》第二十四条:"杨文澄问:意有善恶,诚之将何稽?师曰:无善无恶心也,有善有恶者意也,知善知恶者良知也,为善去恶者格物也。"本书曾拈出王龙溪语"先生每与门人论学,提四句教法",以四句教为阳明居越后经过斟酌而确立的教法。但四句教在《传习录》中仅一见,与"每提"之说有所不合,使人不能无疑。而《稽山承语》此条所录,约在丙戌年,即阳明晚年,则可证明阳明晚年确曾与诸门人提四句教,非独语钱绪山、王龙溪也。

两书所存全部材料,尚须详加讨论,此处不过提示一二,以见其价值,及与本书所论可以相发明者。

此书在台出版,友人杨祖汉教授助力最多,某某某先生慨然允印,亦难得也,在此一并致谢。

陈来
1992 年 11 月 20 日于北大蔚秀园

本书在内地一出,反应颇好,甚至有深圳书商打电话给我询问批量购书的事宜。无论如何,在 1990 年代初,本书确实可以说在文化上、学术上都是比较突出的一本书,引起关注也是自然的。

但本书在台湾的命运却很无奈。由于本书刚一出版,即受学界关注,所以很快就在台湾被盗印。1992 年 9 月我到台湾"中研院"中国文哲所访问,在友人家作客时,友人拿出一家出版社的广告给我看,其中就有该社出版的《有无之境》。友人告诉我,这家出版社在台大对面,他们盗印出版的大陆学术书,都有台大的博士生为之谋划。几天过后我便去此家出版社一游,买了几本书;也买了《有无之境》,目的是作为凭据,以便日后交涉。此书盗印本的方法是影印,封面也照印人民出版社的封面,只是开本略大。如果未经作者许可,以繁体竖排排版印行,这种书对我至少还有收藏价值;但这种影印的盗版书,对我来说,除了气愤,就毫无意义了。我交完钱刚刚走出店门几步,卖书的小姐便追上来问"你是不是陈来先生?"她大概也是台大的研究生,看过《二十一世纪》杂志前一期上我的照片,"我们老板不在,您要不要进来等一等?"正说着,她的老板骑个摩托车来了。此人自知理亏,故表示影印书虽未得到我的许可,但可以正式排版出版作为补救。我和友人多方商讨后,觉得这家出版社的盗印本已经流行甚广,影响了市场,恐怕其他好的出版社也已无法接受此书在台正式出版。最后,不得已接受了对方的提议,由杨祖汉教授陪我再去,与之签约。我回北京后不久,就写了上面这个"台版后记",寄给了杨教授。但是,数年之间,都未见出版,显然该出版社本来就没有诚意正式地予以排版印行。于是,1996年在"中央研究院"开会的时候,我在会场上手写了一份解除合约的信,交杨教授转给此家出版社。而这篇《台版后记》也就一直无缘和读者见面,沉睡书箧之中了。所以,这家出版社及其老板,我在这里都以某某称之,以免帮他们再作宣传。

三

佛教在台湾蓬勃发展,台湾的佛教文化事业亦颇为兴盛,盗版书对市场的影响,我想只有佛教背景的出版社才会不为所动,而本书所论,也确与佛教有一定关系。1998年我写信给佛光出版社,联系此书的在台出版,立即得到吉广舆先生的接受,并在2000年顺利出版。2000年3月我在香港中文大学写了新的《台版自序》,回顾了此书完成十年以

来我的后续工作,全文如下:

　　这本书 1990 年 3 月定稿誊清,并交付出版简体字本,至今已经十年。此书出版之后,颇得学界好评,不仅在阳明学方面,而且在整个宋明理学研究的领域都产生了相当的影响,这是我深感欣慰的。而这次能在台湾印行,更是我心求已久的事,特向佛光文化表示真诚的感谢。

　　在这本书写完之后的十年间,我的研究逐渐转向上古宗教与文化,但也间或从事一些阳明学研究的工作。这些工作都是围绕着阳明学史料的辑佚而展开的。在这里,有必要把这些工作向读者略作交代。

　　1992 年,日本广岛大学吉田公平先生寄赠其新著《陆象山与王阳明》,我翻阅之下,发现其书中所用一条阳明语录,从未见过,断定其为《阳明全书》中所未有。而此条语录注明引自《遗言录》,此书亦不见于国内图书馆馆藏,是故颇为留意。是年春夏间,福冈女子大学难波征男教授由在北大留学的永富青地君陪同,到寒舍造访,我即托其向吉田先生询问《遗言录》一书之情况。未久,难波先生寄来影印的《遗言录》。九月,吉田先生来华,访予于寒舍,复以一册装订好的《遗言录》相赠。此两本同出一源,为东北大学藏本,旧为狩野亨吉氏所藏,并附有《稽山承语》。

　　我翻阅之下,立即发现《遗言录》和《稽山承语》中有大量的阳明语录佚文,而日本学者并未注意;故用了一个月的时间将佚文全部辑出。又因《遗言录》之内容,引起有关《传习录》历史的问题,更增进了我的研究兴趣。1993 年 3 月,浙江社会科学院在宁波召开浙东学术国际研讨会,世界各地阳明学学者亦多参加,如小野和子教授、难波征男先生、钟彩钧先生等。我在首场发表《〈遗言录〉与〈传习录〉》的论文,介绍了我在《遗言录》中发现大量佚文的情况,并对《传习录》的形成史重加检讨。我首先对吉田先生和难波先生表达了感谢,并说明《遗言录》有十分之四不见于《阳明全

后 记

405

书》，《稽山承语》几乎全部不见于《阳明全书》，且应允将所辑出的佚文另文发表。这篇论文后来发表在《中国文化》1994年2月第九期。浙江归来之后，我请我的研究生把我所辑出的王阳明语录佚文八十余条复加勘校，于1993年4月交由《清华汉学研究》第一辑刊出，题为《王阳明语录佚文辑校》，并冠以我所写的《关于遗言录、稽山承语与王阳明语录佚文》的长序。该文之所以在《清华汉学研究》发表，是因为该刊原定以繁体字印行。新发现的古代文献资料，为与原文一致，当然最好以繁体发表，可是后来出刊，却仍是简体字，亦无可奈何。哈佛大学的包弼德教授曾问我何以不以繁体字发表此文，他不知我的初衷本亦如此，其实，如果当初在台湾发表，一切问题就不会有了。1995年我在东京大学授课，即讲读在《清华汉学研究》所发表的这些佚文。

此外，我以前早亦注意到在《明儒学案》中有不少阳明语录的佚文，所以在《遗言录》和《稽山承语》的辑佚完成后，我又指导几位研究生，将《明儒学案》中的阳明语录佚文辑出，共七十余条，发表于《中国哲学》第十七辑。1995年我在日本讲学期间，还把《王龙溪文集》等文献中的王阳明语录佚文辑出，共七十条。

此三部分的佚文，已达近二百三十条；而旧本《传习录》的语录，上卷一二九条，下卷一四一条，一共也只有二百七十条。所以，这些材料对王阳明思想的研究而言，无疑是很大的收获。上述这些工作推进了世界阳明学文献资料的研究，也体现了中日学术交流的成果。比如日本学者早就使用过《遗言录》，但并未发现其中有大量佚文。但如果不是日本学者将材料相赠，中国学者也无从研究。在我们的工作公诸学界之后，日本学者进一步对这些佚文做了详细的注释，为利用这些材料，提供了方便。同时，这也引起了日本学界对日本保存(而中国无存)的阳明学文献的重新调查，并且还因此发现了阳明文集公移部分的佚文。

今天，我们已经生活在电脑网络时代和文献电子化的时代，与以前我们用人脑的记忆来做古文献的辑佚相比，这一类的工作应当可以更加快捷方便。所以，我期望有关阳明学文献的收集、辑佚、整理，会因此取得更多的收获。以上略述了本书完成之后，我所做的有关阳明学研究的主要工作，因本书篇幅已经不短，故不能将上述研究成果补入本书，一并印行。我希望以后可以有机会，将上述研究和我所做的其他明代思想的研究，结集出版，献给学界同人和广大读者。

陈来

2000 年 3 月于香港中文大学

佛光文化事业有限公司出版的繁体本，共 628 页。本书在初版的十年之后终于在台湾出版了繁体字本，算是了结了一桩心愿。在这十年中，特别是 1990 年代后半期，电脑和网络技术发展很快。在新的技术条件下，王阳明文献的辑佚，可以由一般学者去完成。所以我这篇自序意在表明，把已有的成果结集出版，我自己今后则不必再从事此项工作，而可专心于思想文化的研究。这里所说的把我在本书之外的阳明学研究成果结集出版的计划，在几年后实现了，这就是 2003 年在商务印书馆出版的《中国近世思想史研究》，我所做的王阳明思想资料的辑佚及相关研究，都已收在其中。因为已经有了《中国近世思想史研究》，所以此次本书的新本就不增补《有无之境》初版以后的相关研究了。

四

此书在台湾出版的曲折已如上述，韩文译本的完成亦经历颇久。此书初版不久，韩国西江大学的郑仁在教授即来联系要翻译此书。郑教授译作不少，我当然很高兴由他来翻译此书，据说在他的博士班上也分了工进行翻译，惜乎多年未见完成。后来高丽大学的田炳郁君到北京大学作高级进修生，在他的认真努力下，把全部翻译完成了，2002 年 11 月我为此书的韩译本写了《自序》：

正如我在拙著《宋明理学》中所表示的,中国学术界习惯称之为"理学"的思想体系,以朱子学和阳明学为中心,虽然源出中国,但若置之于整个东亚文化史来看,则其思想体系在空间上并不仅限于中国大陆,在时间上也不限止于明朝结束的 17 世纪中叶。在近世的文化传播中,这一思想体系已成为近世东亚文明的共同体现或普遍形态,正如希腊与希伯莱文化之于欧洲一样。因此,朝鲜时代的朱子学在哲学论辩方面的发展,江户时代的阳明学在实践方面的发展,都是广义的"理学"(即西文所谓 Neo - Confucianism)体系的重要组成部分。在这个意义上,"理学"是东亚文化圈的共同精神遗产。

对王阳明哲学的研究,对理解理学的整体和研究中国明代的思想,以及研究韩国、日本的阳明学,具有不言而喻的重要意义。就韩国而言,虽然在韩国思想史上阳明学远不如朱子学影响来得大,但郑霞谷等学者发展的韩国阳明学仍是韩国传统文化不可忽视的内容,也是东亚阳明学的一部分,需要结合阳明本人的思想加以分析。而且,阳明学的研究将有助于对朱子哲学以及韩国朱子学的进一步了解,因为,正是在与阳明学的对比中,我们可以深入理解朱子哲学及朱子学派的理论特质。

本书所说的"有无之境"是指"有"的境界与"无"的境界的合而为一,即"有我之境"与"无我之境"的融合,亦即"有善有恶"的境界和"无善无恶"的境界的融合。

关于理学,我在 80 年代后期到 90 年代初已经出版了四部研究著作,这就是:《朱熹哲学研究》《朱子书信编年考证》《有无之境——王阳明哲学的精神》《宋明理学》。其中《朱熹哲学研究》的增订本《朱子哲学研究》也在三年前出版。这几部书中,《有无之境》曾获得"中国图书奖",《朱子哲学研究》曾获得中国"国家图书奖"。现在,这几部书中的三本,即《宋明理学》《朱熹哲学研究》和《有无之境》的韩文译本都由在汉城的艺文书院出版,对艺文书院的内行的学术眼光,对他们在学术出版方面的慷慨,和对拙著的厚爱，我要表达深深的感谢。借此机会，我也愿向所有参加翻译拙著的学者，表示衷心的感谢。

我希望我的有关理学的这些研究，能在推进中国—韩国的学术交流方面，在推进中国思想与韩国思想的研究方面，略尽微薄之力。

陈来

2002 年 11 月 8 日于北京大学

本书在国外的影响我本有所留意。本书出版后不久，已故日本著名儒学研究家冈田武彦先生便在他的新书《王阳明小传》中吸收了本书的研究成果。1995 年冬我在日本九州大学讲演后，前往日本著名的阳明学权威、当时已年近八十的荒木见悟先生家拜访，荒木先生拿出《有无之境》打开，上面都是用红笔画的道道儿，与我讨论，使我亲身感受到日本学者对此书的重视。不过，我仍然担心，本书的论述把哲学史研究、比较哲学研究、文化问题研究和文献史料研究合为一体，对王阳明哲学的内容进行了广泛和深入的分析，对于一般的外国学者而言，并不容易完全理解，除非有较好的译本。所以，我一直关注韩文翻译的情况。2003 年韩文译本终于在汉城的艺文书院出版，此书译成韩文有750 页，对于田君卓越的工作，我由衷地表示感谢。韩译本更在 2004年获大韩民国学术院优秀图书奖，这不仅是对作者的鼓舞，更是对译者最好的回报。

在本书初版十几年后的今天，书籍出版的形式与质量已经全然改观。因此，重新印制此书来满足今天读者的需求已成为当务之急。在过去的几年中，曾有几家出版社向我表示希望重新出版此书，但我一直出于念旧而辞谢了他们的美意。可是原出版社在此书已出版了十几年后，直至今年，仍然没有意愿把此书重新包装印制出版。这使我终于下决心接受北京大学出版社的建议而另谋途径。现在，本书将由北京大学出版社出版新本，而北京大学是我所服务的单位，这在我当然是一件非常值得高兴的事情。

本书的新版，在内容上一仍其旧，并无增删改动，只在最后附加了《征引书目》和《索引》，以方便读者。

最后，对北京大学出版社张凤珠女士的费心安排与协助，谨表示真诚的感谢。

陈　来
2005 年 7 月 19 日于蓝旗营